南洋日本町の研究

岩 生 成 一 著

岩 波 書 店

はしがき

嚮に昭和十年から十二年にわたって、『台北帝国大学文政学部史学科研究年報』に「南洋日本町の盛衰」なる論稿を連載し、その後新史料若干を発見し、且つ多少意に満たぬ点もあったので、これを補訂して、恩師和田清博士の推輓によって、昭和十五年一月に、南亜細亜文化研究所から『南洋日本町の研究』と改題して出版したが、図らずも翌年五月帝国学士院から同書に対して、学士院賞授与の栄に浴した。

同書印刷半ばにして、史料蒐集のため、三度南洋に渡航して、更に追加すべき新史料若干を得たのと、執筆中披見することが出来なかったカトリック各会派の布教報告の古刊本や新研究を閲読して補訂すべき点を発見したので、更に前書の改訂に筆を進めた。然るに昭和十六年十二月戦争勃発して、研究室の上空には開戦早々から頻々として飛行機が来襲して落着いて筆を執るのも容易でなかった。ことに終戦後研究の続行は一入困難になったが、幸にも台湾大学当局の寛大な好意によって年来海外にて蒐集した史料の携行を許されたので、昭和二十二年正月台北から引揚げて後もこれが加筆を怠らず、漸く二十五年夏に至って一応本稿を纏め上げることが出来た。これを最初に発表した研究年報の論稿に比すれば、其の骨子に大差はないが、細部にわたって可なり大幅に改訂し、増補した。然るに戦後幸にも三回引続いて渡欧することが出来たので、さらに諸国の文書館にて採訪した関係史料を加え、今回出版に当り若干補訂の筆を加えた。

顧みれば、本論文の大体の構想を脳裏に描いたのは、最初の在欧研究中昭和六、七年頃のことであって、今日既に二十数年を経過し、月日の歩みの速かにして、日暮れて道遠しの感一入切なるものがある。その間未曾有の社会事情の変革に遭い、著者の境遇も亦一変したが、兎に角研究生活を続行することが出来て、ここまで到達し得たのは、第一には、先ず何よりも多年直接間接著者に対して与えられた恩師、同学の絶大な高教と、第二には其の間内外各地の文書館、図書館、研究所などの係員各位が多大なる理解と好意を以て、その所蔵にかかる文書や図書の閲読筆写を許されたのと、第三には、我が在外公館と商社の駐在員諸氏が、著者の慣れない海外諸国に於ける研究や旅行について、常に懇切なる便宜を計られた賜に外ならぬ。これに対して、改めて感謝の念を深くするものであるが、斯様な鴻恩に対して、ここに纒め上げた成果は誠に微々たるもので、今更身の菲才と努力の不足に忸怩たるのみである。

尚曽て台湾在勤中、本稿の起草に当り、史料の検索訳読に、九州大学の箭内健次教授の示教を得たことと、又今回の出版に当り、草稿の浄書を担当された金沢静枝氏に対して、ここに銘記して感謝の意を表したい。

本稿脱稿以来、内容が余り特殊であって、その出版も危まれて、草稿を長く筐底に蔵していたが、今度岩波書店の好意によって、漸く日の目を見ることが出来たことは、特に欣びと感謝に堪えぬ所である。

昭和四十一年四月三十日

著者しるす

〔第二刷に際して〕巻末につけた英文要約はユネスコ東アジア文化研究センターの生田滋、同ベバレイ・ネルソン Beverley Nelson 両氏の手を煩わしたが、ここに両氏の好意を追記して深謝の意を表する次第である。

例言

一　本稿に主として引用した史料の末に Koloniaal Archief (植民地文書)、又は Koloniaal Aanwinsten (植民地文書追加) と記したのは、オランダ国ヘーグ市国立中央文書館 ('t Algemeen Rijksarchief. 's-Gravenhage) 所蔵文書であり、Protocollen van Bataviaasche Notarissen, 's Lands Archief (地方文書館公証人証書) と記したのは、旧オランダ領ジャワ島バタビヤ地方文書館〔今のジャカルタ文書館 Arsip National〕所蔵文書である。又 Factory Records (商館記録) 又は Marine Records (海事記録) と記したのは、イギリス国ロンドン市印度省 (India Office、今の Foreign & Commonwealth Office) 所蔵文書であって、又 Jesuitas na Asia (アジア・イエズス会文書) と記したのは、ポルトガル国リスボン市アジュダ文庫 (Bibliotheca da Ajuda) 所蔵文書で、Archivos de Indias (印度文書) と記したのは、イスパニヤ国セビリヤ印度文書館所蔵文書である。この外、その所蔵を一々明記しなかったが、東京大学史料編纂所、東洋文庫、日本学士院、上智大学吉利支丹文庫、旧仏領印度支那河内フランス極東学院、旧台湾総督府図書館及び旧台北帝国大学図書館並びに同史学科研究室など各地の図書館、文庫、研究室所蔵の書籍や既刊、未刊の文書を多く利用した。曽てこれ等の文書や書籍類の閲読、筆写、撮影に当って、上記各所諸館の係員各位の与えられた多大な好意をここに記して深謝の意を表したい。

二　本稿中に引用した欧文雑誌の中で、略字を用いたものは、左の対照表に依る。

B. A. V. H.——Bulletin des Amis du Vieux Hué.

B. E. F. E. O.――Bulletin de l'École Française d' Extrême-Orient.
Bijd. T. L. V. N. I.――Bijdragen tot de Taal, Land en Volkenkunde van Nederlandsch-Indië.
J. S. B. R. A. S.――Journal of Strait Branch of Royal Asiatic Society.
J. S. S.――Journal of Siam Society.
K. Hist. G. U.――Kroniek van het Historisch Genootschap te Utrecht.
M. B.――Marine Blad.
M. D. G.――Mittheilungen der Deutschen Gesellschaft für Natuur und Volkerkunde Ost-Asien.
M. N.――Monumenta Nipponica.
R. H. C. F.――Revue de l'Histoire des Colonies Françaises.
T. A. S. J.――Transactions of the Asiatic Society of Japan.
T. P. J. S. L.――Transactions and Proceedings of the Japan Society. London.
T. I. T. L. V.――Tijdschrift voor Indische Taal, Land en Volkenkunde.
T. T. L. V. N. I.――Tijdschrift voor Taal, Land en Volkenkunde van Nederlandsch-Indië.
T. K. N. A. G.――Tijdschrift van het Koninklijk Nederlandsch Aardrijkskundig Genootschap.

三　本稿中に頻出してくる訳語とその原語とを対照すれば、

A　カトリック各会派の宣教師に対して

Padre, Père, Father　伴天連、教父
Irmão, Frère, Brother　伊留満、教兄

B　オランダ東印度会社の職員の階級について、

Gouverneur-Generaal　総督

Directeur-Generaal　政務総監

Gouverneur　長官

Commissarie　査察特使

Oppercoopman　上席商務員

Coopman　商務員

Ondercoopman　商務員補

Assistant　補助員

四　本書起草に当り、欧洲諸国文書館所蔵の未刊文書を利用したが、本文中に訳出引用したものの外は、その多くを訳出することを割愛し、その中若干通を選んで付録史料として巻末に載せた。

五　引用文献の筆者は、注においては敬称を省いた。

目　次

図版目次

数表目次

数表目次

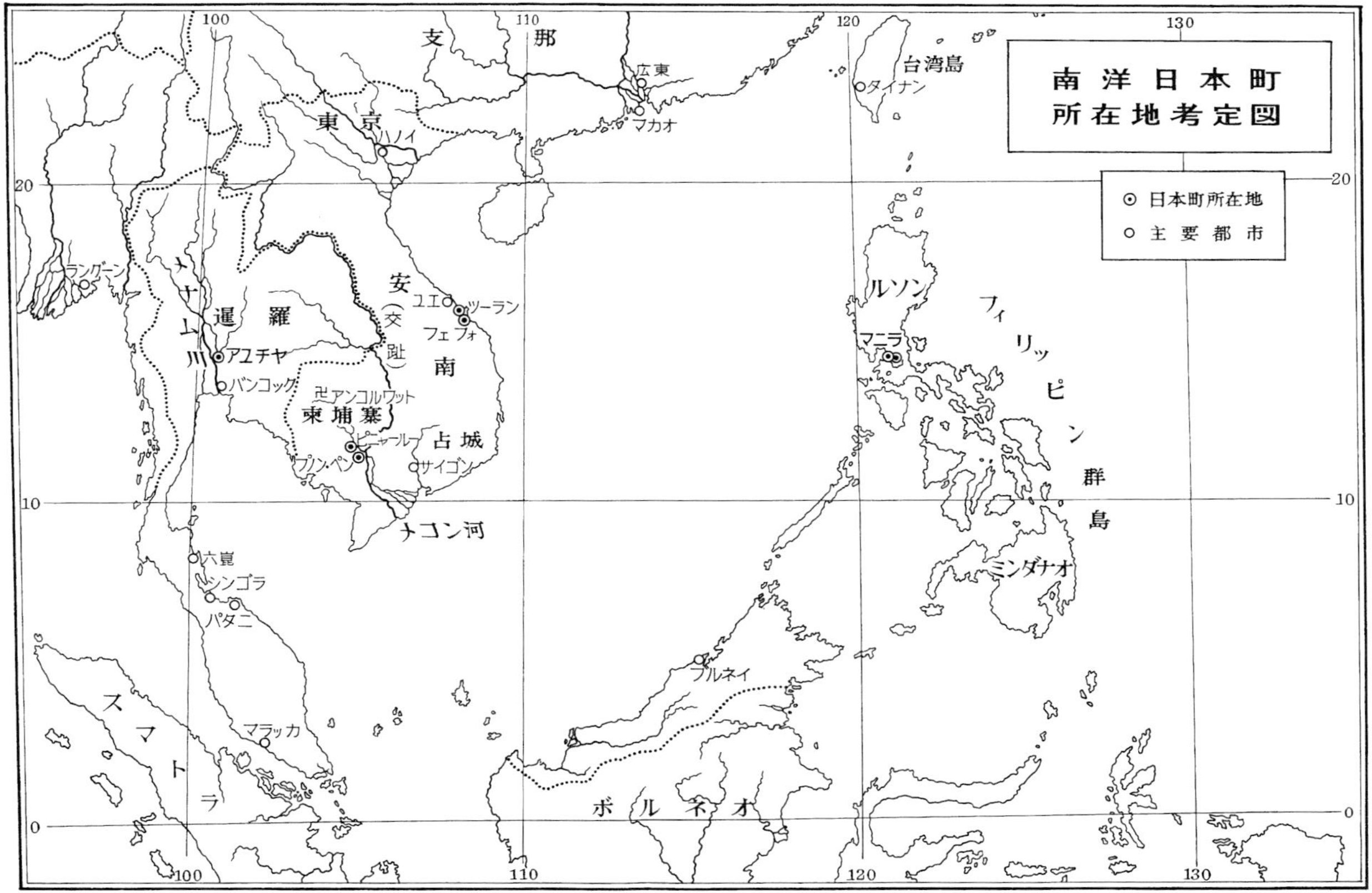

南洋日本町所在地考定図
⊙ 日本町所在地
○ 主要都市
支那
広東
マカオ
台湾島
タイナン
東京
ハノイ
安南
(交趾)
ユエ
ツーラン
フェフォ
暹羅
アユチヤ
バンコック
メナム川
ラングーン
卍アンコルワット
柬埔寨
ピニャールー
プノンペン
占城
サイゴン
メコン河
六昆
シンゴラ
パタニ
マラッカ
スマトラ
ボルネオ
ブルネイ
ルソン
マニラ
フィリッピン群島
ミンダナオ
100
110
120
130
20
10
0

第一章　序　論

第一節　先人研究の諸成果

近世初期ヨーロッパ人の東方における植民貿易の発展と、東亜諸民族のこれに対する接触と反応とは、その後永くこれらの諸民族の運命を左右した最も重要な事件の緒となったものであるが、ちょうどわが国にあっても、また戦国時代から安土桃山時代を経て江戸時代初期に移る封建組織再編成の時期にして、政治経済上の転換期にも当っていたので、この全く新しい強力な刺戟によって、当時の社会上に蒙った影響は、深刻にしてかつ複雑多岐であった。中でもわが対外関係の面にあっては、その影響は極めて直接的であって、この時期と相前後して、にわかに顕著となったわが国民の積極的な海外貿易や、南洋への渡航移住の如きも、わが国史上空前画期的な現象にして、特にかような関係が深かった。されば、この期のわが対外関係の研究を進めた学者は、従来とても、内外にわたって決して少なくなかったが、外交、貿易や文化交流の面に比すれば、わが移民の研究は未だ少なく、かつ部分的であったようである。

尤も夙に明治二十四年に出版された菅沼貞風氏の『大日本商業史』には、この点に触れた章節もあり、[1]大正三年には藤田豊八博士が一文を草して「欧勢東漸初期に於ける海外の日本人」の活動の大要を述べられ、[2]次いで大正六年に刊行された辻善之助博士の『海外交通史話』には、特にこの問題について一章を割かれ、[3]また川島元次郎氏はその頃からこの方面の研究に専念され、大正十年に至って、氏の諸研究を整理して刊行された力作『朱印船貿易史』[4]は、特にこの問題を主題として、当時未知の幾多の新史料を、博く国内各地に索めて研究を積まれたもので、南洋におけるわが移民の活動に関して説かれた所も少なくないが、もとより叙述の中心は朱印船の貿易であって、移民についてはようやくその片鱗に触れられたに過ぎなかった。しかるに暹羅《シャム》における日本移民の活動について、大正十二、三両年にかけて新村出博士が「暹羅の日本町」なる一文を綴られ、はじめて本格的にこの研究を進められ[5]、次いで昭和九年に三木栄氏の『日暹交通史考』[6]や、郡司喜一博士の大著『十七世紀に於ける日暹関係』などが刊行され[7]、文献的研究と現地調査と相俟って、往時南洋に移住した日本人の活動が、部分的には幾分明らかとなった。しかし未だ日本人渡航移住の原因や、その型相、移民活動期間の限界、その居住型態、その統制様式やその生活状態など、なお重要な点について細かに掘り下げて究明すべき点が多く残されていて、その研究を更に進めるには、今後なお徹底的に関係史料を博く捜索し蒐集する必要があるように思われた。

飜ってヨーロッパ人の研究を見るに、往時日本人の移住活動した地域が、その後二百余年を経過する間に、ほとんどその植民地的支配下に入ったので、ヨーロッパ人の南洋発展の歴史や、その植民地開拓の過程を重視して、これが研究に専念する者も少なからず、関係著書論文に至っては汗牛充棟もただならず、まれには筆余日本移民の活動に触れたものもあるが、おそらくかような問題は彼等の興味と関心の外なるべく、これを主題として執り上げた学者の如きは極めて寥々として少ない。ただこの間にあって、僅かに河内《ハノイ》の元フランス極東学院のノエル・ペリ氏(Noël Peri)が大正五年に『学生』誌上に発表された「日本町の新研究」[8]があり、極めて短かい概観的な小論文ではあったが、示唆に富む好論文で、わが学界の注意を惹いた。その後、氏はこの研究を一層深めて行く意図のようであったが、その遺稿によれば、ついにこれを果さずして終っている[9]。これに反して、その二年前、大正三年にパスク・スミス氏(Paske-Smith)が『日本アジヤ協会』誌上に「フィリッピンに於ける日本人の貿易と移住」なる論文を寄稿されたが[10]、この方はほとんどわが学界の注意を惹かなかった。氏はマニラやマドリッドなどにて関係史料を蒐集したようであるが、論文中に主として利用した史料は、これより先一九〇三年から一九〇八年にかけて、ブレーヤー(Emma Helena Blair)、ロバートソン(James Alexander Robertson)両氏監修の下に編纂刊行された厖大なる『フィリッピン群島関係史料集』(11)の中に頻出してくる日本人関係史料の一小部分に過ぎないけれども、同方面における日本人移民史研究に先鞭をつけ、かつ一応の概観的見通しを与えたものとして注意せらるべき論文である。その後一九二九(昭和四)年に至ってオランダのブッフ博士(W. J. M. Buch)が『広南とオランダ東印度会社——十七世紀オランダ人と安南との関係』(12)なる書を著わし、次いで同氏はこれを徹底的に増補訂正して「オランダ東印度会社と印度支那」なる論文を『フランス極東学院』誌上に連載したが、(13)論文中に、同地方に活動したオランダ人と、深い関係を持った移住日本人の行動が、随所に引き合いに出ていて、同氏の引用した豊富な未刊文書の外、既刊の史料集中にも、関係史料が多く採録されていることが判明する。即ちオランダの植民史研究の諸権威が、一八八七(明治二十)年以来、相継いで担当刊行して来た『バタビヤ城日誌』(14)や、ヘンドリック・ミューレル氏(Hendrik Muller)の編輯した『柬埔寨とラオスに於けるオランダ東印度会社』の如きも、(15)移住日本人の行動に関する重要な記事がしばしば散見していて、これらヨーロッパ諸学者の労作を通じて、往時ヨーロッパ人の作成した文書記録中には、その既刊未刊を問わず、なお多数の関係記事のあるべきことが予測せられて、今後の重点を何処に置くべきかも自然判明して来た。

しかるに昭和十四年頃からわが朝野の南洋に対する関心はにわかに高まり、これに応じて幾多の関係著書論文が発表されたにも拘らず、歴史研究に関するものは極めて少なく、いわんや当時の日本移民史に関するものの如き、通俗書以外に見るべきものはあまり発表されなかった。その後第二次世界大戦勃発し、戦線南洋に拡大するや、一層この傾向ははなはだしく、時局の要請に応じて多数の調査研究が進められ、また一般読書界を対象とした時局物も続々刊行されたが、その間にこの問題に関して参考に資すべき学術的な業績の発表されたものは少なかった。

（1） 菅沼貞風『大日本商業史』明治二十四年、昭和十年再版。
（2） 藤田豊八「欧勢東漸初期に於ける海外の日本人」(『東洋時報』一九四号。『東西交渉史の研究』南海編、昭和七年に再録)。
（3） 辻善之助『海外交通史話』大正六年、昭和五年再版。
（4） 川島元次郎『朱印船貿易史』大正十年。
（5） 新村出「暹羅の日本町」(『史林』八の三、九の一、『南蛮広記』大正十四年に再録)。
（6） 三木栄『日暹交通史考』昭和九年。
（7） 郡司喜一『十七世紀に於ける日暹関係』昭和九年。
（8） ノエル・ペリ「日本町の新研究」(『学生』七の一、二、大正五年)。
（9） Peri, Noël. Essai sur les Relations du Japon et de l'Indochine aux XVIe et XVIIe Siècles. 1923. [B. E. F. E. O. XXIII.]
（10） Paske-Smith, Montague T. The Japanese Trade and Residence in the Philippines, before and during the Spanish Occupation. 1914. [T. A. S. J. Vol. XLII–Part II.]
（11） Blair, E. H. and Robertson, J. A. The Philippine Islands. 1493–1889. Cleveland. 1903–1908. 55 vols.
（12） Buch, Wilhelm J. M. De Oost Indische Compagnie en Quinam in de XVIIe Eeuw. Amsterdam. 1929.
（13） Buch, Wilhelm J. M. La Compagnie des Indes Néerlandaises et l'Indochine. 1936, 1937. [B. E. F. E. O. XXXVI, XXXVII.]
（14） Dagh-Register gehouden int Casteel Batavia, vant passerende daer ter plaetse als over geheel Nederlandts India. 1624–1682. 31 vols. 's-Gravenhage & Batavia. 1887–1931.
（15） Muller, Hendrik. De Oost Indische Compagnie in Cambodja en Laos. 1636–1670. 's-Gravenhage. 1916. [Linschoten Vereeniging XIII.]

第二節　研究の方法と経過

近世初期南洋各地における日本人移民の活動に関する内外の諸研究を概観するに、これらの諸研究は、それぞれその有する若干の特徴にも拘わらず、まず目につくことは、いずれも史料の蒐集利用がかなり不十分なことである。これがために、その後この方面の精密なる部分的研究も、またその全般にわたる綜合的研究もあまり進まなかったように思われる。而して当時の関係史料は、南洋に活動した主体者たる日本人側の史料と、日本移民の活動の現地なる南洋原住民側の史料と、日本人と時を同じくして渡来活動した外来人側の史料の三者があったはずである。

しかるに日本に残存せる関係史料はさまで多からず、既に先人の研究紹介以上にはあまり多く期待できがたい実情である。けだし、南洋に移住した日本人の大多数は無名の人々にして、その閲歴行動の如き、わが記録にあまり残らなかったためと、彼等の活動地域が遥かに母国を離れた海外遠隔の地であったため、その行動がわが国民の耳目に触れる機会が非常に少なかったことと、最後に、江戸幕府が吉利支丹を禁圧するため、鎖国政策を断行したので、かような渉外事項は全く当時のわが国民の耳目から遠ざけられ、時には進んで故意にその秘匿湮滅をはかったことさえあったためである。

次に日本人活動の現地なる原住民の史料も、またほとんど期待できない。元来当時これらの南洋各地の原住民は、概して開化の度低く、かつ内乱外戦頻りにして、社会は常に動揺し、彼等民族自身の社会に関する詳細な記録の作成されたものも少なく、また作成されたものも、あるいは戦禍のために湮滅し、あるいは蒸暑の気候によって腐蝕した場合もあって、彼等民族自身の残した史料だけでは、その歴史さえ判明しない点が多い。いわんや日本移民の活動に関する記述の如き、絶無ではないが極めて寥々としている。

最後にちょうど日本人と時を同じくして、南洋各地に渡来活動した外来民族の記録は、支那人のとヨーロッパ人のと二者があるが、前者については、その国内史料の極めて豊富夥多なるに比すれば、海外関係記録は至って少なく、しかもその多くは国内に在住せる文筆の士が伝聞を綴ったものに過ぎず、その内容も粗雑にして、若干の文集や地誌の中に散見する遺聞以上に求めることはできない。

これに反してヨーロッパ人の手に成る関係史料は、既往のヨーロッパ学者の業績を繙いて見ても、その既刊未刊共にかなり豊富なるべきことが予測されるが、その蒐集にもかなり困難が伴うようである。即ち、日本人南洋発展の頃は、既にポルトガル、イスパニヤ、オランダ、イギリス、イタリアなどの諸国民も盛んに進出して、あるいは貿易植民に、あるいは布教伝道に活躍したので、彼等の航海記、旅行記や、あるいは軍務、植民貿易や、あるいは布教などの諸報告の刊行されたものを繙いても、彼等の直接目睹した日本人移民の活動や、その生活に関する記載も多く散見するが、その大部分は断片的な記事にして、これだけでは未だ以て日本移民活動の全貌を明らかにするには十分でない。しかもこれらの諸書はほとんど稀覯書にして、ただ一地一カ所だけにこれを多く蒐蔵するものなく、その閲覧にも、ひろく内外の研究機関や図書館についてこれを索めなければならぬ。

しかし幸いにして、これらヨーロッパ諸国民の本国なるオランダ、イギリス、イスパニヤ、ポルトガルなどの諸国にある文書館や図書館には、南洋各地の出先の吏員、軍人、商人や宣教師等から寄せた各種の報告類が今日もなお未刊のまま、夥しく蒐集保存され、また日本人活動の現地南洋にある文書館中にも、また豊富に蒐蔵せる所もあって、これら各所の厖大なる史料群を精査して、その中から日本人の活動に関する記事を探求渉猟すれば、上述の史料の欠陥はほぼ補うこともできるが、多くは難解な古体にて綴られ、しかも外見全く日本人とは無関係な文書中に、却って重要な記事が散見する場合も往々あって、これが蒐集にも特別な便宜と細心なる注意、さらに相当な時間とを要することはいうまでもない。

さて未だ学窓にあった頃、私は近世海外交渉史に興味を覚えて、関係著書論文を閲読し、覚束ないながら関係史料の蒐集に着手し、傍ら必要な外国語の学習を始めたが、大正十四年四月学窓を出て、元の東京帝国大学史料編纂掛に勤務し、近世海外関係史料の蒐集整理を命ぜられたので、研究と職務は一致して好都合であったばかりでなく、同掛には国内各地の未刊の文書記録を謄写せるもの夥しく、所要の史料の蒐集には殊に便宜が多かった。そこで海外交通史の一環として、南洋との交通史の研究にも手をつけたが、研究が進むにつれて、国内の史料だけに頼る場合に起る研究上の制約と限度が痛感されてきた。たまたま昭和二年夏、黒板勝美博士が欧米出張の序でを以て南洋各地を巡歴された際、随行を命ぜられて、往時日本人の渡航移住した現地を親しく踏査し、その遺蹟を探り、かつ各地の図書館や文書館について関係史料の在否を確かめることができた。殊にジャワ島のバタビヤの地方文書館('s Lands Archief)は、前年開館したばかりであって、当時わが学界では全く未知の所で、この行に始めてその所在を聞き出して、登館してその豊富な日本関係文書の蒐蔵を知り、その調査を進めることができた。

その後幾許もなくして、昭和四年十一月旧台北帝国大学文政学部南洋史学科に勤務するに及び、職務柄、南洋の研究に専心没頭するようになったが、翌五年三月再びジャワ島に渡って史蹟見学の傍ら、バタビヤの地方文書館で関係史料を蒐集し、進んでオランダに至り、一年有半、主としてヘーグの国立中央文書館で、オランダ東印度会社の文書群の中から重要な関係史料を多く筆写撮影することができた。次いで約半歳にわたり、イギリスにおいてロンドンの印度省記録課及び大英博物館文書部にある関係史料を筆写し、転じてイスパニヤのセビリヤの印度文書館(Archivos de Indias)や、ポルトガルの首府リスボン郊外のアジュダ文庫(Bibliotheca da Ajuda)などにも史料を採訪し、その間、関係文献を閲覧し、その若干を購入して、ほぼ南洋日本人移民史の史料を整備し、その研究の構想と腹案をまとめることができた。なお昭和十四年夏から約半歳にわたって三度バタビヤ文書館を訪れ、ここにようやく本研究の基礎をなす史料の蒐集を終った。その間、年を閲すること十有五年、本稿の成るまで二十余年に及ぶも、生来の魯鈍と遅筆のため、研究遅々として進捗せず、僅かに関係論文若干を諸雑誌に発表したに過ぎなかったのは慚愧の至りである。

かくて上述内外各所にて採訪した関係史料を整理し、これを組織的に綜合して、ようやく『南洋日本町の研究』なる一篇をまとめ上げることができたが、これとても、かねて意図せる南洋における日本人移民史の一部に過ぎず、これを以てその日本移民の集団部落の研究とせば、爾余の南洋各地分散日本移民の研究と両々相俟って始めてその全般にわたる綜合的研究が一応完成するつもりである。しかし本研究はその一部に過ぎないけれども、またその枢軸にして典型的な一事例であって、もとより本研究だけ独立して以て近世における日本人南洋移民の沿革やその実態とその性格を闡明することができると思う。

なお本稿は最初昭和十年から同十二年にかけて、『台北帝国大学文政学部史学科研究年報』に連載発表した「南洋日本町の盛衰」なる論文とその骨子において大差ないが、昭和十五年これを『南洋日本町の研究』と改題して南亜細亜文化研究所から出版するに当り、若干の点を加筆訂正し、更にその後閲読したカトリック各会派の布教書から得た史料と、三度目のバタビヤ地方文書館の史料採訪にて得た所とにより、論文の構成についても細部にわたり、かなり増補訂正したが、最初に発表して以来、いたずらに十数年を経過する間に、先には戦争のため執筆も意の如くならず、終戦後には境遇全く一変し、かねて必要な文献を整備していた台北帝国大学の南洋史研究室とも別れて帰国し、未曽有の社会の激変に遭い、その後も身辺怱忙にして、更に推敲加筆も思うに委せず、あるいは過誤なきやを懼れるものであるが、近き将来、これが補正と、他の一半の研究を遂行してこの研究の完成を期している。

第二章　日本人南洋渡航移住の型相

第一節　朱印船貿易の躍進

近世初期、わが国の内外にわたる急激なる社会情勢の変動は、既に萌しつつあったわが国民南方発展の機運を促進し、桃山時代に入るや、その活動は漸次活潑となり、次いで江戸時代に及び、幕府の和親外交、通商奨励は、かかる国民海外発展の動向に拍車を加えた。関ヶ原の役によって、徳川氏の覇権の基礎確立するや、家康は直ちに海外渡航船に対して、渡航免状にして船籍証明を兼ね、更に極めて広汎なる性質を具備したいわゆる異国渡海御朱印状を下付して、貿易特許制度を創設し、これを関係諸外国に通告してその諒解を求めた。爾来わが朱印船は、この時運に乗じ順風を帆に孕んで、南溟遙けき新天地を目指し相次いで解纜した。創設以来数年ならずして、朱印状の下付数は、年々二十通以上にものぼり、南洋各地の要津には、わが商船の絶えたる歳もなかった。

幕府から異国渡海御朱印状の下付を受けた者は、大名を始めとして、幕吏、大商人等より、さては在留支那人、西洋人にまで及び、総数百余氏を数えることができる。今、盛大なりし朱印船渡航貿易の概況を、朱印状下付数の多寡を以て推知し得るとすれば、次頁の如き統計をあげて、これが参考に資することができよう。

この統計表は、主として異国渡海御朱印状の原簿とも称すべき南禅寺所蔵の「異国御朱印帳」及び「異国渡海御朱印帳」により、その脱漏を現存の御朱印状及び諸記録文書より拾って加算表計したものである。(1) 即ち御朱印状の下付数は、早くも慶長九年には二十九通に達し、元和二年に至る十三年間に総計一九五通に上り、年平均十四、五通を算している。而して、この渡航先十九地中、暹羅渡航船は通計三十六隻に上り、その首位を占め、呂宋《ルソン》渡航船は三十四隻にして、これに次ぎ、交趾《コウチ》渡航三十二隻、柬埔寨《カンボジャ》渡航船も二十四隻に達し、第三、第四位にあり、東京《トンキン》・安南渡航船を除けば、他の地方はいずれもその数が極めて少ない。即ち前記四地は日本船の渡航貿易の特に躍進せし地方と見得べく、而してまた日本人の移住する者も多くして、本書において特に論述せんとする、いわゆる日本町の発達したのも、また実にこの四地方にほかならなかった。

南禅寺の両御朱印帳は遺憾ながら、元和二年を以て筆を絶ち、爾後の記載を欠いており、元和・寛永にわたり、わ

朱印船統計表

渡航地 / 年次	南支				印度支那諸地											南洋諸島				計
	信州	西洋	高砂	毘耶宇	安南	東京	順化	交趾	迦知安	占城	柬埔寨	田弾	暹羅	太泥	摩利伽	呂宋	密西耶	艾莱	摩陸	
慶長 9年 1604	2	1			4	3	1		1	1	5		4	3		4				29
10年 1605		8			3	2				1	5			2		4	1	1		27
11年 1606		1			2	1				1	3	1	4			3	1	1		18
12年 1607		8			1					1	4	1	4		1	4				24
13年 1608					1					1	1		1							4
14年 1609						1		1			1		6			3				12
15年 1610					1			3			1		3			2				10
16年 1611					2			3					1			2				8
17年 1612				1		1		3					2			1				8
18年 1613						1		6			1		3	2		1				14
19年 1614						1		7			2		3			4				17
元和元年 1615			1					5			1		5			5				17
2年 1616						1		4								1			1	7
計	2	18	1	1	14	11	1	32	1	5	24	2	36	7	1	34	2	2	1	195

元寛年代南洋渡航船数表

年次＼渡航先	交趾	東京	柬埔寨	暹羅	占城	高砂	呂宋	計
元和 3年 1617	5	2		1		2	1	11
4年 1618	7	3	2	1		4	3	20
5年 1619	1	3					1	5
6年 1620	5		1			1	2	9
7年 1621	2	1	1			3	4	11
8年 1622	1			2		1	2	6
9年 1623	2	2	2	3	1	3	1	14
寛永元年 1624	2	2		1		1	2	8
2年 1625		1	1	2		3		7
3年 1626				1		2		3
4年 1627	1		1	2		2		6
5年 1628	2	2	2	3		2		11
6年 1629	1		1	1				3
7年 1630	1	1		1			2	5
8年 1631	1	1	1	1		5		9
9年 1632	3	2	4			3	2	14
10年 1633	2	3	1	1		3		10
11年 1634	2	3	2					7
12年 1635	1		1					2
合計	39	26	20	20	1	35	20	161

が商船の海外渡航貿易の状況を知る由もないが、彼等の南洋渡航は、寛永十三年の鎖国令発布に至るまで、引き続いて連年継続し、内外の記録文書中にも、往々にしてその間の消息を伝えたものが散見している。元和三年より寛永の鎖国に至る十九年間に、わが国諸港より南洋各地に渡航したわが商船の事例の、今まで私の管見に上ったものを蒐集統計すれば、上表の如くなる[2]。

この統計表は、もとより不完全にして、連年頻りに南洋に渡航したわが船舶の実数以下なることは言うまでもない。おそらくその実数は上表を遥かに超過していたであろうが、不完全なるこの表によっても、当時わが商船の南洋渡航貿易の盛況を推知するに足るかと思う。而してこれら諸船の船主も、三十八名判明している。而して、この統計表と、前掲朱印船統計表とを通計しても、交趾渡航船七十一隻、暹羅渡航船五十六隻、呂宋渡航船五十四隻、柬埔寨渡航船四十四隻にして、その他に多きは、東京渡航船三十七隻、高砂渡航

朱印船渡航地考定表

朱印状宛先	当時慣用発音	当時慣用西洋式綴方	現今該当地名
信州	シンチウ	Chincheo	漳州
高砂	タカサグン・タカサゴ	Tacasangum, Taccasanga	台湾
毘耶宇	ビヤウ	Pehu, Peng-hu	澎湖島
安南	アンナン	Annam	東京、広義には東京及び安南(越南) 河内(Hanoi)、広義には東京
東京	トンキン	Tong-king	ほぼ安南(越南)
交趾、跤趾	コウチ、河内	Cochin[-China]	広南、広義には広南省
迦知安	カチヤン	Cacciam, Cachão, Cachan	順化(Hué)、広義には順化省
順化	ソンハ・スノハイ	Thuan-hoa	
占城	チャンパン	Champa	交趾支那東部
柬埔寨	カボチヤ	Cambodja	カンボジヤ
暹羅	シャムロ	Siam	シャム(タイ)
太泥	パタン・タニ	Patani	マレイ半島東岸パタニ
摩利伽	マラカ・モラカ	Malacca	マラッカ
呂宋	ルスン	Luzon	ルソン島(マニラ)
密西耶	ミサイヤ	Bisaya	ミンドロ(Mindoro)島?
芠萊	ブルネル・ブルネイル	Brunei	ボルネオ島北岸ブルネイ
摩陸	マロク	Maluco, Molucas	モルッカ諸島
西洋	サイヤウ	Macao	マカオ(澳門)
田弾	ダタン	比定し難いが、良質奇楠香を産する土地とあるからあるいは後印度地方東南海岸の一地ではあるまいか。	

船三十六隻であるが、江戸幕府の御朱印船制度創設以来、彼我の政治的事情によって、時に双方の交通に隆替断絶あっても、わが商船の渡航頻繁な所は、依然としてほぼ同じ地方に限られていたようである。

朱印船などの渡航地については、既に先人の研究論考も少なくないが、今その考証の過程を全然省略し、いささか私見を加えてこれを現時の地名と対照すれば上の如くなる。これらの南洋全面にわたるわが朱印船の寄港貿易地には、もとより乗組の船員や、便乗の商人等多数のわが同胞が年々渡航しているが、彼等の中には、進んで渡航地に踏み留まり、わが国民南方発展の第一線に立って活躍する者も決して少なくなかった。

(1) 拙稿「異国渡海御朱印状集」(『歴史地理』五二ノ六)五五〇—五五四頁。

(2) これらの南洋渡航船の船主または船長の氏名の判明せる者は左の四十一名である。

松浦隆信、松倉重政、竹中正重、佐川信利、長谷川権六、高木作右衛門、高木彦右衛門、小浜民部、末次平蔵、浜田弥兵衛、三浦按針父子、船本弥七郎、西宗真、荒木宗太郎、角倉与一、茶屋四郎次郎、同新四郎、同又次郎、木屋弥三右衛門、伯耆屋吉右衛門、平野藤次郎、問紹甫、中村四郎兵衛、橋本十左衛門、糸屋太兵衛、末吉孫左衛門、伊丹治右衛門、ヤン・ヨーステン(Jan Joosten)、マヌエル・ゴンサルベス(Manuel Gonsalves)、マヌエル・ロドリゲス(Manuel Rodriges)、バルナルド(Barnardo)、キッキン(Kitskin)、九太郎、右衛門、武左衛門、弥兵衛、肥後四官、李旦、華宇、二官。

而して、これらの人名及び一六一隻の船数を摘出したる典拠は、

「大沢文書」「島井文書」「末次文書」「末吉文書」「角倉文書」「寛永十九年平戸町人別生所糺」「外蕃通書」「外蕃書翰」「荒木家記」(『通航一覧』一七三)「交趾国渡海一件御尋ニ付書上ケ留記」「茶屋由緒書」「松浦家旧記」「譜牒余録後編」三十九「草野史料」(『通航一覧』一八二)「九州探索書」『石城志』巻十一『全堺詳志』下『天竺徳兵衛物語』「京都清水堂絵馬」『朱印船貿易史』拙稿「明末日本僑寓支那人甲必丹李旦考」(『東洋学報』二三ノ三)。

Overgekomen Brieven en Papieren uit Indie; Japan, Ontfangene Brieven; Verzendene Brieven uijt Japan; Dagh registers van 't Comptoir Japan [Koloniaal Archief, 't Algemeen Rijksarchief.]

Marine Records XXXV. [Commonwealth Relation Office.]

Alvarez, Jose Maria. Formosa Geográfica e Históricamente Considerada. Barcelona. 1930. Tome II. p. 427; Blair, E. H. & Robertson, J. A. The Philippine Islands. 1495–1889. Cleveland. 1903–1910. Vol. XVIII. pp. 229–230. Vol. XXIV. pp. 275–276; Cocks, Richard. Diary of Richard Cocks, Cape-Merchant in the English Factory in Japan. 1615–1622. Edited by N. Murakami. Tokyo. 1899. Vol. I. pp. 267, 272. passim, Vol. II. pp. 9–10, 92. passim; Colenbrander, Herman Theodoor. Jan Pietersz. Coen, Bescheiden omtrent zijn Bedrijf in Indië. 's-Gravenhage. 1919–1923. Vol. II. p. 241. Vol. V. pp. 69–70, 106–108, 146–148, 166–168; Dagh-Register gehouden int Casteel Batavia, vant passerende daer ter plaetse als over geheel Nederlandts India. 's-Gravenhage. 1887–1931. Anno 1624. p. 14. Anno 1632. pp. 64, 69 ; Groeneveldt, W. P. De Nederlanders in China. 's-Gravenhage. 1898. pp. 345, 392, 479–480 ; Hamel, Hendrik. Verhaal van het Vergaan van het Jacht De Sperwer, uitgegeven door B. Hoetink. 's-Gravenhage. 1920. p. 125 ; Muller, Hendrik P. N. De Oost Indische Compagnie in Cambodja en Laos. 's-Gravenhage. 1917. p. 71 ; Nachod, Oskar. Die Beziehungen der Niederländischen Ostindischen Kompagnie zu Japan im Siebzehnten Jahrhundert. Leipzig. 1897. Beilage. pp. 123–124 ; Pratt, Peter. History of Japan, Compiled from the Records of the English East India Company. 1822. Edited by M. Paske-Smith. C. B. E. Kobe. 1931. Vol. I. p. 444 ; Purchas, Samuel. Hakluytus Postumus or Purchas His Pilgrimes, containing a History of the World in Sea Voyages and Land Travells by English men and others. Glasgow. 1904–1911. Vol. V. p. 58 ; Purnell, Christopher James. The Log Book of William Adams. 1614–1619. (T. P. J. S. L. Vol. XIII–Part II.) London. 1915. pp. 38, 45, 46, 63, 70–74 ; Riess, Ludwig. Die Ursachen der Vertreibung der Portugiesen aus Japan. (1614–1639). (M. D. G. Band VII–Theil I. p. 37) ; Tiele, P. A. & Heeres, J. E. Bouwstoffen voor de Geschiedenis der Nederlanders in den Maleischen Archipel. 's-Gravenhage. 1886–1895. Vol. I. p. 179.

第二節　日本人の南洋移住

朱印船による南洋交通貿易の発展に伴い、これに便乗して南洋各地に渡航したわが国民の総人員も、また従って莫大な数に上ったであろうと推定せられる。更に年々わが国の諸港より帰航する諸外国船に便乗したわが商人、外人に雇傭された船員、あるいは海外において外人の経営する諸種の業務に従事するため、あるいは外国の軍隊に参加せんとして渡航する同胞の数もまた決して尠少ではなかったに相違ない。しかし、遺憾ながら年々の渡航人員、あるいは各地に移住せし人員数を記した統計的な史料は今日ほとんど残存していない。おそらく当時においてすら、これらの事は記録されなかったと思われるが、今、当時南洋に渡航したわが諸船舶の乗組員を、数例について見るに次頁の表の如くなる。

即ち、寛永三年暹羅渡航船の乗組員五十七人と、同三年同地に渡航した朱印船乗組員三九四人との間には、その寡多にかなりの開きがあるが、右十五例十六隻にて平均一隻二百人弱となる。慶長九年より元和二年まで、異国渡海御朱印船の総延数を一九五隻と見て、この平均数によれば、右十三年間に南洋方面に便乗渡航したわが同胞の延人員は三万九〇〇〇人となり、元和三年から寛永十二年までの渡航船数を、前表により不完全ながら一六一隻とすれば、少なくとも三万二二〇〇人となり、江戸時代初期鎖国まで朱印船だけによる海外渡航延人員総計七万一二〇〇人となるが、更に日本より帰航する諸外国船による渡航人員を拾えば、その頃海外に出た同胞の延人員総数は十万人以上に上ったと推定しても差支えあるまい。もとよりその中、幾割の人員が渡航先に滞留するに至ったかも分らず、また全然記録されていないが、今かりに五分の人員が渡航先に踏み留まったとすれば、南洋各地に移住した同胞の数は五千人位となり、一割とすれば一万人

南洋渡航船乗組員数表

	年次	渡航地	船主	乗組員数	典拠
1	文禄二年(一五九三)	呂宋	原田喜右衛門	一六〇名	註(1)
2	同　年(一五九三)	呂宋		三〇〇	(2)
3	慶長十三年(一六〇八)	占城	有馬晴信	三〇〇	(3)
4	同　年(一六〇八)	交趾		一一〇	(4)
5	同十四年(一六〇九)	東京	角倉与一	一一八	(5)
6	同十五年(一六一〇)	呂宋		一八〇	(6)
7	同十九年(一六一四)	暹羅(琉球)	三浦按針	三〇〇—三二〇	(7)
8	元和三年(一六一七)	福建	村山等安	一〇〇	(8)
9	同九年(一六二三)	交趾	茶屋四郎次郎	三〇〇	(9)
10	寛永三年(一六二六)	暹羅	角倉与一	三九四	(10)
11	同　年(一六二六)	暹羅	高木作右衛門	五七	(11)
12	同五年(一六二八)	高砂	末次平蔵	四七〇(三隻)	(12)
13	同七年(一六三〇)	暹羅	ヤン・ヨーステン	三九四	(13)
14	同一〇年(一六三三)	暹羅	喜左衛門	五〇	(14)
15	同　年(一六三三)	交趾	末次平蔵	一五〇	(15)

位となるが、朱印船時代以前の渡航者、及び、幕府諸大名の吉利支丹宗弾圧が漸次重加するに伴い、信徒の海外に追放せられる者、あるいは自ら逃避する者も激増して、これら移住同胞の実数は一層増加したるべく、これらを通計して、当時南洋移住同胞数を七千ないし一万と推計しても、決して過大なる見積りではあるまい。今彼等南洋渡航日本人の身分、職業、雇傭関係の諸相を綜観するに、

A　日本人自ら渡航したる者

一、海賊として渡航したる者……政府の禁圧により次第に変質消滅す。
二、船員として渡航したる者……三者相兼ねる場合多し。
三、商人として渡航したる者……｛一時的渡航者。／半永住的渡航者。
四、失業者として渡航したる者……
五、追放吉利支丹として渡航したる者……
六、その他の渡航者……
（四～六）外人の雇傭または商人に転ずる場合多し。

B　外人の雇傭人として渡航したる者

一、伝道者となれる者
二、官吏となれる者
三、商館員となれる者
四、船員となれる者
五、傭兵となれる者
六、労働者となれる者

七、捕虜となれる者
八、奴隷となれる者
九、その他の傭人となれる者

C　外国人との婚姻によりて渡航したる者

次に日本人の雇傭主たる諸外人は、元来南洋に土着して国を為せる原住民と、外部より南洋に渡来せし住民とに大別し得べく、そのおのおのはおよそ次の如き諸外人であった。即ち、

(A)　南洋土着人

(イ)東京《トンキン》人　(ロ)交趾《コウチ》人　(ハ)柬埔寨《カンボジャ》人　(ニ)暹羅《シャム》人　(ホ)ビルマ人

(B)　南洋外来人

(イ)オランダ人　(ロ)ポルトガル人　(ハ)イスパニヤ人　(ニ)イギリス人　(ホ)イタリア人　(ヘ)支那人

を列挙することができるが、これは当時南洋において活躍せし開化民族全部にわたっていたと言ってよい。

さてこれらわが同胞の南洋における居住の形態は、日本人のみ特定の地域に集団をなして一部落を形成する場合と、諸外国人の間に雑居して分散生活を営む場合とがあるが、前者を俗に日本町と呼び、フィリッピンのマニラ市東南郊のディラオ(Dilao)とサン・ミゲル(San Miguel)、交趾のフェフォ(Faifo)とツーラン(Tourane)、柬埔寨のピニャールー(Pinhalu)とプノン・ペン(Phnon-Penh)、及び暹羅のアユチヤ(Ayuthia)にあった。外人間に分散雑居している所は、ほとんど南洋の全要地にわたっていて、台湾、澳門《マカオ》、東京をはじめ、モルッカ諸島のアンボイナ島(Amboina)、バンダ島(Banda)、テルナテ島(Ternate)、チドール島(Tidore)、マキアン島(Makian)、セレベス島(Celebes)より、ボルネオ島(Borneo)の西南、スマトラ島(Sumatra)の東部、ジャバ島内のバタビヤ(Batavia)とバンタン(Bantam)、

ソロール島(Soloor)、マレイ半島内のマラッカ、太泥(Patani)、リゴール(六崑 Ligor)等の諸地にして、更に遠くビルマ、印度にまで拡大していて、当時日本人の分布地域は、今日普通ほとんど吾人の注意にも上って来ない僻陬の地にまで及んでいた。今、日本人南洋発展の典型的な一事例として、ここに各地の日本町をとり上げ、まずその個々について、その発生過程や、その位置、その規模及び戸口数、町の行政様式や在住民活動の消長より彼等の生活状態などの各方面にわたり、以下章を追うて一々その実情を攻究して、以て日本町の一般的な性格を明らかにし、進んで当時の日本人南洋発展の本質を闡明してみたい。

(1) Blair & Robertson. Phil. Isls. op. cit. Vol. IX. p. 40.
(2) ibid. p. 50.
(3) 『当代記』巻五、慶長十四年十二月九日(刊本、第二、一五八頁)。
(4) Journael ofte dachregister des Casteel Zeelandia, 25 Feb.–30. Sep. 1643. [Kol. Archief 1053.]
(5) 『異国日記』上、下。
(6) Dam, Pieter van. Beschryving van de Oost Indische Compagnie. II–1. 's-Gravenhage. 1931. pp. 796–797.
(7) Copie letter from Richard Wickham in Japan to Sir Thomas Smyth. 23 Dec. 1615. XXXII. [Factory Records. China and Japan. N°. 15.]
Purnell. The Log Book of William Adams. op. cit. p. 200.
(8) Cocks. Diary. op. cit. Vol. I. p. 249.
(9) 「茶屋船交趾渡航貿易図」。
(10) 『天竺徳兵衛物語』(『海表叢書』巻五、四八頁)。
(11) Copie Missive van Cornelis van Neijenroode uijt Japan aen Pieter Muijser. Firando. 27 Sep. 1623. [Kol. Archief 11722.]
(12) Colenbrander. Coen, Bescheiden. op. cit. Vol. V. p. 146.
(13) 『天竺徳兵衛物語』四九頁。

(14) Copie Missive door Joost Schouten uijt Judia, in Siam aen den Gouverneur Generael in dato 6 Nov. 1633. [Kol. Archief 1025.]

(15) Dachregister van de Jachten Brouwershaven ende Sloterdijck vant gepasserde op haere reyse naer Quinam, van 2 Junij tot 5 Julij 1633. [Kol. Archief 1025.]

第三章　交趾《コウチ》日本町の盛衰

第一節　交趾日本町の発生

朱印船が盛んに出入貿易した地方の一は交趾であった。両御朱印帳では、交趾国とも、または跤趾国とも記しているが、当時ヨーロッパ人は、この交趾のことを交趾支那(Cochin-China)と呼んだ。しかし、この同一内容を有する二種の称呼は、共に土着人が自ら称するところにあらずして、専ら外国人が、ほぼ現今の越南国の中部に該当する地方をかく呼んだのである。その後この称呼は南に移動して、現今ではその南部が交趾支那であるが、この地名とその意味する地域の変遷については、一九二四年既に河内のフランス極東学院(l'École Française d'Extrême-Orient, Hanoi)のレオナル・オールッソウ氏(Léonard Aurousseau)の詳細なる研究も発表されているから、[1]これを再説することは省くが、当時わが国では専らこれを訛って「かうち」と呼び、「川内」または「河内」と書いたこともあった。[2]両御朱印帳にて広南及び順化と記し、それぞれ「くわうなん」「クイナム」及び「ソンハ」「スノハイ」と読ませたのは、交趾国の中心都市であった。西川如見の『増補華夷通商考』にも、

交趾《コウチ》 カウチイ漳州口 キヤウツウ南京口
一国ノ総名を交趾ト云。日本ニ来ル船ハ此ノ国ノ内広南《クワウナン》 クイナム南京 カンナム漳州 ト云処ヨリ来ルヲ交趾舟ト云也。広南ハ今ノ城下ト見エタリ。安南国ト云モ、此辺ノ総号ト見エタリ。国主有テ仕置ス。[3]

と記している。順化とはもとより現今ユエ(Huế)のことにして、ソンハまたはスノハイと読ませたのは、順化の土音タノア(Thuận-Hóa)を訛ったに相違なく、当時ヨーロッパ人もこれをセノア、シノア、シンホア(Sennoa, Sinoa, Siñ-hoa, etc.)と訛称していた。[4] 一六一七(元和三)年、イギリス人ウィリアム・アダムズ(William Adams)とエドモンド・セーリス(Edmond Saris)が、平戸より交趾に渡航した時の航海記にも、シノファ(Shinofa)、セナファイ(Shenafaye)と記している。[5] しかし順化なる名称は、このほか広義には、同市を中心とする一省を指したこともある。これより先、十五世紀の始め、黎氏建国後、版図を十三行省に分ったが、その時、順化もまたその一省として、ほぼ今日の広平、広治、承天、及び広南の北部を包含していた。[6]

また両御朱印帳に迦知安なる地名を掲げて「カチヤン」と読ませ、ただ一回慶長九年に松浦氏に朱印状が下付されているが、これもまた交趾国内の地名である。ミラノ生まれのイエズス会の教父クリストフォロ・ボルリ(Christoforo Borri)は、一六一八(元和四)年交趾に渡って伝道を開始したが、彼の親しく見聞せし所によれば、

交趾支那は五地方(Provincia)に分れている。第一は東京に境を接し、此処に国王が居を構えているが、シヌワ(Sinuva 順化)と呼ぶ。第二はカチアン(Caciam)と呼び、此処には太守として王太子が在住し、第三はクヮンギヤ(Quanguya 広義)と言う。第四はクィニン(Quignin 帰仁)と言い、ポルトガル人はプルカンビ(Pullucambi)と呼んだ。第五は占城に接壌してレンラン(Renran)と呼ばれる。……カチアンは王太子の住せる都市にして、ツロン(Tron)より河を溯ること、六、七リーグにある。[7]

と記してある。また同会の教父アントニオ・フランシスコ・カルディム(Antonio Francisco Cardim)の著わした安南、交趾支那、柬埔寨、暹羅地方の『伝道誌』中にも、

カチアン(Cachão)は交趾支那の主要なる一州の首府にして、総督が駐在し、フェフォ(Faifo)からは一リーグ隔

っている。[8]

と述べている。今両教父の記すところによれば、カチアンはツーラン(Tourane)より河を溯ること六、七リーグにして、フェフォから一リーグの地点にありて、しかもこの地方の中心都市なるべき土地なれば、もはやこれは今日の広南と断定せざるを得ぬ。しかもボルリによれば、国王の住せる北方の順化に対し、王太子の住せる都市なると同時に、これを中心とする同名の地方なる相当に広い一行政区画の名称のようであるが、これは都市広南が広南省の首邑なると、全く同一用例にほかならぬ。されば当時ドミニコ会の教父ガブリエル・キロガ・デ・サン・アントニオ(Gabriel Quiroga de San Antonio)の『柬埔寨記事略』には、これを誤解して、

東洋にあって支那と日本に対している地方に柔仏《ジョホール》(Jor)王国及び彭亨《パハング》(Pan)、太泥(Pathania)、柬埔寨(Camboxa)、占城(Champa)、順化(Sinoa)、カチャン(Cachan)と東京(Tunquin)等の諸王国があり、終の三者を普通一般に交趾支那と云う。[9]

と記し、彼は更に同書の「交趾支那王国記」なる章の中に、一五九六年マニラより柬埔寨に派遣されたフアン・フアレス・ガリナト(Juan Juárez Gallinato)の交趾到着のことを報じて、

司令官ガリナトは、カチアンという王国の一港に到着した。[10]

と記しているほどである。彼によればカチアンは一王国にして、他の東京及び順化二王国と共に交趾支那を形成していることになる。これは同地方における政治的勢力の分裂にもとづく誤解ではあるが、当時カチアンが広狭二義に解釈されたことは明瞭である。両御朱印帳に記した広南と迦知安とは、広義の省名としての広南を指したるなるべく、前述のツーランとフェフォとは、実に広南省内における外舶輻湊の要津であった。十七世紀オランダ人の旅行記や地図に見えるクィナム(Quinam)は、、西川如見の言う広南の南京音の音訳なるべく、その地域は広南省よりも拡大し

て、むしろ交趾支那全地域を指していたようである。[11]

当時交趾は安南国王黎氏の治領の南半を占めていたが、既に十六世紀の末頃から王室の威力は衰微して、黎氏はわずかに王位の虚名を有するに過ぎず、政治の実権は重臣鄭阮二氏に移り、鄭氏は国王を擁して国都東京にあり、王国の北半東京地方を治し、阮氏は順化に駐して王国の南半を領し、隠然独立王国の観があった。地名の混乱はすべてこれにもとづいている。十六、七世紀に成れるヨーロッパ人の旅行記、地誌も多くはこれを南北二国と見なし、北を東京国とし南を交趾支那国と称している。わが国でも、寛永の鎖国直前に書かれた「日本異国通宝書」には、安南国のうちを、東京と交趾の二項に分っている。[12]かくて順化の阮氏は外国人から国王と呼ばれた。しかし鄭阮二氏共に、依然として黎氏の国号を襲用し、両氏のわが国に送った外交文書には、いずれも安南国の国号を冠している。

日本船の交趾渡航は、記録の上では天正五（一五七七）年頃まで溯ることができる。明の万暦五（一五七七）年三月漳州海澄県の陳賓松が、その持船に銅・鉄・磁器等の商貨を積載して交趾順化地方に渡航した時、たまたま福建船の来泊するもの十三隻に上り、商貨過剰にして売りさばけず、やむなく交趾の小舟を雇って広南に転売せんとし、途中で倭船に捕えられて、乗組の朱均旺等一同薩摩に拉致されたことがある。[13]おそらく明における対倭警備の完成により、彼等倭船はその活動舞台を南方に延長拡大したのであろう。

文禄元（一五九二）年頃、秀吉は海外渡航船に朱印状を下付したと伝えられているが、渡航先に広南または交趾の地名もあげられていたようである。[14]その頃福建の巡撫許孚遠が、日本に潜入していた明の密偵から得た情報によれば、薩摩は船隻慣泊の処にして、万暦二十一（一五九三）年同地を発して、呂宋、柬埔寨、暹羅、媽港《マカオ》に赴く商船八隻以外に、三隻交趾に向ったことを伝え、[15]またその頃、同人の綴った「疏通海禁疏」中にも、

若二夷国之東（柬）埔寨一、多産二鉛硝一。暹羅亦有レ之。倭奴毎歳発レ船、至三交趾呂宋地一、買運而去。此又非三禁令之所二能及一。[16]

とあり、当時日本船が既に例年交趾呂宋に航するも、支那の海禁令にては如何ともする能わざることを歎じている。その後一五九六年、司令官ガリナトが柬埔寨遠征よりの帰途ツーランに寄港して、たまたま数隻の日本船も来泊し、両国船員の間に紛擾を生じたこともあった。[17] 翌々一五九八(慶長三)年三月にも長崎を発した一日本船が媽港に寄港して交趾に渡航した。[18] かようにして、既に近世初期、江戸時代以前から、日本船は交趾方面に少なからず進出貿易し、殊に文禄以後はほとんど連年渡航していることが判明する。

徳川氏覇権確立以後は、彼我両国間の親交、朱印船の渡航貿易は、ほとんど加速度的に進展した。まず弘定二(一六〇一)年安南国瑞国公は贈物に添えて書を家康に寄せ、前年四月長崎から順化に航して、難破没収の厄に遭った白浜顕貴を、同年再び来航した日本船に託して送還することを報じた。家康は直ちに返書を送ってこれを謝し、更に「本邦之舟、異日到二其地一、以二此書之印一、可レ為二証拠一、無レ印之舟者、不レ可レ許レ之」と記しているが、[19] 此書之印とは家康が外交文書に常用した「源家康弘忠恕」の朱印のことなるべく、果して然らば、この時彼は、交趾渡航船にも朱印状を携帯せしめることを、始めてかの官憲に通告したのに相違ない。既にオランダ人エロニムス・ウォンデラール(Jeronimus Wondelaer)の報告によれば、一六〇二年春夏の交(即ち慶長七年)、彼我政府の間に朱印状に関する諒解成立の年頃、交趾のツーランとフェフォ、特に後者には日本人とポルトガル人の貿易に来航する者多きことが報ぜられているが、[20] 爾後交趾渡航船は、前掲二表によっても、総計七十一隻に上っている。わが交趾渡航船の船主には、両御朱印帳のみでも、松浦鎮信、加藤清正の両大名、船本弥七郎、負田木右衛門、大文字屋半兵衛、平戸助大夫、船頭杢右衛門、寿庵等の商人、三官、四官、五官、六官、華宇等の在留支那人及びマルトロ・メディナ(Bartolome Medina)、ヤヨウス(Jan Joosten van Lodensteijn)、マノエル・ゴンサル(Manoel Gonçalo)等の在住ヨーロッパ人もあった。同地の官憲は、この頻繁な船便を利用して、将軍家康を始めとして、加藤清正、本多正純、土井利勝、長谷川藤広等の大名や幕吏と書翰方物を贈答して、両国の和親・貿易の促進を計っている。かの国書に、大都統瑞国公と記したのは、一五九三年瑞国公に補せられた阮潢(一五五八—一六一三)のことである。(21)

かくのごとき朱印船の交趾渡航の頻繁化は、もとより交趾人と同地の物産とを取引の対象とする貿易の発展にもとづくものであるが、他の一面には、支那沿岸各地の峻厳なる海禁を避けて、日支両国船が同地に会合して盛んに通商取引したのも、また見逃がすべからざる重大なる原因であった。明末の海外通、何喬遠も、この間の事情を「開洋海議」の中において、

日本国法《ハ》所《ノ》レ禁、無《シ》二人《ノ》敢《テ》通《スル》一。然悉奸闌《ニ》出《シ》レ物《ヲ》、私《ニ》往《キ》二交趾諸処《ニ》一、日本《ニ》転《スル》二乎販鬻《ヲ》一、実《ハ》則与二中国一貿易矣。(22)

と記しているが、オランダ人の得た情報によれば

広南は、良好なる湾、即ち碇泊地を有せる交趾支那の一地にして、同地において支那人は日本人と年々盛に取引する。(23)

とあり、広南を中心とする日支両国貿易の盛況を伝えているが、ついにイエズス会のポルトガル人巡察使教父ヴァレンチン・カルヴァリョ(Valentin Carvalho)も、

一六〇〇年及び一六〇二年には、日本人は余り海外に渡航しなかった。ただ数隻マニラに麦粉を輸出したに過ぎなかった。一六一二年にポルトガル船は僅かに一三〇〇キンタル(quintal)の生糸を輸入したが、他の商品のことは暫らく措いて、日本のジャンク船や、マニラ船と支那人によって、五〇〇〇キンタル輸入された。これポルトガル人が従前のようには、重視されなくなった主要なる原因である。

殊に交趾支那においては、大いに障害となる貿易が開始された。即ち支那人は多量の生糸を同地に齎らし、日本人は来って之を購入し、彼のジャンク船に積取って日本に帰るようになった。(24)

と言えるほどで、一六〇〇年より一六〇二年と言えば、あたかも慶長五年より七年に至る頃にして、まさに徳川氏の朱印船制度創設の頃を転機として、交趾における日支両国船間の生糸貿易は躍進し、ポルトガル船の日本貿易に一大打撃を与え、従来その日本貿易上に有していた独占的地位を著しく低下せしめたのである。

当時交趾地方を統治せる阮氏は、対外貿易の発展によって、その財政を豊かにせんとして、領内の港湾を開放して頻りに外船を招致した。そうしてこの交趾の港湾において、貿易上圧倒的勢力を有していたのは、実にわが朱印船と支那船とであったようである。ボルリは、

交趾支那の主要なる貿易を、支那人と日本人とが、同地の一港に年々開かれて約四カ月間継続する互市において遂行した。支那人は彼等のジャンクで、総額銀貨四、五万を齎らし、日本人はソマ(Somme)と云う彼等の船で、極めて純良な生糸と彼等の他の商品とを多量に舶載して来る。国王はこの互市からの関税で多額の年収を挙げ、その国は多大なる利益を得る。……すべての外船が出入するところの最も重要な港にして、前述の互市が開かれるのは、カチアン地方の港であるが、その港は海から二つの入口があって、一をプルチャンペロ(Pulluciampellò)と呼び、他をツロン(Turon)と云う。両所は初めは大分離れ、互に三、四リーグ隔たっていて、深く陸地に入りて七、八リーグの間は、二つの河筋の如くなっているが、結局一筋の河になって、其処に双方から入った船が一緒になる。(25)

と記している。プルチャンペロと言うのは、フェフォの河口沖合にある劬労社島(Culao Cham)、即ち大沾島のことである。そしてツーランとフェフォの町を過ってそれぞれ海に注ぐ二河が、昔フェフォ付近で合流していたことは、安南人東野樵の著わす地図書『乾坤一覧』などによっても立証される。(26)

ボルリの記述の外に、交趾における諸外国船の入港及び徴税の状態は、当時の同地の社会経済事情を克明に記した

安南随一の学者黎貴惇の著『撫辺雑録』にも詳細に描かれている。

海港には市舶提挙司が設置され、その下に次の如き備員が配属されていた。即ち、

該艚　一人。知艚　一人。該簿艚　二人。該府艚　二人。記録艚　二人。守艚　二人。該房　六人。令史　三十人。全鋭兵　五十名。艚另四隊　七十名。通事　七名。

であった。フェフォまたはツーランに入港した船舶は、これらの吏員の検閲がすんで後、始めて艚長即ち船長が到税と称する入港税を納め、その国の地方長官や提挙司に贈物を献上し、次いで貿易を終って出港する際にも、また回税を納入する慣習であった。今、諸国船に課せられた到税及び回税を列挙すれば、

	(到　税)	(回　税)
上海艚	銭三千貫	銭三百貫
広東艚	同三千貫	同三百貫
福建艚	同二千貫	同二百貫
海南艚	同五百貫	同五十貫
西洋艚	同八千貫	同八百貫
瑪羔艚(Macao)	同四千貫	同四百貫
日本国艚	同四千貫	同四百貫
暹羅艚	同二千貫	同二百貫
呂宋艚(Luzon)	同二千貫	同二百貫
旧港処艚(Palembang)	同五百貫	同五十貫

河仙艚(Hatien)　　同三百貫　　同三十貫
山都客艚(Saoton)　　同三百貫　　同三十貫

にして、出港税は入港税の一割であるが、わが朱印船も一隻の港税、出入併せて銭四千四百貫を納付していたのであった。[27]

さて朱印船の交趾渡航後の行動に関しては、幸いにオランダ人等の詳細なる報告も残存しているが、これによると、彼等もまたまずツーラン湾に投錨し、乗組の商人数名を交易地フェフォに派遣して、同地在住の日本人の頭領と土地の官憲とに、彼等の来港を報告すると、両人は直ちに急使を以て国王にこれを転奏し、かくて提挙司や王の直臣が来船し、船荷を検閲するまで、彼等は商品の積み降ろしを差し控えて待たねばならなかった。提挙司が来船して、積荷、その品目、その数量等を検閲し、まず積荷中より国王及び大官のために、銅、銅銭等の商品を特占的に買い上げて後、始めて積荷揚陸の許可が出ると、商人等は漸次商品をフェフォに運搬して、同地在住の友人等と連絡して、これを売りさばいたのであった。[28] 而して明の張燮の『東西洋考』の中にも、交趾の交易の項にて、この間の事情を記し、

貢舶既到、司関者、将レ幣報レ酋。舶主見レ酋、行ニ四拝礼一、所レ貢ノ方物、具ニ有ニ成数一。酋為ニ商人ノ設レ食、乃給ニ木牌ヲ於廛舎ニ一、聴スニ民ノ貿易ヲ一。酋所レ須ツ者、輦而去徐シ、給ニ官価一以償耳。[29]

とあり、当時支那人も全く同様なる方法の下に、彼等の交易が営まれたことを裏書きしている。即ち外人にとって、ツーランは、いわば船着きの一時的仮泊の舟宿港町なるに対して、フェフォは特に常設的に交易を主とする商業都市にして、それぞれその目的のために、日本人等の移住定着する者も出て来たようである。

一六一五年の初め頃、イエズス会のヴァレンチン・カルヴァリョ(Valentin Carvalho)、ディオゴ・カルヴァリョ(Diogo Carvalho)及びフランシスコ・ブゾミ(Francisco Busomi)の三人が、伝道のためマカオから交趾に向かったが、

「この三人の宣教師は一月二十八日交趾支那の港ツーラン(Turam)に入り、パードレ・ディオゴ・カルヴァリョは、日本人等の居住地フェフォ(Faifó)に到り、フランシスコ・ブゾミはツーランに着いたが、やがて同地に教会堂も出来た」[30]。その後一六一七(元和三)年四月ウィリアム・アダムズ等がギフト・オブ・ゴッド号(Gift of God)に乗って、平戸から交趾に渡航し、一時、大沾島に仮泊し、次いでフェフォに達した時、既に同地に成立せる日本人居留地を目撃していた。今、彼の航海記中から在住日本人関係記事を摘記すれば、

〔一六一七年四月〕二十日。安息日にして、我等は広南の河に入り、順風を得て溯航して町〔フェフォ〕に達した。今日バルナルド(barnard)のジャンク船、トラン〔ツーラン〕(torran)に到着した報があったので、その実否は更に確報を待つこととしたが、やがて確報があった。

〔五月〕十六日。左兵衛殿(Safe donno)の手代が広南で殺害され、その国の人二名もまた殺害されて、銭三貫目掠奪された。

十九日。月曜日にして、殺人の報が来たので、船長等一同王子の下に赴き、その事について感謝し、裁判の施行を見んとしたが、船長中には行くことを見合わせた者もあり、殺害された三人は発見されて、広南の日本町(Japanese Mach)に運ばれ鄭重に葬られた[31]。

とあり、アダムズと同行したエドモンド・セーリスの航海記中にも、

〔四月〕二十二日。本日予は上陸して家を借り貨物を悉く陸揚したが、ダカ殿〔多賀?〕(dackadona)の子両人から大いに歓待されて、その家に宿ったが、彼等の父親はバルナルドに会いにトロン〔ツーラン〕(Torroune)に行っていた[32]。

とある。日本人バルナルドとは、平戸のイギリス商館長リチャード・コックス(Richard Cocks)の日記にも記されて

いる長崎の船主である。[33] アダムズと交渉あるダカ殿とは、フェフォ在住日本人中の有力者にして、彼の家にセーリスは宿泊している。同地で殺害された日本人は長崎奉行長谷川左兵衛の手代とあるから、彼は貿易港長官の地位を利用して、私に貿易に手を染め、頻りに斡旋して一族に異国渡海御朱印状を受けさせたが、交趾の官憲もこの有力者に対し、弘定十二(一六一一)年には来航の船本弥七郎船に託し、[34] 同十六(一六一五)年には小川利兵衛船のフェフォ来着を機として書翰と方物とを贈っている。[35] 左兵衛もまたアダムズ等の交趾渡航にあたって、かの地の官憲に紹介状をしためている。[36] おそらくかくの如き用務の必要上、手代をかの地に駐在せしめたのではあるまいか。そしてこの手代の葬式は、フェフォの日本人居留地で執行されたが、アダムズは特にこれを日本町《マチ》と呼んでいる。西川如見もまた、「昔日本人此ノ国ニ渡海ノ時、留ツテ居住セシ者多シ。日本町《マチ》と号シテ一町アリテ其子孫有レ之由」[37] と言っている。

かくして同地における朱印船貿易の発展に伴い、移住日本人の数も漸次増加して、ついに彼等が集団をなして一定の地域内に居住地を形成して、いわゆる日本町を建設するようになったのは、カルヴァリョや、アダムズのこの記述より以前、おそらく慶長の半ば頃のことと思われる。教父ボルリはアダムズ渡航の翌年一六一八(元和四)年交趾に入り、滞在三年、一六二一年退去したのであるが、この点に関しても、最も剴切なる筆を以て、

> 交趾支那王は日本人と支那人とに適当な場所を与えて、年々行われる大なる互市の便を計って町を営ませた。その町をフェフォと云う。その町は甚だ大にして、むしろ二の町があると言っていい程である。一は支那人町で、他は日本人町にして、それぞれ別個に生活している。[38]

と記している。日本町発生の過程にあたって、当時、阮氏の外来人に対するかくの如き積極的な政策もまた看過できない重要性を有する成立条件ではなかったかと思われる。

なお一六二二年十一月五日に教父バルタサル・アルヴァレス(Baltazar Alvarez)が出した布教報告に

日本に迫害が始まって福音の伝道者が、総て国外に追放され、イエズス会の教父の中には、逃避して、支那とマラッカの間に在って、ポルトガル人、支那人や日本人等のしばしば訪れる異教の国、交趾支那に赴く者もあった。……日本人吉利支丹等は、自国においては、自由にミサや説教を聞き通信をかわすこともできないので、貿易の利よりも、むしろ精神の善を探し索めて、この港に集まった。[39]

とあり、当時の宗教的理由によって、同地に日本人移住も増大したように述べているが、『崎陽古今物語』などのわが国の所伝にも、

跤趾之国江居住之日本人之事

一　其頃異国えも思ひ〱の国々え為二相渡一之由候得者、自由に為レ有レ之処、俄ニ邪宗門御大禁ニ罷成、跤趾え罷渡之衆、最早帰朝不二罷成一、無二是非一跤趾え罷留り、日本町と名付、大分之囲を構へ、四方門を立、夜之出入自由ニ不レ致、昼ハ内外共徘徊有レ之様ニシ[40]

とあり、同地日本町発達の一因が幕府の宗教政策に関係あったことを記している。

(1) Aurousseau, Léonard. Sur le nom de Cochinchine. (B. E. F. E. O. Tome XXIV.)
(2) 『島井文書』『大迫文書』。
(3) 西川如見『増補華夷通商考』巻之三。
(4) Cabaton, Antoine. Brève et Véridique Relation des Événements du Cambodge par Gabriel Quiroga de San Antonio. Paris. 1914. p. 93 note (3).
(5) Purnell, C. J. The Log Book of William Adams. op. cit. 1614–1619. London. 1915. (T. P. J. S. L. Vol. XIII. Part II.) pp. 233, 290.
(6) 馬雲鵬・范文樹『安南初学史略』五五頁。Cadière, M. L. Tableau Chronologique des Dynasties Annamities. (B. E. F. E. O. Tome V.) p. 133.

Le Mur de Dong-Hoi（定北長城）(B. E. F. E. O. Tome VI.) p. 94.

（7） Borri, Christoforo. Relatione della nvova Missione delli PP. della Compagnia di Giesv al Regno della Cocincina. Roma. 1631. pp. 8, 110.

（8） Cardim, Antonio Francisco. Batalhas da Companhia de Jesus na sua gloriosa Provincia do Japão. Lisboa. 1894. p. 177. 本書はフェフォのことを全部 Taifo と記すも、後年印刷に付する際筆写体 *T* と *F* とを誤りたるものであろう。

（9） Cabaton. op. cit. pp. 4–5, 93.

（10） ibid. pp. 24, 125.

（11） Buch, W. J. M. De Oost Indische Compagnie en Quinam, De Betrekkingen der Nederlanders met Annam in de XVIIe Eeuw. Amsterdam. 1929. pp. 1–8.

（12） 「日本異国通宝書」日本従長崎異国に渡海之湊口迄船路積。

（13） 侯継高『全浙兵制考』二、附録「近報倭警」。

（14） 『長崎志』第一巻(長崎文庫刊行会本)、八—九頁。
宮崎成身『視聴草』第五三冊、六集、第三「異国へ通商の御朱印写」

（15） 許孚遠『敬和堂集』巻五、「請計処倭酋疏」。
張燮『東西洋考』巻十一「芸文考」。

（16） 『敬和堂集』巻五「疏通海禁疏」。
陳子竜『皇明経世文編』巻三百七十六。『敬和堂集』「疏通海禁疏」。

（17） Cabaton. Relation. op. cit. pp. 24–25, 126–127.

（18） Carletti, Francesco. Regionamenti di Francesco Carletti Fiorentino sopra le Cose da lui Vedute ne' suoi Viaggi dell' Indie Occidentali, e Orientali, come d'altri Paesi. Firenze. 1701. p. 87.

（19） 『異国日記』「異国所々御書之草案」(『史苑』七ノ四、史料五三頁)。

（20） De Jonge, J. K. J. De Opkomst van het Nederlandsch Gezag in Oost Indie. 's-Gravenhage. 1862–1888. Deel II. Bijlage. pp. 246–247.

(21) Cadière. Tableau. op. cit. pp. 133–134.
(22) 何喬遠『鏡山全集』巻二十四、議、「開洋海議」。
(23) Originaele Missive van Jan Pietersz. Coen uijt Bantam aen de Camer Amsterdam in dato 18 Dec. 1617. [Kol. Archief 978.]
(24) Pagés, Léon. Histoire de la Religion Chrétienne au Japon. Tome II. Annexes. Paris. 1870. pp. 164–165.
(25) Borri. op. cit. pp. 96–98.
(26) 東野樵『乾坤一覧』。
Staunton, George. An Authentic Account of an Embassy from the King of Great Britain to the Emperor of China. London. 1797. Plate N° 3.
(27) 黎貴惇『撫辺雑録』巻四。
瀬川亀「我が朱印船の安南通商に就いて」(大阪外国語学校『海外視察録』第1号、一六—一七頁)。
Maybon, Charles B. Histoire Moderne du Pays d'Annam (1592–1820). Paris. 1920. pp. 53–54.
(28) Copie Missive door den oppercoopman Abraham Duijcker aen d'Hr Generael gesch. den 7^{en} October 1636. met een apendicx van 15 Meij 1636. [Kol. Archief 1032.]
(29) 張燮『東西洋考』巻1、「交趾・交易」。
(30) Cardim. Batalhas. op. cit. p. 177.
(31) Purnell. The Log Book of Adams. op. cit. pp. 45–47.
(32) ibid. p. 104.
(33) Cocks. Diary of Richard Cocks. Vol. II. pp. 24, 92.
(34) 「桑名総社文書」。
(35) 「半舫斎日鈔」(山本信有『日本外志』巻五所収)。
(36) Cocks. Diary. op. cit. Vol. I. pp. 224, 239.
(37) 『増補華夷通商考』巻之三。
(38) Borri. op. cit. p. 98.

(39) Relatione Summaria Della Nvovo Che son Vedute dal Giappone, China, Cochinchina, India, & Ethiopia, l'anno 1622. Milano. MDC. XXIII. (English Translation in Sophia University.)

(40) 『崎陽古今物語』 交趾之国江居住之日本人之事。

第二節　交趾日本町の位置、規模、及び戸口数

交趾における日本町は、前述のような事情の下に、フェフォと、その北方三十三キロを隔てているツーランとに建設された。フェフォは坡舗とも会安とも書くが、後者は昔フェフォを構成していた五部落の名称の一にもとづくものである。(1) また元和元年交趾に渡航せし小川利兵衛船の投錨した大瞻海門とは、フェフォの町の南側を過って東流し海に注ぐクワダイ川(Song Cúa Dai)河口のことである。(2) 今日では近海航路の大型船も、ツーランに寄港し、フェフォは近代的港湾の性質を失って、僅かに地方的都市となったが、当時はむしろその繁栄ははるかにツーランを凌駕していたようである。

フェフォは、フェフォ川(Song Fai Fo)の北側に沿うて東西にわたった町で、川に並行した目貫の通りは主として支那人が在住しているが、今でも日本橋通(Rue de Pont Japonais)と呼び、その通りの西端にある橋を日本橋(Pont Japonais)と呼んでいる。一に来遠橋と称し、往時日本人在留の頃、彼等が建設したものと伝え、橋上東北隅にある嘉隆丁丑年(一八一七)の重修来遠橋の碑には

古也相伝、日本国人所ニ作経一、奉ニ先朝宸翰一、賜レ名曰ニ来遠橋一。(3)

と銘記してあり、『大南一統志』中広南省の橋梁の条にも、

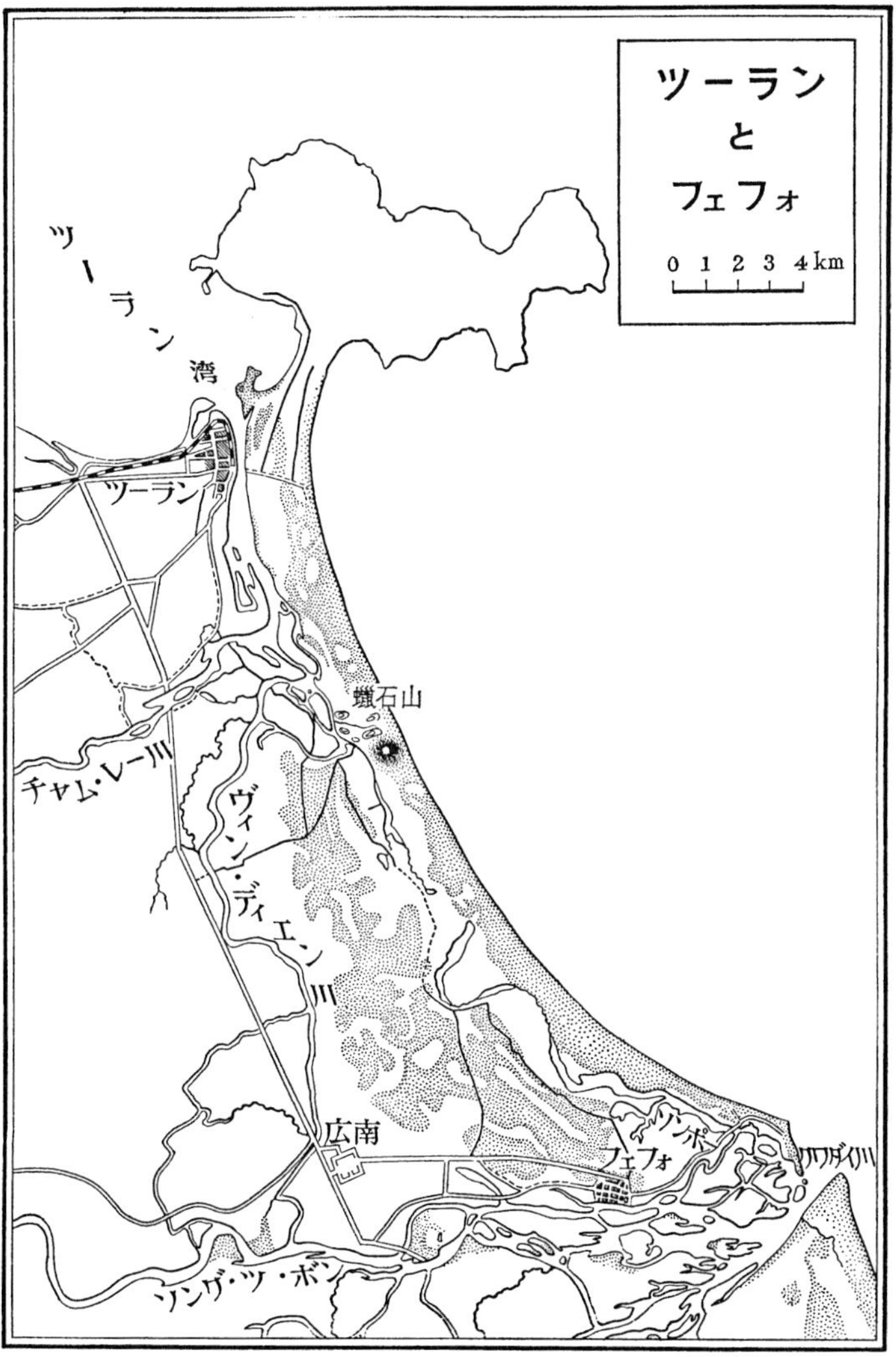

ツーラン及びフェフォ付近現状図

来遠橋　瓦橋在二延福県明郷社一、相伝日本商人所レ造、長十八尺七寸、橋上架レ寺、座砌二石柱一、蓋瓦凡九間、寺中祀二北帝騎虬象雨一、旁列レ貨販買、国初顕尊己亥二十八年〔一七一九〕南巡二幸会安舗一、見二舗西有レ橋、商船湊集、賜二今名一、有二御書一、金扁今存、俗名二梂厨一[4]

と記してあるが、これより先、康熙甲戌年(一六九四)同地に渡航した清の僧・釈大汕の紀行文なる『海外紀事』の七月一日の条には、

蓋会安各国客貨馬頭。沿河直街、長三四里。名二大唐街一。夾道行肆比櫛。而居悉閩人。仍先朝服飾、婦人貿易。凡客レ此者、必娶二一婦一、以便二貿易一。街之尽為二日本橋一。為二錦庯対河一、為二茶饒洋艚所レ泊処一也。人民稠集、魚鰕蔬果、早晩趕趂絡繹焉。薬物時鮮。順化不レ可二購求一者、於レ此得レ致矣。[5]

と記している。即ち大汕の言う大唐街とは、現今の支那人町となれる日本橋通のことなるべく、街の尽くる所にある日本橋とは言うまでもなく、この支那人町の西端にある来遠橋、即ち日本橋そのものである。しかも大汕の文より推せば、おそらく日本橋なる名称も、既に在住日本人の建設当時よりあったものと思われる。しかし来遠橋は、その後、両三度改築した結果[6]、今では全く往時の日本的な俤を留めていない。

フェフォの日本町のことは、アダムズやボルリの記述によって明らかであるが、殊にボルリは、同市がむしろ日本人町と支那人町の二部より成立していると言ってよいと述べている。その後オランダ人の報告によれば、一六三三(寛永十)年五月には、この町が火災に遭い[7]、翌三四年七月一日にも火災が起って、オランダ商館等八十戸焼失して、火元の日本人が斬首の刑に処せられたが[8]、この頃日本町は八十戸以上あったと推定すべきであろう。その後、幾許もなくして町は再建され、従来とはその面目を一新したらしく、一六五一(慶安五)年ウィルレム・フェルステーヘン(Willem Verstegen)がオランダ船デルフト・ハーヴェン(Delft Haven)にて東京、台湾及び広南に渡航した時の航海記の同年

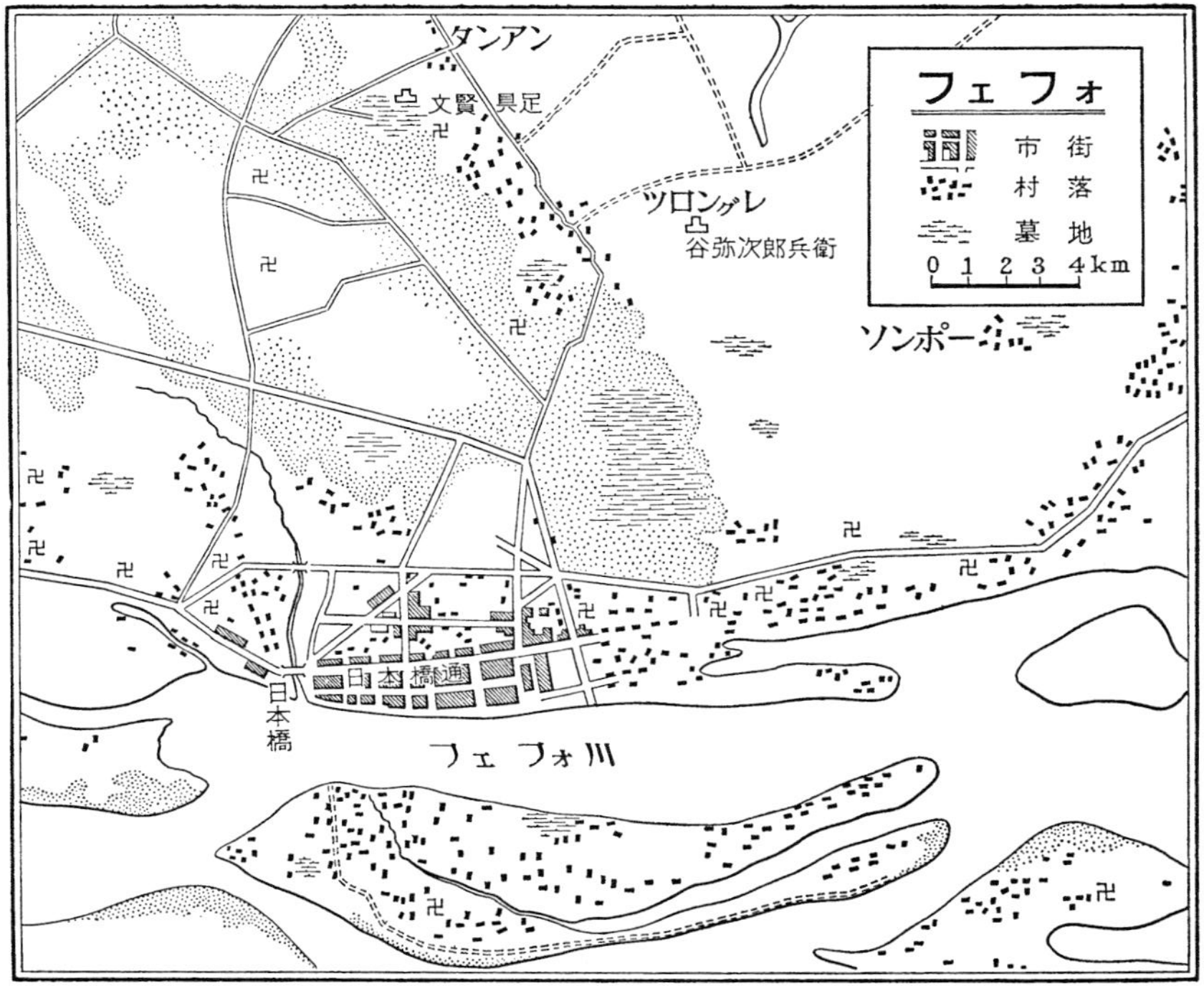

フェフォ市街ならびに郊外現状図

十二月十二日フェフォ(Pheijpho)到着の条に、

　彼は町を彼方此方眺めながら通ったが、同町には街路も少く、最も主要な大通は、川に沿うて拡がっていて、大部分は石造にして耐火家屋である。その中に六十軒余の日本人の家があり、その他は殆んど支那人の商人と職人の家で、広南人の住する者は極めて少ない。(9)

と記しているところを見ると、町の構成員は、設立当初より依然として日支両国民より成り、町の規模も形態も今日と余り大差無きように思われる。而して日本人の戸数六十軒余とあるから、仮りに一家族の単位を三人としても、この頃未だフェフォには二百人内外の日本人が在住していたであろうと推察せられる。しかもこれは鎖国後十数年を経過した時の見聞であるから、鎖国前日本町極盛時の繁栄と在留同胞数のなお多数なるべきことは容易に推察できる。

　その後、安南の景治捌年(一六七〇)、同地在住の角屋七郎兵衛が、彼の家名に因んで松本寺と称する一寺を町端に建立して、その寺に献納すべき寺額や梵鐘の誂を、彼の郷里伊勢、松坂の一族に依頼したが、この寺額の註文状中に、

川上也

○西　唐人町

○河南寺　但し南向き也　此寺にかゝり申かくに候　　○北ハ村　安南町

川下也

○東　日本町

…………………

但し寺は南向ニ御座候。うしろハ北也。寺の前にも川御座候。(10)

日本橋全景

とあってフェフォが未だ主として日本町と支那町とより成立していることが判明するが、註文状によると、日本町はフェフォの東部川下北岸にして、支那人町はその西方川上にあったようである。当時の日本町が果して今のフェフォの何処に該当するか確かには判らぬが、おそらく今の日本橋通を中心とする地域なるべく、然らば、松本寺はまさに日本橋付近にあったことになる。時既に寛永の鎖国後三十数年に及んでも、なお依然としてかような日本町存在の事実が、しかも在留日本人の筆によって伝えられている。

さてフェフォ日本町在住日本人の口数については、前述一六五一年のフェルステーヘンの『航海記』に六十家族と記してあるが、同地在住十年に及ぶ長崎の人フランシスコ・五郎右衛門(Francisco Groemon)が一六四二(寛永十九)年五月二十八日オランダ人に提出した広南の現状報告中に、

国王に奉仕している者以外に、約四、五十人の日本人がフェフォに在住している。……この国には国王の雇傭せる者以外に、四、五千人の支那人が住んでいるが、少しも納税せずに自由に暮している。[11]

と述べ、また前記フェルステーヘンの日記一六五二年一月二十日の条には、「同地になお日本人六、七十人あり、その中には貿易の為、マニラ、柬埔寨、暹羅に赴いている者もある。[12]」と記してあって、同一人の記述にも前後若干撞着するようでもあるが、右の六、七十人とは先の六十軒の戸主として活動せる日本人を指したに相違ない。即ち彼の日記一六五一年十二月十三日の条には、「午前中数人の日本人、ならびに日本婦人若干名来訪して大いに歓迎し」、次いで彼は「幼児を多人数持っている日本人」の新築の持家ならびに倉庫三棟を銀五貫目で購入したことがあるから、[13]フェフォ在住日本人の家族として、婦人小児も相応な数に上っていたと思われる。そしてこのほか同地の官憲に雇傭されていた日本人も、他に若干あったと見ねばなるまい。

ツーランは茶麟とも茶竜とも記し、その湾口を沱灢海門とも書く。同地における日本町存在の事実は、名古屋情妙

寺所蔵の茶屋新六交趾渡航貿易の図によって立証される。同図は従来既にしばしば世上に紹介され、辻善之助博士やペリ氏も同図と現在の地形と比較対照して詳細に説明しておられる。[14] 今しも茶屋新六の朱印船は曳舟で「舟入口、とろん岩嶋」に到着しているが、現在ではツーラン湾内にはかかる島はない。しかし一七九三年イギリスの遣清使節マカアトニイ卿(Earl of Macartney)が、戦艦ライオン(the Lion)にて同地に寄港して測量作成した海図にはちょうど「とろん岩嶋」の位置に一小島を描いている。[15] 図中川の入口上方即ち西岸、今日のツーラン市街の北部とおぼしき所に「日本町、両輪三丁余」と註記した町並は、言うまでもなく、当時の日本町の実況である。日本町の付近に「猟師浜、万市町」あり、南方河岸に港務署、その後方に四本柱草葺の粗末な高い涼台即ち監視塔がある状況は、その後百五、六十年を経て同地を往訪したマカアトニイの時も、茶屋の図同様旧態依然たりと言ってよい。[16] 日本町の対岸に「寄舟唐人町」「寄舟こや、諸色是にて商」とあるは、唐人の舟宿港町の意であろう。絵巻には、更に新六が港務署に出頭して、来着の挨拶をなし、土産を献じている様子も描かれているが、まさにオランダ人アブラハム・ダイケル(Abraham Duijcker)が同地で目撃したわが朱印船交趾入港の状を図解した観がある。[17] ポルリは、

交趾国王は、常に同地に貿易に来航するポルトガル人に好意を示し、しばしばツーラン港付近において、あらゆる便宜を計って、三、四リーグの肥沃豊饒なる土地を提供して、既に支那人と日本人とが営んでいるように、同地に彼等の町を建設させんとした。[18]

と記しているが、この記述は曖昧にして、ポルトガル人に勧誘して、あるいは既に同地にある日本町と唐人町の如く、ツーラン近郊にも彼等の専管居留地を建設せしめんとしたようにも解せられる。またこの頃同国にいた同派の教父の報告にも、

フェフォやツーランにいる日本人のある者は、妻子と共に居住するが、他の者は毎年彼等の船に乗って来往する

者である。[19]

とも見えていて、日本船のツーラン入港につれて、日本人の同地在住を幾分にても推し得べき記事もあるが、しかしフェフォに比して、ツーランに関する記事は寥々としている。これは当時両市の繁栄の差にもとづくものに違いなく、ツーランの日本町は、ある時期極めて短時日存したのではあるまいか。現に同地に渡航したオランダ人等も、フェフォを都市(Stad)と記せるに反し、ツーランを村落(Dorp)と書きわけ、[20] かつ少しも同地日本町の存在に言及している者がない程である。

(1) Sallet, A. Le Vieux Faifo(B. A. V. H. 6 Année. 1919) p. 500. note 6. 会安は古のフェフォを構成している五部落の一にして他は明郷、錦鋪、安寿及び豊年である。

(2) 「半舫斎日鈔」(『日本外志』巻五所収)。東野樵の『乾坤一覧』にも安南各地の細分図があるが、会安庯の東方河口に大瞻海門深大と記してある。

(3) 辻善之助『増訂海外交通史話』五九〇—五九一頁。
銘文の全文は次の如くである。

重修来遠橋記、

明香会安庯界、於錦鋪有渓焉、渓有橋。古也相伝、日本国人所作経。奉
先朝宸翰、賜名曰来遠橋、夫会安庯、広南之好風水也。長江三面浹合、賈筏商帆之所集、山陬海澨之所帰。岸上列肆、其中為通衢。四方百貨無遠不至。此橋之所以名来遠橋也歟。橋上架屋、屋下列板、坦然若履平地。行者安、労者息、遊者宜乗涼、宜憑眺、宜臨流而賦詩、皆橋間之勝槩也。方今海宇清晏、商賈者蔵於市、旅者出於途、馬跡車塵之所及、亦無遠而不過此橋焉。第成而必有壊、木久朽蠧、不及辰修葺、将有濡軌之虞。於是同社員職発、願損産捨財、相与鼎力而新之。以丁丑年乙酉月成而徴記於某、某奮然而作曰、
文昌帝君所謂、造千万人来往之橋、亦陰隲中一善事也。而今而後、将千百年、是頼其利沢、及人之功容可量耶。是以記
銘曰

遵彼路分、渓水溶溶、截水為橋、寔為前功、嗣而修之、善念所充、往来修済、無遠不通、而今而後、利沢無窮、

嘉隆丁丑年仲秋月穀日

直隷広南営督学渓亭伯丁翔甫撰。

(4) 『大南一統志』巻五、橋梁。

『大南寔録』前編、巻八、己亥二十八年三月。

上幸二広南営一閲二士馬一、尋幸二会安舗一、因見二舗之西有一レ橋、以二其地商舶湊集一、名二来遠橋一、御書二金一遍一以賜レ之、云云

(5) 清大汕歴翁『海外紀事』巻四。

(6) 日本橋の天井裏には棟札三枚並べてあり重修の次第が判明する。

Ⅰ　嘉隆十六年歳次丁丑乙巳月戊子日丙辰時、明香郷社、郷官、郷老、郷長、仝社等仝重修。(一八一七年)

Ⅱ　竜飛歳次癸未年丙辰月乙酉日巳卯時、明郷社縁首張弘基暨仝社等重興。(一八二三年)

Ⅲ　嗣徳二十八年歳次乙亥甲申月丙辰日丙申牌、明郷社、郷官、郷長本社並本庯貴商仝重修。(一八七四年)

(7) Copie Missive van Joost Schouten aen den Gouv^{r} Genl, uijt Judia in Siam. Adij 6^{en} Novembris 1633. [Kol. Archief 1025.]

Extract uijt Daghregister van 't gepasseerende in Siam, onder de directie van Joost Schouten, van 10 April tot 6 November 1633. [Kol. Archief 1021.]

(8) Copie Missive van Abraham Duijcker aen Nicolaes Coeckebacker in Japan, 3 Julij 1634. [Kol. Archief 11722.]

(9) Dagelycxe aenteeckeninge vant voorgevallen op de voyagie van Batavia naer Tonckin, Tayouan ende Quinam gedaen bij den E. Willem Verstegen. [Kol. Archief 1074.]

(10) 『交趾松本寺扁額』裏書(三井文庫所蔵?)。桜井祐吉『安南貿易家角屋七郎兵衛』巻頭図版。

松本陀堂「安南記」の文は少し異っている。

(11) Declaratie vande gelegentheijt des Quinamsen rijcx door seeckeren Japander genaempt Fransisco…der 28^{e} May Anno 1642. [Kol. Archief 1049.]

Buch. Oost Indische Co. op. cit. p. 122. Bijlage.

フランシスコが長崎生れの五郎右衛門なることは、ツーラン湾碇泊中のヤハト船ヒュルスト(Hulst)の決議録一六五一年

十二月十日の条に見えている。[Kol. Archief 1074.]

(12) Rapport van den E. Willem Verstegen wegens sijn besendingh na de Noorder Quartieren, besonderlijck van Toncquin, Tayouan ende Quinam in dato 20 Jan. 1652. [Kol. Archief 1074.]

(13) Dagelycxe aenteeckeninge bij den Wm Verstegen. op. cit.

(14) 辻善之助『増訂海外交通史話』五八四—五九〇頁。ノエル・ペリ(Noël Peri)「日本町の新研究」下(『学生』七ノ二)六四—六五頁。Peri, Noël. Essai sur les Relations du Japon et de l'Indochine aux XVIe et XVIIe Siècles. Hanoi. 1923. pp. 73-76.

(15) Staunton. An Authentic Account. op. cit. Plate. No 3.

(16) ibid. Vol. I. pp. 325-326, 334-336.

(17) Copie Missive van A. Duijcker. 7 Oct. 1636. op. cit. 岩生成一『朱印船貿易史の研究』昭和三十三年。付録史料三。

(18) Borri. Relatione. op. cit. p. 101.

(19) 長沼賢海「倭寇と南蛮」(『開国文化』)一四八頁。

(20) Copie Missive van A. Duijcker. op. cit.

第三節　交趾日本町の行政

一　日本町の行政機構

日本人が支那人等と共に、それぞれフェフォやツーランに、一定の地域を与えられ居留地を営むに従い、これに対して必然的に何等かの形式において管理取締の必要を生じたことは明らかである。ボルリはこの点に関して、彼等〔日支人〕は各自の町に、それぞれその奉行(Suoi Governatori)を置き、支那人は支那の法律に、日本人は日本の法律に従って生活している。(1)

と言っているから、当時の日本町は、既にノエル・ペリ氏(Noël Peri)も指摘しているように、戦前まで支那にあった「租界」の如き形式を有し、(2)居留民中より一人の頭領を選任して租界長とし、その人の指揮統制の下に自国の法律に従って生活し、全く治外法権を許容された自治制の町であったと思われる。フィリッポ・デ・マリニ(Filippo de Marini)の『イエズス会日本伝道誌』によれば、一六五八(万治元)年教父フランチェスコ・リワス(Francesco Riuas)が澳門に還る船待ちの日時を利用して、フェフォの日本町を訪問したことを述べて、

彼は進んで他の居留地(Altre Villa)を訪れたが、これは、同地がその奉行(il governatore)である日本人ジョセッペ(Gioseppe)の支配下に在って、なお三百人余り告解に来たからである。(3)

と記し、居留地の支配管轄にあたれる日本人奉行の在任を伝えているが、彼は更にまた、ポルトガル人を父とし、日本人を母とする教父ピエトロ・マルケス(Pietro Marques)の交趾支那における伝道を述べた一節に、

一六五八(万治元)年。……最後にこの伝道区の布教の状態を終るにあたって同地〔フェフォ〕で有名なチコ殿(Cico dono)の身内の一日本人の死亡と葬式の時に起ったことを述べよう。彼は病死の際に、バ・マリヤ(Bà Maria)と言う教会堂に埋葬されんことを願い出て叶ったのである。埋葬の日にはキリスト教徒は、多数、大びらに十字架を翳して葬式の行列をなして教会堂に集まった。それは日本人の名の下に行われたが、既に述べたように、同国の禁教令に日本人は束縛されないからである。(4)

とあるから、日本在住民は、全く交趾の国内法なる禁教令適用の範囲外にあって、一時はかなり徹底した治外法権を享受していたと見ねばならぬ。なお参考とすべきは、ツーランにおけるポルトガル人町とその行政様式であろう。教

父ダニエロ・バルトリ(Daniello Bartoli)は、その大著『イエズス会史』「アジア部」の中で、一六三四年教父フランシスコ・ブゾミが布教のため国王・阮氏から、柬埔寨より交趾に招かれたことを述べて、

国王は、ポルトガル人に、ツーロン港に居住地を営んで、多数の自国民を移住せしめ、彼等自国民中より選出した甲必丹と裁判官の下に、自国風に生活すべき許可を与え、かつ彼等両人には、行政上極めて広汎なる特権を許した。(5)

と記して自治的な居留地の設立を伝えているが、日本町もこの地方において同じく阮氏からほぼポルトガル人の場合と同様の特権を付与されたに相違ない。而してこのポルトガル人居留地の設立については、これより先一六二五(寛永二)年十月二十六日平戸のオランダ商館長コルネリス・ファン・ナイエンローデ(Cornelis van Neijenroode)から台湾長官マルチヌス・ソンク(Martinus Sonck)に送った書翰の中で

日本船の齎らした報告に依れば、マカオのポルトガル人等は、マカオから退去せねばならないと言う懸念があったので、大使をガレオン船で交趾支那に派遣して、同地にその居留地(Colonie)を設立せんことを請願したが、ポルトガル人の退去以前に、日本船が出帆したので、如何なる返答があったか判明しない。(6)

とあって、この頃設立の交渉が始められたことが判明するが、また前記オランダ人アブラハム・ダイケルの報告によれば、

前述の如く、ポルトガル大使はジャンク船で、マカオから同地に着き、長時日を経て国王に謁見を許され、……国王に対して、五、六十家族媽港からトロンに来住することを許可せんことを願い出たので、明年は同地に来ると思われている。(7)

とあるから、同地のポルトガル人町も、相当な規模となって、自然その統制に自治的な方式を採用するようになった

と思われる。

かくて自治制日本町の長即ち頭領は、既にボルリの滞在期一六一八―二一年頃、日本町成立の初期にも選任されていたが、船本弥七郎顕定も、あたかもこの頃、来航日本人の取締に任ぜられている。

弥七郎は、慶長九年以来朱印状を受けて交趾方面に派船すること九回に及んでいる。(8) 大都統・阮福源は弘定十九年五月四日(一六一八年)それぞれ書を本多正純、土井利勝に寄せ「先年貴国厳令、札ヨ示船本弥七郎顕定一、来レ邦諸人無レ不レ遵ヨ守法度一。今也小人無知、不レ依ニ先令一混擾。各商難ニ以拘束一。幸念ニ旧恩一、仍令ニ七郎一、持レ札親来、以副ニ我望一。」と記し、また「船本弥七郎顕定自レ就ニ我邦一已二十余年、我視レ之猶レ子、終始無レ間。上年回レ国、近侍ニ貴国一。来春仰レ任親来、仍給ニ旧令厳札一、以副ニ我愛一。」なる旨を通じた。幕府は阮氏の乞を容れ、利勝、正純両人連署を以て、弥七郎の交趾渡航に当たり、元和四(一六一八)年十一月十二日「自ニ日本一到ニ交趾国一渡海之諸商人、可レ為ニ船本弥七郎計付一。於ニ交趾一非法之輩有レ之者、屋形次第可レ被ニ成敗一者也。」との制札を授けた。(9) 即ち阮氏は外人居留地に自治権と治外法権とを許し、その国民中より頭領を選んで、彼等の統制に当たらしめると同時に、朱印船などによる一時的渡航の日本人に対しても、弥七郎の如くその国民中から取締職を選んでこれが監督の任に当たらせたのであろう。

またカルディムの記すところによれば、一六三一(寛永八)年にヴァレンチン・カルヴァリョ等三人の教父が同地で復活祭を終った頃、阮氏の使臣が来てフェフォの教会堂を破壊すべきことを命じたが、「この事は凡て、オランダ人とフェフォに多数居住せる日本人等の頭領にして異教徒なる一日本人(um japão gentio, cabeça)との捏造するところである」と伝えている。(10) その後、同地の日本町にては、代々の頭領が相継いでその管理統制に携わったが、今その諸記録に散見する者を拾って、彼等の在職推定年代を列記すれば、次の如くなる。

(氏　名)	(在職期間)
ドミンゴ	一六三三—三五年(寛永一〇年—同　一二年)
平野屋六兵衛	一六三五—四〇年(同　一二年—同　一七年)
塩村宇兵衛	一六四〇—四二年(同　一七年—同　一九年)
塩村太兵衛	一六四二—五九年(同　一九年—万治　二　年)
林　喜右衛門	一六五九—六五年(万治　二　年—寛文　五　年)
角屋七郎兵衛	一六六五—七二年(寛文　五　年—同　一二年)

(1) Borri. Relatione. op. cit. p. 98.
(2) 「日本町の新研究」上、七七頁。
(3) Marini, Giovanni Filippo de. Delle Missioni de' Padri della Compagnia di Giesv Nella Provincia del Giappone, e particolarmente di qualla di Tumkino. Roma. 1663. p. 378.
(4) ibid. p. 387.
(5) Bartoli, Daniello. Dell 'Istoria della Compagnia di Giesv. Roma. 1668. La Cina. Cap. IV. pp. 999-1000.
(6) Copie Missive van Cornelis van Neijenroode uijt Firando aen den Gouverneur Martinus Sonck tot Tayonan in dato 26 Oct. 1625. [Kol. Archief 999.]
(7) Dagh-Register gehouden int Casteel Batavia. 1637. op. cit. p. 156.
(8) 『異国御朱印帳』。『異国渡海御朱印帳』。『朱印船貿易史』五七七—五九五頁。
(9) 『異国日記』。『通航一覧』巻百七十二、百七十四。
(10) Cardim. Batalhas. op. cit. p. 182.

二　日本町の首脳人物

I　ドミンゴ(Domingo)　一六三三年五月、バタビヤ政庁の命によって、上席商務員パウルス・ツラデニウス(Paulus Tradenius)と特使フランソア・カロン(François Caron)とは、ブラウエルスハーベン(Brouwershaven)、スロッテルダイク(Sloterdijk)の両船にて広南に向かった。その目的は、新たに同地と貿易関係を開始すること、及び、できるならば、一六一三年、一六三二年の両度同地にて没収されたオランダ船と船荷との賠償を要求することであった。[1] 六月二十五日両船は広南の河口に碇泊したが、土地の官吏に随従して来船検閲したフェフォの日本人等の頭領(Overste der Japanders)にして国王の通訳官を勤めている日本人ドミンゴの勧告に従って、ツーラン湾に回航して同地に投錨した。[2]

オランダ人等は碇泊後、第一王妃以下土地の主要なる人物連に総額六一〇グルデンに上る贈物を献じたが、その中には、国王に仕えて、日本語、オランダ語、ポルトガル語の通訳に当たっているこのドミンゴに贈った良銀五〇グルデンも含まれていた。[3] カロンはこれより先、永年日本に在住し日本語にも熟達せしを以て、専らドミンゴを相手として諸般の折衝に当たり、ドミンゴもまたしばしばツーランのオランダ船を訪問し、カロンのフェフォの町状視察の案内をし、[4] 彼の斡旋で同地において今後オランダ人仮商館に使用すべき家屋を借り受けることとした。[5] 結局、国主阮氏に謁見することは容れられなかったが、七月九日には東印度総督に対する贈物と書信、及び今後の貿易の許可を得たれば、当時ツーランに碇泊中の末次平蔵の船など、二隻の日本船の出帆におくれること二日、七月十五日同地を解纜した。[6] 出帆にあたってドミンゴの好意を謝して、総額四七グルデン一二スタイフェルにあたるモスリン七反を彼に贈った。[7] しかるに教父バルトリは、一六三五(寛永十二)年交趾において、イエズス会の教父フランシスコ・ブゾミ等諸

宣教師らの努力がようやく実を結んで、同地方の教運復興の機運に向かったことを述べて、

教父はこの事を知って、神に深謝して後、国王の許に赴いて謝辞を述べた。理智に富んだ国王ならびに全廷臣の面前で、彼は直ちに交渉して布教許可を獲得し、布教すること三十六日足らずして、早くも少なからざる偶像信者を信仰に導いた。その中には重臣や将軍の一人や王族も若干あった。しかし国王は、彼の弟なる王族の叛乱に加担した廉を以てドメニコ(Domenico)と言う者から、フェフォにおける日本人統轄権を奪って、これを六兵衛(Rocobe)と更任した。彼が果して異教徒なりや背信者なりやは明らかならざれども、やがて彼は、彼の一味の日本人等がいずれも偶像信者か背信者にして、キリスト教の教が栄えて、神のために肇められた教会の存在するような土地に赴いて交易することを欲せざる旨を述べて、教父等の追出しに取りかかった。しかし教父ブゾミは、自分の親友にして、外人事務を執掌せる知事に与えた感化によって、彼を通じて、国王をして、迫害者の地位を退かしめ、フェフォには教会が再開され、教父等も還って日本人等の精神上の導きに携わった。[8]

と記している。王弟の叛乱に加担して、フェフォ日本人管理者の地位を退けられたドメニコとは、まさしくオランダ側の記録に見えるドミンゴである。而して彼の加担した王弟の叛乱とは、この地方の統治の実権者阮福源が、あたかもこの一六三五年の冬、死んで、子の瀾(神宗、孝昭皇帝)の嗣立に対し、その弟漢が嗣位を争い、北方東京の鄭氏軍の援助を得て抗戦したが、幾許もなくして漢は敗戦して、乱も平定したことを指せるものにして、[9]叛軍に日本人の加担したことは、当時同地駐在オランダ商館上席商務員アブラハム・ダイケル(Abraham Duijcker)の報告中にも、

王弟は河岸に全砲門を配備し、かつ少数の日本人等の援けをも得たが、国王の来戦するや、幾許もなく敗北して、日本人や支那人の語る所によれば、国王の軍隊の損傷軽微なるに反し、約一万名の兵員を失った。[10]

と述べている。かくて日本町の頭領ドミンゴは、この叛乱の起った一六三五年末か、おそくともその鎮定された翌年

早々までに退けられて、その後任として新たに日本人六兵衛が任命されたことが判明する。

II　平野屋六兵衛(Fyranoa Rockebeoya, Firania Rockbe)　一六三六(寛永十三)年三月、オランダ船二隻台湾からツーランに入港し、前記オランダ商館員ダイケルは、入船挨拶やその他の折衝のため、使節としてフェフォを立って順化に赴く途中、一日本人甲必丹(Capiteijn der Japanders)は阮福瀾の命によってこれを出迎え、その東道によって順化の王廷に至り、その通訳斡旋によって阮氏に謁し、東印度総督と台湾長官の書翰と贈物とを捧げ、あわせて一六三四年広南の一海島に難破して没収されたオランダ船フローテンブルック(Grootenbroeck)の賠償を要求したが、阮氏は事先代の時代に属し、かつ関係官吏は既にそのために斬罪に処したことを理由としてこれを拒絶し、単にオランダ人の今後の居住貿易の自由を再認して、総督と長官とにそれぞれ返礼として贈物を託した。(11) この日本人甲必丹とは前記六兵衛に違いなく、殊に、ダイケルはこの事情を総督に報告し、甲必丹もまた総督にあてて、折衝の不首尾に終ったことをしたためた添書を託したので、これを接受した総督アントニオ・ファン・ディーメン(Antonio van Diemen)は、直ちに同年五月三十一日(寛永十三年四月三十日)付の返書を日本人甲必丹に送って、彼が今後一層オランダ人を援助し、諸般の折衝に努めんことを要請したが、同書の宛名には、交趾日本人の甲必丹にして港務長なる平野屋六兵衛と記してあった。(12)

当時たまたまバタビヤに帰還中の平戸のオランダ商館長ニコラース・クーケバッケル(Nicolaes Couckebacker)は、日本に帰任の途、広南に立寄って更に折衝を続くべき命を受けて同年六月同地に到着し、直ちに六兵衛の案内にて順化に赴き阮氏に謁見したが、彼はこの時も種々奔走した。(13) 翌一六三七年一月コルネリス・セザール(Cornelis Caesaer)がペッテン(Petten)号にて台湾よりフェフォに来着した時も、六兵衛の斡旋で阮氏に謁し用務を果している。(14) その後ダイケルがフライト船ラロップ(Rarop)にて同地を離れ、バタビヤに帰還するにあたって、六兵衛は総督にあてた阮氏の書翰に添えて、自ら総督にあて書翰を託送し、総督の親書を謝し、彼がオランダ人の宿舎について斡旋し、オランダ船の入港税を代納せしことを述べ、更に総督に交趾絹五反を贈っている。[15] 文中オランダ人の氏名をポルトガル語化し、文章綴字にも往々誤ある点より見て、原文はあるいは六兵衛の起草したものではあるまいかと思う。

その後寛永十六年六月十九日に、六兵衛は同じくフェフォに在住せる多賀平左衛門(Tanga Phesemon)と連名にて一書をしたため、オランダ船に託して故国にある縁者帯屋喜右衛門(Obia Kijemon)にあてて、前年オランダ船に託して彼に送った伽羅木の着否を尋ね、更に日本着物の送付を乞うている。[16] 六月二十三日には更に両人連名にて一書をしたため平野屋新四郎(Firania Sinciro)に託送して、前年オランダ船にて発送した一箱と一籠の伽羅木が途中オランダ人に差し押さえられて、一応バタビヤに送致され、更に同地より日本に回送された噂の実否を尋ね、なお同封の鮫皮を板倉周防守に献上せんことを依頼している。[17]

即ち平野屋六兵衛は交趾在住日本人の頭領として、阮氏に仕えては港務長の要職にあり、職業柄同地に来航するオランダ人のために常に斡旋尽力して、東印度総督と書信を贈答し、更に在郷時代の縁故によったのであろうか、京都所司代板倉周防守に鮫皮を献じている。而して彼が吉利支丹宗徒にあらざることは、板倉重宗との交渉によっても推知できるが、前述のごとく、教父バルトリもまた、彼の信仰態度分明ならざるも、当時既にキリスト教に全然好意を寄せざりしことを伝えたばかりでなく、またこれより先、一六三八(寛永十五)年十一月に同地に赴き六カ月間滞在したアウグスチノ会のポルトガル人教父セバスチャン・マンリケ(Sebastian Manrique)の親しく見聞せるフェフォ付近の迫害の記録によっても

> 人々は漆塗の箱に納めた耶蘇磔像を取上げて、これをフェッソ(Faisso)〔フェフォの誤記〕に移し、同地の日本人甲必丹に渡したが、彼もまた異教徒にして教父の大敵であった。この蛮人は、受苦の日に公然と聖像を焚かんと決

意したが、マカオの一市民にしてゼロニモ・ロドリゲス・カバリニョ(Geronimo Rodrigues Cabaliño)と称する敬虔なるポルトガル人は、百方彼を宥めすかして、聖像を救出した。日本人は野蛮な国主の命令に背反せざらんがために、布に包み込んだ束を焚いて、世人にはこれを耶蘇の磔像であると思い込ませた。(18)

とあり、彼がキリスト教の信徒にあらざりしことを明瞭に記している。

六兵衛の経歴活動に関しては、オランダ人がしばしば記述せるに反し、日本側には何等の消息をも伝えていない。あるいは永く同地に在住せし平野屋谷村四郎兵衛の一族か、あるいは暹羅、呂宋、交趾など南洋各地の貿易に手広く活動した末吉孫左衛門が、平野庄の代官として一に平野孫左衛門とも称し、所司代板倉氏とも因縁浅からざれば、孫左衛門の一族ではあるまいかとも思われる。殊に孫左衛門の従弟平野藤次郎正貞は京都に住し、はじめは末次平蔵と共に台湾貿易に手を染め、後専ら交趾貿易に活動している。(19)

なお、前記ダイケルがバタビヤに帰任して報告するところによれば、日本人甲必丹にしてサバンダールなる六兵衛(Rockbeije)は、日本町の住民や支那人商人の間にも、人望なく、その更迭が望まれ、ダイケルも、六兵衛がオランダ人の納付せる船舶税を、中間にあって差し押さえて、その返還の要求に応じないことを訴えて、蘭印総督も、阮氏に彼の更迭を要求すべきことを勧説している。(20) あるいはこのために、彼はその後幾許もなくその地位を失ったのではあるまいか。一六四〇年代に入ると、塩村宇兵衛の在職が報告されている。

III—IV　塩村宇兵衛(Siommoera Ouffioye)、塩村太兵衛(Siomoera Taffioye)　塩村宇兵衛は交趾在住日本人の頭領にして、寛永十九(一六四二)年彼の歿後はその養子太兵衛が父の跡を継いで頭領となっている。(21) 一六四一年十一月に蘭船フルデン・バイス(De Gulden Buis)とマリヤ・デ・メディシス(De Maria de Medicis)の両船が、交趾沖大沾島の南海二、三十マイルの所で難破して、商務員 グィレルモ・デ・ウィルト(Guilelmo de Wilt)や、たまたま便乗せし日本婦人連が覆没したことがある。[22] 阮氏の命によって頭領宇兵衛は生存せる乗組員約八十人を救助してフェフォの日本町に分宿せしめ、更に令して一船を艤装して明年正月過ぎ彼等をバタビヤに送還せしめんとした。[23] 当時キービッツ(Kievit)とブラック(Brack)両船にて台湾から東京に赴いていた商務員ヤコブ・ファン・リースフェルト(Jacob van Liesvelt)は、この報に接して、一六四二年二月五日直ちにツーランに廻航し、土着民を質として捕え種々折衝の後、オランダ人五十人は阮氏の書翰を携えさせてバタビヤに送還し、その返答を待って残留の二十一人をも釈放すべきことを約し、それまで彼等を三分し、七人は日本町に分宿して、太兵衛が彼等の衣食の面倒を見ることとなった。彼はこの事情を詳らかにしたためて、同年八月二十一日(一六四二年九月十五日)送還オランダ人に託して、バタビヤに在住せるユガ・竹右衛門(Juga Stakemon)と村上武左衛門(Moera kamy Bosemon)に報じたが、同書の末に、父宇兵衛が死亡して、彼がその職を継いだことを明記しているから、[24] 宇兵衛の死は同年八月以前のことであろう。これより先、多年交趾地方において伝道に尽瘁したイエズス会のアレクサンドレ・デ・ローデ(Alexandre de Rhodes)が、一時マカオに赴き、一六四〇年二月再び同地に帰還して日本人の町なるフェフォに宿を定め、まず「日本人異教徒にしてわが聖教の大なる迫害者なる頭領(Gouverneur)」の許に赴いて彼に進物を呈し、彼の東道によって順化に入り、その後、阮氏に拝謁、贈物の献上にあたっても彼の斡旋尽力を得ている。[25] この知事あるいは頭領というのは、あるいは宇兵衛のことではあるまいかと思われるが、彼が平野屋六兵衛に次いで日本町の首長となり、幾許もなく死亡して、その在職活動の期間が甚だ短期なりしためであろうか、彼に関する消息は極めて少ないようである。

前述の如く、宇兵衛の死後、養子太兵衛は直ちに頭領の職掌を継承して活躍を始め、海難オランダ人の救助保護に尽力し、これをバタビヤ在住の知人竹右衛門と武左衛門に詳報したが、その後一六五一(慶安四)年十一月、ウィルレム・フェルステーヘンがヤハト船ヒュルスト(Hulst)で台湾から同地に到着し、阮氏と折衝し、一時中絶した商館を再

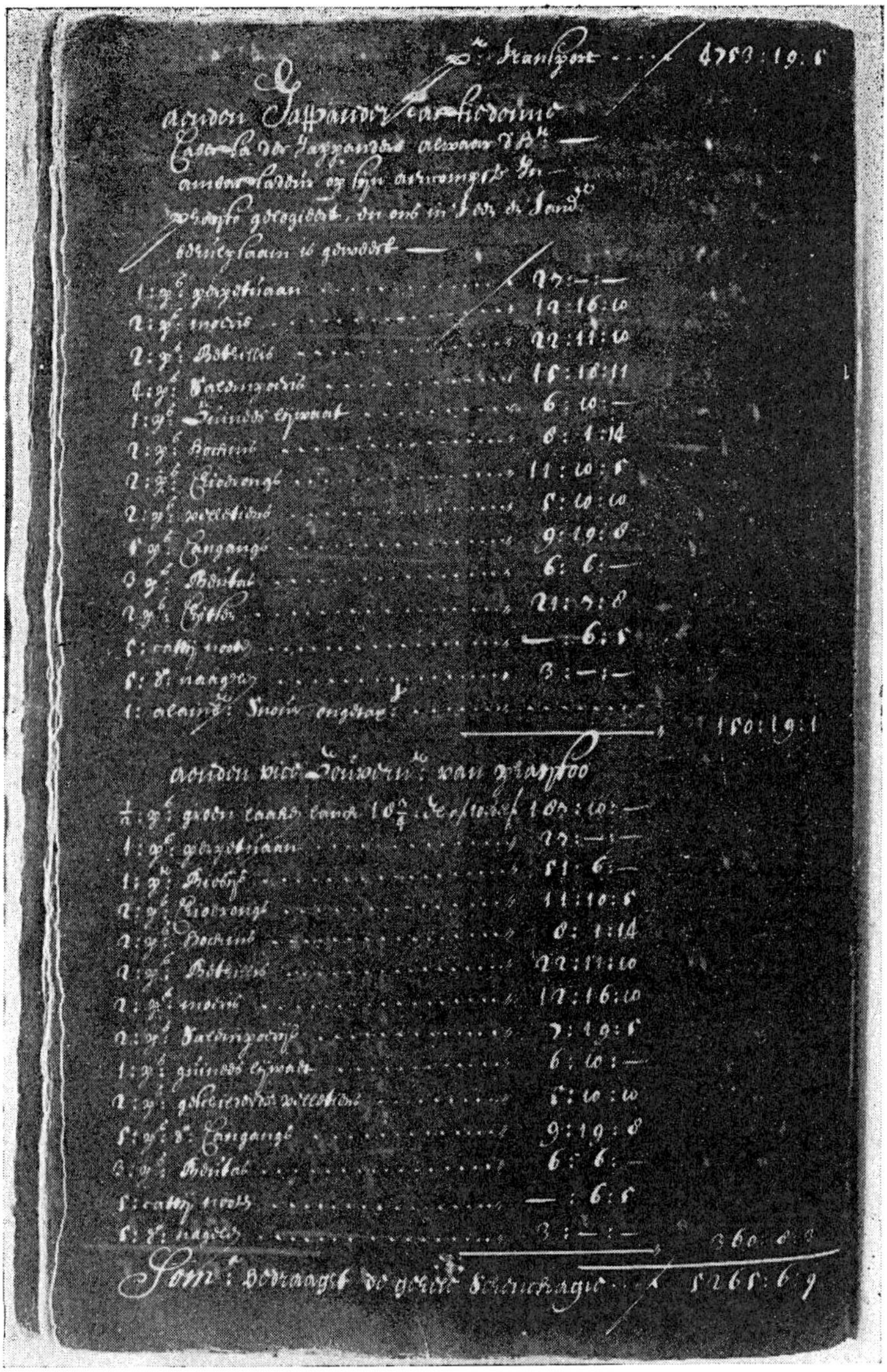

フェフォ日本町頭領塩村太兵衛受領品目録
（ヘーグ市国立中央文書館所蔵）

建せんとして、太兵衛の家に宿泊し、次いで彼の尽力によって、フェフォにおいて一昨年新築したばかりの日本人の持家と三棟の耐火倉庫を銀五貫目にて購入し、かつて東京のオランダ商館長たりしヘンドリック・バロン(Hendrick Baron)等を駐在せしめた。[26] フェルステーヘンは用務を果して出発するに臨み、太兵衛の尽力を謝し、併せて今後の援助を期待して、彼に総額一五〇グルデン十九ストイフェル余に上るペルペトワン布、更紗など十四種の贈物を与えて、十二月十九日バタビヤに向け出帆した。[27]

フェルステーヘンの出発後、阮氏は前約に反して駐在オランダ人を捕縛抑留してバタビヤに追放することとなった。一六五二年一月十八日館長バロンがいよいよ立退くにあたり、阮氏の命によって、フェフォのオランダ商館は今後太兵衛が管理し、オランダ人再来の日まで通訳フランシスコ・五郎右衛門が居住することに決定した。[28] 太兵衛は即ち壬辰八月十三日付(一六五二年九月十五日)三通の書状をしたため、一通は東印度総督及び参議員にあて、[29] 一通はフェルステーヘンにあててその事情を報じ、[30] 更に他の一通は村上武左衛門にあてて前記二通の書翰の取次を依頼し、かつオランダ人のフェフォ立ち退きの事情及び彼の尽力の状況を詳報した。[31] オランダ人との交渉によって、わずかにその活動を窺い得る交趾在住日本人の頭領塩村親子の素姓に関しては、わが国にては伝うる文献も全くないようである。オランダ人と交趾との関係も、その後十年程杜絶して、以後の彼の行動も一時明らかではない。

しかるに、一六七〇年六月六日(寛文十年)に、バタビヤ市の公証人ヤン・カイゼルス(Jan Keijsers)の役場に、支那人船主リトンコ(Anachoda Litongko)が、広南在住支那人リワンコ(Liwangko)の委任代理人として出頭し、オランダ人シモン・シモンセン(Symon Sijmonssen)、亡支那人甲必丹顔二官(Siqua)の子顔テンクワ(Ganthenqua)ならびに広南在住日本人キリスト教徒アントニイ・鬼塚(Anthony Honiska)等三名の仲介により、バタビヤ在住日本人の有力者村上武左衛門から、二二〇レイクスダールを、一レイクスダールにつき六〇スタイフェルの相場にて受け取ったが、これは、同じく広南在住日本人ヨセフ・塩村(Joseph Siombra)が、前記リワンコより借り受けた金ならびにその利子を加算した金額にして、ここに出頭人は、この借用証書を武左衛門に手交し、今後いかなる方法によるとも、たとえ直接たると間接たるとを問わず、その金額を塩村に督促せざることを約定している。[32] 而してこのヨセフ・塩村とは、フェフォ日本町の頭領塩村太兵衛なるべく、而してマリニの『伝道誌』によれば、これより先、一六五八年頃同地日本町の頭領なる日本人もジョセッペと呼ばれているから、この三者は全く同一人に相違ない。果して然らば、彼は父宇兵衛の死後、少なくともその頃まで二十年前後日本町の頭領職に在任し、退任後もこの頃まで健在であったことが判明する。先に彼はバタビヤの武左衛門に書を送って、近況を報じたが、今また武左衛門が彼に代ってその負債を支払える点より見れば、両人はよほど親密な間柄であったに相違ない。またこれが仲介にあたったアントニイ・オニスカは、この証書の末に、日本風に「鬼塚源太郎」と自署し、更に華押を据えているので、その氏名も判明するが、おそらく同地在住日本人の有力者であろう。

V　林喜右衛門(Fayasi Kiemon)　交趾在住日本人の頭領にして、オランダ人は「キコ(Kiko)と呼んだが、自らは林喜右衛門と称した」[33]ために、オランダ人の記録ではキコの名で、しきりに彼の活動を伝えている。

既に一六三四(寛永十一)年の夏オランダ船が交趾沖のプラセル(Pracel)の北方で難破した時、官憲の許可を得て日本人商人キコ、即ち喜右衛門はジャンク船を仕立てて、残留船員と積込貨幣を救出しているが、この時彼はそのジャンク船をバタビヤに派遣せんと欲して、貿易資金三〇〇〇レアルの貸付を乞い、オランダ人も彼との従来の友誼上これを拒みかねて貸与している。[34] かくて彼はフェフォを根拠として持船を南洋各地に派遣して貿易を営んだらしく、一六三五(寛永十二)年の八月には、船を操って台湾に渡航し、長官ハンス・プットマンス(Hans Putmans)より歓待されたが、会社から貿易資金千四百レアルと鉛二万二千十斤及び胡椒二十三斤を借り受けんとして、結局拒絶されている。[35]

翌々三七(寛永十四)年の初めには、胡椒購入のため彼がボルネオ島のバンジャルマシン(Banjermassing)に派遣した商船が、暴風雨に遭いて覆没したことがある。[36] 同年秋には、コルネリス・セザールが、広南のオランダ商館で、彼と蘇木四五一斤購入契約を結んだが、この時彼は日本にある舅父力丸四兵衛(Dickmaere Siffioye)にあて蘇木若干を託送し、かつ三万五七八八斤の砂糖五〇〇樽をも日本に託送することをも契約した。[37] 力丸次兵衛とは、寛永八年島井権兵より丁銀五貫目を借り入れて、交趾に渡航する平野藤次郎船に投資した博多の商人に違いない。[38] その後一六五八(万治元)年にフェフォで有名なチコ殿(Cico dono)の身内の一日本人が死亡して、同地の教会堂で盛大なる葬式が挙行されたが、[39] このチコとは、喜右衛門、即ちオランダ人のいわゆるキコに相違ない。イタリヤ語やポルトガル語では子音Cに接続する母音によっては、CはKと同様に発音することもあるから、音訳の際この混乱を生じたのであろう。

一六六一(寛文元)年三月にはヤハト船デルフース(Dergoes)がフェフォ近海で難破し、乗組の商務員ヤコブ・カイゼル(Jacob Keijser)等は上陸して同地在住日本人の頭領喜右衛門の家に宿泊し、[40] 次いで再三順化の阮氏に謁してついに喜右衛門の養子の斡旋で出帆の許可書を得、[41] 更に喜右衛門が、彼等のため四〇〇〇タエルにて購入艤装したジャンク船に便乗して、同年十月末日バタビヤに向け出帆したが、この時喜右衛門は旧知の政務総監カーレル・ハルチンク(Carel Hartsinck)に一書をしたためて、彼等の遭難の事情とその後の救護の経過を報じ、短刀二振を贈った。[42] 先に一六五八年家族の死亡の際には、記事がやや曖昧ではあるが、特に目立たしい彼の頭領職管掌の事実を伝えず、かつ当時未だヨセフ・塩村太兵衛の日本町頭領の在任も明らかにして、今特に之を記すところを見れば、あるいは彼がこの頃塩村太兵衛に代って日本町の頭領になったのではあるまいか。

彼はその後も依然として南洋各地で貿易を営み、一六六三(寛文三)年には自らバタビヤに渡航し、帰航にあたり、同地で東印度会社からジャンク船を四二〇レイクスダールにて買い入れ、七月七日、公証人ヤン・カイゼルスの役場に出頭し、この取引をすまして、証書の末に彼の氏名を刻した朱印を捺したのが残存しているが、当時彼は既に失明していたので、署名できず、この印を捺したのであった。(43) 翌一六六四年二月にも、五十人乗組の一小ジャンクに小型茶碗八千個などの商品を満載してバタビヤに渡航し、(44) 同年五月末、交趾へ帰航するにあたり、オランダ人コルネリス・アブラハムスゾーン・エシッヒ (Cornelis Abrahamsz. Essigh) を航海士として雇傭したが、(45) 翌年四月には同船を柬埔寨に派遣して貿易を遂げ、同地の産物を積み込んで更に之をマカオに回航した。(46) また彼は同年二月、オランダ船に託して一書をバタビヤに送り、暹羅王のかねて望んでいる日本の大刀売渡しの斡旋をヤコブ・カイゼルに依頼し、更に一書を在暹日本人の頭領に送って重ねて之を依頼したが、(47) この問題について暹羅国王と外相から、それぞれ蘭印総督に送った書翰によれば、彼は同国において、特にゴンスラワイント (Gounsourawaint) と呼ばれていたようである。

かくて喜右衛門は早くも寛永の鎖国頃には、交趾における有力なる貿易商として活動を始めているが、当時かりに三十歳前後の壮年としても、この頃には異境にあって活躍すること既に三十余年に及び、日本町頭領職在任も僅か数年にしてようやく老境に入り哀れにも失明したのである。おそらくこの頃彼の人生における活動も停止したのではあるまいか、その後彼の消息は杳として知る由もない。

VI　角屋七郎兵衛　以上交趾日本町の行政と関連して、代々の頭領の活動を述べたが、喜右衛門の後にもなお他の頭領の在任したことは、フランス外国伝道会の暹羅、交趾支那、柬埔寨及び東京における伝道報告に、一六六八（寛文八）年頃にも未だフェフォには「その町を支配している日本人の頭領なる一異教徒」がいて、王廷即ち阮氏と親密なる交渉を有していることが記してあり、(48) あるいはこの頭領が晩年の角屋七郎兵衛ではなかろうか。当時七郎兵衛は交趾にあって、有力者として活動し、阮氏の一族を娶っていたほどであるから、あるいは日本町の頭領ではなかったかとも思われるが、在任の実否は明らかでない。もし在任したとすればおそらく一六六五（寛文五）年頃からその歿年一六七二(寛文十二)年まではあるまいか。しかし彼の素姓とその活動については、既に幾多先人の研究もあれば、これをここに再説することを省略する。

(1) Buch, De Oost Indische Compagnie. op. cit. pp. 21–24.
Buch, Wilhelm J. M. La Compagnie des Indes Néerlandaises et l'Indochine. [B. E. F. E. O. Tome XXXVI.] pp. 123–132.

(2) Daghregister van de Jachten Brouwershaven ende Sloterdijck vant gepasseerde op haere reyse naer Quinam. [Kol. Archief 1025.]

(3) Memorie ende Notitie voor 't geene in Quinam voor generaele Comp.ie te verrecht is. [Kol. Archief 1025.]

(4) Daghregister van de Jachten Brouwershaven ……. op. cit.

(5) Copie van Instructie bij Paulus Tradenius aen den Raedt vant Jacht Sloterdijck in Quinam gelaeten, adij 15 ende 16 July. A° 1633. [Kol. Archief 1025.]

(6) Daghregister van de Jachten Brouwershaven……. op. cit.

(7) Memorie van de naervolgende coopmanschappen aen d'onderstaende personen in Quinam voor schenckagie vereert. [Kol. Archief 1025.]
Buch. De Oost Indische Compagnie. op. cit. p. 27.

(8) Bartoli. Dell 'Istoria della Compagnia di Giesv. La Cina. op. cit. pp. 1077–1078.

(9) 『大南寔録』前編、巻三「神宗孝昭皇帝」乙亥冬十月丁亥。

(10) Dagh-Register gehouden int Casteel Batavia. Anno 1636. 21 April. op. cit. p. 79.

(11) ibid. Anno 1636. 21 April, 1 Mei. pp. 79–81, 91–93.

(12) Missive van Antonio van Diemen, aen Firano Rockbeoya Capp.n van Japanders ende Sabandar in Quinam in dato 31 Mey. 1636. [Kol. Archief 761.] 付録史料1。

(13) Copie Missive door den oppercoopman Abraham Duijcker aen d' Hr Generael gesch. den 7en October 1636, met een apendicx van 15 Dec. 1636. [Kol. Archief 1032.]

Copie missive van de E. H^{r}. President Nicolaes Couckebacker aen de Ed. H^{r}. Gouverneur Generael uijt de Piscadores in dato 5^{en} August 1636. [Kol. Archief 1032.]

(14) Dagh-Register gehouden int Casteel Batavia. op. cit. Anno 1637. Maart. pp. 61–62.

(15) ibid. 28 April. pp. 158–160. [Translaet missive van den Japanschen capitein ofte sabandaer Rocobeije] aen den Ed. Heer Generael.

(16) Translaet missive door Tanga Phesemon en Firania Rockobe uijt het Coninckrijcq van Quinam aen Obia Kijemon geschreven. 6^{e} Maen 19^{en} dach. (Japan Dagh-Register door François Caron. Jan. 21, 22 ende 23. 1640.)

(17) Translaet missive door Tanga Phesemon, ende Firania Rockobe uijt Quinam aen Firania Sinciro geschreven. 6^{e} Maen 23^{en} dach. (Japan Dagh-Register. op. cit.)

(18) Manrique, Sebastian. Travels of. 1629–1643. A Translation of the Itinerorio de las Missiones Orientales, with Introduction and Notes by C. Eckford Luard. Vol. II. Oxford. 1927. [Hakluyt Society. Second Series. N° LXI. p. 64.]

(19) 拙稿「江戸幕府の代官平野藤次郎—近世初期1貿易家の系譜」(『法政大学文学部紀要』第十三号)

(20) Dagh-Register gehouden int Casteel Batavia. Anno 1637. 28 April. op. cit. pp. 155–156.

(21) Translaet Missive van Sominira taffioyed^{e} Schoon Soon van de Capiteijn van de japanders in Quinam aen Juga Stakemond^{o} ende Moera kamy Bosemond^{o}s woonachtich binnen Battavia. Den 21^{en} dach vande 8^{en} Maen [1642.] [Kol. Archief 1050.]

(22) Dagh-Register. op. cit. Anno. 1642. 18 Jan. p. 125.
Buch. De Oost Ind. Compagnie. op. cit. pp. 78–79.

(23) Translaet Missive van Sominira taffioyed^{e}. op. cit.; Buch. De Oost Ind. Co. op. cit. pp. 79–80.

(24) Translaet Missive van Sominira taffioyed^{e}. op. cit. 付録史料11°

(25) Rhodes, Alexandre de. Divers Voyages et Missions dv Père Alexandre de Rhodes en la Chine et autres Royaumes de l'Orient. Paris. 1653. pp. 120–121.

(26) Dagelycxe aenteeckeninge vant voorgevallen op de voyagie van Batavia naer Tonckin, Tayouan ende Quinam gedaen bij den E. Willem Verstegen, 4 sedert 11 Meij tot 10 Dec. 1651. [Kol. Archief 1074.]

(27) Rapport van den E. Willem Verstegen wegens sijn besendingh na de Noorder Quartieren……in dato 20 Jan. 1652. op. cit. [Kol. Archief 1074.] 付録史料三。

(28) Copie Rapport door den ondercoopman Hendrick Baron aen Haer Ed. overgelevert wegen de Quinamse Conditie, 2^{e} Februarij A° 1652. [Kol. Archief 1079.]

(29) Dagh-Register gehouden int Casteel Batavia. op. cit. Anno 1653. 22 Martius. pp. 28–29. [Translaet Missive] van den Capitain van de Japanders, Siommoera, uijt Quinam aen d'Ed. Heer Generael ende Raden van India. In't Jaer van slang, de 8^{e} maen, den 13 dach. 付録史料四。

(30) ibid. p. 29. [Translaet Missive] van denselven, aen d'Heer Willem Verstegen geschreven. In't jaer van de slang, de 8e maen, de 8e maen, den 13^{e}n dach.

(31) ibid. pp. 29–32. [Translaet Missive] van denselven, aen Moerakammy Banseyman, mede Japanders en ingeseten van Batavia, geschreven.

(32) Obligatiè van Anachoda Li Tongka, 6 June 1670 (Nots. Keijsers. 1670—Protocollen van Bataviaasche Notarissen. 's Lands Archief. Batavia)

(33) Dagh-Register gehouden int Casteel Batavia. Anno 1661. 2 Decembre. op. cit. p. 473.

(34) ibid. Anno 1634. 12 Dec. pp. 457–458.

(35) ibid. Anno 1636. 21 April p. 77.

(36) ibid. Anno 1637. 3 Maert p. 63.

(37) Brief van Cornelis Caesaer aen Nicolaes Couckebacker uijt Quinam. 4 Aug. 1637. [Kol. Archief. 11724]

(38) 「島井文書」。

(39) Marini. Delle Missioni. op. cit. p. 387.

(40) Dagh-Register gehouden int Casteel Batavia. Anno 1661. Dec. 2. op. cit. pp. 430–434. 付録史料五。

(41) Notitie ofte Dagh-register gehouden op't jacht der Goes vertreckende uijt Tayouan in Comp^{e}. met 't Jacht den Dolphijn naer Batavia, 26 Feb.–2 Dec. A° 1661. [Kol. Archief 1127.]

(42) Dagh-Register gehouden int Casteel Batavia. Anno 1661. 2. Dec. op. cit. pp. 434, 437. 付録史料五。

(43) Transport van Capiteijn Kiko, Japans coopman. 7 July 1663. (Nots. Keijsers 1663—Protocollen van Bataviaasche Notarissen. 's Lands Archief. Batavia)

(44) Dagh-Register gehouden int Casteel Batavia. op. cit. Anno 1664. 21 Feb. pp. 49–50.

(45) Dagh-Register gehouden int Casteel Batavia. Anno 1664. 27 Meij.
Muller. De Oost Ind. Compagnie. op. cit. p. 417.

(46) ibid. pp. 412, 417, 436.

(47) Copie Missive den Coopman Enock Poolvoet uijt Siam aen Haer Ed. in dato den 22 Dec. 1665. [Kol. Archief 1144.]
Dagh-Register. op. cit. 1665. 3 Dec. pp. 395, 397.

(48) Relation des Missions des Evesques François avx Royavmes de Siam, de la Cochinchine, de Camboye & du Tonkin, etc. Paris. 1674. p. 120.

第四節　交趾日本町在住民の活動

一　日本町在住民の宗教的活動

既にこれまで交趾日本町の発生、その位置と戸口、及び行政組織などを述べる際に、日本町の発展と在住日本人の活動にも若干触れて来たが、今彼等の活動状態を通観するに、主として経済的方面と宗教的方面、及びこれに干与せし諸外人との接触交渉の三者に関連するところが多いようである。これはもとより日本町発生の事情と、在住民の性質とからも、容易に推察し得るところである。

イエズス会をはじめ、東洋に伝道せる諸会派は、日本に布教すると共に、南洋各地の土着民の教化にも力を尽くした。殊に日本における伝道の自由が漸次束縛圧迫されるや、旧来の教縁を辿って、転じて南洋各地移住日本人の間の伝道に力を注いだ。

一六一五年一月(慶長十九年十二月)、マカオから教父のヴァレンチン・カルヴァリョ、ディオゴ・カルヴァリョ及びフランシスコ・ブゾミの三人がツーランに到着し、同地における伝道の口火を切ったが、ディオゴは主として日本人等の町フェフォにて教を説き、ブゾミはツーランに赴いたが、やがて同地にも教会堂が出来た。(1)

しかし、同地における教運も、決して順調ではなかった。ツーランの会堂は設立後幾許もなくして、土着民のために焼かれて、ブゾミは身を以てフェフォの日本人信徒の家に逃げ込んだ。その後一両年の間に来着したフランチェスコ・ディ・ピナ(Francesco di Pina)、ピエトロ・マルケス(Pietro Marques)、ボルリ等の諸教父はいずれも日本町に寄寓して、信徒の奨励説教に努めたが、殊にマルケスは日葡人の混血児にして、日本語にも巧みであったので、伝道に貢献するところが多かった。(2)彼等に随伴して来た日本人教兄二人も、教父を助けて付近の伝道に従事したが、(3)官憲も土着民も新来の宗教を喜ばず、一六一八年頃には、教父等を国外に追放せんとしたが、彼等は日本人信徒の庇護の下に頑強に踏み留まって、目標を日本町全住民の改宗に置いてますます努力し、殊にポルトガル船の商人等は、国王の熱望せる通商停止を以て、王に布教の自由認可を強請し、一方、教化の及ぶ所、従来ややもすれば兇暴なる日本人等が平穏化するを見て、ついに官憲も布教を黙認するようになり、教父等はここに公然と教会堂建立と説教を始め、また日本人等もこの会堂建設に甚大なる好意を寄せ、彼等の自宅の改築新築を見合わせて、身分の上下を問わず、いずれも労力奉仕をなしたことも報ぜられ、(4)その後も漸次改宗者を増し、翌々一六二一年度のルイジ・ガスパロ(Luigi Gasparo)の布教報告によれば、同年度には新たに土着人八十二名と、日本人二十七名受洗し、日本移民は婦人移民少なくして一時的に土着人の女を妾とする者が多かったが、教父に説得されてこの関係も大いに改善され、かつ、日本人等は、母国においては迫害のために全く不可能なりし事を、当地では悉く行うことができて、……交趾支那人の驚異の面前で、復活祭が、多大なる喜悦の情と唱歌や音楽を以て祝福されたので、土着民にわれらの聖なる信仰を受け容れる高尚なる気持を吹き込んだ。(5)

と報ぜられている。しかしこれは一時の小康にして、その後、官憲の圧迫は依然として繰り返され、フェフォの教会堂は、一六三一(寛永八)年官命によって破壊されんとし、次いで一六四八(慶安元)年阮福瀾の死歿の頃にもその厄に遭わんとしている。(6)この間、日本における弾圧は日を逐うてますます厳しく、ついに鎖国の励行となったが、この迫害を逃れて交趾に渡る信徒も少なからずして、(7)フェフォ日本町の教勢は一時盛り返したに相違ない。

これより先、アレクサンドレ・ローデが一六四〇年再びマカオよりフェフォに帰来した時、日本町に宿り、異教徒なる日本人頭領の斡旋を得て、順化に到り阮氏に謁して、官憲の禁令方針の緩和を運動したが、結局、奏功せず、その後彼は他の信徒数人と共に一時投獄されたこともある。しかし日本町は前述の如く、自治制にしてある種の治外法権をさえ許されていたから、官憲迫害の風はあまり強くはあたらなかったようである。一六四五年ローデが、多年伝道した同地をいよいよ去らんとする頃、彼は篤信なる一日本人の庇護を得、彼の家に寄寓し、河岸にある彼の持家を会堂にあてて多数の信徒を集めて教を説いた。(8)一六五八(万治元)年フェフォ日本町の有力者林喜右衛門の一族の者が死亡した際に、同地の教会堂で葬式が挙行され、在住日本人は手に手に十字架を掲げて行列をなした。(9)その後一六六四(寛文四)年七月フランスの外国伝道会のルイ・シェブルウィユ(Louis Chévreuil)が同地に赴いた際にも、未だ会堂があり、彼は一日本人信徒の保護を受け、彼の所持品をその家に託した。(10)

しかし幾許もなく阮氏は禁令を出して、フェフォの町に布告して、国人たると外来人たるとを問わず、厳に禁教を励行せんとし、(11)翌年三月交趾から柬埔寨に航した同地在住日本人商船のもたらした報道によれば、交趾の官憲はキリスト教禁令を出して、更に外人教父を国外に追放せんとしていると伝え、[12]交趾における日本人吉利支丹は絶えず不安におびやかされていたのであった。既にこれより先、政府の禁教令に抗して信仰を続け、処刑された土着民も少なくなかったが、中には日本人の家族にして死刑の憂き目に遭った者さえ記録されている。[13]一六五八(万治元)年には既に同地在住日本人吉利支丹の有力者中に、この切迫した情勢を避けて同地より退去する者も多数出て来たようであるが、[14]他方、教父シェブルウィユの同地退去の頃には、禁教令励行の結果、棄教する者続出することを歎じて、彼は、

フェフォに於ける最初の打撃は、富裕にして教会の柱石であった日本人等にして、彼等は資産と家屋を一切没収することを以て威嚇され、全く脅え切ってしまった。かような哀れな者共が、非常に臆病にして不徳なりし証拠には、彼等の大多数は教を捨て、背教の徴として、彼等のうち男子連は、わが救世主の像を踏み、婦人連は、その上に坐ることを強制された。かような日本人等の顚落のため、この地の全教会に、次々幾多の醜聞を生むようになり、特にカチアンの町の交趾支那人等の多数は、この悪い先例にならって、中でも富裕にして有力な者百二十名が、日本人の例にならって信仰を捨ててしまった。[15]

と報じているが、かようにして同地の禁教令はいよいよ徹底し、しかも興味あることは、その一手段として、絵踏みの実施されたことで、おそらく、これより先、既に日本において創案実施されたことにならったに違いない。

一六一五年一月開教以来、しばしば迫害に遭いつつも、とにかくその命脈を持続した日本町住民吉利支丹の教運も、一方、人口の自然減少と共に、かかる迫害が加わっては、いよいよ衰えざるを得なかったに違いないが、しかもなお、一六七四(延宝二)年に教父クールトウラン(Jean de Courtaulin)が暹羅からフェフォに航した時には、一時同地の日本人信徒の家に宿泊し、次いで一六八二(天和二)年にも、篤信な一老日本婦人残存し、日本人教父バルテレミ・ダコスタ(Barthélemy d'Acosta)が同人の家に滞在して陰に伝道に従事せることが報ぜられている。[16]この数十年間に伝道の

ため同地に渡った西洋人教師も多数あったが、その他に日本人の教父や教兄の活動した者もなお数名数えられる。左にその氏名と活動期間とを列挙しよう。[17]

(氏名)	(到着年次)	(出発年次)	(死亡年次)
ジョセフ(Joseph)	一六一五年—	一六三九年	
パウロ・斎藤小左衛門(Paulo)	一六一五年—	一六三九年	
ピエトロ・マルケス(Pietro Marques)	一六一八年— 一六五五年—	一六二七年 一六六三年	
ロマン・西(Romão Nixi)	一六二二年—		一六四〇年頃生存
マチヤス・町田(Mathias Machida)	一六二五年		
ミゲル・牧(Miguel Machi)	一六二六年—	一六二八年	一六二八年マカオにて死

交趾日本町住民の主要なる構成員は、かくの如く故国に容れられない吉利支丹であったが、中には彼等から異教徒と呼ばれた仏教徒も混じていたことは言うまでもない。ツーラン南方十キロの砂洲中に岩山がある。「茶屋船交趾渡航貿易図」中の「達磨座禅岩」にして、西洋人は蠟石山(Montagnes de Marbre)と言い、五峰より成っているので、土着民は一に五行山とも言う。その一峰水山中の華厳洞内には、庚辰年仲冬節吉日に刻された普陀山霊中仏重修の次第と重修費寄進者の氏名を刻した磨崖の碑がある。[18] 以前は碑の下方に垣があって、全文を判読できなかったが、元の広島文理科大学の杉本直治郎教授の筆者に恵まれた写真によって、近年その全文を判読できるようになった。碑の輪廓には唐草を配し、上方には日輪と雲とを刻し、その下に右より横に、「普陀山霊中仏」と記し、更にその下方長方形に、次の碑文を刻してあり、人名の部分は上中下三段に分れている。即ちその全文は次の通りである。

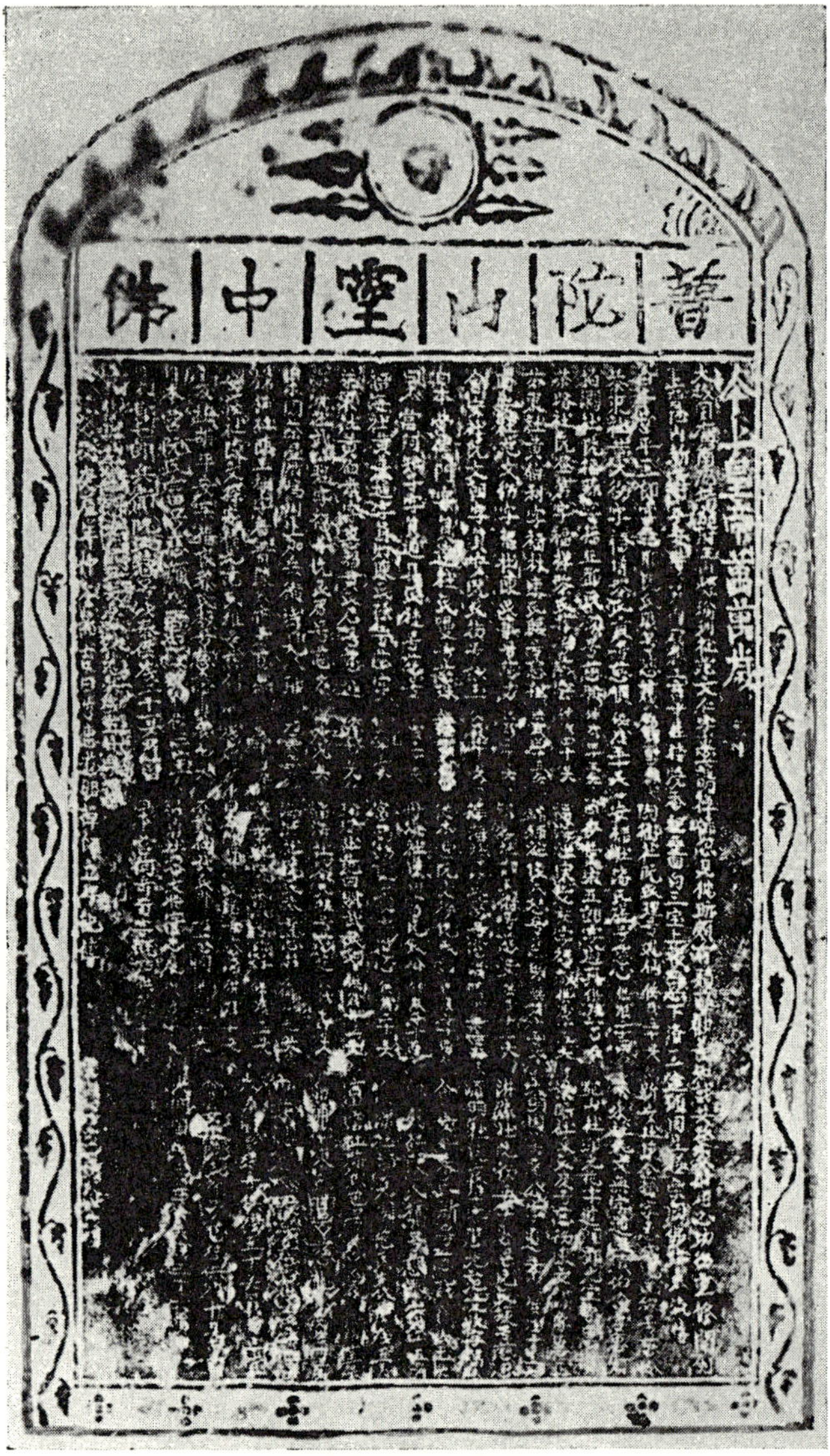

普陀山霊中仏重修碑

今上皇帝万万歳

大越国広南処靖嘉府玉山県瑜圳社范文仁字恵道明禅師、忽見仏跡頗有頹弊勧善智識、啓家財、用心功彷重修開創上普陀山、新造下平安寺、二景円成、鳩工云畢、住持焼香祝聖、回向三宝、上報四恩、下済三途、願同生極楽国、仏跡東流伝、

（以下上段）

日本営平三郎字福耶阮氏耽号慈広　供贱三宝五百头
茶東社黄大彷字福増黎氏貢号慈順　供贱五十头
柏潤社阮福臻字福正鄧氏柳号慈勝　供贱四十五头
茶路社阮登第字福祥黎氏撑号慈雲　供贱四十头
茶東社黄伯利字福林陳氏腰号慈裡　供贱三十五头
南安社范文彷字福壮陳氏事号慈力　供贱二十头
会安社阮文朝字貞安阮氏彷号妙王　供贱二十头
日本営倭門字員達杜氏嫚号慈珠　供贱四十六头
日本営阿知子字員通呉氏種号慈旻　供贱二十头
福海社黄美通字員灯陳氏禄号慈実　供贱十五头
茶東社黄伯歳字恵智黄氏尼号慈通　供贱七头
海洲社武公碧字福等阮氏眉号慈名　供贱九头
日本国茶屋竹嶋川上加兵衛浅見八助　供銅五百七十斤

錦鋪社陳玉禄字広晋陳氏卞号慈恵　供戔十头
安福社陳文探字福光范氏雄号慈創　供戔七头
蒲板社胡平安字福良黎氏极号慈意　供戔七头
日本営阮氏富号慈顔　戔一百四十头買田供三宝
日本営七郎兵衛阮氏慈号妙泰　供戔二十头買田
日本営平左衛門妻阮氏妟号妙光　供戔五十头買田
（以上上段）
陶衛社阮氏理号娓仙　供戔三十头
安福社潘氏磋号慈心　供戔二十一头
日本営宋五郎字道真　供戔一百头
福海社陳文妟字福成　供戔十五头
錦鋪社陳氏怒号慈明　供戔十五头
智物社鄭氏衕号慈安　供戔十三头
福海社陳氏慈号慈満　供戔三宝四百头
従本営阮文彷阮氏調　供哏子十両
丹海社陳曰富阮氏公　供哏子十両
富橋坊陳文科字道心　供戔二十头
瑜珈社范曰賦武氏婀　供戔二十三头

福海社黎氏桃号慈定　　供賎七头
海洲社阮氏苓号慈柱　　供賎七头
慕華社阮氏洪号慈好　　供賎五头
日本営范氏渚号慈清　　供賎十头
不弐社武氏賢号慈憫　　供賎十头
智勇社黎文将字恵度　　供賎十二头
日本営何奇奇字既姑　　供〔貝艮〕子二十五両
（以上中段）
新安社陳金榜字恵成阮氏叔号慈怜
茶東社阮文無字道王黄伯倹字恵灯
艶山社鄧光花字道潤鄧光宝字恵海
景陽社陳弘度号慈彷陳文講字恵正
大明国葉璽公字道幸
洴滜社阮彷平字恵恩阮文梗号慈忍
蒲明社阮良準字恵光范文修字福勝
会安社朱氏新号慈訦　　供賎七头
錦鋪社段氏橋号慈泰　　供賎十五头
海洲社鄧克明范氏表　　供賎五头

富霑社黎氏巴号慈愛　供戔十五头
錦鋪社陳氏世号慈礼　供戔十五头
由芽社范氏敞号慈心　供戔二十四头
大明国呂珠吾　供戔五十头買田三宝
会安社阮氏柳号慈桂　供戔十五头買田
大明国桂吾耳公　供戔五十头買田
（以上下段）

歳次庚辰年仲冬節吉日　宇恵道明禅師立碑記伝

即ち仏像重修費寄進者の中に、日本営平三郎、日本営儀門、日本営阿知子、日本営阮氏富号慈顔、日本営七郎兵衛阮氏慈号妙泰、日本営平左衛門妻、日本営宋五郎、日本営何奇奇字既姑、日本国茶屋、竹島、川上加兵衛、浅見八助等の仏教徒の名も見える。この銘の年次庚辰とは寛永十八（一六四〇）年なるべく、日本国茶屋以下四名は、鎖国後はるかに献金したのであろう。今寄付者一々の経歴について知る由もないが、阿知子とあるのは、家康がはじめて糸割符を許可した大阪堺の豪商等の一人阿知子宗寿の一族でもあろう。[19] 七郎兵衛阮氏慈号妙泰とあるのは、角屋七郎兵衛夫妻なるべく、寛文十年彼が故国に送った書翰の末に、「信主号福営、角屋七郎兵衛、信主法号妙太戸工如院阮氏」とあるのと対照すれば、明らかであり、[20] 両人共死後同地の松本寺に葬られた。また既姑をもし「キコ」と読むことができるならば、日本町の頭領キコ・林喜右衛門ではあるまいか。その後明暦三年二月に、日本町に滞在していた朱舜水は、同地を去って日本に赴かんとするにあたり、所持品を売却して、弥三衛門に銀四十両八銭を還し、宿主権兵衛に宿泊料三十両を渡し、更に衣服行李を蘇五呂に与えているが、[21] この蘇五呂は先に普陀山霊中仏重修費を寄進した日本営宋五郎ではあるまいか。(22) いずれも土地の人に比すればその寄進額ははるかに多く、彼等の生活に余裕のあったことが推察できる。

(1) Cardim. Batalhas. op. cit. pp. 176–177.
(2) Borri. Relatione. op. cit. pp. 118, 122–123.
(3) ibid. p. 126.
Montezon, F. M. De. Mission de la Cochin Chine et du Tonkin. Paris. 1858. p. 386.
(4) Lettera Annvale del Collegio di Macao, al molto Riverente Padre Mutio Vitelleschi Generale della Compagnia di Giesv l'anno 1618. Missione di Cocincina. Da Macao. 21 di Gennaio 1619. Francesco Eugenio. (Lettere Annve del Giappone, China, Goa et Ethiopia. Napoli 1621). pp. 392–394, 397–399.
Phil. Isls. Vol. XVII. p. 213.
(5) Lettera Scritta l'Anno MDC.XXI. della Missione della Cocincina. Macao. 17 di Decembre 1621. Gasparo Luigi. Residenza di Faifo (Lettere annve d'Ethiopia, Malabar, Brasil e Goa. Roma. 1627). pp. 101–107.
(6) Cardim. Batalhas. op. cit. pp. 182–184, 220–221.
Marini, Gio Filippo. Historia et Relatione del Tvnchino e del Giappone. Venetia. MDC.LXV. p. 14.
(7) Pagés. Histoire. op. cit. p. 865.
(8) Rhodes. Divers Voyages et Missions. op. cit. pp. 121–122, 250, 260–262, 264–266.
(9) Marini. Delle Missioni. op. cit. p. 387.
(10) Launay, Adrien. Histoire de la Mission de Cochinchine. 1658–1823. Documents Historiques sur la Mission de Cochinchine. Paris. 1923–1925. Tome I. pp. 15, 18.
(11) Launay. Mission de Cochinchine. op. cit. Tome I. p. 25.
(12) Muller. De Oost Ind. Co. op. cit. p. 409.
(13) Montezon. Mission. op. cit. p. 399.

(14) Marini. Delle Missioni. op. cit. p. 419.
(15) Launay. Mission de Cochinchine. Tome I. p. 21. Missions des Evesques. op. cit. pp. 66–87.
(16) Launay. Mission de Cochinchine. op. cit. Tome I. pp. 86, 255–256.
(17) 3°. Catalogo com suplimento do Primeiro, e segundo Rol dos Padres e Irmãos que estão no Collegio de Macao, e Missão de Cochinchina sojeita e este mesmo collegio, Feito em Junho de 1618 [Jesuitas na Asia. 49–V–6]
Primeiro Catalogo das informaçoes Communas dos Padres, e Irmãos de Iapam, feito em Setembro do Anno de 1620 [Jesuitas na Asia. 49–V–6]
(18) 黒板勝美「安南普陀山霊中仏の碑について」(『史学雑誌』四〇ノ一)。
Sallet, A. Les Montagnes de Marbre(B. A. V. H. 11 Année, 1924) 筆者が昭和二年に黒板博士に随行して、この碑文を見た時は、その右下に他の構造物があって、その全文を閲読することができなかったが、その後これも取り除かれて、その全文を閲読できるようになったけれども、日本人名や碑文の大意に追加すべきものは出て来ない。
(19) 高石某『糸乱記』(国書刊行会本『徳川時代商業叢書』第一、一〇頁)。この他同書には糸割符と関連して、阿知子宗寿、堺阿知子弥三衛門、市戎町　阿知子太郎兵衛の名も見える。
(20) 松本陀堂「安南記」。
(21) 稲葉岩吉編『朱舜水全集』「先生文集」巻二十八「安南供役紀事」五四七頁。
(22) このことは既に松本信広、保坂三郎両氏が比定している(「雑録」『史学』十三ノ二、一〇四頁)。

二　日本町在住民の経済的活動

慶長十九(一六一四)年正月十一日、唐人五官と六官の両人は各〻交趾国渡航船の朱印状を受けたが[1]、唐人五官船には、オランダ商館の寄託した銅二九三一斤など総額九千グルデンの託送商品と、その取引用務のため、館員コルネリス・クラースゾーン・ファン・トールネンブルフ(Cornelis Claesz. van Toornenburch)と、かつてオランダに行ったことがあるバスチヤーン・宗右衛門(Bastiaan Soyemon)と言う一日本人とが便乗していたが、両人共船が広南の河を溯航する際に殺害されて、積荷は阮氏のために瞞着された。(2) 六官船には、イギリス商館の寄託貨物総額銀二十九貫八百三十匁だけを積み、イギリス人テンペスト・ピーコック(Tempest Peacocke)とウォルター・カワーデン(Walter Cawarden)とが便乗して、五官船と相前後して長崎を出帆し、(3) 交趾に着いて貿易を果し売上代金を携えて帰路につかんとして、ピーコックは殺害され、カワーデンはわずかに身を以て逃れたことがある。(4) 平戸在住支那人甲必丹アンドレヤ・李旦(The China Capt. Andrea Dittis)が、イギリス商館長コックスに来報するところによれば、両事件の下手人は阮氏にあらずして、共に同地在住日本人であって、オランダ商館長ヤックス・スペックス(Jacques Specx)が、その後賠償要求の交渉に一日本人を派遣するや、彼は却って下手人の家に泊し、その男は阮氏が賠償に応ぜんとするを知り、ついに説いてこれを拒絶させたことがある。(5) 彼の名は孫左(Mangosa)と言い、実はピーコックの宿主であったということである。(6)

その後一六一七(元和三)年、アダムズとセーリス等が同地に貿易に赴いた時、日本町在住民の有力者三蔵(Sansso)、ダカ殿〔多賀?〕(dacka)父子、孫左等の斡旋を得て、官憲との折衝、貿易事務遂行、今後の渡航許可を得ている。(7) この時限りイギリス人の交趾貿易は絶えたが、しかし幸いにしてオランダ人との交渉によって在住民活動の詳細を窺うことができる。

さて朱印船が交趾の港に渡航した時、日本町在住民が果した役割を見るに、もとより彼等が、その通商貿易の円滑なる遂行に尽力したことは言うまでもあるまい。しかしオランダ人の報告などによって見れば、なお幾分具体的な様子も判明する。(8) 朱印船来航の報に接するや、日本人の頭領は直ちに広南または順化の政庁にこれを通じ、政府の派遣せし官吏を案内して、来航船を臨検し、まず政府及び官吏の購入貨物を決定し、しかる後始めて残品陸揚の許可が出てから、彼等はこれをフェフォなどに運んで、在住日本人の縁者手代等の手を経て売りさばき、日本へ積み帰る土地の産物、主として生糸と絹織物とを購入したのであった。かくて日本町在住民は同地の取引において多大なる勢力を持つに至った。

朱印船出帆後の取引閑散期にあっては、彼等にはまた他になすべき仕事があった。彼等自らまたは使傭人を国内農村各地に派遣して、各農家にそれぞれ銅銭百匁から二百匁位ずつを手交し、彼等以外の他国人に決して生糸を渡さざることを契約して廻らせた。そのために、朱印船の安南交趾貿易には、日本銅銭は非常に重要にして、日本より年々多量の銅銭が輸出されたことは、かつて述べたこともある。[9] そして交趾における養蚕期は、年二季あったが、彼等は常に桑苗や蚕の時期に予め手付金や資金を融通して廻り、明年四月頃来航すべき朱印船のために生糸を約束し、この間農民に、米作や甘蔗の栽培より養蚕に転業することを勧めたと伝えられている。かくて日本人は同地の市場に多大なる勢力を有するに至り、ついには朱印船の来航は同地の市況を左右したらしく、オランダ人はこれを歎じて、

当地の貿易は甚だ不良である。けだしこれらの日本人が来ると市場は悪化し、凡ての商品は騰貴したが、しかし会社の業務は出来る限り困難でないようにするであろう。[10]

と報じたほどである。

やがて幕府の鎖国令発布によって、彼等と故国商人との連絡が全く断たれたことは言うまでもない。中には禁令を犯し交趾より帰国して発見され、寛永十二年七月には、長崎において、三人斬首、一人磔刑に処せられている。[11] 鎖国令はかく厳重に励行されたので、その後彼等はやむなく、オランダ船や支那船に、商品を託送して、故国との取引を継続せねばならなかった。『バタビヤ城日誌』一六三六(寛永十三)年十一月二十六日の条には、この点に関して、

(広南において貿易上覇権を握っている)在留日本人等は、支那人ならびに土人若干名に、ジャンク船五隻を艤装

させて、粗悪な支那生糸一万斤、及び約二千五百乃至三千斤の広南生糸、ならびに焼物、鉄鍋、その他の唐物を積込み、七月末日に日本に向け出航せしめんとしているが、なお同船出発前、新収穫期までに生糸一万二、三千斤入手の見込である。(12)

と記してあり、また翌一六三七年四月二十八日の条に載せた前記ダイケルの報告にも、

広南において、支那人を乗せて行くべきジャンク船三隻艤装されたが、日本人等はこれに資金の大部分を出している。そして、本年は彼等の分として、支那人から一万五千テール以上の純益を収めたので、彼等と支那人等とは大いに喜び、この貿易を継続せんことを熱心に望んでいる。商館長クーケバッケルは、日本においてこれを妨害せんと図ったが、平蔵殿及び他の長崎奉行等から阻止された。これに依って、右の人達または他の日本の大官等も右のジャンク船に投資せるものと推せられる。(13)

とあるから、同地在住日本人等の投資せる支那船が年々三隻ないし五隻位日本に航して貿易を遂げ、多大な利益を収めて、依然としてオランダ人の貿易に多大なる障害を与えたほどであった。しかるに、その後同『日誌』一六四四年十二月二日の条によれば、

又帆船デ・フレーデ(De Vreede)は広南から日本に向け航海せるジャンク船一隻を捕獲した。同船は広南の支那人と日本人等の仕立てたもので、積荷は、黄生糸少量、チタウ(chitouw)即ち繭、安息香、白豆蔻、胡椒、ガリガ赤染料、ボレー膏、明礬、象牙、茯苓、蘇枋木、鹿皮、鮫皮、綿、糖蜜、黒砂糖、広南絹、沈香、伽羅木百斤等各種の貨物雑貨より成り、七千五百レアル八分の五に上っていた。(14)

とあって、オランダ人は日本町在住日本人等による支那船の日本貿易にたまりかねてついにこれを拿捕して、その阻止に努めたこともあった。

日本町の住民はかようにして、支那船による貿易に投資して故国との取引を続行すると同時に、オランダ船に託してもまた母国との取引を継続した。

寛永十六(一六三九)年六月、広南在住の多賀平左衛門(Tanga Phesemon)から松(木)半左衛門(Mats Fansemon)、平野屋新四郎(Firania Sinciro)及び糸屋藤右衛門(Itoya Tojemon)に送った書翰によれば、彼はオランダ船に託して、金屋助右衛門(Cannaya Scheumon)または茶碗屋道円(Sauwanja Doyen)に宛て、各種鮫皮五十枚、サントメ皮八十枚、黒伽羅木九斤を一箱に詰めて送ったことをしたため、なお甲必丹ダイケルに託して板倉周防守に鮫皮を献ずる旨を報じている。(15) また同年六月九日、日本町の松木三右衛門(Matsoughe Myemon)から金屋助右衛門と力丸四兵衛(Likimaro Sifioye)に送った書翰によれば、彼も各種の皮革二十五枚を送り、(16) また同年六月十九日に日本町の前記帯屋市兵衛(Obia Itsibioije)から堺の糸割符商帯屋喜右衛門(Obia Kijemon)と帯屋作右衛門(Obia Sackyemon)に送った書翰には、彼が糸屋平左衛門と金屋庄兵衛の註文によって託送した伽羅の着否を問い合わせているが、(17) これより先、一六三七(寛永十四)年七月二十九日、コルネリス・セザールが同地から平戸の商館長に送った書信中に、帯屋喜右衛門がオランダ船に託送した金子五函を、同地の名宛人帯屋又左衛門(Obya Mattasemon)が既に死亡せるを以て、帯屋市兵衛に手渡したことを報じているから、(18) あるいは市兵衛が母国からの註文によって送った商品買付資金の一部には、母国より託送された資金も投ぜられていたに相違ない。また前述の如く、寛永十六年六月十九日と二十三日には、日本町の平野屋六兵衛と多賀平左衛門と連名にて、彼等が故国に送った伽羅木などの商品が途中オランダ人に差し押さえられて、一応バタビヤに送致され、更に日本に回送された噂の実否を問い合わせているが、(19) 結局喜右衛門はこれを長崎奉行に訴え出て、長い交渉の後、前記伽羅木が出て来た時は返済すべきことを条件として、オランダ人は一時九万二千百二十三グルデン八ストイフェルを弁償したことがある。(20) 支那船による母国との貿易もオランダ人の妨害があって必ずしも安全ならず、オランダ人自身による仲介も、その好意の存続する間だけ僅かにこれを継続することができたが、かくわずかに残された日本町住民と故国との連絡も、寛永十八年十月二十三日には、また堅く禁止されねばならなかった。(21)

しかし日本町の頭領ドミンゴや平野屋六兵衛、塩村父子は在留地において盛んに活躍した。オランダ船が同地に来航する毎に、彼等は土地の官憲とオランダ人との中間に立って斡旋し、その貿易遂行を助け、あるいは居館の世話など、オランダ人は日本町在住民の助力なしにはほとんどなす能わざる状態であった。また林喜右衛門の如きは、同地を根拠として、手広く南洋各地と貿易し、その商船を、バタビヤ、バンジャルマシン、台湾、柬埔寨、マカオに派遣している。これは故国との連絡を断たれた彼等に残された唯一の生計手段であった。一六三七(寛永十四)年三月三日には、交趾の日本人は、柬埔寨在住の同胞数人に書翰を送って、同地において多量の鹿皮と鮫皮を購入せんと欲するを以て、そのために現金並びに商品を積んだ船を交趾より派遣すべき旨を通じて来た。(22)また同年交趾の日本人は、金塊を携えて太泥に来航し、鮫皮一万六〇〇〇枚買い占めて、四月の末同地より交趾に航する支那船に託送し、五月初めには、交趾日本町の住民三名が、支那金一六〇〇レアルを携えて暹羅に渡航し、鹿皮と鮫皮とを購入して交趾に帰航している。(23)一六四四(正保元)年二月二十三日にも、商船が交趾から暹羅に到着し、日本人商人二名と支那人等が、同地の鹿皮と鮫皮とを買い込むために金を携えて来たが、同船は前年交趾より日本に渡航して帰還したということであるから、(24)おそらく支那船にして、日支人合弁にて商品を仕入れて日本貿易に従事していたのではあるまいか。

この頃になると、鎖国の厳令も幾分緩和されて、海外在住民の音信、商品の託送も再び黙認されて来たようである。正保四年には、安南国居住西村太郎右衛門が、近江八幡町の日牟礼八幡神社に安南渡航船の絵馬を献納し、(25)承応二年六月には、日本町在住の角屋七郎兵衛、中津徳右衛門、鬼塚権兵衛等十八人が長崎の清水寺に狩野安信の筆になる三番叟の大絵馬を寄進した[26]。また角屋七郎兵衛は、寛文五(一六六五)年、交趾より故郷に書を送って商品を誂え、翌六年六月にも、伊勢松坂の角屋七郎次郎と和泉堺の同九郎兵衛に書翰を送って、支那船長の揚賛渓、黄二官、五娘、魏九使、呉二哥、呉巧哥、十二官、商客の王主老、舟舵工の長二哥に融通した銀七口合計百七十二匁六分、及び託送せし白砂糖合計四百九十八斤、白綾子二疋半、川内なべの風呂二つを、長崎にて七郎兵衛の手代と思われる荒木久右衛門に請け取らせるよう依頼しているが[27]、彼は寛文十二年正月九日病歿するまで、年々支那船に資金を融通し、商品を託送して故国との取引を継続した。七郎兵衛の死後は、妻阮氏妙太との間に儲けた遺児呉順官が、父の業を継いで、日本との商取引に当っている[28]。

日本町の移住民も、この頃になると次第に減少したらしく、『長崎見聞集』によれば、内城加兵衛、喜多次郎吉、角屋七郎兵衛、平野屋四郎兵衛、具足屋次兵衛、むかでや勘左衛門、泉屋小左衛門、金崎小左衛門等僅かに八人の故郷と姻戚関係が列挙してある[29]。しかしこれに掲げられた角屋七郎兵衛は既に寛文十二年に死し、東京在住民としてただ一人記された和田理左衛門は、その五年以前一六六七年九月七日(寛文七年七月十九日)東京に病歿しているから[30]、この『長崎見聞集』と言うも、彼等の生存中の調査である。延宝四(一六七六)年になると、鎖国を去ること既に四十年を経過し、初代移住日本人は僅かに二人となったらしく、同地の平野屋谷村四郎兵衛が、辰六月十一日伊勢松坂の角屋七郎次郎に送った書翰の中には「爰元も日本仁皆々相果、只二人に罷成り無ニ為方一体、御推量可レ被レ成候[31]」と記している。今日フェフォの郊外には、往時移住した日本人の名残を語る墓石が二基ある。一基は町の北東二キロ錦鋪村の水田中にあり、日本、平戸、顕考弥次郎兵衛谷公之墓と刻してあり、設立の年丁亥は正保四(一六四七)年であろう[32]。他の一基は町から三キロほど北の新安(Tân An)の共同墓地にあり、日本、考文賢具足君墓と刻してある[33]。設立の年己巳は、寛永六(一六二九)年か、元禄二(一六八九)年であろう。もしこの具足君が前述の『長崎見聞集』の具足屋次兵

谷弥次郎兵衛の墓の遠望

文賢具足君の墓

谷弥次郎兵衛の墓

フェフォの日本人墓

衛と同一人とすれば、その歿年はやや長命過ぎるも元禄二年にして、谷村四郎兵衛の書翰に記した生残り日本人二人中の一人であったかもしれない。しかしイギリス人マリイ・バウイーヤ(Mary Bowyear)等が、貿易開始の目的を以て、一六九五(元禄八)年八月、同地に到着して、数カ月フェフォに滞在中、貨物に関して土地の官憲と紛議が起った時、一日本人は中に立って斡旋している。バウイーヤは滞在中、翌一六九六年四月三十日、書翰をマドラス(Madras)の知事に送って、

> フェフォは洲より約三リーグの所にある。河に沿った一筋の町で、家が両側に建ち並んでいて、その数が百軒ほどある。支那人が在住し、そのほかに日本人四、五軒あるが、彼等は以前は主なる住民にして、この港の貿易を支配していたが、今は減少して貧窮し、貿易は支那人が行っていて、年々少くとも十隻か十二隻のジャンク船が、日本、広東、暹羅、柬埔寨、マニラ及び近頃バタビヤからも来航する。[34]

と報告し、目の当り実見した日本町衰滅の状態を直截に描写している。かくしてかつては同地の貿易界において一時覇権を握ったほどの日本人の活動も、このバウイーヤや清の僧大汕の指摘せるごとく、今や全く支那人が代ってその実勢力を獲得するようになった。

(1) 『異国渡海御朱印帳』十七、交趾。

(2) Instructie voor Paulus Tradenius, oppercoopm, François Caron, Comijs. & den raet van 't schip Brouwershaven, & 't Jacht Sloterdijck, seijlende van hier naer Quinam in Cochinchina & van daer voorders naer Japan. Ultimo Mayo 1633. [Kol. Archief 1019.]
Buch. De Oost. Ind. Co. en Quinam. op. cit. pp. 12–13.

(3) Pratt. History of Japan. op. cit. Vol. I. pp. 54–55. 59.
Riess, Ludwig. History of the English Factory at Hirado. (T. A. S. J. Vol. XXVI.) pp. 45–47.

Foster, William. Letters received by the East India Company from its Servants in the East. Vol. II. London. 1897. p. 68.

(4) Riess. English Factory. op. cit. p. 47. Foster. Letter. op. cit. Vol. II. p. 68.

(5) Cocks. Diary. op. cit. Vol. I. pp. 28–29.

(6) Riess. English Factory. op. cit. p. 47.
Purnell. Log Book of Adams. op. cit. pp. 105–106.

(7) ibid. pp. 46, 104–105.

(8) Copie Missive van A. Duijcker. 7 Oct. 1636. op. cit.

(9) 拙稿「江戸時代に於ける銅銭の海外輸出に就いて」(『史学雑誌』三九ノ一一)。

(10) Copie Missive van Abraham Duijcker aen Nicolaes Coeckebacker uijt Phaijphoo. 3 Julij 1634. [Ontfangene Brieven. 1614-1639. Kol. Archief 11722.]

(11) Japan Daghregister. Anno 1635. 8 Sept.
『通航一覧』巻百七十(刊本、第四、四七〇頁)。

(12) Dagh-Register gehouden int Casteel Batavia. op. cit. Anno 1636. 26 Nov. p. 290.

(13) ibid. Anno 1637. 28 April. p. 156.

(14) ibid. Anno 1644–1645. 2 Dec. 1644. p. 125.

(15) Japan Daghregister. Anno 1640. 21–23 Jan. Translaet Missive door Tanga-Phesemon uijt Quinam aen Mats fansemon, Firania Sinciro, ende Itoy Tojemon gesz.

(16) ibid. Translaet Missive door Matsoughe Myemon aen Cannaya Scheumon donne ende Likimaro Sifioye uijt Quinam geschreven. この両帯屋は『糸乱記』によれば堺の糸割符商人である(『徳川時代商業叢書』第一、三三頁)。

(17) ibid. Translaet Missive door Obia Itsibioije uijt Quinam aen Obia Kyemon, ende Obia Sackyemon geschreven.

(18) Copie Brief van Koopman Cornelis Caesaer aen President Nicolaes Couckebacker int Comptoir Quinam. Adij 29 July 1637. [Ontfangene Brieven 1614–1639. Kol. Archief 11722.]

(19) 本章、第三節、註(16)(17)。

(20) Dagh-Register gehouden int Casteel Batavia. op. cit. Anno 1640–1641. 21 April 1641.
(21) Japan Daghregister. Anno 1641. 26 November.
(22) Journael van Jan. Dircx. Gaelen, loopende van 18 Junij 1636 tot 23 October 1637. [Kol. Archief 1035.]
(23) Missive van Jeremias van Vliet uijt Siam aen d'E. Coeckebacker. 11 Junij A° 1637. [Kol. Archief 1035 bis.]
(24) Daghregister van 't Comptoir Siam sedert 15en Januarij tot 3en Junij. 1644. [Kol. Archief 1057.]
(25) 『朱印船貿易史』四三二—四三九頁。『増訂海外交通史話』五九三—五九四頁。
(26) 『崎陽古今物語』。
(27) 「安南記」安南国交趾ゟ書状之写。
(28) 同書。丑六月六日付角屋七郎兵衛後家ノ書翰。
(29) 『長崎見聞集』巻二。『通航一覧』巻百七十(刊本、第四、四七二頁)。
(30) Missive door Cornelis Volckerier en Raet tot Tonckin in dato 30 Oct. 1667. [Kol. Archief 1156.]
(31) 「安南記」。
(32) Sallet. Le Vieux Faifo. op. cit.
瀬川亀「我が朱印船の安南通商に就いて」二四—二五頁。黒板勝美『南洋に於ける日本人関係史料遺蹟に就きて』(啓明会第二十七回講演集)二三—二四頁。
(33) Sallet. Le Vieux Faifo. op. cit.
前掲「我が朱印船の安南通商に就いて」二三—二四頁。『日本人関係史料遺蹟』二四—二五頁。
(34) Abstract of Letter from Mr. Bowyear to the President and Council of Madras, dated Foy Foe. 30th April 1696. [Factory Records. China and Japan. Vol. 5.]

〔追記〕　なお、フェフォ郊外の民家の庭先に、「顕考潘二郎字日純信神墓」なる一基の墓があり、日本人の墓と伝えられているが、しかし口伝のほか、これを日本人の墓と決定すべき何等の確証がない。墓の上方に「正立」とあるのを、先年加刻して平戸に改めんとした形跡が明らかであった。

第四章　柬埔寨《カンボジャ》日本町の盛衰

第一節　柬埔寨日本町の発生

日本人南洋発展の大勢につれ、交趾の隣邦柬埔寨(Cambodia)にもわが商船の渡航するもの多く、前掲二表によっても、その数四十四隻にも上り、同地に商船を派遣せし船主も、御朱印帳に記された者は、大名にては島津忠恒、有馬晴信、五島玄雅の三氏、商人にては船本弥七郎、原弥次右衛門、六条仁兵衛、木屋弥三右衛門、平戸伝介、長井四郎右衛門、豆葉屋四郎左衛門、大黒屋長左衛門、河野喜三右衛門、檜皮屋孫左衛門、西村隼人、江島吉左衛門、木田理右衛門、船頭弥右衛門の十四氏、外人にては唐人五官及びマノエル・ゴンサルヴェス(Manoel Gonçalves)等であった。

当時柬埔寨において、わが商船をはじめ、諸国人の船舶が輻湊して交易を営んだ場所に、メコン河のはるか上流百七十三マイルの地点にある現今の首府プノン・ペン(Phnôm Pénh)があった。同地はちょうど四流の分岐点にあたるので、別名を四面または四肢、四道を意味する土語チャド・ムーク(Châdo Muhk)を以て呼び[1]、支那人はこれを竹里木と対訳し、また篱木洲とも書き、華人の寄寓する者が頗る多かったと伝えているが[2]、一五九六年頃にはその数三千人に達したほどで[3]、ガブリエル・デ・サン・アントニオが十六世紀末の柬埔寨の国情を述べるにあたり、古都アンコル(Anchor)、当時の行在地シストル(Sistor)と共に同地を国内三大都市の一に数えている[4]。オランダ人が一六二二年十月十四日に受取った当時の柬埔寨国情及び貿易に関する報告によれば、碇泊港あるいは国王がその王宮を営んでいる処をチュルレムック(Tjurremock)及びレウェク(Leweeck)と言い、河口から六十蘭哩の処にあり、城壁を繞らした堅固な都市ではなく、唯〻河岸に村落のように建っている。(5)とあるが、チュルレムックとは疑もなく竹里木、即ちチャド・ムークの訛音である。また長崎の町人伽羅屋・森助次郎の渡航談によれば、柬埔寨の河口から舟着場まで、幅三十七里、長さ五百里の大河を六十日かかって溯航したが、その地は炎熱堪えがたく扇子を手離さず裸体で過したと言っているのも、(6)まさに彼の乗船がメコン河を溯って同地付近に到達したことを語ったのに相違ない。

これより先一五九三年、柬埔寨に侵入した暹羅の大軍のため、国都ロウェク(Lovêk)は陥落し、金銀財宝は悉く奪掠され、暹羅の国都アユチヤ(Ayuthia)に運ばれ、王族、市民も捕虜として拉致された者が多かった。その後一六〇〇年迄僅か数年間に、国王の代ること五人、行在地も各地に転々したが、チェイ・チェタ二世(Chey-Choetha II, 一六一八—一六二八年)即位するに及び一六二〇年更にプノン・ペンの北方約四十キロにあり、かつ旧都ロウェクの南方八キロにあたるウドン(Oudong)の地をトして王宮を造営し、爾来同地は久しく王都となった。(7)この数次の遷都のため、当時西洋人の手に成る柬埔寨の地図は、往々にして首府の位置に関して混乱を来し、王都を国名と同じく柬埔寨(Cambodia)と称し、これを河の右岸または左岸に記入している。(8)オランダ人が後年国都をレウェクまたはエーウェック(Leweeck, Lauweck, Eavweck)と記しているのは、(9)ウドンの北方僅々八キロの地点にあり、一五九三年迄王都なりしこのロウェクの訛訳で、かつその位置を混乱誤記したものであろう。かくの如き柬埔寨の政情変動により、王都がしばしば移転したに拘らず、プノン・ペン即ちチャド・ムークは、河川交通の要衝を占め、貿易場として引続いて発達したようである。

既に一五六九(永禄十二)年には柬埔寨から商船が九州の沿岸に来航し、(10)その後十年たって天正七年にも来航し島津義久及び大友義鎮と書翰を往復して通交を要望したが、[11] 佐竹の臣大和田重清の日記によれば文禄二（一五九三）年七月十二日肥前の名護屋で天竺の境カンボジャの使船を見物している。[12] 支那人の報告によれば、万暦二十一（一五九三）年薩摩より同地に赴く商船があった。[13] また、一五九六年一月十六日（文禄四年十二月）マニラを出帆したフアン・フアレス・ガリナト(Juan Juárez Gallinato)の統率する三隻の柬埔寨遠征隊は、途中暴風雨に遭い相失い、かつて柬埔寨王に仕えしディエゴ・ベリョソ(Diego Belloso)等の便乗する二船が、チュルドムコ(Churdumuco)に到達した時、イスパニヤ人船員と支那人との間に紛擾を生じ、日本人二十人の援助を得て支那人三百人を殺傷したことがある。[14] その後二年一五九八年イスパニヤ船がマラッカより同地に溯航し、たまたま勃発せし王位簒奪の争いに参加して乗組の日本人が死傷したが、その時他に日本船も一隻交趾を経て同地に来航し、乗組の日本人もまたその渦中に投じた。[15] その頃また日本に在住する日葡混血児ゴヴェア(Govea)の船が、ポルトガル人と日本人船員操縦の下に交易のために渡航している。[16] かくの如くして日本人は早くより外国船に便乗して同国に渡航すると共に、更に自ら船を操って同地に渡航貿易をなすようになったが、家康が覇権を掌握するに及び、慶長八年一月柬埔寨国王に送った返翰に、「本邦商人、欲レ赴二貴邦一、可レ遣二寡人此書所レ押之信印一。不レ持二此印書一之輩者、不レ可二允容一」[17]としたために、朱印船制度の創設を通告したことを機会として、彼我の交通は一層発展し、爾後朱印船の渡航頻りにして、両国官憲の間にもまたしばしば書翰方物を贈答している。

　朱印船の渡航貿易が繁くなると共に、便乗日本人中には、同地に居残って活動する者も生じて来た。渡航船主助左衛門が、国王の信任を得て同国頭目格に準ぜられたのは、慶長十二（一六〇七）年頃のことであったが、[18] 元和三年頃に、柬埔寨在住日本人等が、ポルトガル船に援助して、同地より太泥に廻航せんとせし商船の積荷を掠奪したかどを以て、国王は在住全日本人を放逐せんとしたことがあるが、彼等はこれより先、交趾より追放されて同地に渡来したということであった。[19] またこの頃マカオの巡察使の命によりポルトガル人教父と日本人教兄数人は、同地居住日本人吉利支丹の間に伝道するために派遣されたが、[20] 一六一八年五月二十日付(元和四年閏三月二十七日)同地在住日本人二名連署して、交趾渡来の教父に宛てた書信によれば、当時柬埔寨国に日本人吉利支丹七十名あり、彼等の教会堂も既に建立され、他に吉利支丹に改宗せんと欲する日本人未信者が多数いたと記している。[21] 一六二〇年に柬埔寨王チェイ・チェタ二世は安南の王女と結婚したが、[22] この両国王室の婚姻に関する用務のためであろうか、その頃交趾から使節が柬埔寨に来着するや、交易のために同地に居留せる日本人やポルトガル人が、大いに彼を歓待したこともある。[23] かくして、柬埔寨には慶長末年より元和の初年にわたり、日本人の吉利支丹や未信者が多数居住するようになったが、この間徳川幕府の吉利支丹弾圧の峻厳化するに従い、信徒中には逃れて同地に投ずる者も少なからず、[24] 在住日本人の人口はかくして一層増加し、ついには集団部落を形成するようになったに相違ない。

(1) Aymonier, Etienne. Le Cambodge, Le Royaume actuel. Paris. 1900. pp. 212–214.
Cabaton. Relation. op. cit. p. 95. note(3) Khmèr 語で Chademuk, Chordemuko, Sanscrit で Catur mukha と言い、四面、四肢、または四道を意味し、一八六七年以来カンボジャの国都にして、クメール王の住地なるプノン・ペンの古名である。ポルトガル人はこれを Landano と言い、安南人は Nam Vang(南旺カ)と言う。あたかもトンレ・サプ河(Tonlé Sap)とメコン河の二支流の合流点に位し、柬埔寨の諸物産の集散地である。

(2) 藤田豊八校註、『島夷誌略校註』「真臘」。
『東西洋考』巻三、柬埔寨「形勝名跡、交易」。

(3) Cabaton. Relation. op. cit. pp. 18, 116.

(4) ibid. pp. 6, 95.

(5) Vertoog van de Gelegendheid des Koningrijks van Siam. Recepta 14 Oct. 1622.(K. Hist. G. U. 1871.)p. 304.

(6) 『通航一覧』巻二百六十四「正事記」(刊本、第六、四九〇頁)。

(7) Leclère, Adhémard. Histoire du Cambodge, depuis le Ier siècle de notre ère. Paris. 1914. pp. 284–290. 324–338.
(8) Muller. De Oost Ind. Compagnie. op. cit. p. xxxvi.
Fournereau, Lucien. Le Siam Ancien. Vol. I. Paris. 1895.(Annales du Musée Guimet. XXVII.) Pl. VI, VIII, IX, X, XI.
(9) Muller. De Oost Ind. Compagnie. op. cit.
Valentijn, François. Oud en Nieuw Oost-Indiën. Dordrecht. 1724–1726. Deel III. Beschryvinge van onzen Handel in Cambodja. p. 36.
(10) Cartas qve os Padres e irmãos da Companhia de Iesus escreverão dos Reynos de Iapão & China aos da mesma Companhia da India, & Europa, desde anno de 1549 ate o de 1580. Evora. 1598. Tomo I. Carta do irmão Miguel Vaz do Xiqui, a tres de Outubro de 1569. p. 268.
(11) 『詩頌』(東福寺霊雲院所蔵)。
(12) 小葉田淳「大和田近江重清日記」。一八頁。
(13) 『敬和堂集』巻五「請計倭酋疏」。
(14) Cabaton. Relation. op. cit. pp. 17–18, 116–117.
(15) Morga, Dr. Antonio de. Sucesos de las Islas Filipinas, Nueva Edición por W. E. Retana. Madrid. 1910. pp. 68–80, 146, 150–152.
(16) ibid. p. 94.
(17) 『異国日記』。『通航一覧』巻二百六十三、東埔寨国部一(刊本、第六、四七五頁)。
(18) 「泰長院文書」二。
(19) Cocks. Diary of. op. cit. Vol. I. pp. 278–279.
(20) Cardim. Batalhas. op. cit. pp. 252–253.
Lettera Annvale del Collegio di Macao. Della Missione di Cambogia. Di Macao li 8, di Gennaio 1618. Antonio di Sousa (Lettere Annve del Giappone, China, Goa et Ethiopia. op. cit.) p. 379.
(21) Lettera Annvale del Collegio di Macao. Di Cambogia. Da Macao, 21, di Gennaio 1619. Francesco Eugenio. op. cit. pp. 402–403. 付録史料六。

(22) Leclère. Histoire. op. cit. p. 339.
(23) Borri. Relatione. op. cit. p. 176.
(24) Marini. Historia et Relatione. op.cit. p. 14. ; Pagés. Histoire. op. cit. p. 383.

第二節　柬埔寨日本町の位置、規模、及び戸口数

慶長の末年より元和の初年にかけて、柬埔寨における朱印船貿易の進展に伴い、同国に居住する日本人の数も、漸次増加したようであるが、彼等の居住地については、従来僅かにノエル・ペリ氏が漠然とウドンの南方にあったようであると説いたのみであった。[1] しかるにオランダ人は十七世紀に入りて、この国と交通貿易を開始し、殊に一六三六年頃から七〇年頃まで彼等の商船はほとんど連年渡航し、一時同国に商館を経営したから、幸いにして彼等の日記、航海記、報告書中には、ほぼ日本人居住地の所在を考定するに足る記事も散見しているので、まずその記事を仔細に吟味して、以て日本町の位置を決定しよう。

一六三七(寛永十四)年三月二十六日、司令官ヘンドリック・ハーヘナール(Hendrick Hagenaer)の指揮する蘭船ハリヤス(de Galeas)はバタビヤを出帆して、五月九日柬埔寨のメコン河口に達したが、その後の同船の溯航日記は、日本町の位置決定の鍵となるを以て、左に数節抄訳しよう。

五月二十三日。続行す。河幅はなかなか広く、同処を日本河(Japanse Revier)と言う。船の大砲を陸揚して、万事適当に処理す。多数の小舟に出遭うが、近寄ろうともしない。平坦なる岸に沿うて航行すれば夥しき野生の水牛も逃げ去る。

六月四日。柬埔寨船からハーレン氏(Sr. Galen)の書翰ならびに国王に示すべき草案を受取った。次いで日本町('t Japanse quartier)の角に達し、其処で日本人二名来船したが、フライト船はなお一マイル先で待合せている由である。

同七日。夕方日本人宗右衛門(Soyemon)からハーレン氏の書翰を受取ったが、その間二名のナンプラ(Nampra)が柬埔寨船にて来船し、国王の命によって、司令官ハーヘナールに敬意を表するため、いろいろの果物とアラック酒を携えて来訪したのであるが、その夜本船は同船の側に碇泊した。

同八日。朝食後ナンプラは日本船で出発した。……

同十日。大いに努力して岸に沿うて、日本河の角まで航進した。岸を見誤って斜航して急流に入り、非常時用の大錨を投じて辛じて取戻し、日暮頃、角の上流まで到着した。

同十一日。快晴にして南西の風なれば、角を廻航し始めたが、同所にはラオス河(Revier Lause)が急流をなして注いで、三流に分れていて、日本河は終っているが、同処よりカルトン(Carton)砲の一射程だけ進み、海に通ずるマチアム河(Revier Matsiam)を通過して、ブオンピン(Buomping)の市場の前を通りカンボジャ市に向った。……ブオンピンの市場には立派な黄金張の塔がある。……同所で又一名のナンプラが王太子の舟で、贈物を携え廷臣を連れて来て、夕方ハーレン氏と共に再び立ち去った。……月明で、逆流に乗じて夜明頃、会社の商館の前面まで進んで、水深五尋の所に碇泊した。

同十二日。会社の商館の直前に碇泊したが、粗悪な竹造家屋であたかも厩のような可燃性の家であった。(その岸を管理する)日本人シャバンダール(Chabandaer)来船して、われらを歓迎して贈物を差出した。昼過ぎ二名のナンプラが国王の命で挨拶に来り、ポルトガル人通訳を連れて来て不必要なことをいろいろ質問した。

同十六日。ハーレン氏の書翰を受取ったが、本日は上って国王の許に赴くべきことを認めてあった。これに対して司令官ハーヘナールは、かかることは彼に不適当にして不可能なることを知っていると答えた。日が南東に廻った頃、国王の許から、小舟二隻来航し、一名のナンプラが国王の書翰と贈物を携えて来た。いろいろ異議を申立てたが、結局前記のハーヘナールが(彼の希望に添わないが)使節として同船に乗移った。国王の書翰に敬意を表して両船から礼砲五発発射した。従者として銃手二十名と鼓手両名従った。前後一マイル半に亘る日本人、ポルトガル人、支那人、交趾支那人と柬埔寨人等の町に沿い河流を進んで、狭い小河を約半マイル上り上陸すると、其処には無牙の巨象一匹と車三、四台準備してあった。(2)

かくて一行は出迎えの巨象と車に分乗し、進んで王宮に到り、王に拝謁して東印度総督の書翰と贈物とを捧呈し、滞在一カ月、諸般の用務を果して七月十一日同地を出帆して日本に向ったのである。

試みに柬埔寨の地図を開いて見るならば、メコン河の本流はラオス(Laos)を通過して東北より来り、大湖(Tonlé Sap)を発したトンレ・サプ河は西北より来り、ちょうどプノン・ペンの前方で両河は一度合流し、直ちに再び二流に分れ、一はチェン・ギャン(Tien-Giang、前江 Fleuve Antérieur)となり、他はハウ・ギャン(Hau-Giang、後江 Fleuve Postérieur 即ち Kua Bassac)となって南流している。即ち同地にチャド・ムークの名ある所以にして、オランダ人はメコン河がかくラオスを通って流れ来る故にプノン・ペン以北の同河の本流をラオス河と称えた。(3)当時オランダ船が溯航したのは、その河口付近で日本河という一分流が東に分れているチェン・ギャンであった。(4)ハリヤス号も、五月二十三日には日本河に達してチェン・ギャンを溯航しはじめたようであるが、六月十一日の条によれば、ハーヘナールは日本河を溯航し尽くし、次いでラオス河が注いで急流をなす所を通過して、海に通ずるマチアム河を通過しブオンピンの前面を経てカンボジャ即ち首府ウドンに向っているから、ハーヘナールの所謂日本河は、チェン・ギャンの

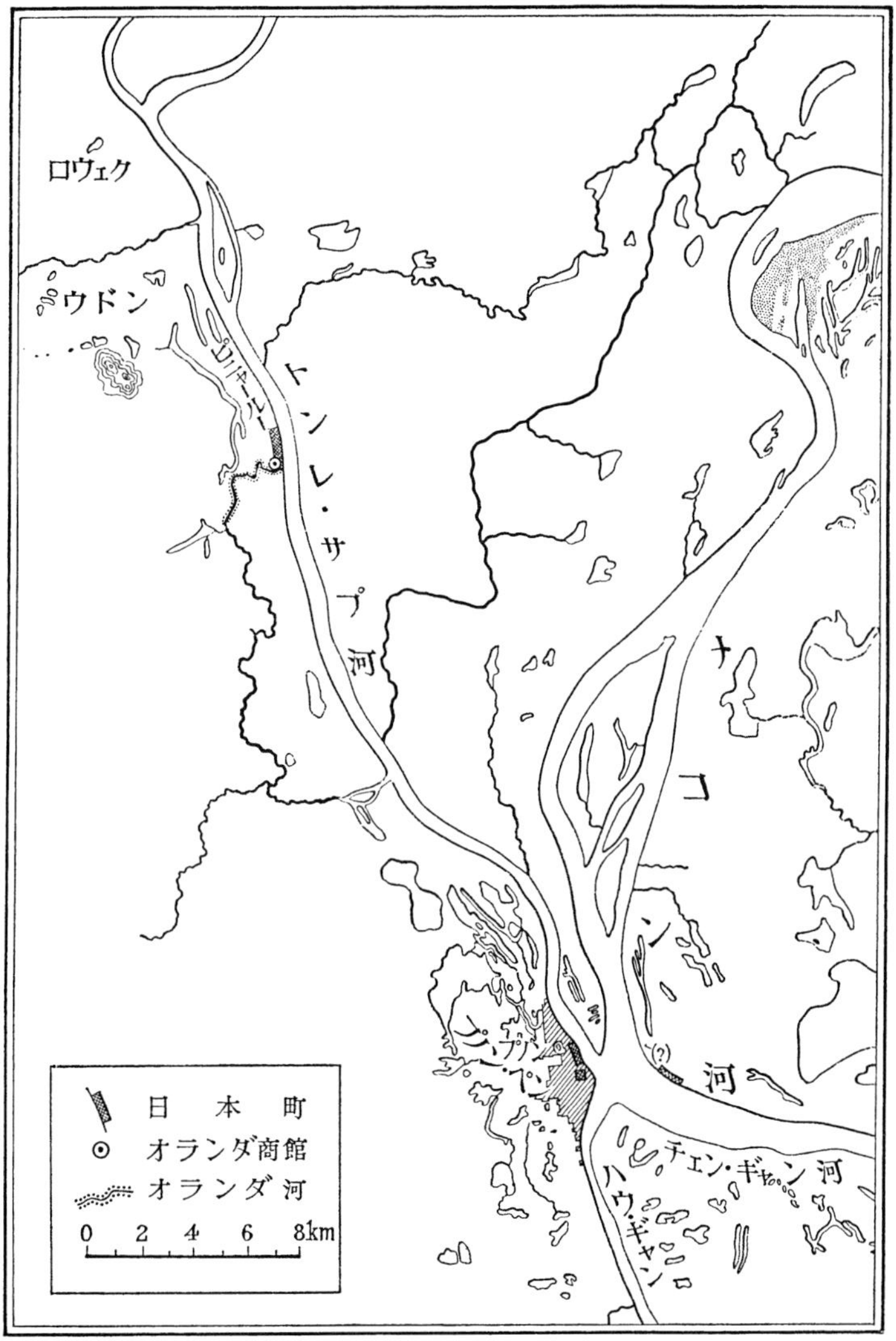

柬埔寨日本町所在地考定図

一分流のみならず、チェン・ギャンそのものをも指し、マチアム河とはハウ・ギャンを指していることが明らかである。そして市場に黄金張の高塔がある河岸のブオンピンとは疑いもなくプノン・ペンのことにして、現在でもこの王都を支配する寺院と高塔とが、市中東北部にある丘陵(Phnom)上に聳立しているが(5)、一六四四年副司令官シモン・ヤコブスゾーン・ドムケンス(Simon Jacobsz. Domckens)の『東埔寨遠征記』によっても、

〔六月〕六日。旗艦は終日プノンピン(Pnompingh)の大市場の前方に碇泊していた。

同七日。朝、好時機に抜錨して首府に向って出帆し、プノンピンの前面で一廻転した。其処にはラウス河と、下方に向って流れてその上流が首府に向っている流、ならびに乾上った河がある。左舷に当るプノンピンの町(nefgerie)には高いピラミッドが聳立している(6)。

とあり、ヘーグの国立文書館所蔵の一六四四年六月十二日におけるプノン・ペン前面の戦闘の鳥瞰図にも、市場の前に高塔が聳立している(7)。ハーヘナールは、この市場の前より一夜溯航して竹造の商館に到達しているが、一六四三年ハルメン・ブルックマン(Harmen Broeckman)が東埔寨から東印度総督アントニオ・ファン・ディーメンに提出した報告にも「われらの商館は粗造粗悪にして、繞すに軽い竹垣を以てし、敵意ある人は容易にこれを引倒すことができる(8)」と述べている。

商館とプノン・ペンとの距離については、一六三五年より一六四四年に亘る『東埔寨王国略記』に「居館の下流三マイルにあるポノンビン(Phonombing)の市場付近(9)」と記し、殊に一六四二年ピーテル・ファン・レーヘモルテス(Pieter van Regemortes)が東埔寨より発した報告にも、「ペノンピン(Penomping)は商館の下流四大マイルの所にある(10)。」と書いている。当時オランダ人航海記の一マイルは、通常緯度の十五分の一、即ち現今の約七・四〇七キロメートル強なれば、オランダ商館はプノン・ペンより二十五、六キロばかり上流にあって、プノン・ペンと首府ウドンの間に位し

ていたことになるが、彼等の古地図に不明瞭ながら、いずれもプノン・ペンと首府との中間、トンレ・サプ河の西岸において、これに注ぐ一小支流の付近にオランダ商館を描いている。(11) 而して日本町は、他のポルトガル人や支那人の町と河岸に相並び、このオランダ商館より王宮に至る途中にあったのである。

しかるにその後一六六五年二月商務員ピーテル・ケッチング(Pieter Kettingh)が東埔寨から東印度総督に送った報告によれば、彼は特使ヨアン・デ・マイエル(Joan de Meyer)等と共に、国王に捧呈すべき総督の書翰と贈物を携え、前年九月三十日プノン・ペンに到着して一泊し、諸般の準備を整えて王宮に向ったが、今この報告の数節を抄訳すれば、

夕刻ポノンピン村(dorp Ponompingh)に達し小艇と共に一夜を明かし、翌日、ポニャルー(Ponjalou)に到着したが、大きな町で、同地に国王や国の大官連も私宅を構えている。同地方は、例年のこの季節の如く、河水が溢れて、往来は舟便に依らねばならなかった。同地で有髯の一日本人シンメ殿(Simme donne barbado Japander)の持家を借受けて臨時にわれらの商館に充てた。この地方は荒れ果てて、かつてかなり立派な家屋の建並んでいたのに引換え、住民は貧窮し、辛うじて居住するに足る位な狭隘な竹造の小屋に住んでいる。

我々の当地来着後四日にして、ヤハト船ゼーホント(Zeehondt)も神助に依り、商館の前面まで溯航して来た。十月十六日、国王の急派したナクプラ・ヨウター(Nacpra Jouthaá)一行に導かれて、暹羅人、支那人及びマレイ人等の町の側を航行し、当時陸地も氾濫していたから、途中あるいは舟艇により、あるいはまた陸路は、車、象や馬に乗って王宮に赴いた。……国王はわれらに、父王の時と同様に、再び、全く日本町('t Japanse quartier)の南に接していて、オランダ川(Hollandse rivier)と呼ぶ小川に臨んでいる敷地を取らないかと提案した。(同所はわれらの前任者ピーテル・ファン・レーヘモルツが商館を維持していて、かつて先王ナク・チャウ(Nactjau)の

命により、館員が殺害された所である。）そして同地は小高くして、非常に爽快な場所で、前述の如く、われらが初めて入国した時、国王が提供した場所である。[12]

と記している。

柬埔寨におけるオランダ商館の位置はここにおいていよいよ明確なるべく、即ちプノン・ペンよりトンレ・サプ河を溯ること二十五、六キロばかり上流の西岸にあり、しかも最も南方において初めて同河に注ぐ一小支流に臨み、当時相当に繁栄していたポニャルーなる町の中にあったのである。今柬埔寨の地図を案じて、同様なる条件の地を索めれば、トンレ・サプ河の西岸において、容易に一村落ピニャールー(Pinhalu, Pignalhu, Ponhéa-lu)を見出すことができる。現に当時の柬埔寨の歴史を研究せるルクレール氏(Adhémard Leclère)や、カバートン氏(Antoine Cabaton)等は、無雑作ながら、いずれもこのピニャールーを以て、オランダ商館の所在地に定めている。[13] 日本町は、前掲ケッチングの報告にもある如く、実にトンレ・サプ河の西岸において、このオランダ商館の北に隣接し、町の南側には、当時オランダ川と言ったこの一小支流が流れていたのであった。

以上煩瑣なる考証によって、オランダ商館の所在地を考定したのは、全くこれに隣接せし日本町の位置を確定せんがためにほかならなかった。そこで再びハーヘナールの「航海記」六月十六日の条を読み返せば、彼はこの商館前から、出迎えの小舟に便乗して、トンレ・サプ河の河岸に沿うて一マイル半ばかり即ち前後十キロばかりに亘っている日本町、ポルトガル人町、支那人町、交趾支那人町、及び柬埔寨人町の前を溯航し、次いで一小支流、即ちクレアング・ポンレイ(Kréang Ponley、また一に Stu'ng Chria)に入り、更にこれを半マイル余即ち四キロばかり上って上陸し、かねて準備してあった象と車に分乗して王宮に向ったのである。さてこの日本町については、ハーヘナールの「航海記」に引用せる柬埔寨王国の現状報告に、東埔寨市は河の上流六十蘭哩の所にあり、日本人、ポルトガル人、交趾支那人及びマレイ人等が居住していて、彼等の家屋はそれぞれ堤に沿うて立並んでいる。……前記の駐在員〔オランダ商館員〕は、日本人等のシャバンダル(Chabander)の支配に属しているが、日本人等は同地に七八十家族あって、追放人として再び彼等の故国に帰還する能わざる者である。かつて王長子が国王の廃立を謀らんとして反逆した時、同地の日本人は勇敢にも武器を執って老王を助けたので、彼等は国王から尊敬されている。彼等は当時において、ただ貿易によってのみ利益を享受しているが、彼等の商品をまず広南に送り、同地から支那船に託してこれを日本に送り届けている。[14]

と記してある。即ち日本人は首府ウドンの南東ピニャールーにおいて、河岸に沿いて日本町を建設し、貿易に従事してその生計を維持し、その戸数は七、八十軒に上っていたから、かりに一家の単位を三人と見ても、同地の日本町には、当時優に二百数十人の同胞が居留していたに違いない。これより先、前掲の如く一六一八(元和四)年には既に東埔寨在留日本人中吉利支丹七十名あり、その教会堂も建立され、他に多数の同胞未信者があったと伝えているのも、このピニャールーの日本町のことに相違なく、もし果して然りとすれば、この日本町は元和初年既に相当なる規模を有する位に発達していたのである。

以上ウドンの東南ピニャールーの日本町の位置とその状態とを考察したが、ハーヘナールの「航海記」によれば、彼がチェン・ギャンを溯航し尽して、プノン・ペンにさしかかる以前に、六月四日に他の日本町の角を通過している。しかし彼が所用を果して、七月十一日オランダ商館より出帆し、河を下って同十四日ブオンピンを通過し、ラオス河とマチアム河との合流点に達し、更に

神助によってついに此の危険区域を乗越し、帆を下ろして、急いで前檣小帆を掲げて旧日本町(het oude Japanse quartier)の前面に航進し、指令に依って同処に碇泊して、書翰と伝令使を待ち合わせた。[15]

とあるから、この日本町というのは、かつて日本人の在留せし所にして、当時居住民は既に上流に移転した跡なるべく、その位置はチェン・ギャンを溯り尽し、四河の合流点に達する直前においてその左岸にあったのではなかろうか。

しかるに一六四三年九月、同地の商館員レーヘモルテスが東印度政庁の指令を帯びて再びバタビヤより帰任し、新王に対して、かつて殺害されたオランダ人の賠償と未決済の債務の弁償を要求するや、王命を帯びた軍兵がレーヘモルテス等の商館員を殺害し、商館を掠奪したことがある。その報に接したバタビヤの政庁は、翌一六四四年三月、司令官ヘンドリック・ハロウズ(Hendricq Harrouse)指揮の下に、ヤハト船キービッツ(Kievith)等五隻の遠征船隊を編成して、柬埔寨の王廷に派遣した。船隊がメコン河を溯り首府の前面に碇泊して、柬埔寨当局と折衝を重ねている間に、柬埔寨側では、プノン・ペンの前面とその上流の二カ所から、その対岸に二梁の橋を架設し、両岸に銃砲を据え、その後蘭船隊が下航するや、これを両橋の間に封鎖していよいよ敵対行動を開始した。(16) ヘーグの国立中央文書館には、この時の戦闘を和紙に描いた「一六四四年六月十二日日曜日、日中より夕方まで五時間継続したポヌンピン(Ponúmpingh)前面の戦闘」と題する当時の鳥瞰図がある。(17) 同図のプノン・ペンの町には高塔が描かれていて、その註記には「二〇。ポヌンピンの市場に聳ゆる高いピラミッド」とあり、塔の前面河岸は砲煙に蔽われているが、その註記に、「一〇。砲三十八門を有する大砲兵隊にして、……同地には日本人及び他の諸国人の町がある」と記してある。この註記によれば、プノン・ペンにも、日本人を始め他の諸国民の居留地が立ち並んでいたことが判明する。そしてプノン・ペンからトンレ・サプ河を横切って対岸に架した橋のことを、

一二。大橋にして幅二ルーデン(roed)〔二十メートル〕、厚さ二分の一、長さは五、六十ルーデンの間にあり、その中央に重い鉄鎖が隠匿され、一岸より対岸に達して陣営の所で固定してある。橋上には尖った、そして刺を密着せしめて隠蔽した道があって、その後方にカンボジャ人は船に乗って、最初は隠れていて勇敢に弓を射放った。

その中程には始めて火蓋を切った砲隊がいる。[18]

と記してあるが、同じく一六四四年六月十二日の「決議録」の一節には、

第一橋より半時間航程にして、枝束や荊棘を以て隠蔽した道のある第二橋がある。その後方に弓で射撃しては隠れる船があり、橋の中央を通して一本の太い大鉄鎖が、——その鐶は銃身の太さがある——一岸より対岸に達していて、全長五、六十ラインランド・ルーデンある。同処には掩堡で能く防備して半マイルに亘り、宗右衛門殿(Soye-Mondonne)及び日本人と他の諸外国人との居留地がある。[19]

と記してある。この「決議録」の一節と、前述の図の註記第十ならびに第十二の橋の説明とを対照すれば、宗右衛門等の居住する日本人等の居留地が、プノン・ペンの高塔の前方の河岸なることは明白である。そして宗右衛門とは、かつて一六三七年六月七日に旧日本町の角でハーヘナール一行を出迎えた宗右衛門に相違ない。即ちプノン・ペンの日本人等の居留地は、当時市場に聳立する高塔の東方河岸にあって、他の諸外国人の居留地と相接続して約四キロに亘っていたのである。而して前述の鳥瞰図と現今のプノン・ペンの地形とを対照するも、古の日本人等外人在留地の位置は、やはりトンレ・サプ河の西岸に沿って、現在でも市中東北の丘陵上にある高塔の東方辺より起って北に延びていたのではないかと思われる。プノン・ペンはつとに柬埔寨の主要貿易港として繁栄したので、はるばるメコン河を溯航してこの方面に赴いた日本人中に、同地に定住する者も生じたに違いない。

ただし、その在住を伝える関係記事は、管見の限りでは、極めて寥々として、かつ以上の記事のみでは、一応はこれらの日本人が独自の居留区として日本町を形成したようにもみえるが、また他の外人と共同の一外人居留区内に在留したようにも思われ、その詳細は明らかでない。いずれにしても当時特にかように指摘されるだけ相当数の日本人が、他の外来人と相近接して在留していたことが判明する。尤もバルトリの『イエズス会史』「アジア部」によれば、[20]

これより先、一六二五年九月に、交趾から教父ミゲル・牧が柬埔寨に派遣された時、在住日本人はあらかじめその報に接し、船を二百マイル先まで出して彼を出迎え、彼はメコン河を溯航すること八日にしてチリボコ(Chiriboco)に達したが、既に日本人は同地にも土地と住宅を有していたので、彼は留まってその教化にあたり、未信者を改宗せしめ、日本でかつて迫害のため背教した者も再び教に立ち戻らせて、滞在八カ月、後事をレオネ・新左衛門(Leone Chinza-iemon)に託して交趾に去ったことを伝えている。ここに多数の日本人の在住せるメコン河上流のチリボコとは、疑いもなくプノン・ペンの別名チャドムークの訛なれば、同地の日本人等の居留地の起源は、少なくともこの年代まで溯ることができる。このほか、前述戦闘鳥瞰図の註記二十一には「広南人、交趾支那人、支那人等各国人の植民地(Co-lonie)」と書いてあるから、(21) 同地にも外来人の居留地があって、日本人の在住民がいたかもしれないが、図中には註記に該当する番号の記入なくして、その所在を明らかにすることができない。

かくて柬埔寨において、それぞれピニャールーとプノン・ペンにあった日本町と、チェン・ギャン河の上流にあった旧日本町の所在をほぼ考定することができたが、日本人はかように集団をなして彼等自身の町を建設すると同時に、中には他の外国人の町内に居住した者もあったようである。同地のオランダ商館員ヤン・ディルクスゾーン・ハーレン(Jan Dircx. Gaelen)の日記、一六三六年八月三十一日の条に

われらは、マレイ人とラオス人の町に住んでいる日本人等に良質の安息香の買入を命じ、ラオス人には、ポルトガル人と同様な高値でこれを買上げることを申出た。(22)

とあるから、ピニャールーにあるマレイ人町とラオス人町には、日本人も雑居していたのである。さればこの日本町の居留民と他の外人区に雑居せる者とを合算すれば、当時柬埔寨在留日本人は、おそらく三、四百名にも上ったであろう。

日本人がかくメコン河をはるかに溯って、同国の王都付近に日本町を建設せる頃、メコン河の河筋の一部に日本河(Japanse Rivier)なる名称がつけられた。ハーヘナールは、前述の如く、メコン河の本流チェン・ギャンを日本河と称しているが、ピーテル・ケッチングの『柬埔寨航海日記』の一六六五年七月二十八日の条によれば、

この国には二河、即ち海より二道の入口があって、一口と他口とは全然分離しているので、熟議の末、本船は次のモンスーンで、日本河、即ち最北の入口から航入することを適当と認めて議決した。[23]

とあり、その他当時の記録や古地図をはじめ、近くは十九世紀の中葉過ぎの記録や地図や水路誌に至るまで、往々メコン河の一分流にこの名を与えているものが多い。[24] しかし果していずれの河筋が日本河を指せるか、その正確なる位置については、必ずしも諸図諸記録一定せず、かなり曖昧の嫌いがあるが、一八六二年レオン・ド・ロニ(Léon de Rosny)等の編纂出版した『交趾支那誌』に

永新又は隆府(Viñ-thãn ou Long-ho)省は、前述の省の西南にあたり、その大部分はメコン河の主なる枝河二筋の間に挟まれている。その省治は同名にして、ミト(Mytho)の上流に在って、日本河の右岸に位している。[25]

ともあって、始めてやや正確なる位置が指示されている。しかるに先年カバートン氏は、オランダ側の諸記録と現地形とを照らし合わせて、柬埔寨の日本河とは、現今のメコン河の最も東の入口をなせるクワ・チエン(Cũa-tiên)たるべきことを推定したが、[26] おそらく日本河とは、その河口はクワ・チエンに到って海に注ぎ、溯ってはサイゴンの西南の河港美湫(Mytho)の南側を過ぎる美湫川(Song Mytho)となり、更に上流少なくとも永隆付近に及ぶメコン河の河下の分流の一を指したるに相違なく、またある時には、更にプノン・ペンまで溯るメコン河の本流前江そのものをも指したこともあったようである。

しかも、かつてこの地方の協総鎮にして、後に史館副総裁となり、商船事務を管掌した鄭懐徳の著わす『嘉定通志』

の定祥鎮(Mytho)の条に、

大海門(Cua-dai)、距二鎮南一八十七里、口広七里余。潮深二十七尺、汐深二十二尺。泥濘濡淖、港心挾曲、船艘少出入焉。港西日本洲、洲上守禦劄駐。……日本墥、総社墥、容墥在二日本洲一。植二綿花・蕃薯・水芋一。人家隠見二于叢篁古樹一(27)。

と記している。港とはもとより美湫港にして、洲は島またはデルタなるべく、杉本直治郎教授の指摘されたように墥とは丘のことである(28)。しからば、美湫川、即ち日本河を挾んで、美湫港の西方の一島には、日本洲、洲上には日本丘なる名称が存していたのである。果して同地にかつて日本人が在住せしや否やは、当の『嘉定通志』をはじめ、未だ他に記載も見当たらないが、日本洲も日本丘も日本河と相関連して、共に昔、同地における日本人発展を物語るものにほかならない。

(1) 「日本町の新研究」上、一〇〇頁。
(2) Hagenaer, Hendrick. Verhael van de Reyze gedaen inde meeste deelen van de Oost-Indien. (I. Commelin. Begin ende Voortgangh van de Vereenighde Nederlandsche Geoctroyeerde O. I. Compagnie. Boek. II. N°. 20.) Amsterdam. 1646. pp. 110–113
(3) Valentijn. op. cit. Deel III. Beschryvinge van onzen Handel in Cambodja. p. 50. Muller. De Oost Ind. Co. op. cit.; Slach voor Ponumpingh, gehouden den 12en Junij op Sondach van den dageraedt tot s avonts ten 5 uyren in't Jaer 1644. [Kaart. Kol. Archief N°. 22.]
(4) Muller. op. cit. pp. 89, 147, 349, 402, 438.
(5) Aymonier. Le Cambodge. op. cit. p. 214. La pyramide.; Leclère. Histoire. op. cit. p. 220.
(6) Copie daghregister van 't gene voorgevallen verricht ende verhandelt is op de tocht naert Coninghrijck Cambodia, door den vice-commandeur Simon Jacobsz. Donckens, gehouden op zijn voyagie naer Cambodie ende Tayouan, van 22 Maert tot 24 Aug. 1644. [Kol. Archief 1059.]

(7) Muller. De Oost Ind. Co. op. cit. pp. 348–9 ; Slach voor Ponumpingh.

(8) ibid. p. 346.

(9) ibid. p. 54.

(10) ibid. p. 149.

(11) Kaart van het zuidelijck gedeelte der Chineesche Zee met de kuste van Cochin-China, Cambodja, Siam, het Maleische Schiereiland. 1660. [Kaart. Kol. Archief N°. 131.]

Kaart van Cambodja en Grensenlanden. [Kaart. Kol. Archief N°. 265.]

(12) Copie Missive door den Coopman Pieter Kettingh uijt Cambodia in dato 12^{en} Feb. 1665. [Kol. Archief 1143.]

(13) Leclère. Histoire. op. cit. p. 343 ; Cabaton, Antoine. Les Hollandaise au Cambodge au XVIIe Siècle. (R. H. C. F. 1914. IIe Année) p. 163. なお別に Buch. La Compagnie des Indes Néerlandaises et l'Indochine (B. E. F. E. O. XXXVII.) p. 199 に蘭人の泊する日本町をロウェク(Lovêk)とせるは，もとより前述の如き誤解による比定である。

(14) Hagenaer. op. cit. pp. 120–121.

(15) ibid. p. 122.

(16) Mac. Leod, N. De Oost Indische Compagnie als Zeemogendheid in Azië. Rijswijk. 1927. Vol. II. pp. 315–316.

(17) Slach voor Ponumpingh gehouden den 12^{en} Junij op Sondach van den dageraedt tot savonts ten 5 uyren in't Jaer 1644. [Kaart. Kol. Archief N°. 268.]

(18) ibid.

(19) Van Dijk, L. C. D. Neerland's vroegste Betrekkingen met Borneo, Den Solo-Archipel, Cambodja, Siam en Cochin-China. Amsterdam. 1862. p. 327. Note 3.

(20) Bartoli. Dell 'Istoria. op. cit. Livro IV. Cina. pp. 831–832.

(21) Slach. op. cit.

(22) Muller. De Oost Ind. Co. op. cit. p. 106.

(23) ibid. p. 438.

(24) Fournereau. Le Siam Ancien. op. cit. Pl. X. XV.
Horsburgh, James. Directions for Sailing to and from the East Indies, China, New Holland, Cape of Good Hope and Interjacents Ports. Part II. London. 1811. p. 217.

(25) Léon de Rosny & Cartambert. Tableau de la Cochinchine. Paris. 1862. p. 42.

(26) Cabaton, A. Les Hollandaise au Cambodge et au Laos au XVIIe Siècle. (T. K. N. A. G.) I Reeks. XXXVI. 1919.

(27) 鄭懐徳『嘉定通志』巻二、定祥鎮、山川。
Aubaret, G. Gia-Dinh-Tihung-Chi, Histoire et Description de la Basse Cochin-Chine. Paris. 1863. pp. 203, 207.

(28) 杉本直治郎・金永健『印度支那に於ける邦人発展の研究』。昭和十七年、二二頁。

第三節　柬埔寨日本町の行政

一　日本町の行政機構

日本人は柬埔寨に渡航して、王都ウドンの東南ピニャールー及びプノン・ペンに在住して、外来諸国民と共に、それぞれ各自の居留地を経営したが、その居留地の行政様式も、交趾日本町の場合の如く、自治または半自治的な統治の形式が採られていたかと思われる。

これより先既に慶長の中年わが朱印船の柬埔寨渡航ようやく頻繁となるや、同国官憲は来航日本人を統制せしめんとして、十二年四月一日(一六〇七年)王命によって、日本人船主中の有力者とおぼしき助左衛門に「船主助左衛門、為レ有二忠厚志誠一、作レ事有二規矩一、……元準為二本国頭目一[1]」なる文引を給したが、本国頭目に準ずる資格とは、日本人の頭領あるいは取締りの地位ではなかろうか。

その後柬埔寨における諸国民の居留地が発達してくると、各居留地の統制には、特別な外人官吏が選任されたようである。例えば一六三九(寛永十六)年七月二十日に上席商務員ヨアンネス・ファン・デル・ハーヘン(Joannes van der Hagen)が、平戸のフランソア・カロンに発した報告によれば、

柬埔寨に居る諸国民は、各〻そのサバンダール(Sabandhaer)を戴いているので、同地には総港務長はない。なお国王はオランダ商館長ならびに他の諸外国人を統制するために、諸国民毎に官吏一名を任命したが、その男はアジア人種出身なれども、柬埔寨人でなくして、船舶事務を処理し、主としてそのために、一方においては貿易商人等と、他方においては土地の官吏との仲介の労を取った。(2)

と記している。即ち柬埔寨国王は、同国在住外国人及びその商人等を統制して、港務、貿易、船舶事務を管掌し、更に土地の官吏と諸外国貿易商等との中間にあって、諸般の用務を執行せしめるため、柬埔寨人以外のアジア人種出身のシャバンダールを、各居留地毎に一名ずつ選任したのである。

元来シャバンダールは、ペルシヤ語のシャーバンダル(Shāhbandar)より転訛した語で、原義は港の王または港務長官の意である。広く印度洋や南洋に亘る貿易港における土着民官吏の称号で、外商や船長等が交渉を有したところの主なる官憲にして、またしばしば税関長なることもあった。(3)従ってこの方面に渡航したヨーロッパ人の日記や航海記にもしきりに出てくるが、ウィリアム・ダンピーヤ(William Dampier)の航海記によれば、一六八八年六月彼がスマトラ島北部に航して、「アチン(Achin)に到着して、われらはシャバンダル(Shabander)即ち町の主なる長官の前に導かれた(4)」と記しているから、この場合シャバンダルとは港町の長を意味していたようである。

ファン・デル・ハーヘンの言う柬埔寨のサバンダールの管掌事務の内容は、あまり明確ではないが、貿易事務のほか、彼がその帰属せる居留地の統制にもあたっていたようであるから、同地の居留地はそれぞれそのサバンダールを

首長とする半自治的な町ではなかったかと思われる。そしてヤン・ディルクスゾーン・ハーレンの『柬埔寨滞在日記』によれば、彼は一六三六(寛永十三)年六月十八日、ピニャールーの日本町に達し、かねて紹介されていた日本人の有力者ナンプラ・ピッツ・ナンドリ(Nampra Pit-nandrij)に会して、ジャンク船の航海士なる彼の弟宗右衛門(Sione-mon)からバタビヤで手交された書翰を彼に届けた。この時ハーレンが土着民から諸国人町即ち居留地の状態を聞知するところによれば、

日本人町(het Japanders quartier)は一名のサバンダールの下に在り、他の一名のサバンダールはポルトガル人町を管轄統治し、マレイ人とジャバ人の上には他の一名があり、支那人町の上には二名のサバンダールがいるので、結局全部で五名のサバンダールがいる。(5)

とあって、同地の日本町をはじめとして、他の諸外国人居留地は、明らかにそれぞれ各自のシャバンダールの行政的管轄の下にあったことを窺知し得る。しかるにイギリス商館員の報告によれば、

当地に貿易に来る諸国民は、いずれも彼等のシャバンダル(Shabander)を有している。彼は普通の事件に在っては、常に裁判官の役を勤める。そして何人も彼の紹介なくんば、国王と対談することができない。彼等の来航の用務は、普通彼が国王に通ずるので……用務がもしも彼の気に入らぬ時は、彼が拝謁する前に遮ぎられる。(6)

とあるから、シャバンダールは、その居留地の行政的な支配、ならびに、ある特別な事件以外には、彼等の裁判にも関与していたのである。その後イエズス会の教父ジェローム・リシャール(Jérôme Richard)も柬埔寨における日本人等、外人の居留地のことについて伝聞した所を記して、

柬埔寨王国にはポルトガル人、日本人、交趾支那人、及びマレイ人等が在住している。彼等の中には、一時的な貿易商がいるが、また中には定着している者もある。……胡椒、砂糖、蜂蜜、ならびに蠟は貿易の大部を占めて

いる。日本人と支那人とは、この貿易の利益を悉く握っている。これらの外人は同国の法律に遵うに及ばない。彼等は彼等自身の奉行を戴き、彼等自国民貿易業者の間に紛争が起った際は、この男が一切を裁決する。(7)と述べている。しからば、柬埔寨の日本町も、交趾の場合と均しく、自治制を敷けると同時に、ある種の治外法権を許されていたと見ねばならぬ。

(1) 「泰長院文書」二。
(2) Muller. De Oost Ind. Co. op. cit. p. 142.
(3) Yule H. & Burnell, A. C. Hobson-Jobson, A Glossary of Colloquial Anglo-Indian Words and Phrases. London. 1903. pp. 816-817.
(4) Dampier, William. A New Voyage Round The World by W. D, with an Introduction by Sir Albert Gray. London. 1927. p. 336.
(5) Journael ofte de voornaemste geschiedenisse in Cambodia weder vaeren sedert 18. Junij tot 8 Nov. 1636 dat wederom van daer scheyden door mij Jan Dircx. Gaelen per memorie aengeteekent. [Kol. Archief 1035.]
Muller. op. cit. p. 63.
(6) A Relation of the Situation and Trade of Camboja : also, of Syam, Tunkin, China, and the Empire of Japan : Extracts of Letter &c. from Bantam and Subordinates. [Factory Records. China and Japan. N°. 13. Dundas Papers. Vol. 19.]
(7) Richard, Jérôme. Histoire naturelle, civile et politique du Tonquin. Paris. 1778. (John Pinkerton. General Collection of Voyage and Travels. London. 1811. Vol. IX. pp. 768, 769.)

二　日本町の首脳人物

I　シャバンダール某　柬埔寨日本町の頭領なるシャバンダールについて言えば、一六三六(寛永十三)年六月、東印度会社の上席商務員ハーレン、及び商務員ピーテル・スーリイ(Pieter Soury)等が、新たに柬埔寨に商館を開設すべき命を受けて、帆船アウデワーテル(Oudewater)に乗組みバタビヤを出帆してメコン河口に達し、オランダ人十二名、日本人一名、黒奴一名及びマレイ人一名等と共に小舟に移乗して河を溯航し、同月十八日日本町に到着した時、かねてバタビヤにて紹介されていた日本人の有力者オプラ・ナンピツナンドリ(Opra Nampitnandrij)が彼等を出迎え、翌日これを日本人シャバンダールに通報したが、[1] その後オランダ人は、彼等の商館の新設、王室との交渉、貿易事務など、常に日本人シャバンダールの援助を得るところが多かった。即ち彼等は到着の翌々二十日、日本人シャバンダール等と共に馬車にて王宮に向い、その夜は一日本人の家に宿泊し、翌二十一日彼の斡旋通訳で国王に拝謁して贈物を献上したが、王はこの時、オランダ人は今後日本町に居住すべきことを命じたから、[2] 彼等は爾後日本町の住民として、日本人シャバンダールの統制支配を受けたようである。例えばハーヘナールの日記一六三七年六月十二日の条に、

　会社の商館の直前に碇泊したが、粗悪な竹造家屋で、まるで厩のような可燃性の家であった。(その岸を管理せる)日本人サバンダール来船して、我等を歓迎して贈物を差出した。[3]

とあり、この句によれば、日本人シャバンダールは明らかにオランダ商館を含む地域を管轄している。

次いで同年七月七日、十月五日には国王は彼を仲介として、オランダ人に大砲購入の交渉を試みている。[4] しかるに一六三七年九月に至り、オランダ船の積荷中、国王の輸出を禁ぜし新米の混在せしことが、土地の官吏の発見するところとなり、日本人シャバンダールは取締不行届のかどを以て、一時牢獄に繋がれ、もはや国王の御前に伺候することを禁ぜられ、オランダ人もまたこれを拒まれたが、九月三十日の夜、宗右衛門がハーレンに来報するところによれば、

老王に奉る贈物は拒絶され、また王が口頭にて語るところによれば、日本人等の両頭領なるサバンダルとテビニヤ(Sabander & Tevinia, beijde hoofden der Japander)には大いに怒っている。[5]

とある。しかもこの報告によれば、この日本人シャバンダールと並んで、他にテビニヤなる日本人等の頭領格の人物の在住せしことが判明するが、これは後述するように、その後前記日本人シャバンダールに代ってその職を襲ったタビニヤ・ラムシット森嘉兵衛(Tavinia Ramchidt)に違いない。而して彼の消息は、この後、杳として判明しないが、あるいはこの事件により失脚したのではないかと思われる。もとより彼の本名や、出身等に関しては、遺憾ながら一向明らかでない。

II 森嘉兵衛(Morij Kaffoye)　一日本人シャバンダールが職務怠慢のかどにより国王の怒りに触れ、やがてその消息も絶えたのは、一六三八(寛永十五)年頃のようであるが、幾許もなく彼に代って新たにシャバンダールの職を襲ったのは、前述の森嘉兵衛であった。『東埔寨オランダ商館日記』一六四二(寛永十九)年六月二十七日の条に、

目下タビニヤ・ラムシット(Tavinia Ramchidt)と呼んでいるナップラ・ネルピット(Nappra Nelpith)は日本人にして、サバンダルに任命されたが、この男は国王から多大なる恩寵を蒙っている。(6)

と記してあるが、タビニヤ・ラムシットと言い、ナップラ・ネルピットと言うのは、共に東埔寨の官名にして、後者は王子宮殿奉仕の官吏の称号であった。(7)しかるに同年旧暦十月十一日付の森嘉兵衛から東印度総督にあてた書翰の書出しに、

予チピニヤ・ラムシット(Tippinya Ramsit)は、国王からオランダ人のサバンダルに任命された。(8)

と記してあるが、タビニヤ・ラムシットも、チピニヤ・ラムシットも、共に東埔寨の官名テビン・ナイ・ラム・シット(Tévin nãi Rãme Ĉit)(9)の訛訳に過ぎないから、前者は疑いもなく嘉兵衛が新たに日本人のシャバンダール職にも選任されている事情を記したのである。当時オランダ商館はピニャールーの日本町の南隅にあり、館員も僅々十数名に過ぎずして、日本町の一員として待遇されたようであるから、オランダ人のシャバンダール森嘉兵衛は、即ち日本町

のシャバンダールにして、同地外人居留地の長なる五名のシャバンダールの一人であったに相違ない。

これより先『バタビヤ城日誌』一六四〇年十二月二十一日の条によれば、当時同国に疫病流行して一大官も罹病し一切面会を謝絶したが、この際、

> また宗右衛門の身についても同様な待遇を受けたが、その家に、奥地において罹病したチビニヤ・ラビ・チッチェルモット即ちナップラ・ピッツ・ナンドリ(Tivinia Ravi Chitchermot ofte Nappra Pit Nandri)が運び込まれた(10)。

と記してある。このチビニヤ・ラビ・チッチェルモットは、テビン・ナイ・ラム・シットの訛訳に相違なく、嘉兵衛はこの頃、別にナップラ・ピッツ・ナンドリなる官名を以て呼ばれていることが判明するが、これは米穀倉庫長とも言うべき官職である(11)。しかるに前述の如く一六三六年夏、ヤン・ディルクスゾーン・ハーレンが新たに商館を開設すべき使命を帯びて、バタビヤより日本人宗右衛門の紹介状を携えて入国した時、彼はまず宗右衛門の兄日本人ナンプラ・ピッツ・ナンドリ(Nampra Pit-nandrij)の家に仮泊し、その後商館の開設に関する官憲との折衝には、このナンプラと他の日本人シャバンダール某の両人が大いに尽力斡旋している(12)。然らばこの宗右衛門の兄ナンプラ・ピッツ・ナンドリは、即ち森嘉兵衛なるべく、彼は既にこの頃より頭角を現わして活躍し、弟宗右衛門もまた同地を中心として手広く南洋各地の貿易に携わっていた。

その後一六六五(寛文五)年頃まで、オランダ人の記録に、日本人とおぼしき通訳ゴンサブロ〔権三郎?〕(Gonsabro)と共にしばしば併記された「われらのサバンダルなるナクプラ・ラムシット(Nacpra Ramsit, Ramschijt, Ramsijth)(13)」や、殊に一六六五年二月十二日付の商務員ケッチングの報告中に

> 一日本人ナプラ・ラムシット(Napra Ramsith)は……既に余程以前から、彼の願いにより、国王から商館のサバンダールに任命されていた(14)。

とあるのは、疑いもなく嘉兵衛のことなるべく、果して然らば、ナクプラ・ラムシットと言うのは、彼の官名が変更したのか、あるいは彼の前官名ナクプラ・ネルピットと、現官名タビニヤ・ラムシットとの両者を、オランダ人がかく混同したのではあるまいか。

嘉兵衛の出身と経歴については、彼我の記録に伝うるところがないが、鎖国以前柬埔寨貿易に手を染めていた長崎の町人森助次郎なる者があるから、あるいはその一族ではないかと思われる。彼が始めてシャバンダールに選任された時、次席商務員ウィールツ・アールツゾーン・ファン・デル・ネス(Wiert Aertsz. van der Nes)は、彼に同伴されて国王に拝謁し、諸般の用務を果したが、(15)同年十月十一日(一六四二年十一月三日、寛永十九年)、嘉兵衛はオランダ東印度総督アントニオ・ファン・ディーメンに書翰を送って、シャバンダール職に新任されたことを報じ、かつて土地の大官連がオランダ商館倉庫を掠奪せんとせしが、彼がこれを予知して未然に防止した事情を詳述し、なお従来国王とオランダ人との中間に立って種々斡旋し、今後も尽力せんことを記し、最後に総督に敬意を表して米五コヤング(Coijangh)、即ち一万五千斤を贈る旨をしたため、署名している。(16)

その後一六六四年九月に、一旦廃絶したオランダ商館復活等の用務を帯びて、前述の如く、特使マイエルと商務員ケッチングが溯航して来た時、嘉兵衛は病みて斡旋する能わず、一日本人ナクマン(Nacman)をして代って、東印度総督の使節が来着せしことを国王に報告せしめた。十月十六日には、彼の東道で、蘭使一行は拝謁のため王宮に向った。(17)いよいよ商館が再建されて後は、オランダ人等は、事ある毎に嘉兵衛と通訳権三郎の尽力を得たが、殊にオランダ商館の再開にあたり、彼等は、国王から爾後二十五年間、日本向き商品の独占権を獲得したにもかかわらず、支那船が鹿皮を日本に輸出せんとして、紛擾を生じ、翌一六六五年三月より六月に亘り、嘉兵衛等両人は、オランダ人のためしきりに土地の官憲や支那人と折衝している。(18)

しかし六船に分乗して同地に侵入した台湾・鄭氏の余党は、一六六七年七月九日(寛文七年)ケッチング等の商館員を虐殺し、商館を掠奪放火したので、[19]オランダ人が多年柬埔寨において維持した足場は全く壊滅し、その後の嘉兵衛の運命もまた明らかでない。

(1) Muller. De Oost Ind. Co. in Cambodja. op. cit. pp. 61–62.
(2) Journael ofte de voornaemste geschiedenisse in Cambodia, door Gaelen. op. cit. Muller. De Oost Ind. Co. op. cit. pp. 64, 67.
(3) Hagenaer. Verhael van de Reyze. op. cit. p. 112.
(4) Muller. De Oost Ind. Co. op. cit. pp. 79, 118.
(5) Journael in Cambodia. op. cit. 付録史料九。
(6) Muller. De Oost Ind. Co. op. cit. p. 277.
(7) ibid. p. LXVI.
(8) ibid. pp. 341–343. Copie Translaet Missive van Morij Kaffioye (Haven meester), Japander in Cambodja, aan den Hr. Gouv. Generael. 1642. 付録史料八。
(9) ibid. p. LXIV.
(10) Dagh-Register gehouden int Casteel Batavia. op. cit. Anno 1640. 21 Oct. p. 128.
(11) Muller. De Oost Ind. Co. op. cit. p. LXIV.
(12) ibid. pp. 61–67.
(13) ibid. pp. 412–414, 416, 420, 432–433, 441.
(14) Copie Missive door den Coopman Pieter Kettingh uijt Cambodia in dato 12^{en} Feb. 1665. [Kol. Archief 1143.]
(15) Muller. De Oost Ind. Co. op. cit. p. 276.
(16) ibid. pp. 341–343. 付録史料八。
(17) Copie Missive door……Kettingh. op. cit.

(18) Muller. De Oost Ind. Co. op. cit. pp. 407–420, 422–424, 430–433.
(19) Dagh-Register gehouden int Casteel Batavia. op. cit. Anno. 1667. pp. 313–314, 392.

第四節　柬埔寨日本町在住民の活動

一　日本町在住民の軍事的活動

柬埔寨日本町在住民等の活動を概観するに、㈠軍事、㈡宗教、㈢経済の三方面に関連する点が特に目立っていた。以下順次これらの三方面における彼等の活動状態を究明して、以て日本町発展の跡を辿ってみたい。

柬埔寨日本町在住民が同国の軍事方面に活躍せしことは、既に一六二二(元和八)年頃にも見え、国王が手兵三百人をして、小舟に分乗してラオスに入り、ナムノイ(Namnoij)の金山より多量の金を取らせた時、彼の手兵は支那人、マレイ人、柬埔寨人ならびに日本人より編成されていた。(1) 翌一六二三(元和九)年暹羅の大軍は、一部は暹羅王子に率いられ、陸路北方より、一部は将軍ピヤ・タイ・ナム(Phya Thay-Nam)指揮の下に南方海路より柬埔寨に侵入した。これは一六一八年柬埔寨国王浮哪・詩・士板(Pra Srey-Suryopéar)に次いで、かつて暹羅に質たりし王の長子七士他(Chey-Choetha II)即位して暹羅に忠順ならざるためと言う。結局暹羅軍の大敗を以て戦争は終ったが、(2) 暹羅国王は、この戦争に日本人の柬埔寨に援助せしことを指摘して、「貴国商ニ販彼処一者、値ニ干戈之秋一、誤為ニ彼助一、未レ免ニ混傷一。恐非ニ和好本意一。望諭停レ之。(3)」の旨を幕府に歎願している。柬埔寨側においても廷臣招笨雅・珠歴・蘇(Caupoña Serĕi Sambot ?)は、翌寛永元年、在住日本人の有力者とおぼしき武富長右衛門に書を託して、長崎奉行長谷川権六に「雖下敝国与二暹羅一有中兵革之交上、然上国主君、与二寡君一乃心膂之愛、迺可レ致二之度外一[4]」とて、両国の交戦にあたり、日本の中立を保たんことを望んでいる。

その後一六三〇(寛永七)年、山田長政が六崑において毒殺されるや、その子オコン・セナピモク(Ockon Senaphi-mocq)は自立せんとして果さず、六崑の町を焼いて、一党の日本人を率いて柬埔寨に走った[5]。柬埔寨王は逃げ込んだ日本人の援助を得て一六三二年暹羅と対戦することとなったが、日本人等は宣戦布告を待たずして、既にジャンク七隻に分乗して、柬埔寨を出帆し、暹羅に出入する船舶を撃破せんとメナム河口に向ったことがある[6]。

在住日本人はまた同国の内乱にも参加して、重要なる役割を果している。「かつて王長子が国王の廃立を謀らんとして反逆した時、同地の日本人等は勇敢にも武器を執って老王を助けたので、彼等は国王から尊敬されている」[7]が、わが伝説によれば、長政の遺児は、この戦中に陣歿したようである[8]。しかしまたこの王長子にも左袒した在住日本人もあり、一六三六(寛永十三)年十一月、王子が陰謀発覚し戦に敗れて暹羅に亡命した時、日本人百人程、彼に扈従していた[9]。また翌一六三七年のはじめオランダ船に拿捕されたポルトガルのジャンク船の乗組員五十六人がバタビヤに拉致されたが、その中に日本人十三名あり、彼等は柬埔寨王の傭兵にして、王の使節に随いマカオに派遣され、次いでマラッカを経て再び同国へ帰航中に捕えられた者である[10]。その後オランダ人の報ずるところによれば、国内治安全からず、王位も安定せざりしものの如く、一六四二(寛永十九)年四月には、日本人等は王命により、王弟を斬首し、次いで同年五月末日には、国王に抗する叛乱が勃発せんとして、鎮定のため全日本人や支那人等まで召集されている[11]。かくて柬埔寨在住日本人は、主として同国の軍隊に、一時的または常備的に雇傭され、あるいは王の近軍として、常時には国内の治安維持に任じ、時には同国の外征や内乱に参加したのであった。

(1)　Muller. De Oost Ind. Co. op. cit. pp. 30, 159.

（2）Leclère. op. cit. pp. 338–339.
Records of the Relations between Siam and Foreign Countries in the 17th Century. Bangkok. 1915–1922. Vol. I. pp. 133–136.
Wood, W. A. R. A History of Siam. London. 1926. pp. 168–169.
（3）『異国日記』上。『通航一覧』巻二百六十八（刊本、第七、一―二頁）。
（4）『異国日記』上。『通航一覧』巻二百六十四（刊本、第六、四八四―四八五頁）。
（5）Van Vliet, Jeremias. Historiael Verhael der sieckte ende dood van Pra Interva Tsia 22^en Coninck in Siam……Item hoe den regherenden Coninck Pra Onghsry……de Croone looslyck geuzurpeert ende zichselve in verscheyden saecken nopende de re-geringe des Rycx gedragen heeft. 31 Dec. 1640. fol. 123–125. [Kol. Archief Aanwinst. 1887.]
『暹羅国風土軍記』巻六、四三頁。『暹邏国山田氏興亡記』二四―二五頁。
（6）Dagh-Register gehouden int Casteel Batavia. Anno 1631. 5 Dec. p. 53, 30 Dec. pp. 54–55, Anno 1632. 4 Jan. p. 57.
（7）Hagenaer. Verhael van de Reyze. op. cit. pp. 120–121.
（8）『暹羅国風土軍記』巻六、四三頁。
（9）Journael……door J. D. Gaelen. op. cit.
（10）Copie van Resolutien in Batavia getrocken van primo tot 24 December 1637, 13, 14, 15 Jan. [Kol. Archief 1034.]
（11）Muller. De Oost Ind. Co. op. cit. pp. 251, 266.

二　日本町在住民の宗教的活動

東埔寨の奥地にある大湖、即ち土語トンレ・サプ（Tonlé Sap）の西北端、湖岸より十七キロの所にアンコル・ワット（Angkor Wat）の大伽藍がある。十二世紀頃建立された宏大なる石造の仏寺であって、その後一時全く荒廃してしまったが、当時なお国王を始め上下の尊信を受け、来航のイスパニヤ人やポルトガル人からは東洋のローマと呼ばれていた。(1) 日本人の同地に渡航する者は、これを印度の祇園精舎と誤伝してはるばる参詣したようである。水戸の彰考館に所蔵する祇園精舎の図の写しには、長崎の大通事島野兼了が、将軍家光の命によって、オランダ船に便乗して柬埔寨に渡り、同寺に詣でて実測図を作成して帰った由がしたためてあり[2]、かつて伊東忠太博士は、同図がアンコル・ワットの実測図にほかならぬことをはじめて論証された[3]。寛永九(一六三二)年正月二十日には、加藤清正の旧臣森本儀太夫の子右近太夫一房もはるばる同寺に詣でて、父母の菩提後世のために、仏像四体献納せしことを、同寺中央廊下石柱地上一間半ばかりの所に墨書したのが、今も残存しているが[4]、その文は左の十二行である。

寛永九年正月《ニ》初而此所《ニ》来《ル》生国日本
肥州之住人藤原之朝臣森本右近太夫
一房御堂《ヲ》心《ニ》為　千里之海上《ヲ》渡一念
之儀《ヲ》念生々世々娑婆寿世之思《ヲ》清《ル》者也
為其《ニ》仏《ヲ》四躰立奉物也
摂州津《ノ》国池田之住人森本儀太夫
右実名一吉善魂道仙士為娑婆《ニ》
是《ヲ》書物也
尾州之国名谷之都　後室其
老母亡魂明信大姉為後世《ニ》是
書物也
寛永九年正月廿日

『甲子夜話』にも肥前の松浦家に仕えた儀太夫の子宇右衛門が、同寺の実測図を作って帰朝したことが記してある[5]。

アンコル・ワット石柱記文(寛永九年正月廿日)

宇右衛門とは一房の俗名に相違ない。父の儀太夫は、清正の武将にして、五千石の禄を食《は》み、天草や朝鮮の役には勇名を轟かせ、晋州城の戦には一番乗りの武勲を建てたが、鉄砲にあたって負傷したことが伝えられている。[6] 先年、広島文理科大学の杉本直治郎名誉教授も同寺において、右の墨書の裏側に、肥後の木原屋嘉右衛門夫妻、同じく肥後の国某夫妻、肥前の孫左衛門夫妻も参詣せし旨を記した墨書を発見された。ちょうど一六三一年の暮か二年の正月頃に、肥前の松浦氏の商船が柬埔寨に来着しているから、[7] 彼等はあるいは同船に便乗渡航したのではあるまいか。

なおこれらの落書の付近にある柱数本にも、前述杉本教授らによって、同種の落書が発見されたほか、その後尾高鮮之助氏によって、更に十個ばかり発見され、[8] 昭和三十二年には慶応義塾大学の松本信広教授を団長とする調査団の清水潤三氏らが、更に尚一個発見されて、[9] 今までのところ合計十三ほどに上っている。いずれも長年月を経て、判読できない位に消えかけている。その年代の早きは、慶長十七（一六一二）年に始まり、寛永九年十月に及び、筆者も、堺、大坂、肥前、肥後など各地出身の人々にして、中には前述のように婦人同伴にてはるばる参詣した旨をしたためたものもある。

而してこれは、単に日本人が仏寺参詣仏道修業のため同国に渡航したに過ぎず、彼等の日本町滞留の実否も明らかでないが、当時日本町在住民中には、母国に弾圧されて逃れて来住する吉利支丹宗徒も少なからず、イエズス会等の諸会派はこれら在住日本人に着目してその教化伝道に力を尽くした。

既に一六一六（元和二）年イエズス会は、マカオから一時教父ピエトロ・マルケス等を派遣して、同地在住日本人商人や吉利支丹信徒の間に布教せしめたが、蘭英商人等の妨害に遭い、幾許もなくして退去したので、同地在住日本人等を代表して、ジアン（Gian）とジオバニ（Giouani）の両名は、一六一八年五月二十日同地より交趾支那の布教監督に書信を寄せて、当東埔寨国に在住するわれら七十名の吉利支丹は、教父無くして悲歎に沈めることを猊下に愁訴す。……又当地には多数の日本人未信者ありて、吉利支丹に帰依せんと欲するも、教を説く者無くして如何ともする能わず。依ってわれらは、われらを教化すべき教父を差遣せられて、われらの切なる要求を庇護されんことを猊下に懇願す。……下に署名するわれら両人は他の吉利支丹と協力して、既に当地に教会堂を建立して、堂内に聖母の像と十字架を安置した。(10)

と報じているが、当時既に多数の同胞在住し、うち七十名の吉利支丹もありて、その教会堂も建立されていたのである。その後一六二四年日本人教父のジュスト・カセリ(Juste Caseri)が渡航し伝道に努めたが、幾許もなくして斃れ、(11)次いで翌年九月ミゲル・牧が交趾より同国プノン・ペンに赴いて滞在八カ月、同地在住日本人信徒の奨励や未信者の教化に奔走し、一日本人レオネ・シンザエモン〔新左衛門〕(Leone Chinzaiemon)をして彼に代って教会と信徒の監督に当たらしめて交趾に去った。(12)次いで暹羅在住日本人が山田長政一党没落後、東埔寨に避難するや、一六三二年には教父ロマン・西(Romão Nixi)等も到着して、暫らく在住日本人の伝道のために活動した。(13)殊に幕府の吉利支丹に対する弾圧を重加するに従い、信徒の逃れて同地日本町に入る者も増加したようであり、ハーヘナールの「航海記」に引用せる東埔寨王国の現状報告にも、

日本人等は同地に七、八十家族あって、追放人であるから、再び故国に帰還すること能わざる者である。(14)

と記してあるが、『東埔寨オランダ商館日記』一六三六(寛永十三)年十二月四日の条によれば、

ポルトガル人は既にずっと以前より当地に居るが、多くの大官の気に入っているばかりでなく、当地の全吉利支丹から好意と支持とを得ている。けだし日本人八十人または百人中には、四十人か五十人位のローマ教徒があり、なお他の多数が、いずれも熱心にポルトガル人を援助する。(15)

とあるから、柬埔寨日本町在住民中の五割位は信徒であった。そして教父等は公然と教会堂を建てて、土着民と日本人等の教化に努めていたのである。[16] またこの頃ポルトガル人甲必丹ペドロ・バレット・デ・レセンデ（Pedro Barrette de Resende）の記した『東印度諸国記』によれば、

イエズス会の教会堂があり教父のいる柬埔寨の王は、ポルトガル人に対して頗る親切である。移民の大部は、悪徳の日本人ならびに支那人キリスト教徒にして、かつてイスパニヤ人にマニラから放逐された者共にして、われらにとって最も辛い敵手である。[17]

と記してあり、在住日本人吉利支丹の中には、追放されてマニラから転住した者もあったようである。ただし彼の記すところによれば、同地における日葡人の関係が疎隔していたようにも見えるが、彼等の信仰上からも、はたまた経済上からも大体において、むしろ両者は親密な間柄であったと認めねばなるまい。尤も教父マリニの記すところによれば、数年間同地で活動した教父ブゾミが一六三四年交趾に帰還して後、しばらく教父を欠き、一六四二（寛永十九）年に至り、ジオバニ・マリヤ・レリヤ（Geovanni Maria Leria）が来着して、従来日本人信徒の参集せし教会堂が既に腐朽してようやく使用に堪えがたくなったのを見て、その再建を彼等に慫慂したが、日本人信徒は俗事に忙殺されて、一向再建の熱意を示さず、ついに彼は柬埔寨の高官の助力を仰いで、日本町のほかに、新たに会堂を建立したので、日本人信徒はこれに参堂することを肯んぜず、却って、彼に強請してミサの儀には従前通り日本人の旧教会堂に来訪せんことを求めて、両者の間、一時感情が疎隔したことも伝えられている。[18] なお『バタビヤ城日誌』一六四〇（寛永十七）年十二月二十一日の条には、奥地から下った船の報告に、教父アルベルツ（Alberts）とカンペチウス（Campetius）の両人が、これより先十月はるか奥地のホンコール（Honcor）に赴いて、日本人吉利支丹等を慰問したことを伝えているが、[19] ホンコールとはアンコールのことなるべく、当日本町のほか、かような奥地にも日本人の移住者が入り込んで

いたのであろう。

(1) Muller. De Oost Ind. Co. in Cambodja. op. cit. p. 360.

(2) 祇園精舎の図の裏書。
Peri, Noël. Essai sur les Relations du Japon et de l'Indochine aux XVIe et XVIIe Siècles. Hanoi. 1923. Pl. V. op. cit.

(3) 伊東忠太「祇園精舎図とアンコル・ワット」(『建築雑誌』三一三号)。

(4) 黒板勝美「アンコル・ワットの石柱記文について」(『史学雑誌』四一ノ八)。

(5) 松浦静山『甲子夜話』巻二十一(刊本、第一、二九七頁)。

(6) 伴信友『中外経緯伝』五(『改定史籍集覧』一一。一九五、二一〇頁)。
南条八郎『志士清談』(『改定史籍集覧』一一。九三、九四頁)。
江村専斎『老人雑話』(『改定史籍集覧』一〇。三六頁)。

(7) Dagh-Register gehouden int Casteel Batavia. op. cit. Anno 1632. 14 April. p. 69.

(8) 尾高鮮之助『印度日記』八八―九三、九五頁。

(9) 松本信広『インドシナ研究』(東南アジア稲作民族文化綜合調査報告(一)、一九六五、二三三―二六四頁)。

(10) Lettera Annvale del Collegio di Macao, l'anno 1618. Da Macao, 21 Gennaio 1619. op. cit. pp. 402–403. 付録史料六。

(11) Cardim, Antonio Francisco. Relatione della Provincia del Giappone. Roma & Milano. M. D. C. XLV. p. 191.

(12) Bartoli. Dell' Istoria. La Cina. IV. op. cit. pp. 831–832. 付録史料七。

(13) Cardim. Batalhas. op. cit. pp. 252–253.

(14) Hagenaer. Verhael van de Reyze. op. cit. p. 121.

(15) Journael,……door J. D. Gaelen. op. cit.

(16) Muller. De Oost Ind. Co. op. cit. p. 142.

(17) Maxwell, W. George. Barrette de Resende's Account of Malacca. (J. S. B. R. A. S. N°. 60. 1911. p. 8)

(18) Marini. Delle Missioni. op. cit. pp. 401–403.

(19) Dagh-Register gehouden int Casteel Batavia. op. cit. Anno 1640. 21 Dec. p. 129.

三　日本町在住民の経済的活動

日本町在住民の経済的活動は、言うまでもなく同地を中心とする彼等の通商貿易と、そのために来航する諸国民との交渉であるが、前述の日本町の行政の項にても、既にしばしば触れて来たところである。

鎖国以前においては、在住民はもとより自由に母国との間を往来することができたに相違ないが、鎖国令が発令されるや、故国との連絡は完全に遮断された。一六三六(寛永十三)年五月末日、将軍の朱印状を有せる日本船が、東埔寨を出帆して帰航の途に上ったが、同船の航海士は、日本出帆の時に、既に将軍の鎖国令を受取っていたのである。同船は東埔寨に滞留すること、ほとんど十二カ月に及び、翌年五月末日出帆するまでに、鹿皮七万枚、胡桃三万斤等を買占めたので、オランダ人は、同地においてこれらの品々が払底して買入不能になった。(1) 幕府は寛永十二年五月二十八日に、絶対に日本人の海外渡航と、海外移住日本人の帰朝を禁止したといえども、その直前に出帆する朱印船には、かく最後の一回限りの航海を猶予したのではあるまいか。そして同船は、この機会をつかんで、鎖国に対する見越輸入を企てたに違いない。

鎖国によって、在住日本人の故国との連絡が閉されるや、彼等は従来「唯〻貿易によってのみ利益を享受していた」ので、「彼等の商品をまず広南に送り、同地より支那船に託してこれを日本に送り届ける」ことを始めた。(2) 試みに鎖国の翌年一六三七年度において、東埔寨交趾間を連絡した日本船数を拾えば、僅かながら左の数隻をあげることができる。

六月二十八日	一　日本船	交趾へ出帆
七月九日	一　日支合弁船	同

七月十七日　一　柬埔寨在住太兵衛船　同
八月九日　一　柬埔寨在住宗右衛門船　同
十二月二十九日　一　交趾在住与惣右衛門船　交趾より来航(3)

マカオのポルトガル人も、鎖国の痛手を軽減せんために類似の手段を採用した。一六四一年には、彼等はマカオから生糸や絹織物を柬埔寨に舶載し、同地より支那船や柬埔寨船に託して日本に送っている。(4)

かく日本町の住民は、交趾を経由して支那船の中継によって故国と辛うじて取引を続けたが、中には、自ら船を他の南洋諸地に送って貿易を営むものもあった。日本町の宗右衛門は、一六三六年八月九日に一船を交趾に遣わしたが、この時彼は他に一船を購入してマカッサルに派遣せんと計画していた。(5) しかるに『バタビヤ城日誌』一六三七年六月二十二日の条には、彼の船が東印度総督の航海安全状と同年一月十七日付の柬埔寨在住のヤン・ディルクスゾーン・ハーレンの書状を携えてマカッサルに着いたことが記してある。(6) その後同船は翌一六三八年の春にはアンボイナ島に廻航したが、たまたま同地巡視中の東印度総督アントニオ・ファン・ディーメンは、同船が八日後には再びマカッサルに帰航せんとすることを聞き、(7) 四月二十七日に、マカッサル滞在中の宗右衛門に宛てて挨拶の書翰を送っている。(8) 書翰の宛名はヨサ・宗右衛門(Josa Soyemon)となっているが、ヨサはジョアン(João)の誤記であろうか。

宗右衛門は、その兄ナンプラ・ピッツ・ナンドリイ森嘉兵衛と共に、前述の如く、日本町の有力者として、先には一六三六年ハーレンが始めて柬埔寨に赴いた時、たまたまバタビヤに渡航中の宗右衛門から兄に宛てた紹介状を携帯したが、その後オランダ人は常に両人の世話になっている。一六三六(寛永十三)年九月十一日、彼の養女と宗右衛門とが結婚した時、盛大なる儀式があって、全日本在住民ならびに柬埔寨王女と大官の夫人連も列席しているから、(9) 彼等の地位如何が察せられる。オランダ人は、同地において信用すべき人物五名中の一に、宗右衛門を数えている。(10) その後一六四二年四月に嘉兵衛もオランダ人から婚資を借り入れ、五月一日に柬埔寨の造幣頭の娘と結婚している。[11]

その後も彼等は、日本町の有力者とは、特に親密なる関係を保って行ったが、一六三六年十月七日には、日本人等と、柬埔寨の産物鹿皮と黒漆との取引に関して、品種、数量、市価、格付、取引方法、などに亘って、長文にして詳細なる契約を結び、[12]一六四〇（寛永十七）年には再び漆の供給に関して協定するところがあった。[13]一六五四（承応元）年イギリス人が、柬埔寨と通商関係を開いて、彼等の商館を設立するまで、日本人の持家を借りて商務を弁じていた。[14]オランダ人も、一時中絶した柬埔寨貿易復活のため、一六五六（明暦二）年ヘンドリック・インダイク（Hendrick Indijck）、ピーテル・ケッチング（Pieter Kettingh）を差遣したが、彼等は一時日本人キウイ即ちアウエヤミン・長右衛門（Khiwi ofte Auwejamingh Tsjoemon）の空家に仮寓を定めた。長右衛門はこれより先十一カ月以前に王命により斬首されたが、彼は前商館長レーヘモルテス殺害の下手人と伝えられている。[15]この時、彼等は柬埔寨におけるオランダ商館の地位を確保するため、王に迫って、今後二十五年間、日本向き柬埔寨産物の独占を承認させたが、[16]この約定の履行、商品の買入れにあたって、彼等が、日本人シャバンダール森嘉兵衛、通訳権三郎の尽力をしばしば仰いだことは、既にこれを述べた。

しかしオランダ商館の運命は、その後あまり長くは恵まれなかった。前述の如く柬埔寨に侵入した台湾鄭氏の余党は、一六六七（寛文七）年七月九日、オランダ商館を奪掠放火し、館員ケッチング等を殺害したが、ヘリッツ・ファン・デン・ベルヒ（Gerrit van den Berg）等数名は付近の森林中に難を避け、次いで日本町に帰来するや、同十一日に及び国王は日本人等に命じて、彼等を河中に碇泊せるオランダ船に送致させた。[17]かくてその後オランダ人の柬埔寨に渡航する者もなく、不幸にして日本町の行末も明らかにすることができないが、当時鎖国を去ること既に三十余年に及ぶも、日本町は依然として柬埔寨の奥地王都付近に存し、在住日本人はなおも活動を続けていたのであった。

(1) Originale Generale Missive van Govr Genl. ende Raden van Indie, aen de Camer Amsterdam. 28 Dec. 1656. [Kol. Archief 1031]
Muller. op. cit. p. 71.

(2) Hagenaer. Verhael van de Reyze. op. cit. pp. 120–121.

(3) Journael……door Jan Dircx. Gaelen. op. cit ; Muller. De Oost Ind. Co. op. cit. pp. 77, 81, 85, 94.

(4) Muller, De Oost Ind. Co. op. cit. p. 19.

(5) ibid. pp. 94–95.

(6) Dagh-Register gehouden int Casteel Batavia. op. cit. Anno 1637. 22 Juni. p. 280.

(7) Vervolch van 't Journael, acten, ende resolutien gehouden op den tweede tocht van den Gouv^{r}. Genl. van Diemen naer d' eijlanden van Amboina, Banda, etc. [Kol. Archief 1036.]

(8) Copie Missive van G. G^{l}. van Diemen aen Josa Soyemon, Japand^{r}. in Macassar. Hittoes Reede. 24$^{\underline{en}}$ April Anno 1638. [Kol. Archief 1036.]

(9) Muller. De Oost Ind. Co. op. cit. p. 110.

(10) ibid. pp. 131–132.

(11) ibid. pp. 252, 264.

(12) ibid. pp. 118–119.
Originale Generale Missive in dato 28 Dec. 1636. [Kol. Archief 1031.]

(13) Relation between the Dutch and various states in the Eastern seas & Formosa and the Coast of China & Siam Camboja. [Factory Records. Java. Vol. I.]

(14) Letter from the Factors at Camboja to Bantam, dated 16th October 1654. [Factory Records. Original Correspondence. N° 2423.]

(15) Copie Missive van Hendrick Indijck, Pieter Kettingh en Adrijaen Stouthart. Cambodia. 17 October 1656, aen d' E. Hr. Gouverneur-Generael Joan Maetsuycker ende Raeden van India. [Kol. Archief. 1109.]

(16) Muller. De Oost Ind. Co. op. cit. p. 393.

(17) Rapport van den ondercoopman Jacob van Wijckersloot, gedaen aen den Ed. Daniel Sicx, coopman en opperhooft in Japan. 9 Augustus 1667. [Kol. Archief 1156.]

第五章　暹羅日本町の盛衰

第一節　暹羅日本町の発生

暹羅(Siam)の日本町については、他の南洋各地の日本町に比して、従来先人の研究論著も多く、既に発表された主なるものでも数篇に上っている。古くは明治十八(一八八五)年、時の駐暹イギリス公使アーネスト・メイソン・サトー氏(Ernest Mason Satow)の「十七世紀に於ける日暹交渉」(1)あり、次いで河内のノエル・ペリ氏(Noël Peri)は、「日本町の新研究」(2)においてこの問題に触れ、その頃京大の内田銀蔵博士は「徳川時代に於ける日本と暹羅との関係に就きて」(3)なる論文を書かれ、後新村出博士は、特にこれを主題として「暹羅の日本町」(4)なる好篇を綴り、日本町盛衰の跡を詳細に考証された。また昭和八年四月に東恩納寛惇学士は親しく暹羅日本町の旧跡を発掘して若干の遺物を得られ、(5)その後多年同国に在住された三木栄氏の『日暹交通史考』(6)や、かつて同国に数年間駐在領事たりし郡司喜一博士の『十七世紀に於ける日暹関係』(7)なる大著など、相次いで出で、今や往時の暹羅の都に栄えた日本町の実情は、いろいろな視角から、詳細にかつ明瞭に論述されて来た。しかし上述の諸研究を通観するに、憑拠の史料にほぼ限度があって、更に他の新史料によって論究すべき点も、未だなおかなり残されているように思われる。

日暹両国民の直接交渉は、はるかわが南北朝の終も近き後亀山天皇の元中五、六年(一三八九年)の往時まで溯ることができる。『高麗史』恭譲王辛未三年秋七月の条には、奈工(Nak'on)等の暹羅船が高麗に入貢の序でに日本に立寄り一年滞留したことが記してある。[8] 次いで後十年を経て李朝の太祖丁丑六年（応永四年、一三九七年）には、暹羅斛の使者林得章等六人が、倭人の虜獲より逃れて入朝し、[9] 下って永禄六（一五六三）年には、暹羅の大ジャンク船が肥前の横瀬浦に入港し、[10] 翌々八年（一五六五年）にも五島に一船来航し、ポルトガル人数名便乗して来たことがあり、[11] 又平戸の松浦文書の中、法印鎮信が天正五年正月暹羅国王に送った書翰の案文によれば、前年郭大官の商船が暹羅国王の使命を持って平戸に来り、更に今回呉大老の商船が再び来て松浦氏に国王の進物を届けたので、この機会に松浦氏は毎年一船の渡航を乞い、日本の貨物で必要な物を通知されれば、調達することを述べて、甲冑一領を進物として居り、[12] 暹羅船が日本と交通せしことは、連続的ではなかったが、既によほど古くからあったようである。

　南洋発展において、日本人より一時代先鞭をつけた琉球人の商船は、わが室町時代にほとんど連年同国の港を訪れた。[13] 日本船の渡航は、近世初期わが国民南洋発展の大勢につれて、ようやく安土桃山時代に始まったようであるが、渡航記録で私の管見に上るもの極めて少なく、僅かに一五八九（天正十七）年大刀や長刀などの武器を売るため暹羅に向った一日本船が、風便を失ってマニラに入港したことが、同年七月十五日ガスパル・デ・アヤラ(Gaspar de Ayala)のイスパニヤ王フェリペ二世に呈した報告に見え、[14] 次いで福建巡撫許孚遠が得た情報には、万暦二十一（一五九三）年頃、薩摩を発して南洋各地に赴く数船中、一隻は暹羅に向ったことが伝えてある位である。[15] しかしこれより先、嘉靖三十六（一五五七）年日本に渡来した明の使節鄭舜功が、帰国後同四十三（一五六四）年に著わした『日本一鑑』には、当時既にポルトガル人伝授の小銃鋳造が各地に起れることを述べ、更に鋳造原料の鉄について、「其鉄既脆不レ可レ作、多市ニ暹羅一作也。」と記し、また火薬原料の硝石について、「硝、土産所レ無、近則竊市ニ於中国一、遠則興ニ販於暹羅一」[16] と記したのは、当時既に日本船の暹羅貿易が始まっていたか、少なくとも暹羅の硝鉛の使用が行われていた消息を伝えたものである。もとより後年の盛況に比すべくもないけれども、かくして日本船の渡航もようやく始まり、桃山時代の半頃に至り、幾分か繁くなったのではあるまいかと思われる。

引続いて江戸時代に入るや、日暹交通は俄かに躍進し、暹羅渡航朱印船数の如き、前掲二表に見ても、総計五十六隻に上っている。朱印船の船主も、両朱印帳によれば、島津忠恒、有馬晴信、加藤清正、亀井茲矩、細川忠興、長谷川藤正等の大名・幕吏あり、田辺屋又左衛門、今屋宗忠、木屋弥三右衛門、荒木宗太郎、大賀九郎左衛門、後藤宗印、伊藤新九郎、江島吉左衛門、長谷川忠兵衛、高尾次右衛門、与右衛門等の商人あり、在留支那人にては三官、ベッケイあり、在留西洋人には、三浦按針(William Adams)、耶揚子(Jan Joosten van Lodensteijn)、ジャカウベ(Jacques Specx)、マノエル・ゴンサル(Manoel Gonçalo)、伴天連トマス(Padre Thomas)、半南士・美解留(Ferdinand Michielszoon)、閣古辺・果伽羅那加(Jacob Quackernack)等数人があった。この間両国官憲の修交頻りにして、彼我官民の間常に書翰方物の贈答をくりかえし、殊に山田長政が登用されるに及び、彼の努力によって、両国の修好と貿易とは、一層促進された観がある。

かくの如く両国の交通、わが商船の渡航頻繁となるや、便乗日本人中には、進んで暹羅に滞留して活動する者も出て来た。慶長九(一六〇四)年八月には、与右衛門と言う「日本人ゑやむろニ居住之者」が、有馬晴信の斡旋で朱印状三通の下付を受けたが、[17] この頃加藤清正の重臣にして吉利支丹なる市河治兵衛(Itchicava Jifoye)等は、信仰に対する主君の圧迫に堪えかねて長崎に去り、その後暹羅に亡命している。[18] かくて慶長の末年には、移住日本人の数は、ようやく増加したらしく、十六(一六一一)年には彼等が集団で叛乱を企てて国外に追放されんとしたことがある。

これより先、同年十一月国王エカトサロット(Ekat'otsarot)殁して、新たにプラ・インタラジャ(Pra Int'araja)即位するや、かつて先王の王太子の死去が、全くピヤ・ナイ・ワイ(Pya Nai Wai)の陰謀にもとづけりとなし、新王は直ちに彼を処刑した。当時、国王の禁衛隊に多数の日本人あり、かねて彼の恩顧を蒙りしが、ついに叛乱を企て、各〻

商人に扮装して王宮に侵入し、新王に強請して、日本人に好意を寄せざる高官を引渡さしめてついにこれを虐殺し、王都アユチヤの町を封鎖し掠奪をほしいままにして、バンコックの西南、マレイ半島の東北隅ペチャブリ(Petchaburi)に引揚げて自立を計ったことがある。[19] この叛乱に参加した日本人数を、ちょうど一六〇七年より一六年まで太泥のオランダ商館長なりしヴィクトル・スプリンケル(Victor Sprinkel)は四、五百人と記し、[20] この事件直後暹羅に渡航したピーター・ウィリヤムソン・フロリス(Pieter Williamson Floris)は二百八十人と報じている。[21] 即ちその頃在暹日本人は、既に少なくとも三百人を数えるほどになったのであろう。

かかる移住日本人は、前述の市河治兵衛等の如く、吉利支丹弾圧の手を逃れた者もあろうが、『暹羅国風土軍記』や『暹邏国山田氏興亡記』などは「関原、大坂落の諸浪人ども、渡天の商船に取乗て売人となり、」「暹羅国に渡り逗留す。[22]」と記し、当時次第に重大な社会問題となって来た過剰浪人が、身の振り方を海外新天地に索めて移住したように伝えている。更にフランソア・ファレンタイン(François Valentijn)は、その大著『新旧東印度誌』中の暹羅記事において、日本人の移住定着の現象を、

日本人は常に当国と大なる取引を遂行して、既に古い時代から当地に一大日本町(Japans Quartier)を造ったが、それは全く、当地から日本に、盛に鹿や水牛及び鮫の皮を輸送するからである。……日本人は毎年同地に、彼等のジャンク船で多額の銀資本をもたらし来り、日本において需要大にして利益も大なる鹿皮や他の皮革を多量に購入する。かく日本人の各地に航海する者以外に、当国の豊饒にして、食料夥多なることに誘われて、移住する者も少なからず、ついには当地に日本町が発達するようになった。[23]

と述べて、日本人の渡航移住を以て、貿易用務及び移住地の生産豊富なる事情に依ると観察しているが、『異国紀聞』にも、

先年唐国の人も長崎に居住し、日本人も唐国へ渡海自由なる事にて、京都の角倉、茶屋、泉州のから金や、筑前の伊藤、長崎の末次などは船を仕出し、暹羅、柬埔寨、広南、東京の諸国へ渡り商ひをし、其の国々に止りしものは、妻子を持ち、暹羅、広南の地には、日本町とて、本邦人の子孫あるよし。[24]

と記し、ほぼファレンタインと同じ見解を述べている。おそらくこれらは、暹羅移住日本人増加の真相であろうが、一六二二年九月九日付東印度総督クーン等の「一般行政報告」中の一節には、

暹羅国王の派遣せし大使等が、日本皇帝のもとにあって、国人海外輸送の許可を乞うたが拒絶された。[25]

と記してあって、暹羅国王自ら積極的に日本人の渡来移住を要請している。しかしこの頃日本においては、ポルトガル人等が、専らオランダ人に対抗するために策動して、当局は、外人が日本人男女を買取りて軍兵奴隷として海外に輸送することを禁ぜし際なれば、この要請も一律に拒絶されたのであろうが、かくの如き暹羅における日本人招致の国内事情と、前述の日本人移住の趨勢と相俟って、遅くとも慶長末年までには、その数増大して、ついに日本町が発達するほどになったのではあるまいか。

（1） Satow, E. M. Notes on the Intercourse between Japan and Siam in the Seventeenth Century. (T. A. S. J. Vol. XIII. Part II.)
（2） ノエル・ペリ「日本町の新研究」上、九六―一〇〇頁。
（3） 内田銀蔵「徳川時代に於ける日本と暹羅との関係に就きて」(『続史的研究』一五七―一九二頁。『国史総論』四五七―四八七頁)。
（4） 新村出「暹羅の日本町」(『史林』八ノ三、九ノ一。後に、『南蛮広記』大正十四年、一九三―二一七頁に再録)。
（5） 東恩納寛惇「アユチヤ(Ayudhya)日本町の発掘」(『歴史地理』六二ノ三、九―三二頁)。
（6） 三木栄『日暹交通史考』。

(7) 郡司喜一『十七世紀に於ける日暹関係』外務省調査部発行。
(8) 鄭麟趾『高麗史』巻四十六(国書刊行会本、第一、六八八—六八九頁)。
(9)『太祖実録』丁丑六年、四月乙巳。
(10) Frois, Luis. Die Geschichte Japans. 1549–1578. Leipzig. 1926. p. 190.
(11) Cartas do Iapão. op. cit. Tomo I. Carta do irmão João Fernandez, pera os irmãos da China, e India. De Firando, ao 23 de Setembro, de 1565. p. 200.
(12) 小葉田淳「松浦家文庫の海外交通史料について」『史林』三三ノ六、九四—九五頁。
(13)『歴代宝案』巻四十、「国王咨」巻四十一、「国王移諸国之咨」巻四十二、執照。「朝鮮諸国王咨」。
小葉田淳『中世南島通交貿易史の研究』昭和十四年、四二九—五五頁。
(14) Blair & Robertson. Phil. Isls. Vol. VII. p. 126. Letter from Gaspar de Ayala to Felipe II. Manila, 15 July 1598.
(15)『敬和堂集』巻五、「請計処倭酋疏」。
(16) 鄭舜功『日本一鑑窮河話海』巻二、器用。
(17)『異国御朱印帳』七、暹羅国。
(18) Pagés. Histoire. op. cit. p. 101.
Guerreiro, P. Fernão. Relação Annual das Coisas que fizeram os Padres da Companhia de Jesus na suas Missões do Japão, China……e Brasil, nos Anos de 1600 a 1609. Coimbra. 1930, 1931, 1942. Vol. II. pp. 243–245.
(19) Records of the Relations between Siam and Foreign Countries in the 17th Century. Bangkok. 1915–1921. Vol. I. pp. 6–8.
Iwao, Seiichi, Historiael Verhael……in Siam, door Jeremias van Vliet, 1640. Tokyo. 1958. Appendix XXI, XXII.
Wood, W. A. R. A History of Siam. London. 1926. pp. 160–161.
(20) Commelin. op. cit. Iste Deel. Kort ende waerachtigh verhael van de tweede Schipvaert by de Hollanders op Oost-Indien gedaen, onder de Heer Admirael Jacob van Neck. p. 24.
(21) Aa, Pieter van der. Naaukeurig Versameling der Gedenkwaardigste Reysen na Oost en West-Indien. Leyden. 1707; Floris, P. W. Dagh-Register van Pieter Williamson Floris, na Patane en Siam gedaan in het Jaar 1611, en vervolgens. p. 27.

(22) 『暹羅国風土軍記』巻一、『暹邏国山田氏興亡記』(『海表叢書』巻五)。

(23) Valentijn. op. cit. III. Deel. Beschryvinge van Siam, en onzen Handel aldaar. pp. 63, 68.

(24) 『通航一覧』巻百七十(刊本、第四、四七三頁)。

(25) Originele Generaele Missive uijt Batavia, in dato 6^{en} Sept. 1622. [Kol. Archief 988.]

第二節　暹羅日本町の位置、規模、及び戸口数

暹羅に発達した日本町の位置については、わが『暹羅国風土軍記』の如きは、

　暹羅の王城といふは、国都入津の湊より城中へ巡り入川あり、城の外郭には町をも構の内へ囲み入、其の外は外国より来る船掛りの宿を借す町屋敷数十町あり、日本町も此内三郭ありて尤城外なり。[1]

と伝えている。即ちこの伝説によれば、繁栄時代の日本町は、バンコックの北方七十一キロの地点にありて、メナム河(Menam)本流に臨める当時の王都アユチヤ(Ayuthia)の城外にあったことが判る。しかるに、一六九〇(元禄三)年六月同地に立寄ったドイツ人エンゲルベルト・ケンペル(Engelbert Kaempfer)[2]や、ルイ十四世の使節として一六八七(貞享四)年九月にアユチヤに赴いたド・ラ・ルーベール(De la Loubère)[3]、一六七三年頃から暹羅交趾支那方面にて活動した同じくフランス人宣教師ジャン・ド・クールトウラン(Jean de Courtaulin de Maguellone)[4]、前述のオランダ人宣教師フランソア・ファレンタイン[5]、及びヘーグ市国立文書館所蔵の未刊「メナム河流域図」[6]などの数種のアユチヤの古地図によれば、日本町はいずれも同一地点に描かれている。即ちアユチヤ王城外南方、メナム河の東岸にあり、日本町の対岸はポルトガル人の居留地にして、北方一小流を隔ててオランダ商館隣接し、その他支那人町、ペグー人

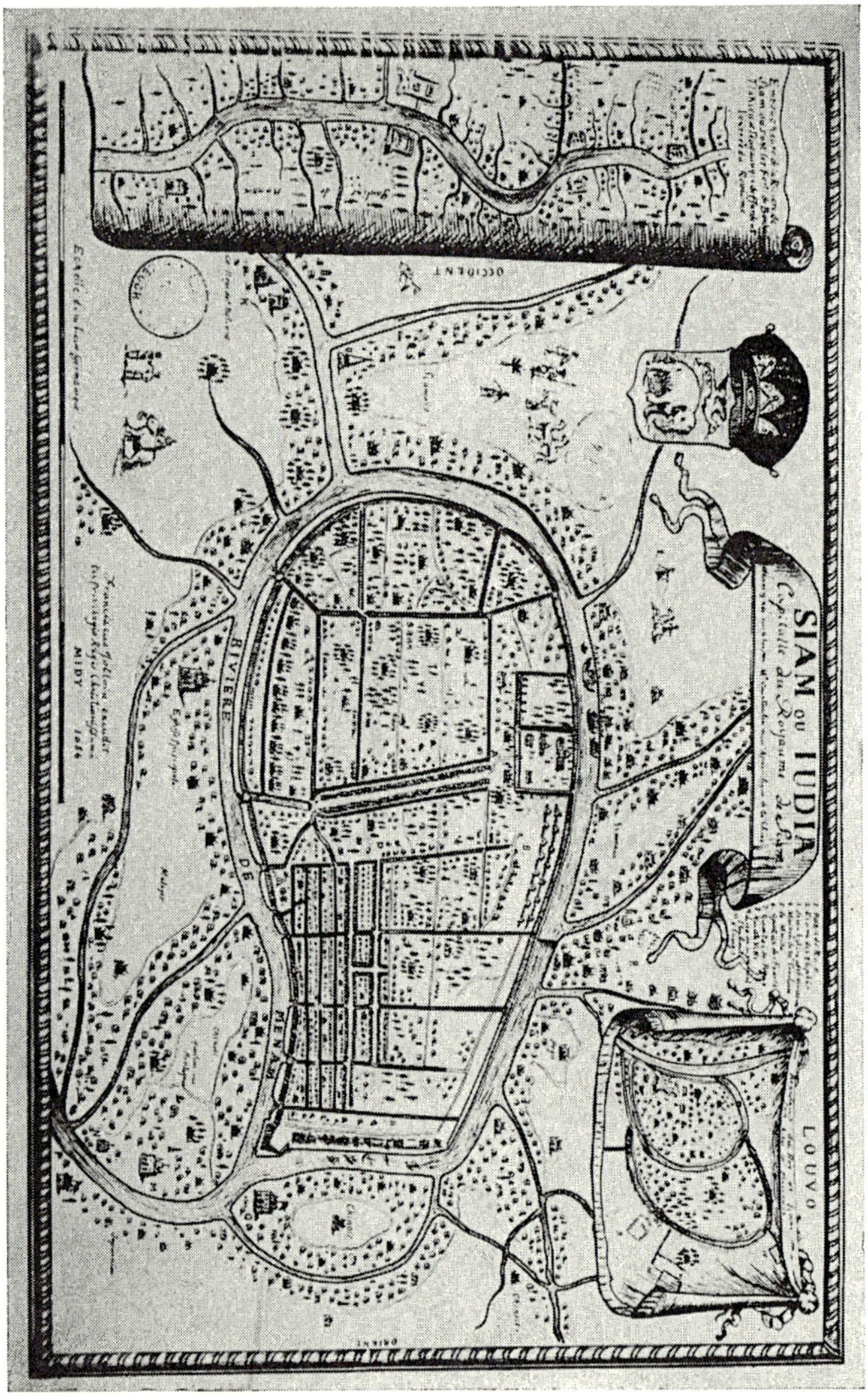

クールトウランのアユチヤ古図(1686年頃)(パリ市国立図書館所蔵)

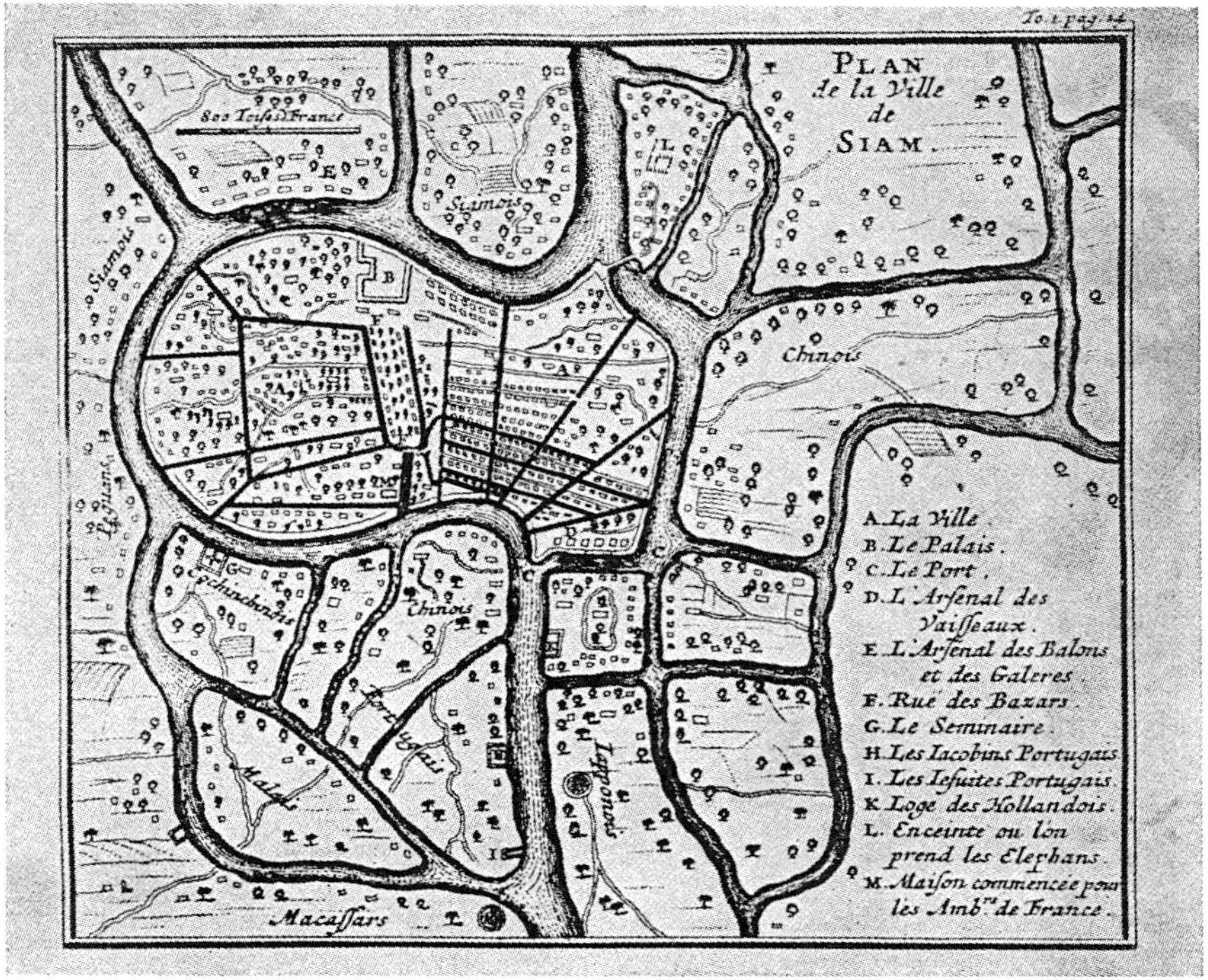

ド・ラ・ルーベールのアユチヤ古図(『暹羅王国記』第一巻所載．1687年)

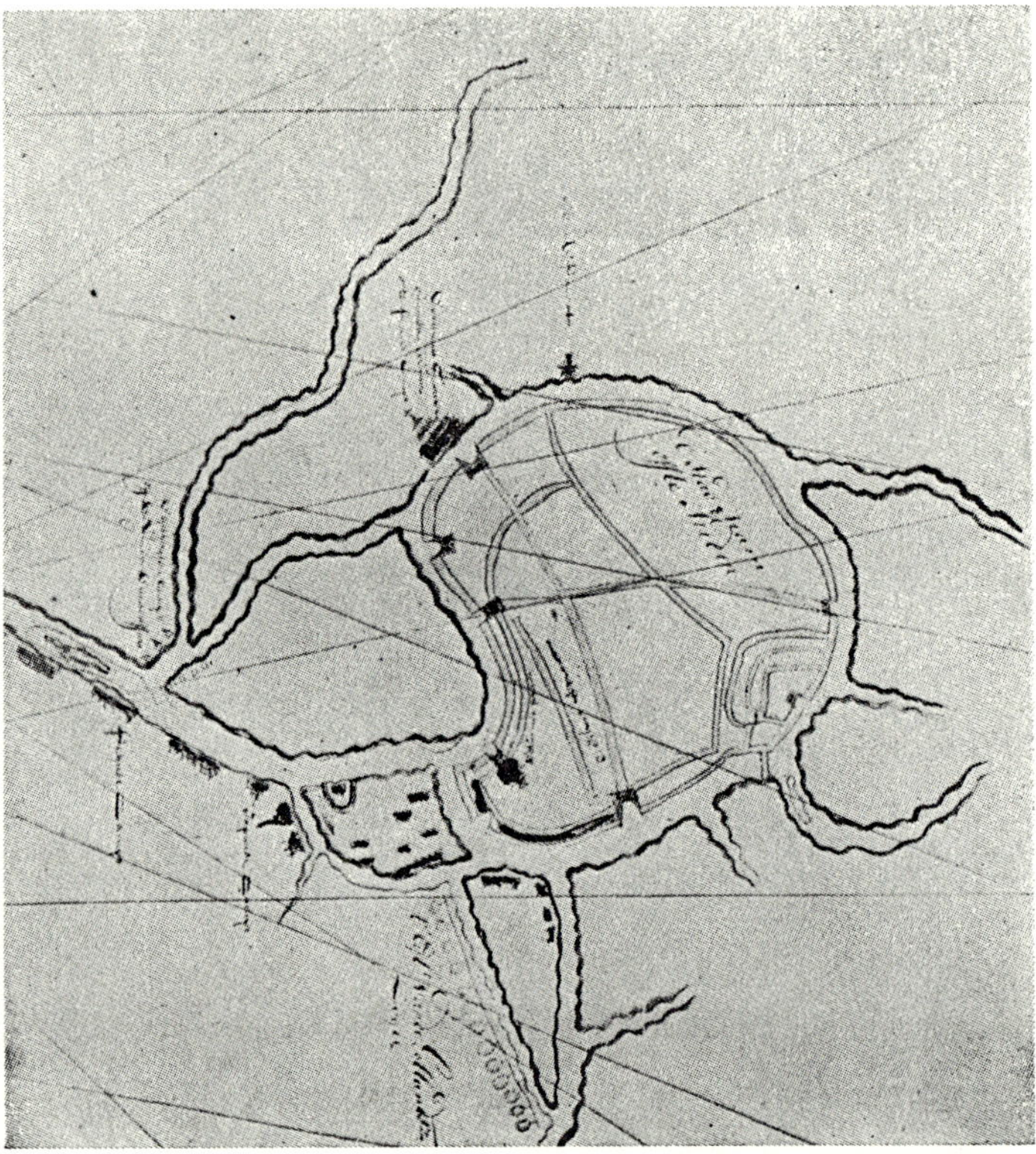

ヘーグ市国立中央文書館所蔵のアユチヤ古図(1687-1688年)

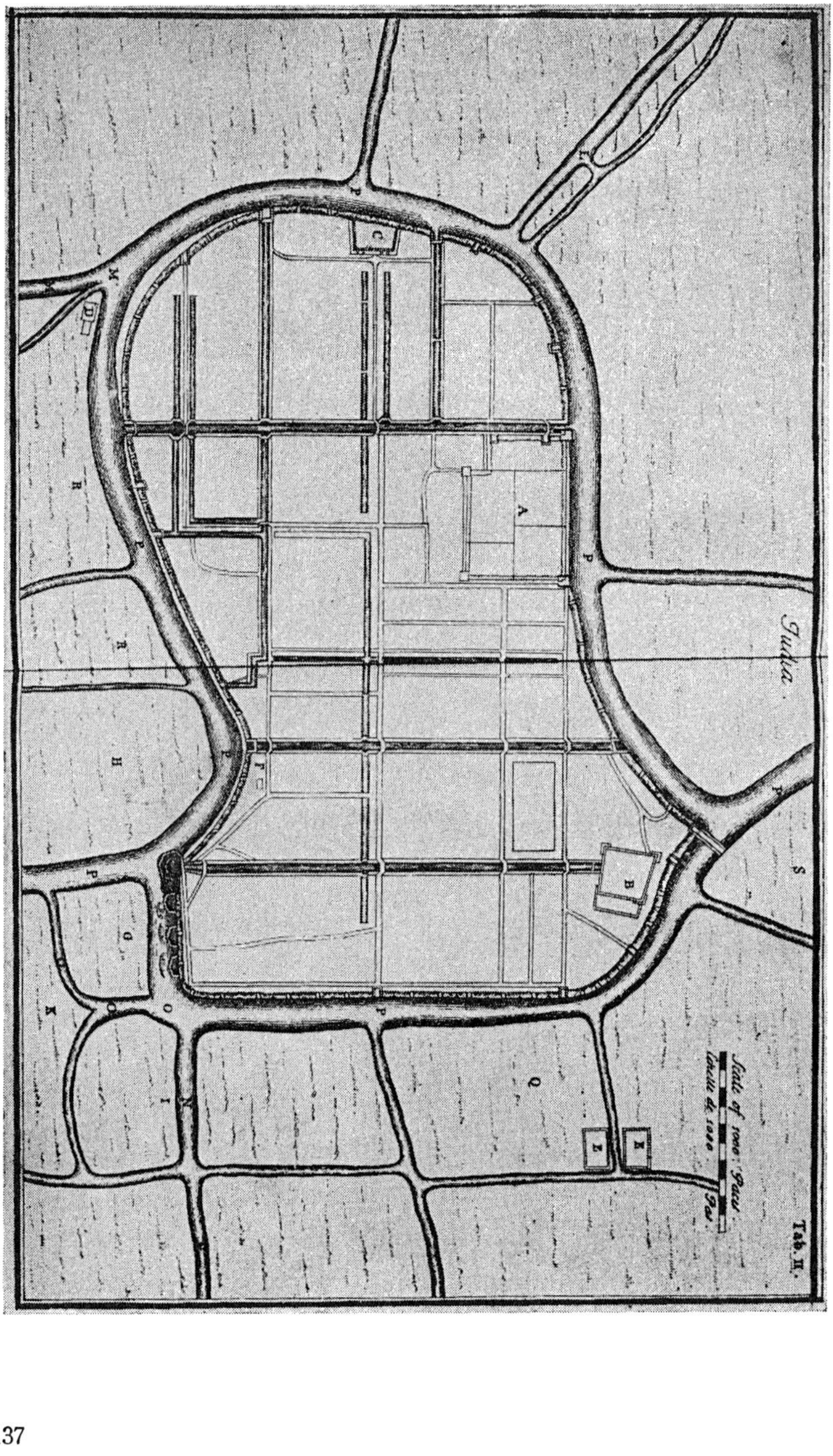

ケンペルのアユチヤ古図(『日本誌』第一巻所載. Kは日本町, Gはオランダ商館)

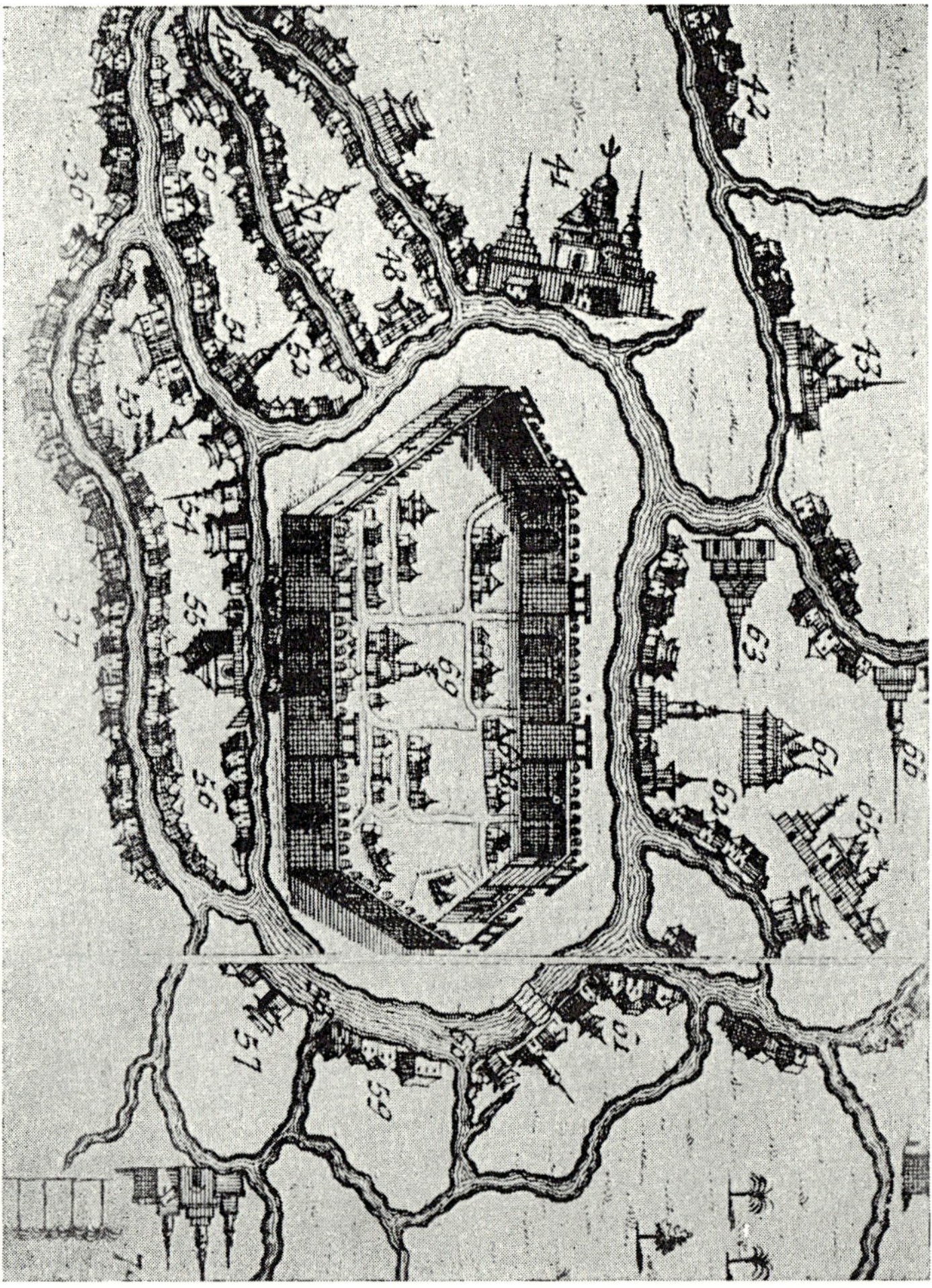

ファレンタインのアユチャ古図(『新旧東印度誌』第三巻所載. 1724年. 36は日本町, 53はオランダ商館)

町、マレイ人町などの諸国人居留地が、王都の郊外に描かれている。しかも現今のアユチヤの地形と、これらの諸地図とを対照するに、二百年を経ても、その間ほとんど変動なく、今日アユチヤの何処に日本町がありしかは、容易に指摘することができる。しかしこれらの諸地図は、いずれも十七世紀末のアユチヤの実状を記したもので、江戸時代初期に発達して、その後再三焼失した日本町の、最初からの位置を、直ちに明示せるや否やは、なお若干再考吟味を要すべき問題であらねばならぬ。

さてアユチヤ南郊の日本町成立の年次については、不幸にして未だこれを的確に決定し得べき史料を見出さないが、後年の事情より推すも、既に慶長の末年には、在住日本人多数にして、かつこれを統制する日本人頭領も選任されているから、おそらくその頃には、ほぼ日本町も成立していたのであろう。当時アユチヤは南洋における貿易の一中心地にして、支那人、マレイ人等の東洋諸国民やポルトガル人は、既に早くより同地に渡航在住し、おくれてこの世紀の初めから貿易関係を開いたイギリス人も、一六一二年八月末には国王の允許を得て、オランダ人の反対にもかかわらず、適当なる敷地に「長さ八尋、幅五尋の三階建の立派な石造家屋を得て(7)」商館とし、翌年にはオランダ東印度会社の上席商務員ヘンドリック・ブルーウェル(Hendrick Brouwer)も日本に渡航の途同地に立寄り、従来仮に設置していた商館を、ここにいよいよ公に開設して常駐館員を任じ、その後永年存続した両国交渉の基礎を確立している(8)。次いで一六一六(元和二)年には、「国王は緊急勅令を出して、国民ならびに暹羅に貿易に来る諸外国人の目下暹羅に在住して、河岸に居を構えている者に、各自の負担で、彼等の地区の長さだけ、河底を更に一尋深く掘下げ、その地区の前面に岸壁を築かせた(9)」から、この頃には、日本町をはじめ、諸国民の居留地区も、ほぼ整頓して来たのではあるまいか。

しかるにこの日本町は、元和八年四月頃に全焼の憂き目に遭った。即ちオランダ人の報告によれば、一六二二(元和八)年四月にジャンク船ヒランド〔平戸〕(Firando)は、昨年来同地に残してある商品を積み取って日本に送るために暹羅に派遣された。同船が暹羅に到着して聞くところによれば、全日本町('t geheele Japanse quartier)ならびに会社の商館と貨物とが焼失したが、ある日本人の家の火の過失によるもので、会社の同地における損失は、七万七五五四グルデン一〇ペニングの額に上っている。[10]

とある。これはアユチヤ日本町存在の確実なる記事の初見であるが、既に十年前に設立されたオランダ商館が、この日本町に極めて隣接していたために、かく類焼の厄に遭ったのに相違ない。この日本町成立の頃と相前後して万暦四十六(一六一八)年までに書かれた明の張燮の『東西洋考』、暹羅交易の条に

賈舶入港、約三日程、至二第三関一。舟至則偵者、飛報二于王一。又三日至二第二関一。又三日至二仏郎日本関一。所レ至関、輙聴下与二其近地一交易上、不二必《シモ》先詣一レ王也。既至二王城一、以二幣帛橙橘之類一、貢レ王。王深居。不レ得レ見。[11]

とある。これは外船が貿易のためメナム河を溯航してアユチヤ王城に達するまでの過程を記したのであるが、仏郎日本関は溯航九日目にして達する上流、王城の直前にあったことを伝えている。しかも同書形勝名蹟の条には、

三関、其一為二程尽所一レ轄。其二為二本夷[12]所一レ轄。其三為二仏郎機日本所一レ轄

とありて、第三関なる仏郎日本関は、仏郎機と日本、即ちポルトガル人と日本人との管轄に属していたのであった。この両記事より推せば、『東西洋考』のいわゆる仏郎日本関とは、王城の南に近きメナム河の一地点にありて、関所の両岸に住せる日本人とポルトガル人とが、監視管轄していたのではあるまいか。もしこの推定にして誤なくば、当時日本人居留地はメナム河を挾んで、対岸にポルトガル人居留地があったことになる。ここにおいて、先に引用した日本町全焼の記事と相関連して推究すれば、成立当初の日本町の所在地も、オランダ商館と相近接し、しかもその対岸にはポルトガル人町があって、あたかもケンペルやド・ラ・ルーベール等の地図に明記された十七世紀末の日本町

の位置と、まさしく同一地点にあったことが考定できる。

日本町の家屋については、特にこれを記したものもないが、暹羅の一般の民家と同様に、かつてケンペルやド・ラ・ルーベールも指摘し、[13]その後現今に至るもほとんど進化していない竹材を主とした粗造な建築であったと想像される。そのために再三火災に遭っている。既に元和八年四月頃に全焼したが、寛永七年山田長政が任地六崑で毒殺されるや、アユチヤの日本町も、同年九月二十一日(一六三〇年十月二十六日)、暹羅軍のために、すっかり焼討されてしまった。[14]この頃バタビヤ在住日本人等が貿易のため来航して日本町に滞在していたが、船も貨物も暹羅軍に没収され、同行のオランダ人二名は、辛うじて近接せる商館に避難したことがある。[15]その後幾許もなくして日本町は復興再建されて、アントニオ・カーン(Antonio Caen)の「暹羅太泥渡航記」一六三二年九月二十六日の条にも、

二十六日。ファン・レンセン(Van Rensen)とミッデルホーベン(Middelhoven)氏は(書翰と献上品とを受取るために帆船に派遣されたが)本朝、書翰を携えて上って来た。書翰は、河の対岸日本町付近の、俗にアポタップ(Apotap)と呼ぶ大寺院の門前にもたらされた。[16]

と記してあるが、オランダ商館も一六三三年より四年に亘り、いよいよ耐火的な石造家屋が建造された。[17]しかし復興日本町は不幸にも翌年更に大火に見舞われた。『暹羅オランダ商館日記』一六三四(寛永十一)年三月二十五日の条に、

二十五日。この夜日本人区に恐るべき大火があって、鹿皮約七千枚とアイネモネ(aynemmone)種の鮫皮二千枚焼失したが、これらの焼失した皮革はいずれも国王のジャンク船を購入した商人等の物にして、彼等は前年も交趾支那にて同様の不幸に遭遇し、彼等の資本を全く焼いてしまった。[18]

と記してある。

かく再三の災害にも拘らず、日本町は直ちに復興したらしく、『暹羅オランダ商館日記』一六三七(寛永十四)年三

月九日の条には、館長エレミヤス・ファン・フリート(Jeremias van Vliet)が、「日本町にある惣右衛門殿(Soyemon donne)と言う一日本人の家」を訪問して、鹿皮と鮫皮との買集めを依頼した。[19] そしてこの日本町も、依然として最初からの地域に建設されたようである。同『商館日記』一六四四(正保元)年五月一日、十四日、十五日の条によれば、館長レイニール・ファン・ツム(Reijnier van Tzum)は日本町に赴いて、皮革の手入や荷造のため、日本人労働者の傭い入れを交渉し、日本人市兵衛(Itibe)の斡旋で、多数の日本人日傭労働者が、日々河下から河上の商館に出勤し、[20] また一六五五(明暦元)年同地に渡航した蘭医ヒスベルト・ヘック(Gijsbert Heecq)の旅行記には、アユチヤ郊外のオランダ商館の現状が詳述してあるが、その中の一節にも、

> 河〔メナム河〕の上流約二十八マイル、前述のユディヤ(Judia)の都の下方、銃の着弾距離足らずの所にして、それぞれポルトガル人区と日本人区の真向うの河岸に当たり、わが商館と広くして流通自在の流れとがある。[21]

と記してあり、次いで商館長ヤン・ファン・スパイク(Jan van Spijk)が一六六二(寛文二)年十一月三日、アユチヤから送った報告によれば、その頃マカオから来航した二隻のポルトガル船は、日本町とポルトガル人区との際に碇泊しているなど、[22] 日本町、オランダ商館、ポルトガル町の三者の位置が毫も従前と変動していない。そしてこの位置が、十七世紀の末、ケンペルやド・ラ・ルーベールの図の頃まで存続したのであった。

次に日本町の地域と戸口については『暹羅国風土軍記』などの伝説には、

> 日本町と名付けて一郭を設け、数百軒の町屋造り並て、妻子眷属を設るが故に、寛永の頃日本人の数八千に過ぎて、暹羅の土地に住居す。[23]

とあり、『暹邏国山田氏興亡記』もほとんど同様な筆を運んでいる。[24] ド・ラ・ルーベールの図などによるも、メナム河の本流と分流とによって三方を囲繞されている日本町の地域の広袤は、ほぼ察することができるが、昭和八年東恩

納学士の調査によれば、旧日本町跡の地域は、東西約二丁、南北約五丁に亘るということである。[25]

而してその人口は、前述の如く慶長の末年には、少なくとも三、四百人位には達したようであるが、『暹羅国風土軍記』などの伝説によれば、寛永年中日本町極盛時代には戸数は数百軒、人口は八千と言われている。ファレンタインも、一六二八年プラ・インタラジャ王歿後に勃発した王位継承の紛乱の渦中に投じた日本人数を六千人と記してはいるが、[26]あまり過大な見積りではあるまいか。かつて同地の商館長たりしヨースト・スハウテン (Joost Schouten) の記すところによれば、

国王の水陸両軍の有力なる兵員は、諸侯と国民とより成り立っているが、またモール人、マレイ人、その他少数の外国人も混成している。就中五、六百人の日本人は、最も主なるものにして、周囲の諸国民より、その男性的信義の評判を得て、特に重んぜられ、暹羅国王からも尊敬されている。[27]

とあり、ファン・フリートの手記によれば、

オヤ・セナピモク (Oya Senaphimocq) は、約六百人に及ぶ暹羅王国に住せる日本人等の隊長である。[28]

と記してある。オヤ・セナピモクとは、山田長政が栄達した時の官爵であるが、殊にファン・フリートは、さきにファレンタインの述べしプラ・インタラジャ王の歿後、更に長政が新王の命によってピペリ (Pijperij) に出征した時には、彼の統率せる軍隊には、日本兵七、八百人と暹羅兵一万五千または二万人あったと伝えている。[29] 即ち寛永年間山田長政の活躍時代、日本町の最も繁栄せし頃には、暹羅国軍中には日本人兵が八百名位傭聘されていたのであった。しかも彼等は、当時のポルトガルの年代記家アントニオ・ボカルロ (Antonio Bocarro) の記すところによれば、王侯の護衛兵たると同時に、自由に商売をなすことをも許されていたから、[30] 彼等の大多数はおそらく一時的な臨時傭兵にして、平時はアユチヤの日本町の住民として商業貿易に携わっていたに違いない。もとよりこのほか暹羅政府に雇傭関係を

もたぬ純然たる日本商人も日本町に多数在住していたことは明らかである。而してこの種の海外移民に通有なる如く、彼等の中に多数の独身者もあったであろうが、またわが伝説にもある如く、彼等の中の他の一半は妻子眷属を抱えていた筈なれば、アユチヤ日本町の盛時には少なくとも、日本系在住民の総数は千人以上千五百人位に上ったと思われる。

しかるに寛永七(一六三〇)年、山田長政一党没落して、やがてアユチヤの日本町は、暹羅軍に掠奪焼討され、在住日本人は一時難を国外に避け、あるいは隣邦柬埔寨に走り、あるいははるかに本国に帰還する者もあった。『バタビヤ城日誌』一六三一年十二月五日の条に、

昨年国王は、日本人から襲撃されて殺害されんことを恐れて、適当な時期を選び、約四千人を以て不意に彼等の家を襲い、これを殺戮せんと図ったが、日本人等はこの計画を聞知して、居留地の前面に繋留せしジャンク船に乗り込んでひそかに河を下ったので、暹羅人は約百艘の舟に四千人乗り込んで河口まで追撃して、却って暹羅側は忽ち五百人を失った。日本人等は六崑に入るを得ずして、柬埔寨に向い、目下柬埔寨人の援助を得て暹羅と戦わんとしている。これを防ぐために、河口には約百隻の船が備えてある。(31)

とあり、同年七月二十八日平戸の商館長から大村在牢のピーテル・ムイゼル(Pieter Muijser)に送った通信中にも、オプラのジャンク船もまた、非常におそく暹羅から当地に着いたが、積荷は少しもなく、ただ少数の脱出日本人を載せて、残余は暹羅において殺されたとの報をもたらしたに過ぎない。しかし彼等は機を得て逃げのび、あまり同胞を顧みる暇もなかったので、確実なことは知らない。よって貴下に詳細を報告することはできない。(32)

と記してあるが、ファン・フリートもまた、

六百人の日本人中、六十人ないし七十人は一隻のジャンクに打乗り、(幾多の不幸に遭遇して後)日本に帰還した

が、残余はあるいは殺戮され、あるいは他の地方に走ったので、今後国王はもはや日本人兵士を雇傭することもできず、またジャンク船も日本より暹羅に帰って来ないだろうと一般に考えているのも無理もない。(33)

と記している。

しかし国王の長政一党排撃、日本町焼討は、王自身の野心達成の障害除去のためにして、必ずしも全日本人排斥の意図ではなかったようである。ファン・フリートは更に、

しかし多数の人の反感にも拘らず、国王陛下は、(日本人の復讐を恐れて)日本人逃竄後幾許もなく、これを呼びかえして、その数七、八十人に及ぶや、彼等の居留地として良好なる地区を下賜し、彼等の中の主なる者三名には栄爵を授けて、その頭領に任じ、国王の一官吏をして監督せしめた。(34)

と記しているが、前述の如くカーンが一六三二年九月二十六日アユチヤに達した時には、事変後僅かに二年足らずして、はや日本町は復興再建され、(35)翌年七月八日商館長スハウテンが平戸に送った報告中にも、

既に日本においても承知の如く、当地には再び多数の日本人等が(その中幾分は旧住の者もあるが)、国王の裁可を得て居住することは明らかである。彼等は鹿皮を取引すると共に、国王陛下も、多数の意見に逆らって、日本人ならびに他の外人等と貿易するために、その国土を開放し、日本において行われているように、暹羅の沿海に再びジャンク船が頻繁に出入することを望んでいる。もし果して然らば、この日本人等は、会社に多大なる障害となるべし。(36)

とあり、日本町焼討後両三年中に、既に同地における日本人排撃の空気が緩和するにつれ、再び彼等の人口が徐々に回復して来たようである。

殊に隣邦柬埔寨の国情安定せず、さきに多数の日本人は同国に逃入したが、今や再び相次いで暹羅に転住する者も

あった。当時この方面の布教に従事せしイエズス会のアントニオ・フランシスコ・カルディム(Antonio Francscoi Cardim)は、

二、三年を経て、暹羅の僭王は、柬埔寨に走って再び彼の国に戻ることを願い出た日本人等を召喚し、彼等の過去を赦し、もとの恩恵、自由ならびに特権を復旧すべきことを令したので、日本人も応諾して暹羅に帰還した。(37)

と記し、また『暹羅オランダ商館日記』一六三三年十一月五日の条には、

当地に来た報知によれば、三、四十人の日本人が妻子と共に二隻の小舟(Proeuwen)に乗って柬埔寨から逃れて、河〔メナム河〕に来たが、国王の許可を得て当地に来住する積りの由である。また他の報道によれば、交趾支那より大ジャンク船一隻来着したが、船中に日本人五、六十人あり、うち多数の商人もありて、銀ならびに他の種々なる商品より成る総額十万タエルの資本を携えている由である。(38)

とあり、隣邦柬埔寨より転住する者あり、あるいは交趾支那在住日本人商人が来って貿易を開始するようになったが、次いで江戸幕府の鎖国令発布後においても、『柬埔寨オランダ商館日記』一六三六年十一月十八日の条には、同国の内乱の事を述べて、

前述の若い王子は、数カ所負傷して後、日本服に身を扮して、日本人百名引連れて暹羅に逃入したが、この事はまず国王の耳に入った。(39)

と記され、翌三十七年四月五日の条にも、

日本人ならびにその妻子六家族四十人が、暹羅に向って逃走したことが判明した。(40)

とあって、これらの数字を拾って加算しても、再建後の日本町の人口が、少なくとも三、四百人以上に増加したことは明らかである。さればもとより極盛時の人口の大に比すべくもなく、かつ鎖国によって母国との連絡は完全に遮断さ

れて、爾後母国よりの人員の補充もまた全く断絶したとはいえ、なお多数の日本人が在住して、長く同地において活動を続けた。

その後慶安年中（一六四八―五一年）在暹の木谷久左衛門が、父母の年忌供養に暹羅の土産を故郷長崎の縁者に贈り[41]、寛文元（一六六一）年には堺出身の中村彦左衛門も、両親の追善のために暹羅の仏画を送って故郷にその消息を伝えている[42]。また「延宝長崎記」によれば、寛文六（一六六六）年頃、暹羅在住日本人九人の氏名と親族関係が記してある。

即ち木村半左衛門、自註、長崎本大工町木屋久右衛門為に弟、同平戸町辻万右衛門為に縁者、同諏訪町木村五郎左衛門為に兄。北島八兵衛、自註、長崎堀町北島平左衛門為に兄。徳永長三郎、自註、長崎築町徳永市左衛門為に伯父。石橋加兵衛、自註、長崎浜町原作兵衛為に親類。三宅次兵衛、自註、長崎本紺屋町鮫屋十左衛門養子従弟。野中市右衛門、自註、長崎本紺屋町野中助之丞伯父。吉原太兵衛、自註、長崎本博多町吉原五郎左衛門為に従弟。石津伊左衛門、自註、長崎下町石津市郎兵衛為に伯父、鹿島渡辺四郎兵衛為に親。次郎兵衛、自註、長崎馬町松田吉左衛門女房伯父。[43]

とあるが、右の九人は当時暹羅在住全日本人の実数に非ずして、その消息が故郷に判明せし人々の数に違いない。現に日本町の存在を示すところの前掲クールトウラン、ルーベール、ケンペル、ファレンタインやヘーグ文書館所蔵のアユチヤの古図は、いずれも十七世紀末葉の作にして、またルイ十四世の大使ショウモン（Alexandre Chaumont）に随って、一六八五年九月（貞享二年）に渡暹した教父ギイ・タシャール（Guy Tachard）の紀行によれば、

大使閣下が暹羅の王都に到着するや、かねて日本人町（Camp des Japonois）の前に住んでいたコンスタンス氏（Constance）は、閣下の旅舎の近くに彼が所有していた立派な邸宅に居を移した。[44]

と記してあって、明らかに日本町の存在を伝えている。コンスタンスとは、当時暹羅の宰相に栄進していたギリシヤ人コンスタンス・フォルコン（Constance Phaulkon）にして、彼の夫人は日本人なりしが、一六八八（元禄元）年勃発した革命に彼が処刑されるや、夫人の母は全家族を連れて日本人甲必丹（Capitano de' Giapponesi）の許に身を寄せ、夫人も日本町（Campo de' Giapponesi）に避難している。[45] 当時鎖国を去ること既に五十余年に及び、日本人町の住民もま

た大いに減少し、かつ純然たる日本人のみではなかったかもしれないが、なおも依然として日本人町、あるいは日本人区とも称すべき彼等の部落が実在し、しかもこれが管理統制に携わっていたと思われる日本人甲必丹もいたのであった。宝永六(一七〇九)年に成った西川如見の『増補華夷通商考』の暹羅の条に、

此国ニモ日本人渡海ノ時住居セル者ノ子孫、今ニ多有之由。尤唐人モ多居住ス。(46)

と記すも、またこの間の消息をほのかに伝えたものである。しかし、その後更に三十年を経て、一七一八(享保三)年五月、フィリッピン総督が貿易開始折衝のため、特使グレゴリオ・ブスタマンテ・イ・ブスチリヨ(Gregorio Bustamante y Bustillo)を暹羅の王廷に差遣した時、暹羅国政府は、今後イスパニヤ船の碇泊貿易の便を慮って、メナム河の東岸にあり、かつて日本町(Campo Japon)と称した土地六四坪(brazas de largo)を下付して、その商館を設立せしめることとなった。(47)即ちこの頃にはもはや日本町は僅かに名称のみ存して、ほとんど実質的には無住の土地と化したに相違ないが、この名称のみは、現今まで引続いて存続して、往時の名残りを留めている。(48)

(1)『暹羅国風土軍記』巻五、三二頁。
(2) Kaempfer, Engelbert. The History of Japan, Together with a Description of the Kingdom of Siam. Glasgow. 1906. Vol. I. pp. 43, 77.
(3) Loubère, De la. Du Royaume de Siam. Amsterdam. 1691. Tome. I. pp. 6, 14.
(4) Choisy, Abbé de. Journal du Voyage de Siam fait en 1685 & 1686. Paris. 1930. pp. 10–12; Courtaulin. Siam ou Iudia Capitalle du Royaume de Siam. Dessignée sur le lieu par Mr. Courtaulin Miss^{re}. Apostolique de la Chine.
(5) Valentijn. op. cit. III. Deel. Beschrijvinge van Siam. p. 61.
(6) Kaart van de Rivier van Siam, van de Zee tot aan de Stad Siam ofte Judea. [Leupe. No. 267.] 本図は淡彩にして、日本紙に記した長大な地図である。年代は単に十七世紀と推定してあるに過ぎないが、図中「旧町即ち虐殺されたマカッサル人の町」と記し、また「フランス町」をも記せることによって、一六八七年八月マカッサル人の謀叛平定後より、翌一六八八年

五月宰相フォルコン(Phaulkon)が処刑されてフランス人が暹羅を引上げるより以前に描かれた図であろう。

(7) Records of……Siam. op. cit. Vol. I. p. 28. Letter from Adam Denton to the East India Company. Patani. 5th October 1614.

(8) De Jonge. Overzigt der betrekkingen van de Nederlandsche Oost-Indische Compagnie met Siam. (T. T. L. V. N. I. Deel XIII.) p. 412.

(9) Records of……Siam. op. cit. p. 60. A Court of Merchants held in Siam this 10th of April anno 1616.

(10) Origineele Missive van J. P. Coen uijt het Schip Mauritius voor St. Helena aen de Camer Amsterdam, in dato 20 Junij 1623 [Kol. Archief 989.]

Colenbrander. Coen, Bescheiden. Vol. I. op. cit. p. 771.

(11) 『東西洋考』巻三、暹羅、交易。

(12) 同書、巻三、暹羅、形勝名蹟。

(13) Kaempfer. op. cit. Vol. I. pp. 49–50, 53.

Loubère. op. cit. Tome I. pp. 86–87.

(14) Van Vliet. Jeremias. Historiael Verhael der sieckte ende dood van Pra Interra Tsia 22^{en} Coninck in Siam……Item hoe den regherenden Coninck Pra Onghsry……de Croone looslyck geuzurpeert ende zichselve in vercheyden saecken nopende de regeringe des Rycx gedragen heeft. Iudia. 31 Dec. 1640. [Kol. Archief. Aanwinst 1887.] fol. 125–126.

(15) Instructie voor den Commys. Joost Schouten geordin^{e} opp^{r} hoofd in Siam, Jeremias van Vliet onder coopm^{n} & synen dagelycksen Raet waer naer hun in Siam sullen hebben te Reguleeren. 9 April 1632. [Kol. Archief 1019.]

Rapport door den Coopman Joost Schouten aen den Generael ende Raeden van Indien overgegeven in dato 25 April 1635. [Kol. Archief 1030.]

(16) Tiele, P. A. & Heeres, J. E. Bouwstoffen voor de Geschiedenis der Nederlanders in den Maleischen Archipel. 's-Gravenhage. 1886–1895. Vol. II. p. 222.

(17) Valentijn. op. cit. III Deel. Beschrijvinge van Siam. pp. 73, 76.

Dagh-Register gehouden int Casteel Batavia. op. cit. A^{o} 1644. 14 Mei.

(18) Copie Daghregister gehouden by d'E. Jeremias van Vliet in Siam sedert 4en Februarij 1634 tot 15 Junij 1634. [Kol. Archief 1030.]

(19) Daghregister van 't Comptoir Siam door Jeremias van Vliet van 2 Maert tot 31 October 1637. [Kol. Archief 1035.]

(20) Copie Journaelse aenteeckeningh van 't Comptoir Siam door Reijnier van Tzum sedert 15en January tot 8 September 1644. [Kol. Archief 1057.] 付録史料十三。

(21) Heecq, Gijsbert. De derde Voyagie van Gijsbert Heecq naar Oost Indie (M. B. XXV.) p. 439.
Muller, Hendrik P. Azië Gespiegeld. Reisverhaal en Studien. De Philippijnen–Siam–Fransch Indo–China–Corea–Mandsjoerije–De Siberusche Weg. I. Utrecht. 1912. p. 157.

(22) Copie Rapport door den Coopman Jan van Rijk aen haer Ed. tot Batta overgelevert in dato den 3en November 1662. [Kol. Archief 1130.]

(23) 『暹羅国風土軍記』巻二、一〇頁。

(24) 『暹邏国山田氏興亡記』一—二頁。

(25) 東恩納寛惇「アユチヤ日本町の発掘」(『歴史地理』六二ノ三、一三二頁)。

(26) Valentijn. op. cit. III Deel. Beschrijvinge van Siam. p. 88.

(27) Schouten, Joost. Beschrijvinge van de Regeeringe, Macht, Religie, Costuymen, Trafficquen, ende andere remercquable Saecken, des Coninghrijcks Siam. Gestelt in den Jaere 1636. [Commelin. Begin ende Voortgangh. II. Deel.] p. 209.

(28) Van Vliet. Historiael Verhael. op. cit. fol. 92.

(29) ibid. fol. 97–98.

(30) Bocarro, Antonio. Decada 13 da Historia da India. [Collecção de Monumentos Ineditos para a Historia das Conquistas dos Portuguezes em Africa, Asia, e America. Tomo VI.] Lisboa 1876. Cap. CXIX. p. 528.

(31) Dagh-Register gehouden int Casteel Batavia. op. cit. Anno 1631. 5 December. pp. 54–55.

(32) Copie Missive aen Pieter Muijser en d' andere Vrieden, Actum opt Comptoir Firando desen 28en July 1631. [Verzendene Brieven. Kol. Archief 11722.]

(33) Van Vliet, Jeremias. Beschrijving van het Koningrijk Siam. Leiden 1692. p. 45.
(34) ibid. p. 45.
(35) Tiele & Heeres. Bouwstoffen. op. cit. Vol. II. p. 222.
(36) Copie Missive van Joost Schouten uyt Siam naer Japan in dato 8 Julij 1633. [Kol. Archief 1025.]
(37) Cardim. Batalhas. op. cit. p. 289.
(38) Extract uijt de Journaelse aenteijckeninge vant Comptoire Siam van 10 April tot 6 Nov. 1633. [Kol. Archief 1021.]
(39) Journael ofte de voornaemste geschiedenisse in Cambodia, door Jan Dircx. Gaelen. op. cit. 18 Nov. 1636.
(40) ibid. 5 April 1637.
(41) 西川如見『長崎夜話草』二巻。暹羅より千部経志願之事。
『通航一覧』巻二百六十七(刊本、第六、五二八頁)に木谷某を久左衛門に比せし説に暫く従う。
(42) 『釈尊降魔成道図裏書』(堺、正法寺所蔵)(『堺市史』第四編、第一資料編、七八一八〇頁)。
(43) 『通航一覧』巻百七十(刊本、第四、四七一一四七二頁)の年代が延宝年中に非ずして、寛文六年なるべきことは、拙稿「バタビヤ移住日本人の活動」(『史学雑誌』四六ノ一二)七一頁に考定した。『長崎見聞集』。
(44) Tachard, Guy. Voyage de Siam des Pères Jesvites Envoyes par de Roy, aux Indes & à la Chine. Amsterdam. 1687. p. 207.
(45) Blanc, P. Marcello le. Istoria della Rivolvzione del Regno di Siam accaduta l'anno 1688. E dello stato presento dell' Indie. Milano. 1695. pp. 145, 193–194.
D'Orléans, Pierre Joseph. Histoire de M. Constance, premier Minister du Roy de Siam, et de la dernière révolution de cet Estat. Tours. 1690. p. 166.
(46) 西川如見『増補華夷通商考』。
(47) Concepción, Juan de la. Historia General de Philipinas. Manila & Sampaloc. 1788–1792. Tomo IX. pp. 260–261.
(48) Nài Daeng. Map of the City of Ayuthia. 本図は盤谷暦一一七一一二六年(明治三十二一四十一年)に亘って調査作製されたものであるが、依然として昔の日本町の地点に日本人の家または日本人区にあたるバーン・ジプンの語が記入してある。

第三節　暹羅日本町の行政

一　日本町の行政機構

暹羅在住日本人の統制や、日本町の行政様式について、これを的確に記したものはないが、諸記録文書中に散見する極めて断片的な記事によって、ほぼ如何なる形態をとりしかは推究することができる。

元和二(一六一六)年四月一日、暹羅の大官握雅・大庫(Okya Phra-klang)から前田利常に送った書翰中に、当時城井久右衛門なる者が大いに抜擢されたことが記してあるが、同書によれば、久右衛門の暹羅における身分、地位及び職掌がほぼ推察できる。即ち彼は既に暹羅に在住すること久しく、同国の法制習俗に通じ、在暹日本人を統率して国王に奉仕し、かつ外来商人等の取締監督の任にあって、坤・惇・薩都屢(Khun Sun Sattorou)なる官爵名を得て、国王の恩寵扶養を受けていたのであった。[1] かくして既に当時日本人中には、在住自国人を代表して、これを統率していた者があったことが判明する。

その後元和七(一六二一)年八月、暹羅王から将軍に送った書翰中にも、

歴来　貴国商艘継至。而優二恤之一、勝二我赤子一也。当諭二該司一、溥二済之一、毋二滞難レ之。愿留者、擢レ首以総レ之、名二坤・采耶・惇一、用導二新旧来販等利便一。[2]

なる一句がある。即ち数年来日本の商船絶えず、国王はこれを優遇すること国人にも過ぎ、王は更に官吏に命じてこれが便宜を計らしめると共に、更に在留日本人の一人を抜擢して、これが頭領となし、位階第四階に叙した。坤・采

耶・惇(Khun Chaya Sun)とはこの頃ようやく頭角をあらわして来た山田長政にして、さきに掲げた元和二年四月一日付の暹羅書翰中、城井久右衛門について述べたところと、前後符節を合わせたる如く、暹羅における両人の身分職掌を全く等しくしている。両書翰に拠ってみれば、それぞれその頃に、両人は在留日本人を代表統率していたのである。

以上述べたところによって、在留日本人統制の状態をほぼ漠然と知り得たが、西洋人の記述は一層具体的である。かのファレンタインは、王都アユチヤの各国人居留地の状態に関して次のように述べている。

また同地には色々な国人がいる。(後年になるとその数四十種にも上った。)いずれも各自の居留地(Colonies)を持っている。よって当地には、暹羅人、ペグー人、支那人、マカッサル人、日本人、マレイ人、交趾支那人、柬埔寨人、及びオランダ人等が、この都の内外、それぞれ独自の場所、即ち地域にありて、彼等自身の頭長(hoofd)の下に暮している。[3]

即ち、主として王都アユチヤの城外に設立された日本町などの諸国人居留地は、建設の初頃から、それぞれ彼等自身の頭領の統制下にあったようであるが、未だその統治形態について記すところは、あまり明らかでない。しかるに一六八一年渡暹して五年間同地で活動したフランス人宣教師ニコラ・ジェルベイズ(Nicolas Gervaise)の記すところによれば、

日本人、東京人、交趾支那人及び柬埔寨人等もまた各〻此の地〔アユチヤ〕に植民区(Colonies)を有し、在留民が国王の承認を得て自国民中から選任した一人の頭領(un Chef)の下に生活し、頭領は自国の形式に従って在留民を統治す。[4]

と言うことであるから、彼の記す日本町統治の様式や頭領の権限は、ファレンタインの記述に比すれば、はるかに明確にして、そこには治外法権的な司法行政制度の存在せしことを暗示している。ド・ラ・ルーベールは、更にこの諸

国民居留地の統治に対する暹羅国政府との関係について、
各国人毎に各地の居留地(un quartier different)を有している。市外にあって、城外の場末町をなしているこの居留地のことを、ポルトガル人はキャンプ(Camp)と言い、暹羅人はバン(Ban)〔小村〕と呼んでいる。各国人毎にそれぞれその頭領(son Chef)を戴いているが、暹羅人はこれをナイ(Naï)と言う。そしてこの頭領は、各自管轄の居留民の事項に関しては、暹羅国王が特に任命し、われわれがその国民のマンダリン(Mandarin)と呼んでいる官吏と共に事を決する。しかし少し重大なる事件は、この官吏には決裁する権限なく、バルカロン(Balcalon)にこれを移管する。[5]

と述べている。バルカロンとは、暹羅の財務、貿易、外務を総轄する長官または大臣とも言うべき顕職である。ド・ラ・ルーベール等のこの記事は、彼の暹羅に使した一六八七年頃の事情を伝えたものであるが、おそらく日本町成立当初より、その衰頽に至る頃まで、かくの如き統治形態を採ったと思われる。而してファン・フリートの『暹羅王国記』には、在留外人居住地の行政に干与したこれらの暹羅人官吏を、次のように列挙している。

また、外来の居留民は次のように分属している。即ちペグー人はオヤ・プレチップ(Oya Poele tip)の下に、ラオス人はオヤ・アワン(Oya Awangh)の下に、日本人はオヤ・ピチャソンクラム(Oya Pitsjasoncram)の下に、支那人はオプラース・シソンバット(Opraas Sysombat)及びトンスイ(Thongsuy)の下に、マレイ人はオプラー・アラクス・アマーネ(Opraa Alaks Amane)の下に、ポルトガル人はオプラー・ライ・モンツリー(Opraa Ray Montry)の下に属している。これらの官吏は、その管轄する居留民から利益を収める機会を決して逃さなかった。[6]

即ち暹羅の日本町は、在住日本人の利益を代表するため、特に彼等の中から選任した頭領が、日本的な法律習慣によって統制し、国王の任命した暹羅官吏が、その上にあってこれに干与し、重要事項のみは、更に財務外務長官の決裁指令を受けたのである。要するに日本町は、条件付きな一種の治外法権を有したところの自治的な居留地であったとみねばなるまい。

次に日本町頭領の員数について、前掲ジェルベイズ及びド・ラ・ルーベール等は、いずれもこれを単数にて表わしている。即ち一時にただ一人選任されたように記し、また現にわが記録によるも、頭領とおぼしき久右衛門や長政等が、相継いでその任に上ったようである。しかるに、長政歿後幾許もなくして日本町を再建せんとするにあたり、頭領の選任に関して、ファン・フリートは、

しかし多数の人の反感にも拘らず、国王陛下は、(日本人の復讐を恐れて)日本人逃竄後幾許もなく、これを呼び還えして、その数七、八十人に及ぶや、彼等の居住地として良好の地区を下賜し、彼等の中の主なる者三名には栄爵を授けてその頭領に任じ、国王の一官吏をして監督せしめた。(7)

と述べ、ファレンタインもほぼ同様なることを伝えて、その員数もまた三名と記してはいるが、(8)その後歴任した日本町頭領の実数に徴すれば、両人の記述にも拘らず、常に一時代に二名であった。『暹羅オランダ商館日記』の一六三三年六月五日及び九月十三日の条には、

当地における日本人等の頭領等(Oversten der Japanders)なる太右衛門殿(Taymondnºe)と広助殿(Froskednºe)(9)

とて、頭領二人の名を列挙している。しかし、この記述では、頭領なる語は複数形にして、たまたま問題となれる両人の名を列記して、あるいは他にも頭領の在任せる者なきやを疑わしめるが、同『商館日記』一六三七年四月十四日の条には、

太右衛門(日本人等の二人の頭領等の一人である。)(10)

と明記し、翌十五日の条には、

広助殿(日本人等の第二の頭領)[11]

と記してある。日記の前掲二句によれば、日本人の頭領は、明らかに一時にただ二人のみ在任し、しかも二人の頭領の間には、第一と第二、または正副の順位があったと解せねばならぬ。次いで同『商館日記』の一六四四年二月二十八日と三月二十六日の条には、それぞれ、

日本人頭領等の一人半左衛門、別名喜太郎殿(Hanseymon alias Kitterodonne)

日本人頭領等の一人アントニイ、別名善右衛門、即ちオロアン・スレチット(Anthonij alias Zenemon ofte Oloangh Souretijt)[12]

と記して、二名の頭領の在任を伝え、この前後二、三十年間の日記や文書を捜索しても、同時代には二名以上の頭領在任の事実に遭遇しない。

日本町頭領の身分地位についてファン・フリートは「彼等中の主なる者三名には栄爵を授けて、その頭領に任じ」と記しているが、現に頭領城井久右衛門は、一六一六年頃には、同国の位階第四位なる坤・惇・薩都屢(Khun Sun Sattorou)にあり、次いで一七年には第三位鑾(Oluang)に昇叙し[13]、山田長政も一六二一年には、第四階坤・采耶・惇(Khun Chaya Sun)なりしが、次第に累進して晩年にはついに第一階握雅・司臘毘目(Okya Senaphimuk)に昇っている。[14]また前掲頭領の一人アントニイ・善右衛門は、第三階オロアン・スレリイト(Oloangh Sourerijt)の位にあったが、同『商館日記』一六四四年二月六日の条には、

喜太郎、別名半左衛門殿即ちオロアン・スレリット(Kitterro alias B《(h)》anseijmondonne ofte Oloangh Sourerijt)[15]

と記してあって、頭領半左衛門も善右衛門と同様な身分のようであるが、一六四五年三月十六日に、王命によって外務長官大庫(Bercquelangh)が蘭領東印度総督に発した書信中に、

国王に仕えて、月俸を受けている日本人の頭領の一人オロアン・スレリイトは、国王に、種々の商品を積載して交趾支那に航するため、長さ十七尋、幅三尋半のジャンク船を差立てることを乞うて許された(16)。

とあって、もとより当然のことではあるが、日本町の頭領は、国王に栄爵を授けられると同時に、一種の俸給を給与されていたようである。かの城井久右衛門を「坤・惇・薩都屡、集二班人一、願下留二敝国一効上労、王以二通好之誼一、恩養備至(17)」と言うのも、また国王からの俸禄給与など恩恵に与っていたのを指したに違いない。

さて代々の日本町頭領の諸記録に散見する者を拾って、彼等の在任推定期間を列記すれば、次の如くなる。

(氏　名)	(官　爵)	(在職期間)
——純広	オクプラ?	一六〇九—一二年(慶長一四年—同一七年)
城井久右衛門	コン・ソン・サットルー オロアン・ソン・サットルー	一六一六—二〇年(元和二年—同六年)
山田長政	コン・チャイヤ・スン オヤ・セナピモク	一六二〇—三〇年(元和六年—寛永七年)
糸屋太右衛門	?	一六三三—四二年(寛永一〇年—同一九年)
寺松広助	?	同右　(同右)
木村半左衛門	オロアン・スレリット	一六四二—七一年(寛永一九年—寛文一一年)
アントニイ・善右衛門	オロアン・スレリット	同右　—?　(同右　—?)
某		一六八八年前後(元禄元年)

(1)『江雲随筆』。
拙稿「一六一六年暹羅国日本遣使考」(『史学雑誌』四四ノ六)。

(2)『異国日記』上巻。『通航一覧』巻二百六十七(刊本、第六、五三六頁)。

(3) Valentijn. op. cit. III Deel. Beschryving van Siam. p. 59.
(4) Gervaise, Nicolas. Histoire Naturelle et Politique du Royaume de Siam. Paris. 1688. pp. 69–70.
(5) Loubère. op. cit. Tome I. p. 337.
(6) Van Vliet, Jeremias. Beschrijving. op. cit. p. 62.
(7) ibid. p. 45.
(8) Valentijn. op. cit. III Deel. Beschryving van Siam. p. 69.
(9) Daghregister vant gepasseerende in Siam van 10 April tot 6 November 1633. 5 Junij, 13 September. [Kol. Archief 1021.]
(10) Journeal vant Comptoir Siam van 2 Maert tot Ul^{mo} October 1637. 14 April. [Kol. Archief 1035bis.]
(11) ibid. 15 April.
(12) Vervolgh van 't Siamse Daghregister sedert 15^{en} January A° 1644 tot 8 September. 28 Februarij, 26 Martij. [Kol. Archief 1059.] 付録史料十三。
善右衛門の位階名 Oloangh Souretijt は、おそらく Sourerijt の誤写ならん。
(13) 拙稿「一六一六年暹羅国日本遣使考」(『史学雑誌』四四ノ六)八五―九〇頁。
(14) 『異国日記』上巻。『通航一覧』(刊本、第七、六頁)
Van Vliet. Historiael Verhael. op. cit. fol. 92.
(15) Journaelse aenteeckeninghe. op. cit. 6 Feb. 1644. 付録史料十三。
(16) Copie Translaet Missive van den Coningh van Siam aen d' Heer Gouverneur Generael. 16 Maert A°=1645. [Kol. Archief 1057.]
(17) 『江雲随筆』。

二　日本町の首脳人物

I　握浮哪純広　彼の身分経歴はほとんど明らかでない。僅かに因幡の領主亀井武蔵守茲矩との交渉によって、漠然と彼の暹羅における地位活動の一端を推知し得るのみである。玆矩は、島津、加藤、鍋島、細川、五島、松浦、有馬氏等とひとしく、この頃海外貿易に手を染めた諸侯の一人にして、『異国御朱印帳』によれば、彼は、

慶長十二年八月十五日　西洋
同　十四年八月二十五日　暹羅
同　十五年八月二十五日　暹羅

の朱印状三通を受けている。しかるに玆矩が卯月十四日に長崎駐在の手代塩五郎太夫に宛てた書面中に、

一　しやむろへの舟、能順風に出申のよし、司備世様より預二御状一候、珍重候。……
一　来春、呂宋への御朱印の事、本上州御約束候。殊学校様当年より御筆者にて候……[1]。

とあって、彼が暹羅派遣船の無事出帆を喜び、かつ明年の呂宋渡航船朱印状下付を本多正純が約束せしことなどを報じたもので、既に川島元次郎氏も考証せし如く、文中「学校〔円光寺元佶〕様当年より御筆者にて候。」とある一句によって、この書状の日付は、慶長十三年四月十四日なることは明らかである[2]。従って玆矩の暹羅派遣船の出帆は、慶長十二年の末か、翌十三年の初頃の北の気候風によったものと推定できるが、なお玆矩はこの頃暹羅渡航船の出帆にあたり、十七カ条に亘る長文の「貿易指令書」を、使臣に送っている。即ちその数条を拾えば、

一　上様御用之物、注文取申候間、相調候而可レ有二帰朝一候。
一　御鉄炮ハ無二御誂一候事。
一　御朱印下申候。能仕候而彼地にて可レ被レ見候。
一　しやむろニ塩消稀に候とハ申候へ共、弥三右衛門〔木屋カ〕御請を申候而買候而上候ハんと申候。定而有レ之物ニて候間、精を入候而、塩消三千斤ほとかひ可レ申候。爰元ハ百六十目一斤か二匁二分ほと仕候。

一　爰元ゟ過分ニやくそく候ハ、我等ニも千斤ほとかひて可レ有ニ帰朝一候。乍レ去、別の物ニ、利さん用候てかひ可レ被レ申候。

一　上様塩消ハ二千斤成共可レ被レ買候。……(中略)……

一　五左衛門かひ申候金子ニ、にせ候間、よく見候て可レ被レ買候。おつふり・ちりきをたのみ、よく見候てかひ可レ申候。道具につかひ申候金にも、にせ可レ有レ之候。念を可レ被レ入候。以上

八月十四日〔朱印〕　　茲　矩(花押)

鍛冶屋弥右衛門殿
村尾　十兵衛　殿

一　此まへ如ニ書付一、かひ物不レ可レ有ニ油断一候。以上

一　上様ゟしやむろ王へ、御鉄炮廿丁被レ遣候間、可レ被レ渡候。大坂ゟ可レ下候。以上(3)

とあるが、これより先、慶長十一年四月暹羅国重臣より島津忠恒に書を送り(4)、同年九月には、家康よりはじめて暹羅国王に書翰と贈物とを贈り、次いで十三年十月十日に本多正純は、家康の命を承けて、更に国王に書を呈して鉄炮と塩硝とを求め、翌々十五年七月にも家康、正純の両人は、重ねて書を送りその船載を促すと同時に、かの国王に鉄炮五十梃を贈っている(5)。しかし「貿易指令書」には、明らかに「御鉄炮ハ無御誂候事」とあり、その末尾に「上様ゟしやむろ王へ、御鉄炮廿丁被レ遣候」ともあるから、茲矩が慶長十四年八月二十五日はじめて暹羅渡航船の朱印状を得た時したためたものと思われる。また文中にも、「御朱印下申候」と記してあり、朱印状の日付八月二十五日も、指令書の八月十四日と極めて接近した日時である。なお書中には、上様の命により、かつ茲矩自身の所用のため、塩硝の大量買付を行わせるほか、水牛角、犀角、麝香、孔雀、猫、薬入の購入を命じている。

しかるにまた、暹羅在住の握浮哪純広より年次未詳三月三日付書状が二通ある。その一通は、

乍レ恐書中に而申上候。従二御所様一、爰元屋形様え鉄炮二十挺被レ進候。則拙子手前より上申候処に、事の外被レ成二御満足一、忝由被レ仰候。随而為二御返礼一、鉛千斤被レ進事に候。則被レ成二御上一候而、可レ被レ下候。御奉行様達へも、御披露奉レ頼之外非レ他候。万事来年可二申上一候条、不レ能二多筆一候。恐惶謹言。

三月三日㊞　　握浮哪

純　広(花押)

進上

亀井武蔵守様(6)

とある。先に茲矩から鍛冶屋弥右衛門に下した指令書の追而書には、「上様ゟしやむろ王へ、御鉄炮廿丁被レ遣候間、可レ被レ渡候」とあり、今本書には「従二御所様一、爰元屋形様へ鉄炮二十挺被レ進候。則拙子手前より上申候処に、事の外被レ成二御満足一、忝由被レ仰候」とあって、弥右衛門は無事暹羅に渡航し、家康より暹羅国王に贈った鉄炮二十梃は、在住日本人の頭領とおぼしき握浮哪純広が献納したことを報じたものである。されば純広の書翰は、茲矩の指令書に相関連するものにして、一を慶長十四年八月十四日とすれば、本書は弥右衛門等が献上の手続を終り、その帰航にあたり託せしものにして、翌十五年三月三日付の書翰に違いない。更に純広の第二の書翰によれば、

追而申上候。八拾万斤船不レ成候間、先々小船に而御座候へ共、買候て進上申候。爰許にては、是程の船、今程無レ之候。一段能舟に而御座候。爰元河内にて一之船にて御座候ゆへ、小舟にて候へ共買候而、進上申候。則来秋は早々此地へ可レ被レ遣候。随分御馳走可二申上一候。以上。

去冬、尊札被レ下、殊御懇志之段、畏拝受候。将亦八拾万斤船之事被二仰越一候。則随分肝煎候処に、従二屋形様一唐え被レ遣候故、不二罷成一候而、不レ及二是非一候。其方より爰許屋形様へ、御上被レ成候進物共、拙子前より慥に、屋

形様へ上申候へば、毎度進物共、被レ遣レ之候て、事外御懇之様子に而御座候、則御船は、毎年此地へ被レ遣候へ、御馳走可レ被レ成由に候。随而従ニ屋形様一船一艘被レ遣候へ共、余小船に而候故、かぴたん衆も不ニ入被レ申候に付、則屋形様へ、もどし申候へば、亦為ニ御返礼一、蘇木三千斤、鉛五百斤被レ進候。幷鉛千斤被レ遣候。是は従ニ御所様一、鉄炮二十梃被レ進候。此為ニ御返礼一、鉛千斤被レ遣候条。其元奉レ頼候。右梶屋弥右衛門尉殿え慥渡申候。御船に付、御馳走申上候事は、ちやう、すはう両人、御申上可レ有候条、不レ能ニ仔細一候。恐惶謹言。

三月三日㊞　　握浮哪

純　広（花押）

進上

亀井武蔵守様[7]

とあり、文中の「従ニ御所様一、鉄炮二十梃被レ進候。此為ニ御返礼一、鉛千斤被レ遣候条。其元奉レ頼候」とある一句も、前年茲矩が弥右衛門に与えた指令と相関連するものにして、本書もまた前書と同年同日付のものである。しかも文中に「右梶屋弥右衛門尉殿え慥渡申候」とあるが、これは指令書中の鍛冶屋弥右衛門と同一人なることは更に疑いなきところである。

さて右の二通の書翰により、握浮哪純広なる人物は、茲矩と何等かの旧縁ありしものの如く、彼は暹羅国王に対する家康の贈物、茲矩の献上品、暹羅国王より両人に対する返礼品の贈答の仲介をなし、なお更に茲矩の依頼により暹羅において八十万斤の貿易船入手の斡旋をしているが、同国における彼の地位如何はほぼ推察し得るようである。

さて純広の身分を両書翰には共に「握浮哪」と記してあるが、『異国日記』にしばしば採録してある暹羅国大官の書翰にも、また彼等の身分を表わすにこの文字を用い、サトー氏はこれを Ok Phra, Ok-Phrayah と対訳し、[8]『東西洋考』では暹羅の官制の条に、

官制凡九等、一曰握啞往、二曰握歩剌[9]

とあり、握歩剌なる同音異字を以てあてている。而して握浮哪とは『東西洋考』にも記せる如く、暹羅における位階中、上位より第二階に位するものにして、最高の Okya に次ぐものであるが、ファン・フリートの『暹羅王国記』によれば、

位階は段階によって順次昇叙する。即ち Opans, Omans, Ockans, Olaanghs, Opraas より Oyas に至るが、後者は最高の名にしてかつ最高の称号である。[10]

とあり、Opraas と称しているが、ケンペルもまた、

宮廷の尊号は次の順序による。一、Peja と Oja とは王侯の如きものにして、二、Opera は、宮廷ならびに国内に約四十名あり、領主または男爵の如きものである。[11]

と言い、オプラ(Opera)なる対訳を与えている。いずれにしても暹羅における第二階の高位を指せることは、かく東西の記録の一致するところである。しかしこれは、オク・プラ(Ok Phra)の文字通りの解釈にして、当時実際においては、これとやや異って併用された場合もある。ウィリヤム・フォスター氏(William Foster)も、日本人ウプラ(Upra Japon)を、

ウンプラ(Umpra)、即ちアユチヤにおける日本人町の首領にして、……ウンプラは恐らくアラビヤ語のウマラー(Umará)より出たもので、本来はアミル(Amir)の複数形であろうが、常に首領または領主の意ある単数名詞に用いられている。[12]

と言い、サトー氏は、更に、

オンプラ(Ompra)なる称号は日本人の場合にせよ、イギリス人の場合にせよ、何等特別なる高位階を指すものでないことはかなり確かである。彼は単に自国人の移住民の公式の首領に過ぎずして、いわば、ある種の権力を有

する領事の如きものである。[13]と断定している。されば、握浮哪純広も、あるいは単にこの高位階を得たとみるよりも、同時に在暹日本人の頭領としても、この俗称を以て一般に呼ばれ、この地位によって亀井茲矩や家康と同国国王との間に斡旋したのであろう。しかしその後幾許もなくして、一六一一年十一月頃には、前述の如く多数の在住日本人は反乱を企てたから、彼もおそらく日本人の頭領として、その指導的役割を演じたに違いなく、もし然らば、彼が従前暹羅政府に対して有した位置と信用とを喪失せねばなるまい。即ちその後彼の消息を伝うるものもなく、あまつさえ日本町も幾許もなく、他の頭領の統轄するところとなったようである。

II　城井久右衛門　彼の事蹟については、既に考証して発表したことがあるから、[14]本稿ではその要点梗概を記すに留めたい。天運丙辰年肆月一日（一六一六年五月十六日）暹羅の財務外務長官握雅・大庫は、書を松平筑前守（前田利常）に送って、前年の使船が彼の斡旋にて刀甲を購入し得たことを感謝し、この年再び特使両名を遣して、旧来の好誼を謝し、奇楠香、鉛を贈ってわが刀剣を求めたき旨を記しているが、書中に坤・惇・薩都屢なる人物につきて三度筆を及ぼしている。即ち

有坤《(城井久右衛門)》・惇・薩都屢、集二一班人一、願下留二敝国一効上労、王以二通好之誼一、恩養備至。令三其習諳二土俗礼法一。凡貴国之来レ暹者、優待如二親子民一。今坤・惇・薩都屢及諸衆、稟称二旧人一、已知二法度一、慮恐新来商舟、或搭二仏郎機等船一者、不レ守二法度一、惹レ禍生レ端、……凡有下発レ舟来者上、……在レ暹務聴二坤・惇・薩都屢及旧人約束制治一。[15]

とあるが、この坤・惇・薩都屢は疑いもなくその右肩に記した城井久右衛門の暹羅における位階官名なるべく、これによって久右衛門の地位身分について

A　彼及びその一党は旧人と称して既に在住久しきこと。

B　彼は同国の土俗礼法に通じていること。
C　在暹日本人を統率して国王に奉仕せること。
D　国王の恩寵扶養を受けていること。
E　坤・惇・薩都屢なる位階官名を得たこと。
F　新来外人あるいはポルトガル船に投じて来る者等は、彼等の取締監督を受くべきこと。

などの重視すべき諸点が明らかとなった。即ち久右衛門は、前任者握浮哪純広の如く、在暹日本人の頭領として、日本人を率いて国王に仕えると共に、外国船の出入を取締監督して、いわばシャバンダールの如き役職に服していたものと思われる。

しかるに前田利常にあてた暹羅書翰の日付よりおくるること一年余、一六一七年六月十二日に、暹羅の国都アユチヤにおいてオランダ商館員マールテン・ハウトマン(Maerten Houtman)及びコルネリス・ファン・ナイエンローデ(Cornelis van Nijenroode)の両人と、この頃坤より一位階昇った在留日本人の頭領オロン・惇・薩都屢の久右衛門と、日暹間主要貿易品の一なる鹿皮と鮫皮との購入に関して極めて詳細にして長文の契約を締結したことがある。これによれば、前記のオランダ商館員両名が、日本人の頭領に資金を寄託して、鹿皮と鮫皮との買集めを依頼し、その買入値段の限界、これが手交にあたり彼の享くべき手数料、その譲渡値段と時価との関係、火災など不慮の災害に対する責任の限度などを書式を以て契約することを記してあるが、(16) この契約締結の翌々年一六一九年六月七日に、先の契約当事者の一人なるナイエンローデが、国都アユチヤから、平戸のオランダ商館長ヤックス・スペックス(Jacques Specx)に送った書信の一節に、

我等のジャンク船にて来着した日本人商人等は、日本人の頭領の援助を得て、当地においてジャンク船を一艘艤

装した。その商人中の一人は、その半額出資して、自ら船長となって日本に帰航するが、該船の積荷は鹿皮四万枚、鉛と鮫皮若干、及び蘇木六万斤であろう。かねがね弥三右衛門殿〔木屋カ〕と当地に来航していて、しかも当地の習慣に通じているこの商人がもし来なかったならば、おそらく本年は会社のものとしては一枚の皮革も当地からは船に積めなかったであろう。……ジャンク船には日本人の頭領なるオロン・惇・薩都屡の依頼により、なお鹿皮四百枚積込んだが、これは彼が彼の父に送るもので、その輸送料は貴下の御考によって定めた。

一六一九年六月七日ユディヤにて

追伸。前記の書翰はコピイと共に、我等のジャンク船ならびにオロン・惇・薩都屡のジャンク船にて発送したから、無事入手されんことを切望してやまず。[17]

とあり、来暹日本商人等は久右衛門の尽力にて新たに船を艤装し、彼もまた故国の父に鹿皮を託送するほか、別に自ら一船を故国に遣わしている。

これより先一六一五年の末、平戸のイギリス商館において日暹貿易の仲介を開始せんとして、新たにジャンク船を購入艤装して、アダムズが航海士となり、翌年一月アユチヤに到着した時、彼等は直ちに日本人の頭領久右衛門に刀、脇差等を贈ってその援助を期待し、[18]次いで翌年暹羅駐在イギリス商館員ジョン・ジョンソン(John Johnson)等が、占城貿易開始のため一船を派遣せんとした時にも、乗組の日本人船員雇傭に関して、久右衛門が斡旋の労を執った。[19]されば平戸の商館長コックス等も、暹羅における業務の遂行上、この有力者日本人頭領久右衛門との友好関係、これが勢力の利用に関して注意を怠らず、一六一七年の暮再び一船を同地に派遣するにあたり、ジョンソンに書面を送って、特にこの点につき彼等の注意を喚起して、

日本人オンプラ(Japon Ompra)は、我等のジャンク船の積荷につき、殊にまた喧噪なる日本人水夫の制御につい

て、大いに我等を助力する人なるべきことを予は承知している。よりて貴下が彼と友誼を保つことは至当なことだと思う。予は、彼の父親が彼の許に派遣する三名に対して便乗の許可を与え、航海中の彼等の食費を無料とした。また予はイートン氏からも貴下に知らせる如く、彼に書信を送り、且つ贈物を進呈する。[20]

と述べている。右の書中コックスが、特に母国にいる久右衛門の父親との関係を記しているが、同年十二月十九日には、その父親がコックスに酒と蜜柑とを贈り、[21] 次いで自ら酒と鯣を携えてコックスを訪問している。[22] その後、前述の如く、久右衛門は暹羅から父親に鹿皮四百枚を託送した。

先に慶長の中年、在暹日本人の頭領握浮哪純広あり、その尽力によって彼我官憲の親交が結ばれ、その後両地間の交通頻繁となるや、城井久右衛門が更に在住日本人の頭領として、元和の初年より六年頃まで活動し、日本人を率いて国王に仕え、外来人の取締監督に任じ、自ら貿易船を派すると共に、日本人の通商を援助し、更にまた蘭英人等駐暹外国商館員等の業務遂行上、諸般の斡旋を重ね、ここに暹羅における日本人勢力の増大とその活動は一そう目覚ましくなったようである。純広、久右衛門等の築いたこの足場を土台とし、かかる日暹交通の躍進を背景として、やがてかの山田長政が両国交通の表舞台に登場して来た。

III　山田長政　彼の盛名は、往時日暹交渉史上の代表的人物として、古来あまねく人口に膾炙しているが、従来わが国において彼の素姓、彼の活動を伝えた諸書は、いずれも巷間の伝説の域を脱せず、信憑性に乏しい。しかるにサトー、三木、郡司、フランシス・ジャイルス(Francis H. Giles)四氏の研究出でて、彼の活動はようやく明らかになった。殊に郡司、ジャイルス両氏は、よくファン・フリートの記述を利用して、氏の著書中、長政伝に多大の頁を割き、この種の研究としては最も詳細なものである。[23] 私も先年在欧中当時のオランダ側古文書を始め、イギリス、ポルトガル等諸国の長政関係史料を多数蒐集して来たが、村上直次郎博士もかつて、オランダ古文書の一部を以て長政に関する研究を発表されたこともある。(24) もとよりここに彼の詳伝を記すは本稿の目的にもあらざれば、その発表は他の機会に譲り、前記諸氏の研究では未だ十分に解決されていないように思われる長政活動の各転期をなすべき次の諸点、即ち、

A　長政の暹羅渡航年次。

B　長政の六崑太守赴任の年次。

C　長政の毒殺の年次。

の三点の考証を進めつつ、彼の活動の梗概に触れてみたいと思う。

長政の渡暹年代については、彼の伝記としては最も古く、かつ比較的素朴な筆を以て記した『暹邏国山田氏興亡記』、『暹羅国風土軍記』には未だ何等記すところがない。僅かに「山田仁左衛門紀事」に、「初元和の頃、巳午之年歟、（按ずるに、巳年は三年、午年は四年なり、）駿府の商家滝佐右衛門、太田次郎右衛門唐渡りしたりし時、かの仁左衛門も倶に渡海」して、大湾〔台湾〕を経て暹羅に渡ったことを伝えてはいるが、(25) 紀事ははるか後世に及んで前記興亡記、風土軍記等を土台として潤色せしもので、あまり信用がおけないと言われている。しかるに『異国日記』によれば、かつて小倉秀実氏も指摘せし如く、

大久保治右衛門六尺山田仁左衛門、暹羅へ渡り有付、今は暹羅の仕置を仕候由也。上書への書に見えたり。此者の事歟、大炊殿上州へ文を越。(26)

とあるから、彼が一時駿州沼津の城主大久保忠佐の轎夫であったことは疑うべくもない。忠佐は慶長十八年九月、七十七歳にて歿したから、(27) 彼の駿州における轎夫生活は、如何に遅くともこの年以後ではあり得ないが、また寛永七年彼が六崑にて毒殺された時のことを、ファン・フリートは、

毒殺された日本人の子は十八歳の若者にして、オコン・セナピモク（Ockon Senaphimocq）と言い、性質善良にし

て偉大なる体軀であるが、彼自身の発意から自立して父親の代りに総督となった。(28)と記している。即ち彼の遺子が寛永七(一六三〇)年に十八歳とすれば、その生年は慶長十八年となり、実に彼の旧主忠佐の歿年と同年である。従って「山田仁左衛門紀事」の元和三、四年渡暹説は成立しない。もとより微賤の轎夫長政ふぜいの渡暹は、当時世人の問題にもならなかったに相違ないが、遺子の生年と忠佐の歿年を考慮すれば、あるいは慶長十七年頃ではあるまいかと思われる。いずれにしても彼の渡暹はこの年以前なるべきことは明らかである。果して然らばあたかも久右衛門出でて日本人の頭領となり、日本人の居住地も元和八年の火災までには、一区画をなすほどに発達して、彼が驥足を伸ばすべき素地は十分成り立っていたのである。

その後十年を経て元和七年暹羅王ソンタム(Sont'am)の使節が来朝した時、長政は既に日本人の頭領として、自ら書翰を土井利勝と本多正純に送りその使命達成に尽力したが、国王の来翰中には、特に

歴来貴国商艘継至、而優二邺之一、勝二我赤子一也。当論二該司一、溥二済之一、毋二滞難一レ之。愿留者、擢レ首以総レ之、名二坤・采耶・惇一、用導二新旧来販等利便一、使三向後所レ知興感二矣。敬以詳聞。(29)

と記して、長政が今や同国第四階の官爵坤・采耶・惇(Khun Chaya Sun)に叙せられていることを伝えているが、幾許もなくして、彼は第三階鸞・采野・惇(Hluang Chaya Sun)を経て、寛永三年四月には更に第二階浮哪・司臘毘目・納斜・文低豔(Phraya Senap'imuk Raxa Muntri)と昇叙されたことは、この年暹羅国の外務長官が酒井忠世と土井利勝に送った書翰中にそれぞれ、

有二鸞・采野・惇一。今陞二浮哪・司臘毘目・納斜・文低豔一。発レ舟商販、已経二三歳一未レ回、不レ知二何故一。望鼎レ力維持遣帰、均感無レ涯。(30)

とあるによっても明らかである。而して文中に「発レ舟商販、已経二三歳一未レ回」とあるのは、これより先寛永元年在

暹日本人オプラ即ち頭領の商船が長崎に来航して、有利なる皮革貿易を遂げしも、出帆許可の朱印状を得ずして空しく滞留せしことを指せるものにして、[31] ここに長官の懇願によって、今後は一般外国人と均しく将軍の朱印状を要せずして自由に航海すべきことを許されて、寛永三年十一月十九日(一六二七年一月五日)に暹羅に向って帰帆した。[32] 彼の商船は同年中に再び日本に渡航し、[33] 他の一船はマラッカに向う途中オランダ船に曳かれてバタビヤに入港し、後釈放されたが、[34] これが機縁となって、長政は翌年バタビヤの東印度総督ヤン・ピーテルスゾーン・クーン(Jan Pieterszoon Coen)の許に使節を派して書信と贈物を届け、クーンもまたこれに応酬している。[35] かくて長政は暹羅の内外において大いに活躍せしが、彼を信任せしソンタム王が一六二八年十二月十二日に殂落する頃には、彼の官爵は更に累進して同国最高の握雅・司臘毘目(Oya Senaphimocq)となった。[36]

しかるに王位継承問題紛糾し、かねて王位を覬覦せし故王の従弟オヤ・カラホム(Oya Calahom)は、王の長子ゼッタ(Jetta)を擁して漸次反対派の諸侯重臣を排撃し、ついに新王ゼッタをも陰に弑し、その弟にして当時僅かに十歳なりしアチチアオン(At'ityawong)を擁立して手中に国政を掌握することができた。この間長政は日本人隊八百人と暹羅兵二万人を率いて反乱を鎮定し大いに武功を建てしが、結局カラホムは「彼の計画達成に対する最後にしてかつ最大の障害物として」長政を除かんと企画し、先ず口実をもうけて六崑太守を罷免して後、百方長政に勧誘してその後任に推し、彼も遂に手兵を率いてカラホムならびにその一党のひそかなる歓喜のうちに六崑に赴任することとなった。[37]

一六三一年六月五日付アントニオ・ファン・ディーメンが東印度会社に送った報告によれば、

上席商務員ヘリッツ・ブルックマンス(Gerrit Broeckmans)は帆船スヒーダム(Schiedam)にて、一六三〇年一月四日に太泥湾から帰航したが、同地にて非常に僅少な貿易を遂げしのみであった。……この間にオプラ即ち在暹日本人の頭領は、日本人三百人及び暹羅人三、四千人を率いて、暹羅から来てサンゴラ(Sangora)を占領し、六崑を征服してその王を捕えて暹羅に送ったので、付近一帯混乱に陥り太泥も少なからず恐慌を来した。よって全湾の貿易は衰退し、ブルックマンスは利益の見込みもなく、前述の如くバタビヤに帰還した。(38)と記しているが、おそらくこの時が長政等在暹日本人勢力伸張の頂点であったであろう。

長政一党の六崑転出の年次に関しては、暹羅関係諸書はもとより、ファン・フリートの手記すら明確な記載を欠いているが、前記ファン・ディーメンの報告によれば、一六三〇年一月四日にバタビヤに帰着したブルックマンスの太泥出発以前のことであらねばならぬ。しかも「一六二九年二月一日以来、同年十二月十三日来航船の出帆までに暹羅に起りし事件の覚書」によれば、ソンタム王殂落後、王位を争いし王弟の敗戦、ゼッタ王の廃立、十歳なる幼帝の即位、カラホムの陰謀野心の条に引続いて、

また、日本人オップラは(前記カラホムを憚かりて)日本人一同を引連れてバンコクに向って出発したが、(世評によれば)自ら六崑に赴いて同地の太守とならんためである。事の成行きは時がたてば明らかになるであろう。

以上は暹羅人から聞き得た一切である。(39)

とあり、長政の六崑転出は疑いもなく、右の一六二九年二月一日より同年十二月十三日までの間である。而して『暹羅歴王年代記』によれば、ゼッタ王の在位は八カ月にして、王弟アチチアオンの在位は僅かに三十八日と記してある。(40)しからば長政の転出は、ソンタム王殂落の一六二八年十二月十二日より八カ月を経過したる後、アチチアオン王の在位三十八日間のことなれば、ほぼ一六二九年八、九月頃と推定せねばなるまい。

しかるに長政は任地六崑において、太泥の侵入軍と対戦中脚部に負傷し、侍臣の暹羅人が毒を混じた薬品を傷口に塗布したために、ついに非業の最期を遂げ、やがて彼の遺子オコン・セナピモクが自立して太守となったが、国人は服従せずして反乱を起し、長政の旧部下の日本人の長老も命に服せず、ここに同胞骨肉相喰むの激闘を起すに至り、

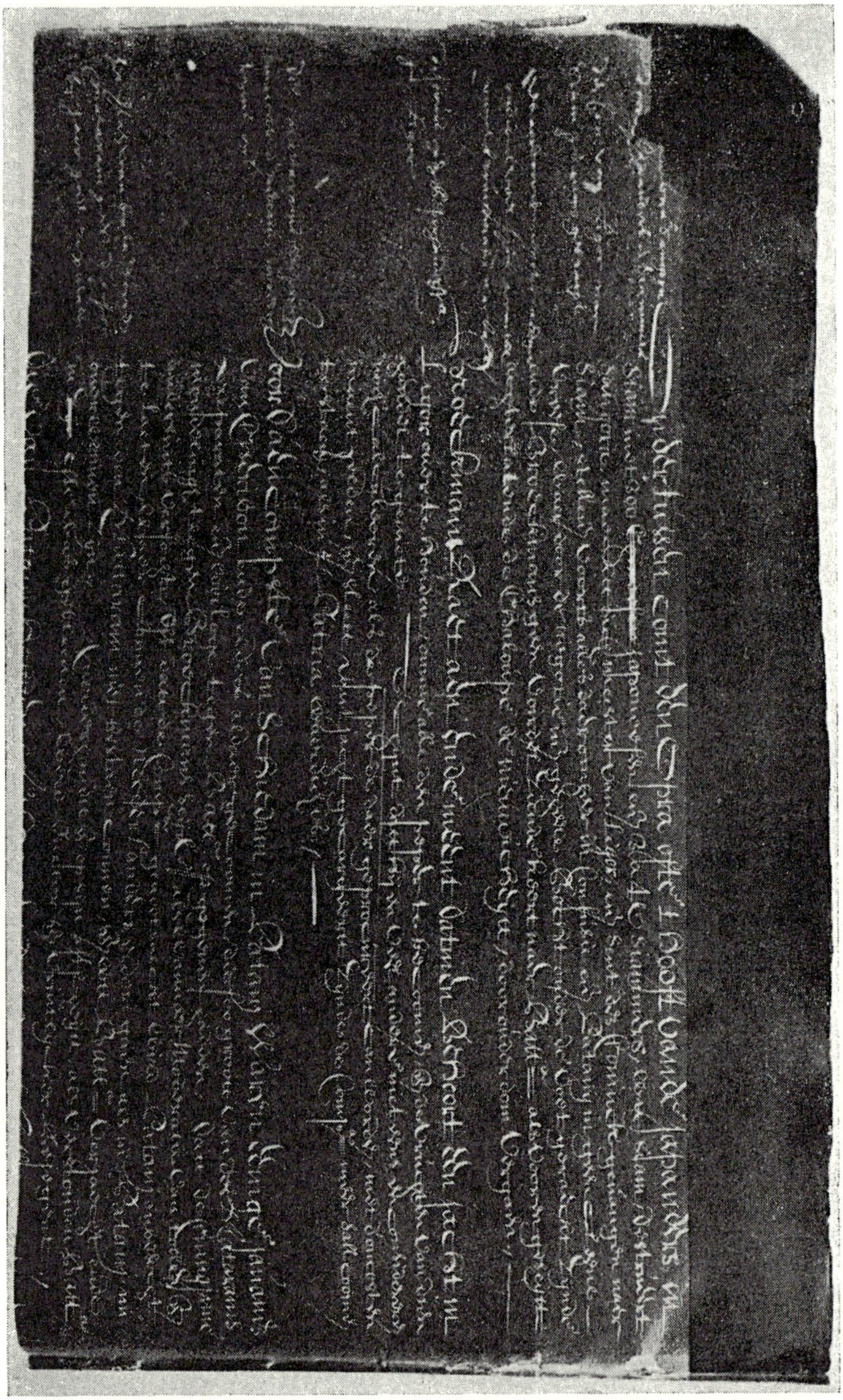

山田長政の六昆赴任を報ずるファン・ディーメンの書翰(1631年6月5日付)

却って日本人は自ら破滅を早めるようにもなったので、ついに彼も一党の日本人を率いて之を反撃し、六崑の町を焼いて相共に柬埔寨に去った。その後中にはアユチヤに帰還する者もあり、たまたま長政の使船も日本より資本と商品を積んで帰航し、国王がこれを抑留せんとして、再び在留日本人との間に紛擾を生ぜしかば、王は爾後の紛擾の拡大と彼等の復讐を恐れて、ついに意を決して一六三〇年十月二十六日(寛永七年九月二十一日)の夜突如大兵をさし向け日本町を襲撃して焼払った。[41]

長政暗殺の年次に関しても、彼我の史書には明確なる記載を欠いている。わが伝説では寛永十(一六三三)年と伝えているが、[42]『バタビヤ城日誌』一六三一年十二月五日の条には、長政暗殺後の日本町焼討、日本人の暹羅退去、逃入日本人の後援による柬埔寨王の暹羅との対戦を以て、いずれもその前年一六三〇年のこととなし、[43]殊に前掲ファン・ディーメンの一六三一年六月五日付の報告書中には、

一六三〇年四月末日上席商務員クローク(Croock)は帆船フロート・マウリチウス(Groot Mauritius)にて暹羅に渡航し、……次いで同年十二月四日に前記クロークは帰着したが、……暹羅にては、われらの商品は嗜好に投じて歓迎された。同国は安定していて、国王は平和に統治しているが、柬埔寨及び太泥とは交戦していた。六崑の王日本人オプラは死亡したが、世人は毒殺されたと推測している。[44]

とあり、彼の毒害は、明らかに一六三〇(寛永七)年のことにして、かつクロークが四月末日バタビヤを発して暹羅に渡り、次いで同地より十二月四日にバタビヤに帰着するまでの間のことなるべく、殊にファン・フリートによれば日本町の焼討は同年十月二十六日なれば、長政毒害の日時の限界は、クロークの暹羅到着の日、おそらく五月下旬より、十月二十六日に至る五カ月間のことであらねばならぬ。

しかるに『本光国師日記』寛永八年極月二十八日(一六三一年)の条に、

一同廿八日。御本丸出仕、御目見如レ常。西之丸へも出仕。尾大様、水中様御一所ニ罷在、年寄衆に参会。退出之刻、道春、永喜出合抑留。酒井雅楽殿御意之由。暹羅国より去秋雅楽殿へ捧二書簡一候。文体一覧申候様ニと永喜取出、三人一所ニ披見。山田仁左衛門病死、其養子功ニ謀逆一候様成文体、彼国之文字を漢字に直し候。長々と書、首尾分難レ聞也。右ニ早道春、永喜は右之書切々読候て、雅楽殿へも申聞候哉、雅楽殿ロ上ニも、文体ニては、きらりと分不レ聞候間、竹中采女めして、彼国之者に様子御聞候て、其上返事可ニ罷成一候。先書ヲ国師見候由、御前へ可レ被ニ申上一ため御見せ候由也。此一ヶ条異国往来之留書ニ書加可レ申也。(45)

とあり、暹羅国より去秋酒井雅楽頭忠世に書翰を送り、長政の病死、その子の謀叛の次第を報じている。寛永八年十二月より指して去秋云々と言うは明らかに寛永七年の秋のことで、長政の毒殺は同年七、八、九月の秋のことか、あるいは秋に酒井忠世に到着した書翰の発信日以前、即ち初秋頃か夏秋の交と推せらる。国師の日記は簡にしてその詳細を知る由もないが、長政の死後、その遺子の自立を伝えて、未だその六崑退去、柬埔寨逃入に及ばないようである。日本町の焼討十月二十六日迄にはこれらの事件が相ついで起り、かなり日時が経過したらしく察せられるから、長政の暗殺は、おそらく、寛永七年の早秋より下ることはあるまい。殊に同年六月にバタビヤ在住日本人が艤装して、商品を積み込み暹羅に向ったジャンク船が、途中太泥に寄港して更に若干の商品を仕入れて暹羅に到着するや、あたかも同地における日本人排撃の紛擾に会して、国王に船ならびに積荷を没収され、乗組日本人等は拘禁されたことがある。(46) 即ち右の日本船没収の日時は、六月中にバタビヤを出帆し途中太泥に寄港し暹羅に到着して後なれば、おそらく七月下旬か八月初旬頃と思われる。果して然らば、この没収に先立つべき長政の暗殺も、ほぼ一六三〇年七月末頃、即ち寛永七年夏秋の交と推定しても大過はあるまい。

かくして長政は六崑在住僅々一年足らずして、あえなき最期を遂げたのであるが、暹羅において日本人が永年築き上げた勢力も、ここに鎖国を待たずして、一時ほとんどその根底より覆えされた。

IV—V　糸屋太右衛門 (Itoya Taymon)、寺松広助?(Teramats Feroske)　両人はアユチヤ日本町の頭領に同時に選任されて、前述の如く、太右衛門は第一の頭領に、広助は第二の頭領であったが、[47] おそらく長政一党の没落後、日本町を再建するにあたり最初に選任された頭領のようである。既に『暹羅オランダ商館日記』一六三三年六月五日の条に、

　また当地日本人の頭領なる太右衛門殿及び広助殿と、会社のために皮革を適当なる価格で買い占めることを契約した。[48]

とあり、日本町復興後幾許もなくして、既に両人の頭領在任を伝えている。かくオランダ人は、この有力者日本人頭領を利用して、彼等の日暹仲介貿易の重要商品皮革の入手をはかり、常に両人との交誼を結んで、あるいはその買占めを依頼し、あるいは彼等より直接購入している。『商館日記』同年九月十三日の条にも、

　鹿皮買付の季節も始まり、既に数週間以前から多数の日本人商人が、皮革買集契約を結ぶことを予に乞うているので、商館員列席評議の上、鹿皮買占めのため、当地日本人の頭領太右衛門殿及び広助殿、ならびに日本人商人喜太郎殿(Kitsarrod[no])等と、鹿皮を三カ月以内に時価に応じて引渡すべき条件にもとづき、暹羅銀五十一カティを手交することを承諾した。[49]

と記してあるが、館員スハウテンは翌一六三四年一月二十二日、太右衛門と鹿皮一万枚及び鮫皮六千枚、二十四日には喜太郎と鹿皮と鮫皮それぞれ三千枚、二十六日には広助と鹿皮をそれぞれ四カ月以内に引渡すべきことを条件として買付契約を結んだ。[50] 続いて同年四月十八日、五月二日、三日及び四日、六月二日に彼等は契約にもとづき鹿皮と鮫皮を分納している。[51]

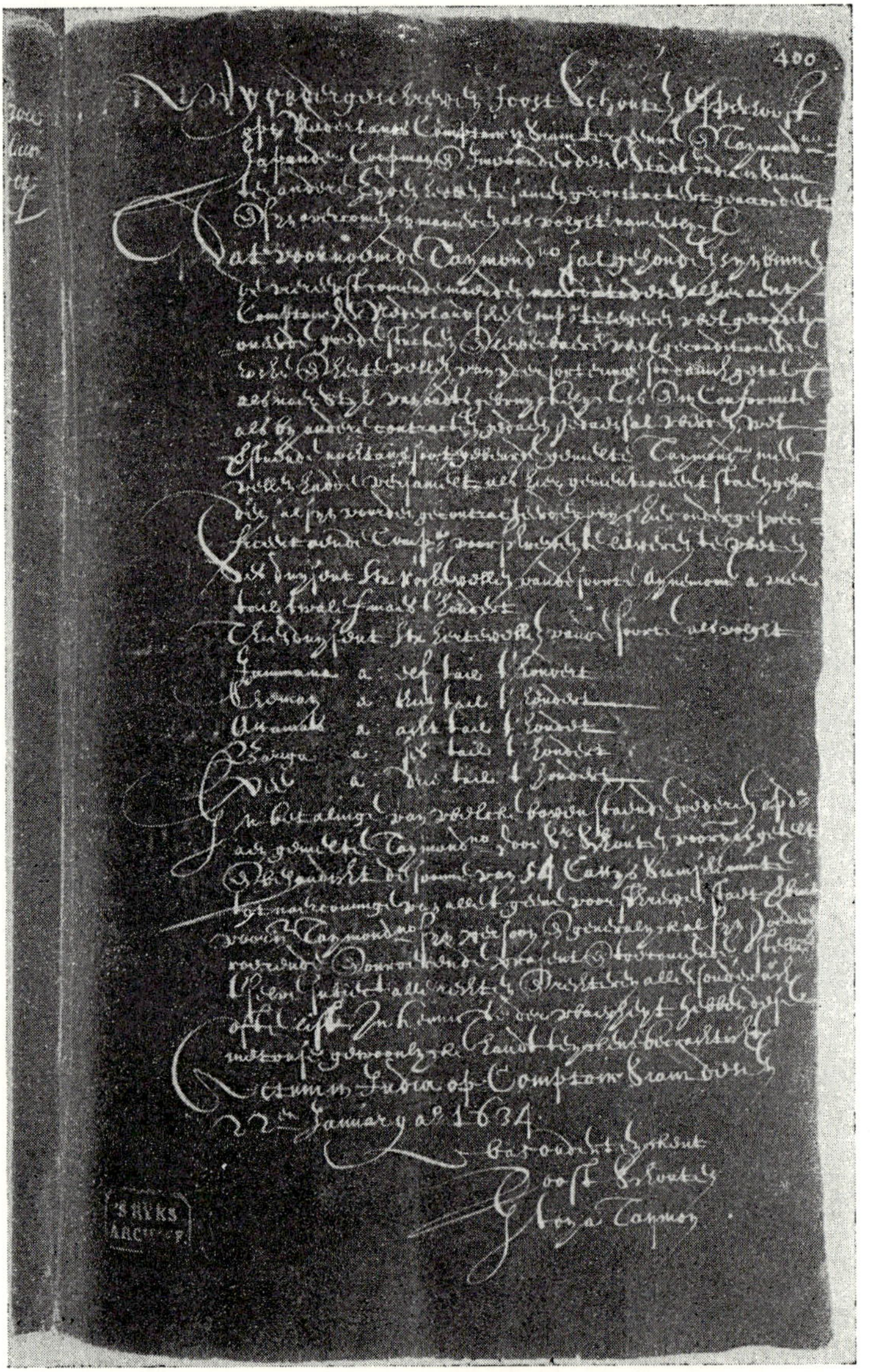

1634年1月22日付糸屋太右衛門鹿皮売渡契約書

かくの如く日本町の頭領両人はオランダ人の委託によって、当時暹羅の重要輸出品皮革の購買を斡旋すると共に、また他の諸商品、例えば鉛の如きも、彼等の尽力によって入手していたようである。『商館日記』一六三三年九月二十六日の条に、

太右衛門殿の斡旋で鉛棒百本を、ひそかにペグー商人数名から(非常に安価に)一本百斤を三テール四分ノ一にて買入れたが、ペグー人は、この鉛を上の地方の鉛鉱山から、通例河水氾濫期に持ち下って、必ず国王の手代に引渡さねばならぬものにして、この商品取引は特に厳罰を以て禁ぜられているので、支那人、日本人ならびに交趾支那人等のジャンク船が当地に来航しても、一本につき四、五または五タエル半にて売却され、その輸出も、多額の献上品を呈して許可されている。この鉛は疑いもなく、近々ひそかに日本に送られなば、同地にて十割以上の利益あるべく、かつ船荷としても少しも場所を取らない。(52)

これらの諸商品購入後における運搬、荷造に関しても、オランダ人は常に日本町の両頭領の尽力を仰がねばならなかった。一六三四年四月十八日には、太右衛門がオランダ商館に至って、購入鹿皮の分類、緊縛、荷造の斡旋をなし、(53)一六三七年四月十四日には、太右衛門がオランダ商館を訪問して、当時支那人が、会社の鹿皮荷造に従事せることに種々抗議して、従来の縁故によって日本人を雇傭すべきことを乞い、その応諾を得て全日本人の召集に着手しているが、翌日広助も商館を訪れ彼の配下の日本人を雇傭すべきことを要請し、翌々十六日支那人オプラ・シトンク(Syton-gh)と両人が商館長を訪い、両国人がそれぞれ折半して、皮革の整頓荷造を請負うことになった。(54)その後一六四〇年六月に暹羅の閣臣更迭して、新たにポルトガル人と親しき閣臣がその首班となるや、既に恒例のオランダ東印度総督から国王に宛てた書信の捧呈についても紛擾を生じ、国王はオランダ人の退去を命じ、更に兵備を整えて開戦の用意をしたので、七月十二日館長ファン・フリートは日本町に赴き頭領太右衛門にその解決を依頼した。この事が国王の

耳に入り、オランダ人と日本人と連合すべき懸念、かつは近臣の諌により、若干の条件を以て事落着したことがある。[55]当時暹羅における日本人の余勢の未だ残存せること、就中彼等頭領の暹羅王廷ならびにオランダ人等に対する立場も推察できる。

しかるにその後幾許もなくして日本町の頭領両人は相次いで、同地に客死せしものの如く、『商館日記』一六四二年十月二十五日の条に、

二十五日。ベルケラング〔外務財務長官〕は通訳に裁判所員を添えて日本人広助と太右衛門の未亡人の許に遣わし、同人等を日本人の頭領の前に喚問して、その面前でオランダ人の債務未済の理由を尋ねさせたが、彼等が帰って報告するところによれば、広助の未亡人は列席することを欲せず、負債について知るところがない。また太右衛門の未亡人の語るところによれば、彼女が太右衛門の側におりし日も浅く、また非常に賤しい身分であったので、かかることを少しも承知せず、かつまた彼は永く病褥にあって全く消費し尽して死んだ。[56]

とあり、遅くともこの時までに広助、太右衛門の両頭領は死亡して、他に新たに日本人の頭領が選任せられたことは明らかである。寺松広助なる人物については、オランダ人の以上の記述以外に知るところがないが、糸屋太右衛門とは、疑いもなく長崎の貿易商糸屋随右衛門の一族なるべく、彼の一家は早くより呂宋をはじめ広く南洋各地に貿易船を派遣し、鎖国直前まで家業を継続した。一六三四年七月十八日台湾長官ハンス・プットマンスから平戸の商館長ニコラース・クーケバッケルに送った通信中にも、糸屋太兵衛(Ytooja Taffioya)の朱印船が、柬埔寨より帰航の途中同地に寄港して、残余の資本を投じて更に商品の買入れと、これを輸送すべきジャンク船の購入を計っている。[57]おそらく彼は交趾における平野屋六兵衛、角屋七郎兵衛と均しく、母国の大商人の取引先における貿易事務の利便のため、同地に手代あるいは出張所員の資格で駐在して鎖国後も居残ったものであろう。

VI—VII　木村半左衛門(別名喜太郎)(Kimola Kitsaro, Kitaro alias Hanseymon)、アントニイ・善右衛門(Anthony alias Zenemon)　日本町の頭領糸屋太右衛門及び寺松広助と並んで、早くよりオランダ人の皮革買付けなどに尽力して活躍した有力なる商人に木村喜太郎なる男がある。既に一六三三年六月、暹羅より日本に向い出帆したオランダ船ワーペン・ファン・デルフト('t Wapen van Delft)に彼は鹿皮一一五枚鮫皮一六六枚及び沈香二十斤を託送したが、(58)同年九月には前述の如く商館長スハウテンの依頼により、頭領両名と共に皮革の買占めを承諾し、翌年一月二十四日には鹿皮三千枚を四カ月以内に引渡すべき買付契約を結んで、契約書の末に木村喜太郎と署名している。(59)

かくて彼はオランダ商館のために暹羅の特産皮革の購買に尽力すると同時に、常にその手入れ、荷造りに関し労働者の傭い入れなども斡旋したようである。『商館日記』同年二月十五日の条に、

十五日。本朝非常に被害多き鹿皮の虫干を命じて、日本人喜太郎殿を雇うことにしたが、陛下が全廷臣を召連れ行幸して、市人、就中労働者が非常に不足し、喜太郎殿も病み、太右衛門もプラバット(Prabat)に赴いたので、何もなすことができなかった。よってこの至急の用事も国王が廷臣と共に還幸するまで延引せねばならぬ。(60)

と記してあるが、更に一六三九年七月十四日にファン・フリートよりフランソア・カロンに送った書信の一節に、

当地においては、喜太郎と呼ぶ一日本人が、商館の再建以来しばしば来訪して、鮫皮やその他諸商品の蒐集、鑑別及び荷造りに、(無報酬で)非常によく働いてくれたが、前記喜太郎の言うところによれば、長崎に万右衛門(Manemon)と言う兄弟がいて、相当な暮しの商人にして善良なる男である。この弟に貴下が眷顧を与え、また託送した日本文書信一通を彼に手交せんことを懇願している。喜太郎のこの熱心なる願いを無下に退けかねるので、我等の紹介があまり束縛にならないならば、貴下が上手にその書信を届け、あるいは前記万右衛門に適当の眷顧と信用とを与えられんことを願う。(61)

とあり、彼が依然としてオランダ商館のために常に進んで尽力せることを記しているが、殊にオランダ人に頼みて故郷長崎に住せる弟万右衛門に音信を通ぜしことは見逃せない一句である。

その後幾許もなくアユチヤ日本町の頭領両人は相ついで死亡し、他に新たに日本人の頭領が選任されたが、その一人は実に喜太郎なりし如く、一六四三年十一月二十五日レイニール・ファン・ツム(Reijnier van Tzum)が暹羅から総督ファン・ディーメンに送った報告中に、

近頃、去る十二日に、日本人頭領の一人喜太郎殿が、彼の舟を主として錫を積込むために六崑に派遣したが、ほとんど積荷なく帰還した。その理由は、同地にマラッカより一オランダ船が来航して、錫が既に六崑貨二十五タエルまたは暹羅貨十二タエル半に騰貴したからである。その後における前記の船の貿易、ならびにその地に同船の派遣された理由について何等の報知もないので、後報を閣下に致す能わず。……数日前交趾支那から当地に日本人の一小船が来航して、米ならびに他の諸商品輸出の意向なる由なれども、予の感ずるところは鮫皮の買入れなるが如く、日本人頭領の一人喜太郎殿を商館に招いて、その事情を尋ねたが、日本人の貿易は全く成功せざることが明らかとなった。(62)

と記してある。しかるに交趾支那より来航の日本人に関して、『商館日記』翌年二月六日の条に、

喜太郎別名半左衛門殿、即ちオロアン・スーレリイト(Kitterro alias Hanseijmon donne ofte Oloangh Sourerijt)は、当地に来た交趾支那の日本人と共に、国王から百五、六十コヤング(Coyangh)のジャンク船一隻を二十五、六カティにて買入れ、半額を現金で支払い、残額は、一年以内、即ち明年船が再び来航した時支払うこととし、米を積んで交趾支那に派遣する積りである。(63)

とあって、日本町の頭領木村喜太郎はまた半左衛門とも呼び、暹羅の官爵第三階オロアン・スレリイトにあることが

明らかである。これより先一六三九年七月に喜太郎は暹羅からオランダ船に託して、長崎に住せる弟の万右衛門に書信を通じたが、その後一六五三(承応二)年にも故郷に音信を通じたことが、出島の『オランダ商館日記』同年七月十九日の条に、前日暹羅船来航のことに続いて、

その情報を得るために派遣した二名の息子が予にもたらした返答に、……また当地の奉行に宛てた在暹日本人の頭領喜太郎の金の函に入れた書信をもたらしたが、書中彼は、書面に添え金子若干を送って、これを当地に居る彼の弟に手交されたく、一部を彼が註文した商品の支払いにあてることを許されたしと願っている。(64)

とあり、在暹日本人の頭領喜太郎即ち木村半左衛門が書信を送った長崎在住の弟とは、さきに一六三九年度のファン・フリートの書翰に記された万右衛門に違いない。しかるに『延宝長崎記』には当時在暹日本人九人の氏名と親族関係とが採録してあるが、その中に

木村半左衛門、自註、長崎本大工町木屋久右衛門為に弟、同平戸町辻万右衛門為に縁者、同諏訪町木村五郎左衛門為に兄(65)

とあり、木村半左衛門の縁者に平戸町の辻万右衛門が掲げてある。この木村半左衛門が、日本人の頭領木村半左衛門即ち喜太郎なるべきことはもはや少しも疑いなかるべく、彼がオランダ人に託して音信を通じた長崎在住の弟万右衛門とは、この平戸町の辻万右衛門のことに違いない。然らばこの調査のあった一六六六(寛文六)年頃まで、彼は暹羅に生存活動していたことは明かである。尚これより先三年、『唐通事会所日録』寛文三(一六六三)年八月十三日から二十日の条に亘って記された所によれば、彼が長崎在住の兄木屋久右衛門や、かつて渡暹帰国した津田又左衛門に宛てて外国船に託し、赤栴檀、枝珊瑚、金子などを送ったことの実否について、モール人や船主沈妙官が奉行所に召喚されて取調を受けたことがある。(66)彼が外船を介して行なった、郷里の親戚や知友との連絡は、僅かながら我が諸記録にも漏れ記されている。

かくの如く、半左衛門は暹羅における日本人の頭領として永く活躍したが、これまで述べし如くオランダ人との交渉は特に繁くして、同地のオランダ人の商館日記や通信中には、彼の行動に関する記事が随所に頻出して来る。既に早くよりオランダ人の委託を受けて、鹿皮や鮫皮の買付けや納入に従事すると共に、これが手入れ、包装、荷造にあたっても労働者の傭い入れに尽力したが、また自ら商船を仕立てて貿易に従事した。さきに国王から貿易船を購入したが、一六四四年四月二十一日に同船は、米、鉛、木綿、硫黄、犀角、暹羅銀、椰子油などを積み込み、五月一日交趾支那に向って出帆した。[67] また彼は六崑の特産錫の取引にも関係せしものの如く、既に引用したるファン・ツムの報告には、彼が錫積取りの一船を同地に派遣していることが記されている。[68] その後はるかに一六七一年十月三十一日館長ニコラース・デ・ロイ(Nicolaes de Roij)が暹羅よりバタビヤに送った報告中にも、前年十月より本年九月に至る間に、僅かに錫十二本購入したに過ぎないが、これは主として日本人が六崑に赴いて買占めたためにして、

日本人の頭領は我等のしばしば訴えし如く、最大の錫商人である。[69]

と述べている。最大の錫商人なる日本人頭領とは、早くより六崑の錫取引に手を染めし木村半左衛門のことなるべく、果して然らば、彼はこの一六七一(寛文十一)年までは生存して盛んに活躍していたことになる。

木村半左衛門と時を同じくして暹羅日本人の頭領に選任されしはアントニイ・善右衛門であった。『暹羅オランダ商館日記』一六四四年三月二十六日の条に、

日本人の頭領の一人アントニイ、別名善右衛門、即ちオロアン・スレチット(Anthonij alias Zenemon ofte Oloangh Sour(r)etijt)が来訪して、種々なる話の末鮫皮のことについて語った。[70]

とあり、彼も半左衛門と共に、日本町の頭領として、暹羅の官爵の第三階オロアン・スレチットを授けられていた。而してこの官爵に対して、暹羅の重臣ベルケラングの書翰によれば、

日本人の頭領オロアン・スレチットは、国王の臣僕にして、また月俸を給与されているが、国王に長さ十七尋、幅三尋のジャンク船に各種の商品を積込み交趾支那に派遣することを乞いて許可になった。(71)

とあって、彼は同国官憲より月々若干の俸給を得ているようであるが、もとより日本町の頭領として在暹日本人を代表して同地の官憲と接触することも多かるべく、自然両者の関係も親密にして、一六四四年四月二十七日にも、国王は日本人の頭領両人に引出物として蘇木四万斤を下賜したこともある。(72)

かように善右衛門は暹羅官憲と親密なる関係を保ったが、またオランダ商館にもしきりに出入して彼等のために尽力した。前述の如く一六四四年三月に、彼はオランダ商館を訪問して、鮫皮の市況につき種々談合したが、これより先既に一六三七年三月六日にも、オランダ商館との間に皮革納入の契約を結んだ。即ち『商館日記』同日の条に、

本日われらは日本人アントニイと談合して、彼に勧めて、暹羅貨約三十カティの彼の所持金を鹿皮と鮫皮に投資せしめ、購入した皮革を当地の商館に納入せしめ、われらは四カ月以内または帆船がバタビヤから来着するまでに皮の代価を、只今より同船が日本に向い出帆する時までの間の相場に応じて支払うべきこととした。われらの考えでは、われらに現金の準備もあまりなければ、この契約は会社に頗る有利なるべく、かつこの方法によりて約一万枚の鹿皮入手の見込みである。(73)

と記してあるが、同年九月十日には、彼は他の日本人惣右衛門(Soyemon)と共に、鮫皮を買占めるためにメナム河を下航している。(74) さればオランダ商館側にても、彼等に対しては好意的態度をとり、時には彼等の必要に応じて資金を無利息にて融通したこともあった。

一六五七(明暦三)年二月二十二日商館長ヤン・ファン・ライク(Jan van Rijck)が総督に送った報告書によれば、当時回収困難なる不良債務六万一四一二グルデン一二ストイフェル八ペンニング中に

	グルデン	ペンニング
糸屋太右衛門…………	一四〇六	五
寺松広助………………	八四〇	―

の多きに上り、他に前館長フォルケリウス・ウェステルウォルトが台湾に出発後、アントニイ・善右衛門、半左衛門、加兵衛(Cahee)等の日本人に貸与せし額は暹羅貨二一〇カチイ、即ち蘭貨二万五二〇〇グルデンの多額に上っている。(75)加兵衛と言うのは、オランダ人とも関係深き在暹日本人の有力者にして、『延宝長崎記』に記された長崎浜町原作兵衛の親類石橋加兵衛に相違ない。その後彼等の債務も返済されたらしく、一六六三(寛文三)年末の帳簿尻によれば、当時未決済債務は日本人一名、支那人一名にて合計七八〇グルデンに過ぎなかった。(76)同年十月三十一日国王の命によって、暹羅人官吏と共に一日本人の頭領がオランダ船を訪い、館長が商館を撤退せんとする理由を尋ね、国王は今後ともオランダ人と友好を維持せんとする旨を伝達した時、彼等は「日本人等の頭領は会社と永年関係浅からぬ男である」と言えるも、(77)彼とオランダ人との間の従来の交誼を洩らした語に相違ない。日本人の頭領と言うは、果して善右衛門なるか、半左衛門なるか明らかでないが、これより先一六五五年の秋、半左衛門が、オランダ人の鹿皮輸出独占権に反対して策動し、(78)あるいは両者の間も疎隔し得べき際なれば、むしろ善右衛門であったと見る方が穏当であろう。アントニイ・善右衛門は、その名より推せば暹羅に多数避難せし吉利支丹の一人であったようであるが、オランダ人の報道以外に、わが文献には全く伝うるところがない。

その後一六八八(元禄元)年の革命に、宰相フォルコンの遺族が身を寄せた日本町の日本人甲必丹も、(79)前記数人の頭領と等しく、日本人の監督統制に携わっていた者であろう。しかも鎖国後既に五十余年を経過せし後なれば、前述の初代移住民半左衛門や善右衛門にあらずして、むしろ同地にて生れた彼等の子孫の一人に違いない。

（1）「塩文書」。
（2）『朱印船貿易史』二七五—二七六頁。
（3）「多胡文書」。
（4）「島津文書」。
（5）『通航一覧』巻二百六十七（刊本、第六、五二九—五三一頁）。
（6）「亀井文書」坤。
（7）同文書。
（8）Satow. Notes on the Intercourse between Japan and Siam. op. cit. pp. 150, 165.
（9）『東西洋考』巻二、暹羅。
（10）Van Vliet. Beschrijving. op. cit. p. 54.
（11）Kaempfer. The History of Japan. op. cit Vol. I. p. 39.
（12）Foster, William. Letters received by the East India Company from its Servants in the East. London. 1896–1902. Vol. V. p. 267.
（13）Satow. op. cit. p. 193.
（14）拙稿「一六一六年暹羅国日本遣使考」(『史学雑誌』四四ノ六)。
（15）『江雲随筆』。
（16）De Jonge. Overzigt der betrekkingen van de Nederlandsche Oost-Indische Compagnie met Siam. Bijl. No. 2.(T. I. T. L. V. Deel XIII.) pp. 438–440. 付録史料十。
（17）Originele Missive van Cornelis van Nijenroode uijt Judea in Siam aen Jacques Specx, oppercoopman tot Firando in dato 7 Junij, 1619. [Kol. Archief 983.]
（18）The Log Book of William Adams. op. cit. Appendix. IV. Extracts from Ed. Saris's Journal of a Voyage to Siam. 1615–1616. p. 101.
Record of the Relations between Siam and Foreign Countries. op. cit. Vol. I. p. 48.
Journal of Edmund Sayer of a Voyage from Firando to Siam and back. etc. 7 Dec. 1615–22 Oct. 1616. [Marine Records.

XXIV.]

(19) Foster. Letters. op. cit. Vol. V. pp. 266-267.

(20) ibid. Vol. VI. pp. 265-266.

(21) Cocks. Diary. op. cit. Vol. I. p. 342.

(22) ibid. p. 347.

(23) 郡司喜一『十七世紀に於ける日暹関係』六二九―七七九頁。

三木栄『山田長政』。昭和十一年。

Giles, Francis H.　A Critical Analysis of Van Vliet's Historical Account of Siam in the 17th Century. [J. S. S. Vol. XXX. Part II-III.]

(24) 村上直次郎「オランダ史料に現はれたる山田長政」(『台北帝国大学記念講演集』第三輯、一―二七頁)。

村上直次郎『六崑王山田長政』。本書にて、博士は前論文をかなり補正されている。

(25) 『通航一覧』巻二百六十六(刊本、第六、五〇二頁)。

(26) 小倉秀実「山田仁左衛門の元の身分は轎夫」(『史学雑誌』六ノ一二)。

(27) 『寛政重修諸家譜』巻七百七(刊本、第四輯、七九三)。

(28) Van Vliet. Historiael Verhael. op. cit. fol. 123v.

(29) 『異国日記』上巻。「通航一覧」巻二百六十七(刊本、第六、五三六頁)。Satow. op. cit. p. 153.

(30) 『異国日記』上巻。「通航一覧」巻二百六十八(刊本、第七、七―八頁)。Satow. op. cit. p. 163.

(31) Missive van Cornelis van Nijenroode aen de Ed. Heer Generael Pieter de Carpentier. Actum int Comptoir Firando desen 30 Nov. 1624. [Verzendene Brieven. 1623-1625. Kol. Archief 11722.]

Missive van Cornelis van Nijenroode aen Jan van Campen. Actum opt Nederlants Comptoir Firando desen 27 Dec. Anno 1624. [Kol. Archief 11722.]

(32) Missive van Cornelis van Nijenroode aen Hr. van der Elst in Judea. 15 Nov. 1626, & 5 Jannuarij Anno 1627. [Verzendene Brieven 1626 & 1627. Kol. Archief 11722.]

(33) Copie Missive van Cornelis van Neijenroode uijt Firando aen den Gouv$^{\underline{r}}$ Gen$^{\underline{l}}$ in dato 1 Oct. 1627. [Kol. Archief 1004.]
Missiven van Cornelis van Nijenroode uijt Firando aen H^{r} Adriaen de Marees in Siam. 6 Dec. 1627 & 1 Jan. 1628. [Verzendene Brieven. 1627 & 1628. 11722.]

(34) Colenbrander. Coen, Bescheiden. op. cit. Vol. V. pp. 646–647.

(35) ibid. p. 533.

(36) Van Vliet. Historiael Verhael. op. cit. fol. 91–92.

(37) ibid. fol. 91–118.

(38) Originael Missive van Antonio van Diemen uijt 't schip Deventer aen Bewinthebberen in dato 5 Junij 1631. [Kol. Archief 1011.]

(39) Memorie van 't gepasseerde 't sedert 1 Feb. 1629 tot 't vertreck van de gecomen joncq in Siam 13 Dec. 1629. [Kol. Archief 1010.]

(40) Van Vliet. Cort verhael van t' naturel, eynde der volbrachter tijt ende successie der Coningen van Siam, voor soo veel daer bij d'oude historiën bekent zijn. 8 Februari 1640. [Kol. Archief Aanwinst 44.]

(41) Van Vliet. Historiael Verhael. op. cit. fol. 123–126.

(42) 『暹羅国風土軍記』巻三、二三頁。『暹邏山田氏興亡記』一〇頁。

(43) Dagh-Register gehouden int Casteel Batavia. op. cit. Anno 1631. 5 December. p. 53.

(44) Originael Missive van Antonio van Diemen. 5 Junij 1631. op. cit.

(45) 崇伝『本光国師日記』巻四十六(『大日本仏教全書』五、二三八八—二三八九頁)。

(46) Instructie voor Joost Schouten, Jeremias van Vliet in Siam. 9 April 1633. op. cit.; Rapport door den Joost Schouten. in dato 25 April. 1635. op. cit.; Copie notitie betreffende een jonk met cargaz. toebehoorend aen Japansche burgers in Juni 1630 van Batavia naer Siam gezeild en aldaar ongeslagen. [Kolonial Aanwinsten. 44. Sueers. Vliet & Specx.]

(47) Journael vant Comptoir Siam van 2 Maert tot October 1637. op. cit. 14 & 15 April.

(48) Dagh-Register vant gepasseerde in Siam van 10 April tot 6 November 1633. 5$^{\underline{en}}$ Junij. [Kol. Archief 1021.]

(49) ibid. 13en September.
(50) Verscheijdene Contracten over de hertvellen in Siam. [Kol. Archief 1625.] 付録史料十二。
(51) Copije der Journaelse Aenteijckeninge vant Comptr Siam 't zedert 4en Februarij tot 15en Junij Ano 1634. [Kol. Archief 1030.]
(52) Extract uijt de Journaelse Aenteijckeninghe. tot 6 Nov. 1633. op. cit.
(53) Copije der Journaelse Aenteijckeninghe van Tzum tot 8 Sep. 1634. op. cit.
(54) Daghregister vant Comptoir Siam van 2 Maert tot 31 Oct. 1637. [Kol. Archief.]
(55) Dagh-Register gehouden int Casteel Batavia. op. cit. Anno 1640–1641. 21 Nov. 1640. pp. 77–78.
(56) Vervolch van Siamse Daghregister sedert 13en October 1642 tot dato 10en Januarij A° 1643. [Kol. Archief 1050.]
(57) Copie Missive van Hans Putmans uijt 't Fort Zeelandia aen de President Nicolaes Couckebacker. Adij 22en Julij 1634. [Kol Archief.]
(58) Inventaris van de goederen ende Coopmanschappen met t' schip 't Wapen van Delft naer Japan gesonden adij Primo Juni A° 1633. [Kol. Archief. 1025.]
(59) Verscheijdene Contracten. op. cit.
(60) Dagh-Register gehouden bij J. v. Vliet. 1634. op. cit.
(61) Copie Missive van Jeremias van Vliet uijt Siam aen François Caron. adj 14 Julij 1639. [Kol. Archief 1039.]
(62) Copie Missive van Reijnier van Tzum aen de Gouvr. Genl. Antonio van Diemen pr 't schip Delft in dato 25 November A° 1643. [Kol. Archief 1056.]
(63) Vervolgh van't Siamse Daghregister van 15 Januarij tot 8 September A° 1644. [Kol. Archief 1059.] 付録史料十三。
(64) Japan Dagh-Register door Frederick Coijet van 4 Nov. 1652 tot 10 Nov. 1653.
(65) 『長崎見聞集』。『通航一覧』(第四、四七一―四七二頁)。
(66) 『唐通事会所日録』一(六―九頁)。
(67) Vervolgh van 't Siamse Daghregister. op. cit. A° 1644, April 21 & Pmo Mei. 付録史料十三。

(68) ibid. 8^{en} Martij.
(69) Copie Missive van den Coopman en opperhooft Nicolaes de Roy ende den Raet in Siam aan haar Ed. tot Batavia van dato 31 October 1671. [Kol. Archief 1173.]
(70) Vervolgh van 't Siamse Daghregister. op. cit. A° 1644. 26 Martij.
(71) Copie Translaet Missive van den Coningh van Siam aen d'heer generael, 16 Maert 1645. [Kol. Archief 1057.]
(72) Vervolgh van 't Siamse Daghregister. op. cit. April 27.
(73) Daghregister van 't Comptoir Siam van 2 Maert tot 31 Oct. 1637. [Kol. Archief 1035.]
(74) ibid. 10 Oct. 1637.
(75) Copie Missive van Jan van Rijck uijt Siam aen Haer Ed., in dato 22 Feb. 1657. [Kol. Archief 1113.]
(76) Dagh-Register gehouden int Casteel Batavia. Anno 1663. 9 Dec. p. 660.
(77) ibid. Anno 1663. 9 Dec. pp. 661–662.
(78) Copie Missive door Volkerius Westerwolt uijt Siam in dato 12 Oct. 1655. [Kol. Archief 1100.]
(79) Blanc. Istoria della Rivolvzione. op. cit. pp. 194–195.

第四節　暹羅日本町在住民の活動

一　日本町在住民の軍事的活動

山田長政の出世物語に伝えられる如く、暹羅移住日本人は同国の軍事方面に最も華々しく活躍した。前述の如く一六一一年十一月には、国王の近衛隊に勤務せる日本人が、あるいは二百八十名、あるいは、四、五百名あったと伝えられているが、かねて恩顧を蒙りし重臣ピヤ・ナイ・ワイの処刑後、彼等は王宮に闖入して、反対派の重臣を捕えて殺害し、ペチャブリに引上げて自立をはかった。フロリスは、これらの日本人を重臣ナイ・ワンの奴隷と記すも、(1) スプリンケルやボカルロの言える如く、むしろ国王の禁軍の兵員と見るべく、(2) 当時南洋各地において日本移民は勇猛好戦的の評を得、その中にはおそらく実戦の経験に富む多数の浪人もあって、卓越せる戦闘技術を有せしなるべく、各〻その在住地の軍隊に参加して重んぜられたが、暹羅国王の近衛隊には、その後も雇傭されて活動している。

叛乱日本人のその後の運命は明らかでないが、十年を経て一六二二(元和八)年に暹羅王ソンタムが隣邦柬埔寨に遠征せし時には、同地渡航日本人は却って柬埔寨軍に従って暹羅軍を悩ますので、元和九(一六二三)年七月、暹羅国使二人は国書方物を前将軍秀忠に献上して、

虜下貴国商ヲ販彼処一者上、値二干戈之秋一、誤為二彼助一、未レ免二混傷一、恐非二和好之本意一。望諭レ停レ之、容二事平後依レ旧通販一。(3)

と愁訴せしめた。けだしこれより先、柬埔寨王浮哪・詩・士板(Prea Srey Sopor)の歿後、かつて暹羅に質たりし長子の七士他(Cheseda)嗣立して暹羅に朝貢せざることを責めて、膺懲のため、一六二二年暹羅王子の率いる一軍は北方より、将軍ピヤ・タイ・ナム(Phya Thay-Nam)指揮下の一軍は南方より柬埔寨に侵入して、結局翌年暹羅軍の大敗を以て戦局を結んだことがある。(4) 国書は、当時柬埔寨に来航せる日本人の敵軍を援助せざらんことを乞うたものであるが、別に同国の重臣握雅・大庫よりもわが幕閣の重臣酒井忠世、土井利勝、板倉重宗にそれぞれ書信を寄せて、王の使命の滞りなく達成せんことを依頼したが、秀忠は返書して、日本人援兵の処置を暹羅国王に一任している。(5)

かように暹羅王ソンタムは一方日本に使節を派遣して自国の立場を有利に導かんと努めたが、前年一六二二年の早春にはバタビヤに使者を派して、それぞれ蘭英両国人の諒解を求め、相互の和親とその援助とを期待せしのみならず、(6) 同年四月日本から帰航した蘭船ニュー・ゼーラント(Nieuw Zeelandt)のもたらした報告によれば、

暹羅国王の派遣せし使節等が日本の皇帝の許に至って、国民を海外に輸送すべきことの許可を願ったが拒絶された。(7)

とあるから、これより先既に元和七年度の遣使にあたり、あたかも柬埔寨開戦準備中に、予め日本人の来航援助を乞いて拒絶されたのであろう。しかるに同年五月三十一日、コルネリス・ライエルセン(Cornelis Reijersen)の艦隊の決議録中に、

本日ヤハト船ビクトリヤ(Victoria)は掃海に赴いて、四十八人乗組める暹羅ジャンク船一隻を捕獲して艦隊に曳航して来た。彼等四十八人は暹羅国王に仕え、王の艦隊に従って柬埔寨に赴くように命ぜられたものである。彼等はモンスーンに逆らって航行する法を知らず、船は漏水して、船中の食物の貯蔵残り少なく、餓死のおそれあり、かつ今彼等のいる位置がわからず、敢て上陸して敵手に落ちんことを恐れて、むしろ会社に仕えてできるかぎり使傭されんことを司令官に申し出た。よって、乗組の暹羅人二十八人と日本人二十人を暹羅に送り届けることができるまで、会社の用務に使用して、ジャンク船は、積荷を取去って沈めることに決議した。(8)

とあって、暹羅の柬埔寨遠征艦隊中に日本人若干従軍したことは明らかであるが、おそらくこの戦役には、新たなる来援は拒絶されても、多数の在暹日本人が他にも同国の水陸両軍に参加したであろう。翌々一六二四年国王がイスパニヤ艦隊司令官ドン・フェルナンド・デ・シルバ(Don Fernando de Silva)等をメナム河にて殺戮した時にも、「その国の近衛隊中に多数いる日本人ならびに多勢の暹羅人を以て」これを襲撃した。(9) かくの如き日本人兵はこの頃五、六百名もあり、勇敢にして信義を重んじ、常に国王を始め諸国人の均しく尊敬重視せしことは、オランダ商館長スハウテンの記すところである。(10) 山田長政は実に彼等の頭領にして、ファン・フリートの手記にも、

オヤ・セナピモクは、約六百人に上る暹羅王国在住日本人等の隊長である。(11)

と記してあるが、彼はこれらの手兵を擁して同国政界に重きをなし、国中第一の重臣オヤ・カラホムに対して隠然一敵国の観あり、彼の野望達成を一時抑えていた。

やがて一六二八年の暮、かねて彼を登庸信任せしソンタム王殂落して、王位継承の内乱勃発するや、彼は日本人八百人、暹羅人二万人を統率してピペリに出征し叛侯を討って、大いに日本人の勇名を轟ろかせ、次いで翌年の夏秋の交には日本人四百人暹羅人三、四千人を率いて六崑に転出し、同地の紛乱を一掃せしが、幾許もなくして翌一六三〇年の初秋暹羅人家臣に毒殺された。子のオコン・セナピモクは父の余衆を率いて自立して同地の太守となったが、国人服従せずして叛乱を起したので、彼等は六崑の町を焼いて柬埔寨に走り、アユチヤの日本町も同年十月二十六日に暹羅軍に焼払われて、同国における日本人の勢力は俄かに凋落した。(12)

しかしその後国王の態度緩和するや、日本人は相次いで暹羅に帰還し、アユチヤの日本町も再建されて、その人口は少なくとも三、四百人位まで回復したようである。されば一六三四年暹羅王が太泥に遠征するにあたり、彼等は再び従軍を命ぜられた。『バタビヤ城日誌』同年一月三十一日の条に、

三十一日。本日暹羅からヤハト船テクセル (Jacht Texel) が当地に安着した。……暹羅王の太泥遠征と米作不良のため、本年は米価騰貴して、入手困難であった。……

また在暹日本人の大多数は国王から、同国艦隊の強化と援助のため、遠からず特別な船にて六崑に向かい、太泥に対戦すべきことを命ぜられた。商務員スハウテンが某有力者より聞くところによれば、国王はかようにして、彼の国土から、ただに日本人のみならず、ポルトガル人、混血児及び他の外国人を一掃する由である。(13)

とあり、この戦役にあたり日本人の救援を特筆せる点より見ても、その数が決して僅少ならざりしことは推測できる。

かつて長政を陥いれて王位に即きしプラサット・トン (Prasat T'ong) は、治世二十六年の後一六五六(明暦二)年八

月に殂落したが、[14] またもや王位継承の争乱勃発し、アユチヤの町には流言蜚語盛んにして、八月二十五日に、オランダ商館長ファン・スパイクが握雅・大庫を訪い、在留オランダ人の生命財産の保護につき折衝せし時、

　オランダ人は、当地在住日本人等と共に、王宮を占領して、他に新王を擁立せんと計画し、そのために砲を据えた船二隻を商館の前に碇泊せしめている。[15]

との噂が専ら流布したが、結局十月二十六日に王子ナライ(Narai, Promnarit)は日本人ならびに混血日本人、マレイ人より成る護衛隊を率いて王宮を占領し、クーデターに成功して王位に即くことができた。[16] 当時日本人の勢力はようやく凋落して往時の活況なしと雖も、なおかような政変にあたっては、未だ彼等の武力も決して無視できない有力なる役割を果している。その後一六八六(貞享三)年、オランダ人に逐われてアユチヤに亡命せしマカッサル王子の一派が叛乱を起し、彼等の信奉するマホメット教に反対するポルトガル人と日本人キリスト教徒排撃を名として立ったが、[17] 鎮圧に向かった宰相フォルコンの隊中にいた日本人が陣頭に立って奮戦した。[18] 暹羅移住日本人は、同国の軍事的方面において、このようにして、鎖国以前はもとより、その後においても、あるいはその外征に、あるいはその内乱にあたって大いに活躍して、暹羅における日本人の活動と言えば、ひとり彼等の武勇伝が代表せるかの観ある所以であろう。

(1) Floris. Dagh-Register, na Patane en Siam. op. cit. p. 27.
(2) Van Neck. Verhael van de tweede Schipvaert. op. cit. p. 24.
Bocarro. Decada 13. op. cit. Tomo VI. p. 528.
(3) 『異国日記』上巻。『通航一覧』(刊本、第七、一―二頁)。
(4) Leclère. Histoire du Cambodge. op. cit. pp. 338-339.
(5) 『異国日記』上巻。『通航一覧』(刊本、第七、二―五頁)。

(6) Colenbrander. Coen, Bescheiden. op. cit. Vol. I. p. 737.
Records of the Relations between Siam and Foreign Countries. op. cit. Vol. I. pp. 113–115.

(7) Originele Generaele Missive uijt Batavia. 6 Sept. 1622. op. cit.

(8) Records of……Siam. op. cit. Vol. I. p. 116.
Groeneveldt. W. P. De Nederlanders in China. De eerste bemoeiingen om den handel in China en de vestiging in de Pescadores (1601–1624). 's-Gravenhage. 1898. p. 83.

(9) Blair & Robertson. Phil. Isls. op. cit. Vol. XXII. Relation of the Conditions of the Philippine Islands and other regions surrounding, in the year 1626. pp. 138–139.

(10) Schouten. Beschrijvinge van …… des Coninghrijcks Siam. op. cit. p. 209.

(11) Van Vliet. Historiael Verhael. op. cit. fol. 92.

(12) ibid. fol. 123–126.
Originael Missive van Antonio van Diemen. 5 Junij 1631. op. cit.

(13) Dagh-Register gehouden int Casteel Batavia. op. cit. Anno 1634. 31 Jan. p. 230.

(14) Wood. History of Siam. p. 187.

(15) Copie Rapport van den Coopman Volckerius Westerwolt aen den Gouverneur Generael Joan Maetsuycker ende Raeden van India wegens den toestandt van 's Comp^s Negotie int Coninckrijck Siam, sedert den 26 Feb. A^o 1656. 16^en November A^o 1656. [Kol. Archief 1109.] 25 Aug.

(16) ibid. 26 Oct.; Wood. History of Siam. op. cit. p. 190. note 1.

(17) Forbin, Claude de. Mémoire du Comte de Forbin, Chef d'Escadre, Chevalier de l'Ordre Militaire de Saint Louis. Amsterdam. 1740. Tome I. pp. 154–155.

(18) Turpin. Histoire Civile et Naturelle du Royaume de Siam. Paris. 1771. Tome II. p. 115.
Tachard, Guy. Second Voyage du Père Tachard et des Jésuites envoyez par le Roy au Royaume de Siam. Paris. 1689. p. 120.

二　日本町在住民の宗教的活動

アユチヤの日本町の居留民中には、前にその発達の過程を述べる際にも記したる如く、加藤清正の旧臣市河治兵衛をはじめ、郷里における吉利支丹迫害の手を避けて転住した者も少なくなかったようであるが、また関ヶ原役、大坂落城前後浪人の亡命する者も多かったと伝えられているから、その中にもまた多数の吉利支丹宗徒がいたことは疑うべくもない。一六一一(慶長十六)年十一月十九日、暹羅国王の寵臣ピヤ・ナイ・ワイが王位簒奪の陰謀発覚して処刑されるや、当時アユチヤに在住して国王の護衛兵を勤め、かねて彼の恩顧を受けていた多数の日本人吉利支丹が叛乱を企てたことがある。(1)

その後一六二四(寛永元)年にドン・フェルナンド・デ・シルバの率いるイスパニヤの兵船がマカオからメナム河に到着して紛擾を起し、暹羅軍に襲撃されて、司令官シルバ以下多数難に斃れ、船員三十名ばかり同国に拘禁されたことがある。マニラのイスパニヤ政庁では直ちに協議を開いて、損害賠償と拘禁イスパニヤ人収容のため、問罪の使節を派遣することに決し、しかもこの事件に日本人が関係し、かつ在暹日本人が同国の政府に参与すること多きを見て、翌一六二五年一月特に日本通の聞えある教父ペドロ・モレホン(Pedro Morejon)、教父アントニオ・カルディム(Antonio F. Cardim)及び日本人教父ロマン・西(Romão Nixi)の三名を選んで暹羅の宮廷に派して折衝せしめたが、あまり思わしき効果を収めることができなかった。(2) しかし、彼等には他に目的があった。即ち暹羅、六崑及びラオス地方に新たに伝道開拓の使命を帯びていたので、カルディムとロマン・西の両人は留まって、前者はラオスの布教を担当し、後者は専ら当時暹羅に在住せる日本人商人の間の伝道に着手することになった。(3)

かくて両人はしばらくアユチヤに留まって活動せしが、やがてカルディムがラオスに出発することになり、後任として一六二七年八月マラッカから教父ジュリオ・セザル・マルジコ(Julio Cesar Margico)も来着し、彼等はいずれも力を合わせて大いに伝道に努めた。カルディムの記すところによれば、

教父等は立派な教会堂一宇を開設して、同処でその国に在住せる日本人吉利支丹四百名、ならびにその町に住めるポルトガル商人若干名と他の諸国人吉利支丹に秘蹟を授けた。(4)

とあって、当時日本町には少なくとも四百名にも上る多数の吉利支丹が在住していたようであるが、もとより彼等の母国に帰還することは、幕府の厳に取締れる際なれば、彼等は同地に余儀なく踏み留まらねばならなかったに違いない。次いで在住日本人の多数が、長政に率いられて六崑に転ずるや、ロマン・西もまた従って同地に至りしが、長政の毒殺後日本人一同六崑の町を破壊して柬埔寨に走ったので、彼も一時同地よりマカオに去り、後柬埔寨における日本人教化のために再び同地に渡航した。その後暹羅において国王の赦令出でて、日本人等は柬埔寨より帰還して、彼等に秘蹟を授くべき教父の来任をマカオに要求せしが、既に他の会派の教師が渡航して活動せる故を以て、イエズス会よりは一時教父の派遣を見合わせた。(5)

江戸幕府の吉利支丹宗弾圧の手が重加するにつれ、信徒は東京《トンキン》、交趾、柬埔寨等各地に走ったが、また逃れて暹羅に入る者も多かった。(6) かような日本人信徒の中には、一方においては信仰の熱意から、進んで教会の諸聖徒の祝祭日にあたり、自ら費用を負担して盛大なる行事を営む者もあったが、他方、境遇上ややもすれば従来の信仰の熱意沮喪せんとする者もあって、一六五九(万治二)年、澳門から同地に派遣されたイエズス会の教父ジオバニ・カルドーソー(Giovanni Cardoso)は、これら日本人信徒の鼓舞激励に努めた。(7) 次いで、フランスの外国伝道教会の教父ド・ラ・モッテ・ランベール(de la Motte Lambert)が、一六六二(寛文二)年八月二十二日アユチヤに到着した時には、(8) 同地にそれぞれドミニコ会とイエズス会に属せる教会堂二宇あり、総数五百名の各国人のキリスト教徒がいて、その中には母

国における厳しき迫害を避けて転住した日本人も未だかなり残存して、今教父の訪問に接し、日本において先年来既に三百七十名も殉教し教父等も死滅しても、なお堅く信仰を守れる者あることを告げ、彼もこれに感激してこれら追放吉利支丹の慰安と助けに一そう力を尽した。[9] 日本町にて二十五人家族の主人ジュアン(Jean)の如き、殊に篤信の徒であった。[10] ランベールは、その後相次いで渡来した教父と共に、土語を学び一そう伝道に努めたが、一六六七年頃に、在留日本人等が、彼等のために礼拝堂を建て、これを管理するに司祭を派遣せられんことを彼に願い出たこともある。[11] その後一六八五(貞享二)年、大使ショウモンに随従渡暹したフォルバン伯(Claude de Forbin)の回想録によれば、当時同国に在留せるポルトガル人、交趾支那人ならびに日本人中には多数のキリスト教徒があって、宣教師は彼等の世話をなし、彼等に秘蹟を授けていた。[12] また大使に同行したショアジイ司教(Abbé de Choisy)の日記一六八五年十月十四日の条には、アユチヤを距てること一リーグの地に学林と修道院もあって、いずれも十二歳より二十歳までの支那人、日本人、暹羅人、その他諸国人修道僧約四十名位、法衣を身にまとい、哲学や神学を修めラテン語を学んで説教すること、フランスや欧洲修道院の如しと記してあるが、[13] むしろわが有馬や天草においてイエズス会が経営したところに髣髴たるものがある。有馬や天草にては、青年子弟に哲学、神学、ラテン語のほか、音楽や絵画も教授したが、暹羅の学林にてかような教育を受けた者でもあろうか、一日本人画工が、この頃宰相フォルコンの施主となってルーボー(Louvo)に建てた礼拝堂の壁に、旧約ならびに新約聖書中の主なる奇蹟の壁画をみごとに描いたことが報ぜられている。[14] これらの青年子弟はもとより初代移民にあらずして、同地で生れた者でなければならぬ。一六八七年十二月十四日付教父バッセ(Mr. Basset)の書信には、アユチヤにおけるキリスト教修学林の状態を詳述し、当時東京人三名、交趾支那人四名、暹羅生れの日本人一名、マレイ人二名、合計十名の在学生があったことが記してあり、[15] また一七〇六(宝永三)年の暹羅修学林人員名簿によれば、父が日本人にして、母がペグー人なるシモン・サマダ〔山田?〕(Simon

Zamada)の名も見える。(16)

　これより先一六八二(天和二)年五月に、宰相フォルコンは、殉教者の血統にして篤信のほまれ高き年若い一日本婦人と結婚して、その後革命の動乱に彼は処刑されたが、夫人の祖母は移住後同地の熱帯的気候にも拘らず、よく八十八歳の長寿を保って未だ存命していた。(17)既に鎖国を去ること五十余年にも及びかような初代移住日本人も年と共に減少して、その子孫もほとんど同国人に同化混血してこれを指摘するもようやく困難となり、この間辛うじて彼等によってその行末を窺い得るに過ぎない。夫人は後はるかに一七一九(享保四)年、英人アレクサンダー・ハミルトン(Alexander Hamilton)が暹羅に渡航した頃には、再び宮廷に召出されて、王室料理部の頭を勤めて世人の尊敬を受け、その子孫も永く暹羅の軍事方面にて活動した。(18)

（1）Bocarro. Decada 13 da Historia da India. op. cit. Tomo VI. Cap. CXIX. p. 528.
Wood. A History of Siam. op. cit. pp. 160–161.
Records of the Relations between Siam and Foreign Countries. op. cit. Vol. I. pp. 6–8.
ボカルロによれば、寵臣の名はチャカラン・ノヴァイ(Chacarão Novay)とあり、一六〇〇年の事件となっているが、同書の注には、リスボンの国立図書館所蔵文書に一六〇八年の事件とある由を記している。しかし暹羅オランダ商館員コルネリス・ファン・ナイエンローデ等の一六一二年五月三日に出した報告によれば、一六一一年十一月十九日なるべきことは明らかである。(Iwao, Seiichi. Historiael Verhael der Sieckte ende Doot van Pra Interra-Tsia 22 Coninck in Siam, ende den Regherenden Coninck Pra Ongh Srij, door Jeremias van Vliet. Tokyo. 1958. pp. xviii. 201–202.) また Chacarão Novay も Pya Nai Way の訛伝と思われる。

（2）拙稿「松倉重政の呂宋島遠征計画」(『史学雑誌』四五ノ九、八四―八六頁)。
Cardim. Batalhas. op. cit. p. 260.

（3）ibid. pp. 260–261.

(4) ibid. p. 287.
(5) Cardim, Antonio Francisco. Relatione della Provincia del Giappone. Roma & Milano. 1645. p. 107.
Cardim. Batalhas. op. cit. pp. 289–290.
(6) Relation des Missions des Evesques François avx Royavmes de Siam. op. cit. p. 4.
Pallegoix, Jean Baptiste. Description du Royaume Thai ou Siam. Paris. 1854. Tome II. p. 109.
Pagés. Histoire. op. cit. p. 865.
(7) Marini. Delle Missioni. op. cit. pp. 418–420.
(8) Pallegoix. Description. op. cit. Tome II. p. 103.
(9) Relation des Missions des Evesques. op. cit. pp. 4–5.
(10) Launay, Adrien. Histoire de la Mission de Siam. 1662–1811, Documents Historiques. Paris. 1920. Tome I. p. 14.
(11) Relation des Missions des Evesques. op. cit. p. 17.
(12) Forbin. Mémoire. op. cit. Tome I. p. 247.
(13) Choisy, Abbé de. Journal du Voyage de Siam. Treavoux. 1741. pp. 238–239.
(14) Tachard. Second Voyage. op. cit. p. 211.
(15) Launay. Histoire de la Mission de Siam. op. cit. Tome I. p. 102.
(16) Launay. op. cit. Tome II. p. 67.
(17) D'Orléans. Histoire de M. Constance. op. cit. pp. 21–22, 158.
Turpin. Histoire. op. cit. Tome I. pp. 169–170.
Dran, J. & Bernard, H. Mémoire du Père de Beze sur la Vie de Constance Phaulcon,……et sa Triste Fin. Tokyo 1947. pp. 25–27.
(18) Foster, William. A New Account of the East Indies by Alexander Hamilton. London. 1930. Vol. III. p. 94.
Turpin. Histoire. op. cit. Tome I. pp. 174–175.

三　日本町在住民の経済的活動

日暹間の貿易は、主として同地において産出多き鹿皮、鮫皮及び蘇木の取引を中心として行われた。当時同地に向って頻りに渡航したわが朱印船は、いずれも多額の銀資本を携行して、これらの重要商品の取引に従事した。ファン・フリートは、

ある日本商人は、既に余程以前から暹羅国に頻りに訪れ、特に暹羅の鹿皮と鮫皮を常に日本に供給して、多額の利益を挙げるために、毎年彼等のジャンク船に資金と商品とを積んで同地に来航した。彼等はこの豊かなる利潤を非常に好んで(かつまたこの国に産物豊富なるためにも)、中にはついに同地に留まって定住する者もあった。よって(常に対外貿易の保護者であった)暹羅国王も、日本人に対し、就中彼等商人が毎年ジャンク船に積んで同地にもたらす銀資本に対して大いに好意を寄せ、遂には陛下はしばしば贈物と友好の挨拶を書き連ねた書翰とを使節に持たせて、日本皇帝の許に派遣した。(1)

と記して、親密なる日暹両国の国交と、同地における日本人定住者の増大を以て、全く皮革取引を中心とする彼我経済関係の緊密化したことにもとづくものと見ている。

かくして、朱印船貿易の躍進時代においては、日本商人は暹羅の市場においてこれらの重要商品の取引に常に圧倒的勢力を有するようになった。朱印船の来否はこれらの商品の市価を左右した。既に一六一三(慶長十八)年四月二十四日、ハウトマンがアユチヤより出した報告には、

本年当地に来航した日本人等は、既に種々なる商品のほか、鹿皮十二万枚購入したので、従前に比して非常に高値を支払わねばならなくなった。日本人等の当地に来着する前は、百枚につき三十五匁ないし四十匁であったも

のが、上等品が九十匁、百匁、あるいは百十匁に騰貴したが、これはべらぼうな高値である。(2)

とあり、『バタビヤ城日誌』に転載された平戸の商館長レオナルト・カンプスの一六二三年度報告には、

日本ジャンク船三隻、暹羅に向って出帆したから、わが商会にとっては、同地における鹿皮貿易は明らかに多く期待することができないだろう。(3)

と記してあり、また翌々一六二五（寛永二）年十一月十七日に、平戸から商館長ナイエンローデが総督に致した報告にも、

当地からジャンク船二隻暹羅に向って出帆したから、同地における鹿皮は騰貴し、当地にては下落すべきことは明らかである。(4)

と述べて、ほとんど年々この種の悲観説を報道しているが、またその後一六三四（寛永十一）年七月十日にアユチヤの商館長スハウテンが平戸の商館長クーケバッケルに送った暹羅の市況報告中にも、

日本人のジャンク船が交趾支那から来着したので（予の暹羅滞在中はもとより、特に予がバタビヤに出発後）取引は極度に困難となって、商品は非常に騰貴したので、本年会社は、鹿皮やその他のすべての商品を、前期モンスーン季以上に不当に高値に評価するようになった。この損害は日本人ジャンク船が無事日本に帰航すれば決定的となるべく、これに反して当地における彼等の取引回復は明らかに増加するであろう。(5)

と記してあって、朱印船が暹羅に渡航するや、市場は常に活気を呈して、日本向き重要輸出品は騰貴して、オランダ人はそのために彼等の取引を著しく阻害されている。しかもこれより先一六二四年一月三日に東印度総督ピーテル・デ・カルペンチール（Pieter de Carpentier）が本社に送った報告中には、

暹羅在住日本人は、帆船ムイデン（Muijden）の来着に先んじて間に合うように急いで鹿皮十六万枚ならびに蘇木

二十万斤を非常に廉価で買占めて、同地よりジャンク船に積込んで日本に送ったので、ムイデンは不良皮八千枚以上は入手できずして、われらは同方面で商利を失った。(6)

とあり、ただに朱印船の商人のみならず、在住日本人もまたこれら商人と相呼応して日暹間の貿易に手を染めて、鹿皮、蘇木を買占めたので、オランダ人はほとんど手を出す余地もなかったようである。その後一六四四(正保元)年一月、商館長ファン・ツムの報ずるところによれば、

僅々鹿皮二万五千枚に過ぎない少量の商品を、日本貿易に準備したばかりである。日本人は独占的に鹿皮を買占め、かつ商取引も主として日本人に依存しているので、彼等の活動に対抗してオランダ人のなし能うところは誠に微々たるものである。(7)

とあって、当時既に鎖国によって直接本国との連絡も断絶せしに拘らず、在暹日本人は暹羅市場にて能く従前の優越なる地位を維持して、全く圧倒的な勢力を有し、商館の入手する鹿皮の多寡も、専らオランダ人に対する彼等の態度如何によって左右された観がある。かようにして日本商人が暹羅市場において年々取引せし商品は莫大なる数量に上り、鹿皮の如きも時には十二万枚、あるいは十六万枚なる数字を示しているが、またジャン・アルベール・ド・マンデルスロ(Jean Albert de Mandelslo)の『波斯東印度紀行』によれば、一六三九年頃にても、アユチヤにおいて日本人が年々取引する鹿皮は、依然として従前の数字を維持して、十五万枚の多きに上ったと言われている。(8)

当時アユチヤに滞在せし蘭英両国人が、あまり利益の挙がらざる同地の商館を経営したのも、全くこれらの商品を日本市場に供給すべき培養市場を維持せんがためであった。(9)而して彼等が日本向き重要輸出品皮革や蘇木を購入するには、彼等の商敵なるにも拘らず、同地の市場に圧倒的勢力を有する在住日本人の助力を仰ぐよりほかなかった。上来その経歴を縷述せし際にしばしば触れたように、城井久右衛門、山田長政、糸屋太右衛門、寺松広助、木村半左衛

門、アントニイ・善右衛門の如きは、いずれも在住日本人を代表してこれが統制監督にあたる頭領たると同時に、また専らこれらの諸商品を買占めてオランダ商館に納入した大仲買商でもあった。更にこれらの商品の整理、手入、緊縛、包装をなす日本人労働者も彼等の周旋監督するところであった。しかしオランダ商館とのかかる関係は、必ずしも前記数名の頭領のみに限らず、他の在留日本人中にも、手を染める者もあった。『暹羅オランダ商館日記』一六三七年三月九日の条に、

本日我等は日本町の惣右衛門殿(Soyemon donne)と言う一日本人の家に赴いて、彼がわが国民ならびに我等の旧友にして、従来から多量の鹿皮と鮫皮を買占めてわが商館に交付したことを語り、目下彼が前記の商品を多量に貯蔵せることを確めたれば、彼がこれを時価で商館に供給するや否やを尋ねた。(10)

とある。惣右衛門もおそらく日本町の有力者に相違ない。この時には結局オランダ人の提議に応ぜずして、彼は手持商品を近く来航すべき交趾船のために保留し、更に同年九月には鮫皮買占めのためにメナム河下流に赴いている。(11)また一六四四年五月頃にオランダ商館在庫の皮革手入れと荷造りのために、日本人労働者が連日傭われた時、日本人とおぼしき市兵衛(Jtsibe)が彼等を監督取締った。(12)

オランダ人は、これら日本人有力者の手を通じて商品を入手する場合には、商品納入後に代価を支払うべき契約を結んで、その間商館は資金を有利に運転したが、(13)『バタビヤ城日誌』一六四〇(寛永十七)年十一月二十一日の条には、

日本人小左衛門(Quosaemon)と軍兵衛(Gumbe)は常に鹿皮を買占めては商館に手渡していたが、ここに不実なことをして、会社が彼等に手渡した資金を以て彼等は毎日多量の鹿皮を買占めて、ファン・フリートの抗議に従わずに、前記の支那人船主に売渡したので、会社もやむなく彼等より該資金を引上げて、彼等と絶縁した。(14)

とあって、予め手付金や前金を手交して、これに応ずるだけの商品を納入せしめる方法も採ったようである。かくて

オランダ人は、暹羅市場において多量の鹿皮を買付け、専らこれを日本貿易に充当することができたが、一六五〇年のはじめ同地に渡航したスツライス(J. J. Struijs)の旅行記には、主としてオランダ人によって、年々三十万枚の鹿皮が日本に輸出され、オランダ人の日暹間の貿易はほとんど鹿皮に依存するとさえ記されている。(15)

かくの如く、暹羅の対日重要輸出品鹿皮や蘇木の市場において、オランダ人は専ら在留日本人の援助を求めたが、元来両者の利害関係はむしろ対立して、鹿皮・蘇木等の重要輸出品をめぐる両者の商争はくりかえされた。オランダ人は機会あるごとに市場における日本人の制肘を脱して、その貿易を独立自由に遂行せんとし、更にこれらの重要貿易品の独占的取引にまで進まんとしたが、なかなかその目的を達することができなかった。長政歿後アユチヤ日本町の焼討、日本人の追放は彼等にとって絶好の機会であった。即ち猶予することなく、一六三二(寛永九)年十月、東印度総督はアントニオ・カーンを暹羅の宮廷に派して、米穀の大量輸出及び鹿皮・蘇木の貿易独占権獲得について種々折衝せしめたが、未だ十分に目的を達することができなかった。(16)幾許もなくして国王の日本人に対する態度緩和し、その来住を許して日本町再建するや、商館長スハウテンが

既に日本においても承知の如く、当地には再び多数の日本人等が(そのうち幾分は旧住の者もあるが)、国王の裁可を得て居住することは明らかである。彼等は鹿皮を取引し、……会社に多大なる障害となるべし。(17)

と言いしは、決して彼一人の杞憂ではなかった。彼が更に平戸に報ずるところによれば、

当地に在住せる日本人等は日本船が頻々と来航して暹羅貿易が再開されることを熱心に欲しているが、貧窮して資金がないので、日本に在る多数の大商人に書面を送って、速かに日本船と資金を当地に送るように計っている。(18)

とあって、従来主として朱印船の貿易に依存せし移住民が、日暹交通の杜絶によって打撃を受け、ここにその復活に腐心画策しているが、朱印船による日暹貿易の復活と、これに応ずる移住日本人の活動とは、言うまでもなくオラン

ダ人の日暹仲介貿易の阻害にほかならなかった。されば一六三三年十二月二十五日、東印度総督ブルーウェルから本社に送った報告中には、即ち

われらは、暹羅より日本、及び日本より暹羅の間の貿易を綿密熱心なる調査によって拡大増進して、会社が永年待望せし利益を享受し、特に、これより先同地より追放された日本人の今後暹羅に帰来するのを抑止せんことを希望して、一時この事は有望に見えたが、今や国王及び他の大官連の満悦の中に、交趾支那から日本の大ジャンク船が資本金一万タエル積んで、去る十一月のはじめ当地に来航してわれらの希望もつなげなくなった。なおこのような日本のジャンク船二隻十分なる資金を積んで後続する由であるが、これは暹羅在留日本人数人が、帆船ワーペン・ファン・デルフト('t Wapen van Delft)に託して、日本の有力なる商人数名に書信を送り、暹羅に派船して、同地にて従前通り貿易を営むことを求めたからである。(19)

と記したほどであった。ここにおいて、オランダ商館長スハウテン及び新たに来暹した特使ヤン・ヨーステン・デ・ロイ(Jan Joosten de Roij)はオランエ公の親書と多額の贈物とを国王に献上し、あたかも太泥と対戦中の暹羅軍援助を交換条件として、一六三四年二月には、今後一年間の鹿皮輸出独占と新設商館の敷地給与を承認せしめ、なおこの独占権を維持して、連年日本と交趾より来航する日本人との商争に対抗するために、日本将軍の暹羅国王及び大官に対する悪感を上申して、国王等の日本人に対する反感の挑発に努めた。(20)

しかしオランダ人の暹羅王廷における皮革貿易独占の暗躍に対抗して、日本人もまた彼等の特権の解除に努力した。一六五二(承応元)年十月二十三日、商館長フォルケリウス・ウェステルウォルト(Volkerius Westerwolt)がアユチヤから東印度総督に送った報告によれば、

喜太郎と呼ぶ日本人の頭領の一人は、本年オヤ・ラパシップ(Oja Rapasip)について大いに運動して、会社に許可

された鹿皮と牛皮輸出の特権を破棄せんとし、彼の利益のために大いなる嘘言を敢てした。[21]

とあるが、彼の運動はその後奏功したるものの如く、同人が一六五五年十月十二日に発した報告には、

国王は(予が以前閣下に報告せし如く)皮革の購入と輸出に関して会社に認可せし特権を取消して、その取引を公開して自由にしたので、日本人商人等は(多量の皮革の手持品を有しているが)数隻のジャンク船が日本に帰航することを知って、当地にやって来て、われらならびに支那人が稀有の、否、極端なる高値を付けて保証した以外には、会社に一枚の皮革をも引渡さない。[22]

とあって、暹羅の重要貿易品皮革をめぐって、日蘭両国商人の商争は長くくりかえされた。

このほか在暹日本人は、当時暹羅の市場にて取引された鉛や錫等の重要鉱産品や米穀の仲買や販売にも手を伸ばした。一六三三(寛永十)年九月には、頭領糸屋太右衛門が斡旋して、ペグー人の舶載した鉛をオランダ人に売渡さしめ、[23]一六三六年五月には、木村半左衛門がオランダ人の依嘱を受けて国禁を潜って密かに米と籾を買占めている。[24]彼はその後一六四三(寛永二十)年、錫買入れのために一船を暹羅の属領六崑に派し、[25]翌年にも再び同地に派船して錫を積み取らせたが、[26]一六七一(寛文十一)年頃にも日本人が同地において錫を買占めるので、オランダ人は同年度中僅かに十二本購入したに過ぎなかったほどで、当時頭領半左衛門は最大の錫取引商であったと伝えられている。[27]また一六七四(延宝二)年オランダ人が日本町で錫一本十七グルデンにて買上げんとしたが、当時日本人が既にこれを六崑及びタナッサリ(Tannassery)に再輸出したので、彼等は五十本以上は入手できなかったこともある。[28]その後一六八一(天和元)年九月、イギリス商館員ジョージ・ゴスフライト(George Gosfright)はアユチヤにて一日本人仲買人に銅を売渡し、[29]なお当時来航のフランス船ヴールツール(Voultour)の船長も、同地において多量の印度商品を一日本人に売渡している。[30]

かようにして暹羅に移住した日本人は、長く同国の経済界に活動したが、鎖国によって朱印船の来航全く杜絶して

彼等の活動力大いに減退せし後も、なお自ら商船を国外に遣わす者もあり、殊に南洋各地移住日本人中には鎖国前後を通じて暹羅に貿易船を遣わす者頻りにして、暹羅を中心とする日本人の経済活動範囲は同国の内外多岐多方面にまたがり、なかなか活潑であった。今一六三〇年以後暹羅に出入した南洋移住日本人商船の管見に上る所を拾いて列挙すれば次の如くなる。

(年　次)	(出帆地)	(渡航先)	(備　考)
一六三〇年　七月	バタビヤ	暹羅	
一六三〇年　七月	日本	暹羅	船主　山田長政
一六三二年	マニラ	暹羅	
一六三三年　六月	暹羅	交趾	
一六三三年十一月	交趾	暹羅	二隻
一六三四年　二月	交趾	暹羅	船長　弥兵衛
一六三四年　三月	交趾	暹羅	船長　四郎左衛門
一六三七年　三月	交趾	暹羅	
一六三七年　五月	交趾	暹羅	
一六三七年十一月	交趾	暹羅	
一六三八年　六月	暹羅	交趾	
一六四〇年十一月	暹羅	交趾	二隻
一六四三年十一月	交趾	暹羅	

一六四三年十一月　暹羅　六崑　船主　木村半左衛門
一六四四年　二月　暹羅　交趾　船主　木村半左衛門
一六四四年　三月　暹羅　六崑　船主　木村半左衛門
一六四四年　　　　暹羅　交趾　暹羅幷交趾在住日本人の共同出資
一六五八年　八月　暹羅　東京
一六六一年　二月　東京　暹羅　船主　和田理左衛門
一六六一年　四月　東京　暹羅　船主　和田理左衛門
一六六三年　五月　暹羅　六崑　三隻　船主　日系混血児
一六九〇年　三月　暹羅　マラッカ　船長　日系混血児

これはもとよりその全部を尽くしたものではないが、暹羅を中心とする日本人の貿易界における活動を幾分窺知し得るかと思う。殊に交趾日本町との経済的連絡は特に密接であったようであるが、これは彼等が交趾に輸出した商品を、同地と日本との間に頻繁に往復せる支那船に積み換えて、間接に日本貿易を遂行したのではあるまいかと思われる。(31) しかるにこの世紀の半ば過ぎには、彼等の派船もようやく寥々間歇的となり、殊に一六六三年度六崑に渡航した商船については、『バタビヤ城日誌』五月二十二日の条に

暹羅の日系混血児等は、彼等の持船三隻をサンゴラ人(Sangoresen)に奪われたので、他の三隻にて六崑に来航したが、そのために錫八、九十本以上は輸出しなかった。(32)

とあり、また一六九〇(元禄三)年のマラッカ派船に就いては、同年八月九日付のマラッカ知事トーマス・スリヘル(Thomas Sligher)の書翰に、

三月十日に暹羅から、日系混血児ナイケウン(Naij Kéun)ならびに暹羅の現王の王子に属するルクー(Roekoe)一人及び二十四人が、一月十三日付のピーテル・デル・ホールン氏(Pieter der Hoorn)の渡航免状を携えて当地に来航し、……六月二十日下記の商品を積んで再び暹羅に向って出帆した。(33)

とあって、いずれも暹羅在住日系混血児の活動を伝えている。鎖国を去ることようやく遠く、初代移住日本人また漸減して、彼等の活動が、同地に生れたその子孫、就中かくの如き日本人系混血児の手に移って行ったのであろうが、やがて彼等も、その後幾星霜を経過する間に全く同国人に同化融合してしまったに違いない。

(1) Van Vliet. Beschrijving van Siam. op. cit. pp. 43–44.
(2) Copie Missive van Maerten Houtman uijt Judea (in Siam) aen den oppercoopman Hendrick Janssen in Patanij, 24 April 1613. [Kol. Archief 968.]
(3) Dagh-Register gehouden int Casteel Batavia. op. cit. Anno 1624. 6 Februari. p. 14.
(4) Copie Missive van Cornelis van Nijenroode uijt Firando aen den Gour Genl in dato 17 Nov. 1625. [Kol. Archief 999.]
(5) Copie Missive van Joost Schouten naer Japan in dato 10 Julij 1634. [Kol. Archief 1030.]
(6) Originele Missive van Pieter de Carpentier uijt Batavia aen bewinthebbers in dato 3 Jan. 1624. [Kol. Archief 991.]
(7) Dagh-Register gehouden int Casteel Batavia. Anno 1640–1644. 25 Jan. p. 135.
(8) Mandelslo, Jean Albert de. Voyages célèbres & remarquables, fait de Pères aux Indes Orientales. Leide. 1719. Tome I. p. 328.
(9) Van Vliet. Beschrijving van Siam. op. cit. pp. 51–52.
Records of Siam. op. cit. Vol. I. pp. 5, 44, 68–69.
Mijer, P. Verzameling van Instructien, Ordonantien, en Regelementen. Batavia. 1848. p. 62.
(10) Dagh-Register van 't Comptoir Siam, sedert 2 Maert tot Ulmo Oct. 1637. op. cit. 9. Maert.
(11) ibid. 9 Maert. 10 Sept.
(12) Vervolgh van 't Siamse Daghregister van 15 Jan. tot 8 Sept. 1644. op. cit. p. 1, 8, 14–15, 21, 24–25. Meij.

(13) Daghregister van 't Comptoir Siam van 2 Maert tot 31 October 1637. op. cit. 6 Maert.

(14) Dagh-Register gehouden int Casteel Batavia. Anno 1640–1641. 21 Nov. p. 75.

(15) Struijs, J. J. Drie aanmerkelijke en zeer rampspoedige Reijzen, door Italien,……Persen, Oostindien, Japan, en Verscheiden andere Gewesten. Haarlem. 1741. p. 29.

(16) Tiele & Heeres. Bouwstoffen. op. cit. Vol. II. pp. 224–228.

(17) Copie Missive naer Japan in dato 8 Julij 1633. op. cit.

(18) ibid.

(19) Originele Missive van Hendrick Brouwer uijt het schip Wesel in dato 25 Dec. 1633. [Kol. Archief 1019.]

(20) Overzigt der Betrekking. op. cit. pp. 414–415.
Dagh-Register gehouden int Casteel Batavia. op. cit. A° 1633. 16 Dec. A° 1634. 14 Mei.
Originele Generale Missive in dato 15 Aug. 1634. [Kol. Archief 1023.]

(21) Copie Missive door den Coopman Volckerius Westerwolt uijt Siam aen den Gou^{r}. Genl. in dato 22 Oct. 1652. [Kol. Archief 1085.]

(22) Copie Missive door Volkerius Westerwolt uijt Siam in dato 12 Oct. 1655. [Kol. Archief 1100.]

(23) Extract uijt de Journaelse Aenteijckening. op. cit.

(24) Journaelse aenteijckeninge vant Comptoir Siam. op. cit. A° 1636. 8 Meij.

(25) Copie Missive van R. van Tzum in dato 25 Nov. 1643. op. cit.

(26) Vervolgh van't Siamse Daghregister. op. cit. A° 1644. 8 Martij.

(27) Copie Missive van Roij, in dato 31 Oct. 1671. op. cit.

(28) Copie Missive van 't Opperhooft Jan van der Spuyck ende raad in Siam in dato 5 Aug. 1674. [Kol. Archief 1193.]

(29) Syam, Journall Dyary beginne the 6 September 1681 and ended the 18 January 168 $^{1}/_{2}$, kept by Mr. Geo. Gosfright. [Factory Records. Siam. Vol. I.]

(30) Memorie van eenige goederen door 't franse schip de Voultour in Siam aengebracht. [Kol. Archief 1251.]

（31） Dagh-Register gehouden int Casteel Batavia. Anno 1636. 26 Nov. p. 290.

（32） ibid. Anno 1663. 22 Meij. p. 207.

（33） Copie Missive door den Gouverneur Thomas Sligher en den Raet tot Malacca aen den Generael ende Raden van Indie in dato 9 Aug. A° 1690. [Kol. Archief 1375.]

第六章　呂宋日本町の盛衰

第一節　呂宋日本町の発生

南洋各地において、日本人移住の起源最も古く、彼等の人口も圧倒的に多く、彼等の活動も目覚ましかったのは、日本を距たること最も近く、琉球列島に連なる台湾とは僅かに一衣帯水の呂宋(Luzon)島であった。即ち日本人の呂宋島への活動の進展はその後澎湃として勃興した日本人南洋発展の実に先駆をなすものであった。

これより先、永年支那沿海に出没して、私販劫掠を事として、絶えず明の上下を脅威したいわゆる「倭寇」も対倭寇戦法ならびに警備の完成するにつれ、その威力を減じ、のみならず、支那側における沿岸各地の自国乱民の綏撫も進捗し、ついに嘉靖末年愈大猷、戚継光の掃蕩の頃より以後は、漸次支那の海面より彼等の姿を消して行った。しかし南支那に隣接せる台湾、安南、呂宋方面にあっては、却ってその後に至って日本船が渡航侵寇したことが諸文献に散見してくる。即ち台湾にては、嘉靖末年の掃蕩直後より万暦三十年頃までに、時折日本船の侵寇を伝え、(1)安南にても、既に万暦五年三月(天正五年、一五七七年)、日本船が順化広南の近海に現われて、漳州船を劫掠したことがある。(2)呂宋島方面に日本船が渡航し出したのも、記録に現われるところでは、一五六七年頃まで溯ることができる。実に嘉靖の掃蕩後幾許もなき隆慶元年、わが永禄十年のことである。即ちイスパニヤ人が未だ呂宋島に到達せざる以前、一五六七年七月二十三日にミゲル・ロペス・デ・レガスピ(Miguel Lopez de Legazpi)がセブー島から国王フェリペ二

世に呈した報告中に

わが植民地より更に北方、即ち当地より東北あまり遠からざるところに、ルソン及びビンドロ(Vindoro)と称する島々あり、同地には支那人及び日本人が年々交易に来る。彼等は生糸、羊毛、鐘、陶磁器、香料、錫、色木綿及び他の小雑貨をもたらし、帰航には彼等は金と蠟を搬出す。これら二島の住民はモロー人(Moro)にして、支那人や日本人のもたらすものを購入して、これを群島中に売り廻る。[3]

とある。これはレガスピが土着民から伝聞したところで、当時早くも日本人が単独か、あるいは支那人と同航して、年々呂宋島やその南のミンドロ島(Mindoro)方面にも進出交易したのである。

幾許もなくして、一五七〇(元亀元)年には、マルチン・デ・ゴイチ(Martin de Goiti)の率いるイスパニヤ船隊は呂宋島に達し、六月六日にはマニラの町において呂宋島の占領を宣言したが、[4] 当時同地には既に日本人二十名及び支那人四十名先住していた。即ち同年六月に綴った遠征経過報告によれば、

町には既婚支那人四十名及び日本人二十名在住していた。そのうち数名は敵対行動が勃発する前に、来船して司令官に面会したが、テアチン(Theatin)の僧帽をかぶっている一日本人がいたので、われらは彼をキリスト教徒と思った。われらが教徒なりやと尋ねると、彼はこれを肯定して、自分の名をパブロ(Pablo)であると答えた。彼は聖像を首にかけていて、数珠を求めたが、彼はモロー人砲手中にいたと土人が報告した。[5]

とある。けだし日本人呂宋島移住の先駆なるべく、パブロは既に母国の何処かにおいて、吉利支丹に接した者であらう。

次いで、その翌々一五七三年にディエゴ・デ・アルチエダ(Diego de Artieda)が国王に致したフィリッピン諸島の報告によれば、

前記の島々よりはるか北方にあたりて、呂宋に最も近き島をシポン〔日本〕(Xipon)と言う。臣等は未だこの島を

見ざれども、臣が以下記すは、この島人と交易せるモロー人の語りしところである。その島には銀鉱あり、支那から舶載する生糸やその他の必需品を銀で購入するが、全住民は男女共に、適当に衣服を着け履物を穿っている由である。而して支那に極めて隣接しているので、彼等は同国の文化を摂取している。住民はレケス(Leques)と称する極めて優良な短剣を製作するが、これには一重または二重の欄があり、尖っていて、トルコ剣のようにそっている。刃なき側は指の半ば位の厚さにして、刃は非常に鋭利である。また同地には伝道僧がポルトガルから入り込んだ由であるが、臣は未だ彼等の布教の結果を承知しない。またポルトガル人は、その国の住民が非常に好戦的に思われると語った。(当地方においては甚だ稀なことであるが)婦人は淑徳、温順にして、夫に忠実である。男子は頭上を剃る。即ち毛髪を抜き取っている。(6)

とあり、モロー人の日本人とその国情に対する認識は簡単ながら頗る正鵠を得て、おそらく当時既に呂宋島方面における日本人との接触交易の相当行われたことを示すものにして、また一五七五(天正三)年頃フワン・パチェコ・マルドナード(Juan Pacheco Maldonado)が国王フェリペ二世に奉った書翰中にも、

また豊饒なる日本国は呂宋島より三百リーグ内外の距離にあり、同地より非常に多量の銀がもたらされる。毎年日本船は商品を積んで来るが、その主要なる交易は銀を金と交換することで、金一マルコに対し銀二ないし二・五マルコの割合である。(7)

とあり、日本船が毎年銀を積んで、呂宋島の金と交易する目的を抱いて来航したことを伝えている。かくして、この頃より日本船は漸次フィリッピンの海面に進出したが、彼等の常に出入したのは、北部のカガヤン地方(Cagayan)と、中部リンガエン湾(Lingayen)を囲むパンガシナン地方(Pangasinan)と、西南部のマニラ湾とであった。

カガヤン地方は呂宋島の最北端に位し、台湾とは僅かにバシイ海峡(Bashi)を隔てて一衣帯水の間にあり、当時同地は支那に最も接近し、ガレイ船や帆船に適した河川多くして支那との貿易に最も適し、支那まで二日半の航程にして、支那本土にはその夜に達すと言われ、(8)日本船が漸次南進するや、同地はまず彼等の着目寄泊すべき地点であった。一五八二(天正十)年六月十六日、フィリッピン総督ゴンサロ・ロンキリョ・デ・ペニャローサ(Gonzalo Ronquillo de Peñalosa)から国王フェリペ二世に奉った書翰中に、北方カガヤンの警備に司令官フワン・パブロス・デ・カリヨン(Juan Pablos de Carrion)の統率せる一艦隊を派遣したことに関して、

八〇年と八一年に、当地から約四百リーグ隔っている日本から、海賊船数隻当群島に来航して、彼等は土民に危害を加えた。本年も十隻当群島に渡航準備中との警報に接して、臣は、彼等が日頃来航する地点に艦隊を派遣した。この艦隊は六隻より成り、そのうち十分に大砲を装備せし船一隻とガレイ一隻とある。臣は追って後報を致すであろう。日本人はこの地方にて最も好戦的にして、大砲や手銃や槍を持っている。彼等は護身用に鉄製の甲冑を用いているが、これはポルトガル人の狡智に負うところにして、彼等はこの特技を伝えて却って自身の危害を招いている。(9)

と記して、この頃には日本船がほとんど連年南下して、カガヤン方面に侵寇したことを報じている。

この北遣艦隊は三月中旬征途に上ったが、(10)更に総督ペニャローサが七月一日付国王に致した戦況後報には、

一船が出帆せんとせし時、さきに臣が、カガヤンに植民地を建設して本年来航の報ある日本人海賊を懲罰防禦すべく派遣した艦隊から報告に接した。前記の臣が派遣艦隊は、カガヤン付近にて二隻の敵船に遭遇したが、一隻は日本人船にして、他は支那人の船であった。引続いて開戦し、激戦の後この二船を降服せしめ、日本人二百人を殺したが、その中には船隊長親子ありしも、わが損害は僅かに兵卒三名のみ。

臣がこの艦隊を統率するため派遣せし司令官フワン・パブロス・デ・カリヨンはなお続航して、植民地を建設すべきカガヤン河に入航したが、河口において、降服した船隊に属せる他の日本船なお六隻ありて、同地にはかなり多勢屯ろして築塞せることを発見した。遠征に伴いし旗艦は暴風雨のため沖にかかり兵力も少なければ、敢て攻撃せずして専ら河を溯航することに努め、上流六リーグの地に植民地を設定し、同地に防敵のため一城堡を建設することができた。これ昨日の来報にして、臣はできるだけ早く、援兵、船、弾薬及び必需品を送らんとす。(11)

とあり、また同年六月二十五日付フワン・バプチスタ・ロマン(Juan Baptista Roman)の戦況報告中の一節にも、

次いでキャプテン・フワン・パブロスはカガヤン河を溯航し、河口において一城塞と日本船十二隻を発見した。(12)

と記してある。当時カガヤン地方に日本海賊が連年来航し、遂に彼等はカガヤン河口に占拠築塞するに至ったが、彼等の来航占拠の起源は、この時よりかなり以前であったに違いない。この日本人築塞の位置は、如上の記事よりほかに明らかでないが、おそらく河口東岸のアパリ港(Apari)か、あるいは対岸のリナオ(Linao)付近のいずれかにあったであろう。

而して彼等が支那人と連合せるは、あたかも支那沿岸を劫掠せし末期倭寇の類型に入るべきもので、おそらく次第に強化して来た海禁を避けて南下せしものと思われる。しかも、日本船カガヤン侵寇の対象も、またかねて初期日比交易の主要なる目的物なりし黄金であった。カガヤンの日本人の首領が、カリヨンから撤退を迫られ、代償として要求せし多量の金を拒絶され、更に土着民から掠取せし金も、イスパニヤ人が奪回せんとする意図明らかになるや、日本人約六百人は俄かに起ってイスパニヤ人の城堡に迫ったが、却って多大なる損害を蒙り、ついに同地を引上げてしまった。(13)

かくて日本船のカガヤン侵寇はようやく跡を絶ち、その後一五八六年には長崎を出た大村氏の商船が同地に渡航し

たが、[14] 呂宋当局は常に日本人の来襲を警戒し、一五八六年七月二十六日付総督サンチャゴ・デ・ベラ(Santiago de Vera)の覚書には、特に日支人海賊防禦のためカガヤンに築城するの必要を力説し、[15] また一五八九年八月九日国王フェリペ二世がドン・ゴメス・ペレス・ダスマリーニャス(Don Gomez Perez Dasmariñas)に宛てた指令にも、

特にこの五件は警戒すべし。……その第三は、常に同地に来る日本人である。……彼等の侵寇を喰止め、彼等に対して優勢なる軍勢と防備を示すため、イロコ(Yllocos)あるいはカガヤンに、他の城塞を築いて、日支人海賊に対抗すべし。……

これらの城塞と城堡のほかに、土民を護るため沿海を掃海し、特にカガヤンとイロコ地方において、日本人が犯す危害と竊盗を阻害するため、ガレイ船またはフレガタ船数隻より成る適宜の規模の艦隊が必要ならんと予想される。彼等日本人は、その群島に糧食と商貨をもたらす支那船を掠奪して、多大なる損害を蒙らせ貿易は大いに阻害される。[16]

と記されている。その後日本船はほとんどこの地方を遠ざかり、江戸時代に入りて、僅かに支那船が、時々同地と日本の間を往来貿易する位であった。[17]

かく呂宋島の北端カガヤン河口には、日本船が早くより入航して、一時同地には渡航日本人が移住したほどであるが、更に同島西岸中部のパンガシナン(Pangasinan)地方にも日本船が出入したようである。同地方はリンガエン湾(Lingayen)を擁する海舶の要衝にして土着民も早くより開け、既に永楽四(一四〇六)年以来その土酋がしばしば明に入貢した馮嘉施蘭とは[18]このパンガシナンにほかならざることは、既にジョージ・フィリップス氏(George Philipps)、和田清博士等先人の説くところである。[19] 一五八二年六月ミゲル・デ・ロアルカ(Miguel de Loarca)がパナイ島のアレ

バロ(Arevalo)から国王フェリペ二世に呈した「フィリッピン諸島報告」によれば、

パンガシナン湾　更に約五リーグにしてパンガシナン州がある。その湾は周囲約六リーグあり、山地の鉱山区域から流れ出る三大河がこの湾に注いでいる。州内に平和の民四千人あり、……彼等は頗る開化しているが、それは彼等が支那人、日本人、ボルネオ人及び当群島の諸民族と通商するからである。州内には米、野羊、及び豚等食料品の供給豊富にして、また水牛も非常に沢山とれる。[20]

とある。ここにパンガシナン湾と称するは、もとよりリンガエン湾のことにして、日支人が同地方の土着民と交易していることを伝えている。ロアルカは最初にこの群島に渡ったイスパニヤ人の一人にして、群島の事情に精通し、この報告は特に総督の命により群島の実情を詳細に起草したのであるが、なお同書には更に、

日本の港(Puerto del Japon)　更に四リーグにして「日本の港」と称する港がある。同地にはイスパニヤ人□及びパンガシナン人と同人種なる土人が住んでいる。[21]

とあり、日本人が土着民と交易に来ると共に、同地方の一港に「日本の港」と言う名称までできたようである。その後一六一八(元和四)年に総督に提出した「フィリッピン諸島報告」中にも、

パンガシナン州にては野猟豊富にして、僅かに二十リーグの範囲内にても、年々鹿が六万匹、ある時は八万匹も多数捕殺される。土人は鹿皮を貢税とする。しかるに日本人が種々の目的のためにこれから良質の鞣を作るので、鹿皮貿易は日本にとって多額の利益の源泉である。……

州内には良港がある。一はアゴー港(Agoo)にして、俗に「日本の港」と称している。それは日本人が当群島にて占拠した最初の港で、わが国民は同地で初めて彼等を見たのである。他の港はボリナオ(Bolinao)にして、他の諸港に比して優良である。[22]

と記してある。即ち「日本の港」は当時ボリナオと併称されし良港にして、実はアゴーと言い、同地においてイスパニヤ人が初めて日本人に会ったとあるから、日本人の同地来航の起源もよほど古く、ついに彼等はこの港に占拠在住して、「日本の港」の俗称も生れたのであろう。そして州内に多産する鹿皮も、彼等日本人貿易の主要なる目的物であったに違いない。殊にアントニオ・デ・モルガ (Antonio de Morga) は一五九八（慶長三）年六月八日付の「フィリッピン諸島現状報告」第五十五条において、日支商人が鹿皮を盛んに日本に輸出して、土着民はもとより僧侶までもこれが売買に手を染め、鹿は年々濫獲されてついに絶滅すべきを以て、この貿易を禁止すべしと提言したほどであった[23]。

パンガシナン州内日本の港の位置については、先に引用した記事のほかには明瞭にこれを記したものがないが、ただ一六二六年ペドロ・デ・ベラ (Pedro de Vera) がマニラにて描いた「台湾島、支那及びマニラ島の一部」なる図には、呂宋島の西北角ボヘアドール岬 (Cavo del Bogeador) とその南方クリマオ (Curimao) の中間の湾入に日本の港が記入してあるから[24]、今日の北イロコ州庁所在地ラワグ (Lawag) に比定すべき位置とも思われる。しかし前掲二報告によれば、日本の港は明らかにパンガシナン湾岸にありてアゴーと称する地であらねばならぬ。而して現今この湾の東側ウニオン州の南部、海岸より三キロの地に同名の一村があって、同村は既に十六世紀末より存在し、今は北アリンガイ (Aringay) まで約八キロ、南はこの地方沿岸航路の寄港地サント・トマス (San. Thomás) まで五キロ半にして、殊にウニオン州は一八五〇年の分離開設にかかわり、以前同地は明らかにパンガシナン州に属していたから[25]、あるいは当時のアゴーは今の位置より幾分西か南かの海岸に偏っていて、一応この地がいわゆる「日本の港」に比定し得べき地点にあらざるかとも思われる。

しかるに前記ロアルカの報告によれば、古のアゴーより北方アリンガイ、カンドン (Candon)、ビガン (Vigan) 諸村間の距離はそれぞれ六、九、五リーグにして、アゴーより湾岸を西北に廻ってボリナオに至る距離は九リーグなれば[26]、このアゴーは今の位置よりもはるかに南西四十余キロの地に位して、州庁所在地リンガエン(Lingayen)付近にあたるようである。もし果して然らば、当時アリンガイ直南のアゴーと、更に南西の他のアゴーとが同時にあったことになるが、一五七二年末、呂宋島において皇帝に納貢せし村落名中には、パンガシナン州内にアゴーなる村名二地あり、一はパラングィアン河口(estero de Palanguian)にあり、他はマダダン河口(estero de Madadan)に位すと記してある。(27)この記事により、かつて州内には、同時にアゴーと称する二地の存在せしことはもはや疑う余地もなく、一を今日のアゴーとすれば、他は正しく古の日本の港の地であらねばならぬ。しかるに教父パステルスの『フィリッピン諸島史』には、これとほぼ同性質の一五七二年末呂宋島において皇帝に納貢せし村邑表が掲載してあり、アゴーも二地挙げてあるが、これにはパラングィアン河口の代りにパンガシナン河口と記してある。(28)故にもし両者が同一河の異名とすれば、リンガエン付近の日本の港に比定すべきアゴー港の位置は、今日のアグノ河の河口なるべく、かつて海賊林鳳(Limahon)も、この河口より上流一リーグの地に城塞を築き、輩下の日支人を多勢率いて籠城し、暫くイスパニヤ人を防戦したことがある。(29)

かくしてイスパニヤ人の呂宋島占拠の初期にあたり、暫時日本船はリンガエン湾奥のアゴー港に出入して、一時、渡航日本人中には同地に滞留する者もあったが、あたかもマニラ市の急速なる発展に伴い、日本船も転じて専ら同市に出入して、北部のカガヤンや、このアゴーとの交通も忽ち疎になり、遂に日本人の町として発展するに至らなかった。しかしなお未だ一六一八年の報告書には、日本の港アゴーはボリナオと併称すべき良港として挙げられ、一六二七年九月末日、総督ドン・フワン・ニーニョ・デ・タボラ(Don Juan Niño de Tabora)の率いた台湾遠征艦隊の一船が、暴風雨に遭いて避難した日本人の港も、(30)このアゴーに比定せらるべきも、当時ようやく世人の記憶より薄らぎ、前述デ・ベラの地図では、これを北方ラワグ付近に記入し、後年フワン・デ・ラ・コンセプション(Juan de la Concepción)の如きは、全く誤まって呂宋島北端ボヘアドール岬とエンガニョ岬(Engaño)の間に位すると記している。(31) 寛永の鎖国頃までに書かれた『日本異国通宝書』等に呂宋における日本人との交通貿易上の要地として、特にマンエイラク、ハカシナ、カカヤンの三地のみ掲げたのは(32)、それぞれマニラ、パンガシナン、カガヤンにおける日本人との関係をほのかに伝えたのである。

転じて、マニラにおける日本人渡航移住の状態を見るに、既にイスパニヤ人占拠に先立って少数の移住者もあったが、やがて同市がフィリッピン諸島統治の中心となって急速に発達し、来航支那船の隻数に正比例して移住華僑数も激増し、同市を中心とする貿易は大いに躍進せしも(33)、日本船渡航の彼我の記録に上るものなく、天正の中年に至ってようやく始まり、同時に同胞の移住を見るに至ったようである。

一五八六(天正十四)年七月二十六日にマニラの市民会議より総督デ・ベラの最高政務委員会に上申した建議書には、マニラ市が城壁を欠いて、叛乱に対して無防備にさらされる危険数カ条を列挙して、

第三は、(風聞によれば)、呂宋島に移住する目的を抱いて、ほとんど連年来襲する日本人に対する懸念である。(34)

とあり、侵寇的な日本船の来航と、移住の目的を有する日本人便乗の風聞を伝えている。

しかるに、これより先一五八四年六月、イスパニヤ船が始めて呂宋より平戸に入港し、引続いて松浦氏が呂宋の総督に書翰と贈物を託して彼我の貿易を望み(35)、両地官憲の交驩あったことを契機として、爾後日本船は連年マニラに入港した。即ち翌々一五八六年六月二十六日付総督サンチャゴ・デ・ベラから国王に呈した書翰には、平戸侯の来翰の本書、訳文ならびに贈物を国王に献ずる旨を述べ、更に、

その後当市に、吉利支丹ドン・バルトローメ王〔大村純忠〕(don Bartolomé)の家臣にして、ポルトガル人が交易する主要な港長崎の住民なる日本人吉利支丹十一名来着した。……彼等は平和に来航した最初の日本人等である。[36]とあり、早くも長崎から松浦氏の隣国大村家の派船が渡航している。しかも総督ベラの報告によれば、同船は平和に来航した最初の日本人船であった。

而してその翌一五八七年にも、前年渡航せし大村船の乗組員と平戸からの四十人乗組の一船が商品及び武器を搭載して再び入港し、船長は松浦氏とその弟ドン・ガスパル(Don Gaspar)の書翰を総督に呈したが、[37]同船の事について、また一五八八年六月二十日にフィリッピン政庁財務監督官ガスパル・デ・アヤラ(Gaspar de Ayala)が国王に致した書翰にも、

前年〔一五八七年〕当市に平戸侯の使節の乗れる日本船一隻来着して、フランシスコ会の教僧の派遣を乞い、その年彼の主人が既に吉利支丹になり、教僧等は改宗者を作っている。[38]

と報じ、教父ペドロ・チリーノ(Pedro Chirino)も、マニラに僑寓せる支那人と教会の関係を叙し、更に筆を進めて、

日本人等もまたわれらの教会の庇護の下に身を置いたが、彼等はその隣国人なる支那人のなすところを羨望し、カスチリヤ人のレアル貨の好餌に惹かれて、俄かに当地に来はじめた。而して、彼等は、わが教父等の世話で渡来したので、当地においても教父等に相似たわれらを見出して、われらに身を寄せるようになった。……

一五八七年には、ガブリエル(Gabriel)という京《ミヤコ》(Miaco)生れの彼等の一人は、同地から当地に向う途中同僚八人を改宗せしめて、やがて到着するや、彼等はわが教会堂において、非常に荘厳に洗礼を受け、司教も彼等に入信告解の聖事を司った。

またイエズス会が、この人民等に、イスパニヤ人同様に、更に告白を聞き聖体を授けることを拒んだので、サン・

フランシスコ会跣足派の教父が、マニラの城壁外に、特に彼等のために建てた教会堂で、彼等の世話をした(39)と記して、この頃年々平和的な日本船の来航あり、渡航日本人中には、既に若干引続いて同地に滞留する者もあったようである。而してこの年七月四日に、大司教ドミンゴ・デ・サラサール(Domingo de Salazar)が国王に呈した書翰によれば、彼が、この頃平戸船に便乗せし日本人中の主なる者、京都のパブロ・原田?喜右衛門(Pablo Faranda Ziemon)、豊後のヘロニモ・渡辺善四郎(Jeronimo Batanambe Zenoxero)、堺のフワン・柳屋源右衛門(Juan Yanaguia Guenie-mon)、京のガブリエル・長野与右衛門(Gavriel Nangano Yoyamon)等十人を招いて日本の国情、特に吉利支丹宗況に関して詳細に聴取したことが報ぜられているから(40)、先にチリーノの記した京のガブリエルも、別船にて来航せし者にあらずして、この平戸船の長野与右衛門に違いない。

その後も日本船は相次いでマニラに入港した。即ち同年日本人ホアン・ガヨ(Joan Gayo)の船が商品を積んで入港し、当時たまたま進捗せし土着民叛乱の陰謀に参画せし嫌疑をかけられ、通訳日本人ディオニシオ・フェルナンデス(Dionisio Fernandez)は、翌々一五八九年六月十三日審理の上絞刑に処せられた(41)。同年七月十五日付ガスパル・デ・アヤラが国王に呈した報告によれば、暹羅に向かった一日本船が武器と糧食を多量に積み風便を失って入港し、時あたかも土着民の陰謀発覚直後にして大いに警戒され、結局搭載品を売却して出帆し(42)、また一五九二年五月三十一日付総督ゴメス・ペレス・ダスマリーニャスが国王に呈した書翰によれば、三年前、即ち一五八九年に三、四十人の日本人が吉利支丹の巡礼服を身にまとい、表に当地の教会を訪れると称し、実はマニラ付近の地勢港湾を踏査したことが報じてあるが(43)、これらの日本人は前述の暹羅を目的とした船とは異なる他の船便によって同年マニラに渡航した者に違いない。

次いで一五九〇(天正十八)年には、原田喜右衛門、同孫七郎、米次郎等が渡航して、大司教サラサールにフランシスコ会の教父の派遣を乞い[44]、翌年にも原田が渡航して、あらかじめマニラの軍備地勢を探査したと言われ[45]、更にその翌年四月十八日には、平戸から長崎のドン・ペドロ・了陳(Don Pedro Riochin)の小船に日本人二十二人支那人八人乗り組み、鮪、豚肉塩漬、麦粉三百ピコ、銅二十ピコ、厚地木綿布千六百匁、刀三函、別に刀百五十振を積んで入港売却した[46]。同年日本船がイロコ地方に侵寇し、日本人三十人は土着民に殺害され、捕えられた日支人二十人はマニラに送致後ガレイ船の漕手に駆使された[47]。イギリスの世界周航船隊司令官トーマス・キャベンディッシュ(Thomas Cavendish)が、これより先一五八七年十一月十七日にマニラ近海から拉致した日本人青年クリストファー(Christopher、二十歳)及びコスムス(Cosumus、十七歳)の両人は[48]、当時マニラに滞留していた者に違いない。

日本商船が、連年マニラに入港するや、かようにして、あるいは貿易用務上、あるいは吉利支丹信仰のため、はたまた被擄によって同地に滞留する者も増加して来たようであるが、殊に、一五九三(文禄二)年六月一日豊臣秀吉の遣使に関して開催されたマニラ政庁最高政務委員会の査問会議事録中には、

当地には、三百人あるいは更に多数の日本人がいるが、また使節の船で百五十名渡来した。……当地には、七年前カガヤンに来ていた日本人が多数いる[49]。

とあり、更に同記録の他の条にも、

他に二隻当地に向って来航中なるが、本年日本人が渡来する以前、当地には四百人の日本人がいた。これら二船にてほとんど三百人近く来航したが、引続いて来航する船にて更に三百人来るであろう[50]。

と記されて、マニラ滞留日本人数は、日本船の出入によって、時に移動増減ありて、必ずしも徐々に増加したのでもあるまいが、とにかく、大村船松浦船の渡航後十年足らずして、三、四百人の多きを算して、当時更になお激増の傾向あり、しかも先にカガヤン河口に占拠せし者が、マニラとの交通貿易の進展に伴い多数転住するに至りしは、特に注

意すべき現象である。果してその後二年ならずして、一五九五(文禄四)年五月三十一日付フランシスコ・デ・ラス・ミッサス(Francisco de las Missas)が国王に呈した書翰中には、

日本人は(現在)当地に来らず、当地には支那人程多数居住せざるも、少なくとも、異教徒の間に、最も多き時は一千人の日本人が在住している。而して漸次多数ならんとす。[51]

と記され、その増加の急速にして多大なるは、実に驚くべきものである。しかもなお激増の傾向にあった。

しかるにこれより先、天正十九年より文禄三年(一五九一—九四年)にかけて、秀吉が、原田孫七郎、同喜右衛門を再度呂宋に遣わしてイスパニヤ人の入貢を威嚇強要したので、[52] 日比関係は俄かに緊張悪化して、マニラ移住日本人に対する当局の態度も、また従って硬化して来た。

総督ダスマリーニャスは、既にこの来使に先立って、しばしば日本人来襲の警報に接して、一五九二年の初頃軍務当局と市会に宛てて指令を下し、急遽これが対策を講ぜしめた。即ち、

日本から来航した船舶は、彼等が表面申告せし以外に、陰に積載せる他の貨物の有無を、注意深く検査すべし。

……

日本人敵兵来襲の懸念は各方面において確認され、かつゲルマン人海賊は現に当地にあって、日々沿岸を劫掠しつつあれば、市内に在住せる多数の日本人商人に対する不安を除去するため、彼等の武器を悉く皆没収して後、彼等に市外の居留地即ち一定地区を指定して、同地に居住して商貨を販売せしむべし。同時に、日本人下僕に対して取るべき手段も考慮せざるべからず。けだし、当地には彼等は非常に多数にして、われらの住宅にも、市内にも自由に出入することを許されたれば、この危局に直面して彼等は放火あるいは類似の災害を醸すやもはかられず。[53]

とあるが、この指令は、マニラ移住日本人に関して、特に重視すべき事項を含むものと言わねばならぬ。即ち、従来日本人商人はマニラ市内に多数在住し、イスパニヤ人家庭の従僕たるものまた多かったが、この指令によって、今後彼等は悉く市外の一定地区に定住することを命ぜられた。ここにおいて日本人が、いよいよマニラ市外の一地に、彼等独自の集団部落を建設すべき端緒が開かれた。換言すれば、マニラ市外日本町発生の起源はまさにこの際に求むべきである。

さて秀吉の遣使によって、呂宋当局も一時は極度に驚愕狼狽したが、その後一向日本船の来寇もなく、文禄二(一五九三)年の第三回の使者のもたらした長谷川宗仁の書翰には、両地間に貿易船の往来も絶えざれば、軍兵派遣を見合わすべき旨が記され、(54)かつこの年には薩摩を出帆して呂宋に向った日本船が三隻もあった。(55)さればもはや当面の危機去れりと見て、総督フランシスコ・テリョ・デ・グスマン(Francisco Tello de Guzman)は、一五九六(慶長元)年七月十七日付の書翰にて、国王に、

只今のところ、この領国は、もはや日本人来襲の懸念から全く安全になったと認められる。(56)

と上申したほどである。現にこれより先同年一月十八日に、フアン・フアレス・ガリナト(Juan Juárez Gallinato)が、日本人兵員も乗組める東埔寨救援艦隊三隻を率いて出征し、(57)自然幾分にても日本人に対する警備を割き緩めたのは、おそらく一面には総督の如上の見地にもとづくものと解せざるを得ぬ。

しかるにこの年七月十二日マニラを出帆してメキシコに向ったイスパニヤ船サン・フェリペ(San Felipe)が、航海中しばしば風波の難に遭って大いに船体を損じ、遂に針路を転じて十一月十八日に土佐の浦戸に避難するや、秀吉は増田長盛に命じて船体船荷共に没収せしめた。たまたま船員の失言に端を発して、ついに秀吉は翌一五九七年二月五日(慶長元年十二月十九日)内外人吉利支丹教父信徒等二十六人を長崎において刑戮に処し、サン・フェリペの乗組員

を同地より便船に載せマニラに送還せしめた。(58) 右の情報と船員等が同年五月マニラに到着するや、呂宋当局は大いに激昂して、直ちに同月二十七日に詰問の書状をしたため、ルイス・ナバレテ・ファハルド (Luis Navarrete Fajardo) を特使として秀吉の許に派遣した。(59)

かく呂宋当局の硬化した対日態度は、必然的にマニラ移住日本人の上にも転嫁せられざるを得なかった。即ちこの遣使の後、翌六月二十七日にエルナンド・デ・ロス・リオス・コロネル (Hernando de los Ríos Coronel) が国王に呈した覚書には、

もし当群島の総督ドン・フランシスコ・テリョが、臣を多数の支那人ならびに日本人商人放逐に干与せしめざりしならば、臣はこれと共に諸般の事件に関する詳細な報告を呈し得たるべく、彼等は商人の仮面の下にこの国に滞留することを望みて、彼等から安全なる方途なかるべし。しかも彼等は狡猾にも市民の歓心を迎える方法を諒知せるを以て、陛下がこの善後策を勅命し給わずば、臣が如何に全力を傾けるとも、当地にては情況を改善するはほとんど不可能の如く思惟す。(60)

と上申したが、当時副総督たりしアントニオ・デ・モルガもまた翌一五九八(慶長三)年六月八日付の「フィリッピン諸島現状報告」中において、

第五十二条。日本船にて当地に渡来する日本人は、悉く日本に送還したる方よろしかるべく、一人もこの国に移住せしむべからず。

第五十三条。既に当地に在住せる者は彼等の本国に放逐すべし。けだし彼等は少しも有用有益ならずして、かえって甚だ有害なればなり。(61)

と報じた。彼はまた、自著『フィリッピン諸島誌』中においても、この問題に関して、

> これが救済の時あるべきことを信じて、彼等はまず今後の危難を防護できるように、市内の事務を処理した。彼等は、マニラに在住せる日本人を(少なからざる数に上ったが)日本に送還した。また商船にて来航する者は帰帆まで、彼等の武器を抑留し、できるだけ早く帰帆せしめた。しかしその他の点においては、万事彼等を丁重に待遇した。[62]

と在住日本人の放逐を明記しているから、この事件に関連して、その時送還されたマニラ在住日本人も、相当多数に上ったに違いない。

しかし幾許もなくして当面の責任者なる秀吉と原田喜右衛門は相次いで世を去り、[63] これより先加藤清正は一五九六年十二月四日(慶長元年十月十五日)に呂宋に赴く領内の商船に託して一書を総督に送り、渡航先における通商上の便宜を乞い、今後の親交を望み、[64] また一五九九(慶長四年)七月十日付総督テリョが国王に呈した軍務報告には、

> ……日本人がマニラの租界内に来始めたが、以前は常々二三隻来航するに過ぎなかったのに、本年は海寇船七隻も現われてかなり災害を加えた。かつ商船は四カ月以内に九隻もマニラに入航した。[65]

と記して、一時両三年中絶していた日本船の呂宋貿易はこの頃再び勃興の機運に向った。即ち翌一六〇〇(慶長五年)十一月にも、山下七左衛門等の日本商船二隻マニラに入港し、他に同航せし三隻は途中暴風雨に遭って離散したことを報じ、[66] その翌年にも、薩摩のフワン・三太夫(Juan Sandaya)レオン・喜左衛門(Leon Kizayemon)等の商船数隻マニラに入港したが、喜左衛門は帰朝後、再び島津氏の部将チンチョーゲン(Tintionguen)の慶長六年九月二十二日付の書翰を携えて渡航している。[67] しかも前掲総督テリョの軍務報告によれば、

> 全日本の主太閤様の死後、国情幾分変化あるべきも、政府はしからず、――けだし統治宜しき由である。臣は執政者に敵対を宣告せざれども、日本のこの国情について多く期待する能わず。けだし征韓役に従軍せし日本兵約

マニラ渡航船船長山下七左衛門一行の図（オリバー・ファン・ノールト『世界周航記』所載）

十万人は今や無為にして貧困である。中には黄金に対する欲望のため、かねがね彼等が垂涎している本島に侵入せんと企てる者もある。(68)

とあり、日鮮平和克復後、過剰して来た戦時要員が、今や身の振り方に窮して、呂宋の如き海外の国土に向って進出せんとせることを伝えている。彼等は必ずやこの頃年々マニラに向った日本船に便乗して、相次いで同地に渡ったに相違なく、実に当時同胞南洋発展の一傾向を適切に叙述した文言である。

やがて徳川家康が関ヶ原の役後、政治の実権を掌握するや、慶長六(一六〇一)年十月フィリッピン総督に返書を送り、早くも、

他日本邦之船到二其地一、則以二此書所一レ押之印一可レ表レ信、印之外者不レ可レ許焉。(69)

としたためて、異国渡海朱印状の創設を報じ、長崎奉行寺沢広高またこの時総督に宛てた添書中にも、

閣下もし其地に赴くべき船を指定せば、これに限り皇帝の免許状を交付して渡航せしむべし。免許状を有せざる船は、これを入港せしむべからず。(70)

と記して、朱印船の保護を求めた。これらの書翰に接した新任の総督ドン・ペドロ・デ・アクーニャ(Don Pedro Acuña)は、それぞれ家康及び広高に宛て再び返書をしたため、ほぼ両書とも同じ趣旨にて、

船は当分一期毎に三隻、毎年合計六隻ずつ、当港に来ることを得べし。而して皇帝の免許状を携え来るときは、これを歓迎し、これに害を加え、またその財産を奪うことなかるべく、免許状を帯びざるものは、閣下の言に従いて之を拒絶すべし。(71)

なる由を通じた。ここにおいて朱印船貿易に関しては、彼我政府間の諒解成立し、爾後呂宋渡海朱印状の下付を受けたるもの、前掲二表によっても元和末年まで四十八通にも上り、渡航船主は、両御朱印帳によっても、島津忠恒、松

浦鎮信、長谷川藤正等の大名・幕吏や、末吉孫左衛門、伊丹宗味、木屋弥三右衛門、村山市蔵、西類子(宗真)、木津船右衛門、小西長左衛門、浦井宗普等より林三官、シニョロ・マルトロ・メディナ(Señor Bartolome Medina)、安当仁・カラセス(Antonio Caraçes)等の在住外人に及んでいる。かくてこれらの朱印船に便乗せし同胞の彼地に踏留まる者も少なからずして、マニラの日本町は俄かに発達膨脹し、当時南洋において最大多数の同胞を包容するほどになった。

(1) 張王廷『明史』巻三百二十三、外国、四、雞籠。何喬遠『閩書』巻百四十六、島夷志。
(2) 侯継高『全浙兵制考』二、付録「近報倭警」。
(3) Pastells, P. Pablo. Historia General de Filipinas. Barcelona. 1925. Tomo I. p. 294.
Blair, Emma & Robertson, James Alexander. The Philippine Islands. 1493–1803. Cleveland. 1903–1909 Vol. II. p. 283 には前記パステル氏著に引用せる原文の英訳があるが、日支人交易品名に互に異同がある。
(4) Phil. Isls. Vol. III. Goiti, Martin de. Act of Taking Possession of Luson. Manila. 6 June 1570. pp. 105–106.
(5) ibid. Relation of the Voyage to Luson. pp. 101–102.
Retana, W. E. Archivo del Bibliófilo Filipino. Madrid. 1895–1905. Tomo V. pp. 470–471. によれば、パブロは日本から転住した支那人と記してあるが、暫く英訳に従う。
(6) Phil. Isls. Vol. III. Relation of the Western Islands, called Filipinas. Diego de Artieda. 1573. p. 204.
(7) ibid. Letter from Juan Pacheco Maldonado to Felipe II. [1575 ?] p. 298.
(8) Phil. Isls. Vol. XXXIV. Relation of the Philipinas Islands. [1586 ?] p. 384.
(9) Phil. Isls. Vol. V. Letter from Gonzalo Ronquillo de Peñalosa to Felipe II. 16 June 1582. p. 27.
Labor Evangélica de los Obreros de la Compañia de Iesús en las Islas Filipinas por el P. Francisco Colin. Nueva Edición por el P. Pablo Pastells. Barcelona. 1904. Tomo I. p. 156[3].
Pastells. Historia. Tomo II. p. CCXXII.
(10) Phil. Isls. Vol. XXXIV. Relation. op. cit. p. 384.

(11) Colin-Pastells. Labor Evangélica. op. cit. Tomo I. p. 156(3).
Pastells. Historia. Tomo II. pp. CCXII–XXIII. この報告は Phil. Isls. Vol. V. pp. 196–198. にも訳されているが、原文の意味の通らないところは後者に従い意訳した。

(12) Phil. Isls. Vol. V. Letter from Juan Baptista Roman to the Viceroy. 25 June 1582. p. 193.

(13) Phil. Isls. Vol. XXXIV. Relation. op. cit. pp. 384–385.
モンテロ・イ・ビダルの『フィリッピン島史』等には、カガヤン占拠の日本人の首領をタイフサ(Tayfusa)、またはタイスファ(Tayzufa)と言うと記してあるが、如何なる日本名の人か比定することができない。(Montero y Vidal, José. Historia General de Filipinas. Madrid. 1887–1895. Tomo I. p. 84.)

(14) Colin-Pastells. Tomo I. p. 358(2).
Pastells. Historia. Tomo II. p. CXCIX.
Phil. Isls. Vol. VI. Letter from Santiago de Vera to Felipe II. 26 June 1587. pp. 304–305.

(15) ibid. Memorial of Santiago de Vera. 26 July 1586. p. 183.

(16) Phil. Isls. Vol. VII. Instructions of Felipe II. to Gomez Perez Dasmariñas. 9 August 1589. pp. 164–165; Vol. IX. Instruction for Governor Don Francisco Tello de Guzman. Felipe II. 25 May 1596. pp. 243, 245.

(17) Cocks. Diary of Richard Cocks. Vol. I. pp. 21, 159, 247.

(18) 『明史』巻三百二十三、外国、四、馮嘉施蘭。

(19) 和田清「明代以前の支那人に知られたるフィリッピン諸島」(『東洋学報』一二ノ三、三九六頁)。

(20) Plil. Isls. Vol. V. Relation de las Yslas Filipinas por Miguel de Loarca. pp. 104–105.

(21) ibid. pp. 106–107.

(22) Phil. Isls. Vol. XVIII. Description of the Philipinas Islands. Manila. 1618. pp. 98–99.

(23) Morga, Antonio de. Sucesos de las Islas Filipinas, Nueva Edición por W. E. Retana. Madrid. 1910. Apéndice. Escritos Inéditos del Doctor Morga. Num. 6. p. 252.
Phil. Isls. Vol. X. Report of Conditions in the Philippines by Antonio Morga. Manila. 8 June 1598. p. 84.

(24) Alvarez, P. Fr. José Maria. Formosa Geográfica e Históricamente Considerada. Barcelona. 1930. Tomo II. p. 418.

(25) Retana, W. E. Estadismo de las Islas Filipinas ó Mis Viajes por esta Pais, por El Padre Fr. Joaquin Martínez de Zúñiga. Madrid 1893. Tomo II. p. 380.

Buzeta, Fr. Manuel. Diccionario Geográfico Estadísco, Histórico de las Islas Filipinas. Madrid. 1850. Tomo I. pp. 275-276.

(26) Phil. Isls. Vol. V. Relation por Loarca. op. cit. pp. 104-109. このリーグは現今各地間の距離より逆算すれば、八・三三五キロリーグを採用したようである。

(27) Colin-Pastells. op. cit. Tomo I. p. 135.

(28) Pastells. Historia. Tomo II. pp. XVIII-XIX.

(29) Phil. Isls. Vol. IV. Relation of the Filipinas Islands. Francisco de Sande. 7 June 1576. pp. 24, 36-38 ; Vol. VI. Mendoza, Juan Gonzalez de. History of the Great Kingdom of China. pp. 103-104.

Pastells. Historia. Tomo II. pp. XXV-XXXI.

(30) Phil. Isls. Vol. XXII. Events in the Filipinas Islands from August 1627 until June 1628. pp. 212-214.

(31) Concepción, Juan de la. Historia General de Philipinas. Manila & Sampaloc. 1788-1792. Tomo V. p. 134.

(32) 『日本異国通宝書』。

拙稿「日本呂宋交通史上に於ける一二の地名に就いて」(『歴史地理』五一ノ四、六—八頁)。

(33) Phil. Isls. Vol. III. Relation of the conquest of the Island of Luzon. 20 April 1572. pp. 167-168 ; ibid. Affairs in the Philippines, after the death of Legazpi. Guido de Lavezaris. 29 June 1573. pp. 181-182.

(34) Phil. Isls. Vol. VI. Memorial to the Councils by citizens of the Filipinas Islands. Santiago de Vera, and others. [26 July 1586] p. 183.

(35) Copia de una carta de Pablo Rodriguez al Gobernador de Filipinas,-Firando, 7 de Octobre 1584. [Archivos de Indias. 67-6-34]

Copia de una carta del Rey de Firando al Gobernador de Filipinas,-Firando, 17 de Septiembre 1584. [Archivos de Indias. 67-6-34.]

Colin-Pastells. op. cit. Tomo I. pp. 357–358 nota(2).
Pastells. Historia. op. cit. Tomo II. pp. CXCVIII-CXCIX.
Phil. Isls. Vol. VI. Letter from Santiago de Vera to Felipe II. 26 June 1587. pp. 304–305, 308–310.
村上直次郎『貿易史上の平戸』一八一二一頁、付録、三一六頁。

(36) Colin-Pastells. op. cit. Tomo I. p. 358 note; Pastells. Historia. Tomo II. pp. CXCVIII-CXCIX.

(37) Colin-Pastells. loc. cit.
Pastells. Historia. Tomo II. pp. CXCIX-CC.
Phil. Isls. Vol. VI. Letter from de Vera. 26 June 1587. op. cit. pp. 304–305.

(38) Copia de una carta del Licenciado Gaspar de Ayala, fiscal de la Audiencia al Rey de España. Manila. Junio 20, 1588. [Archivos de Indias. 67–6–18.]
Pérez, Lorenzo. Origen de las Missiones Franciscanos en el Extremo Oriente. Madrid. 1916. pp. 217–218. nota(1). に前掲書翰を引用して、一五八五年六月二十日付としているが、前掲書翰原文書の包紙にも明らかに「一五八九年六月七日閲了」"Vista en 7 de Junio de 1589 años" とあり、ペレス師はおそらく1588を1585と誤読したに相違ない。

(39) Pastells. Historia. Tomo II. pp. CCXXXII-CCXXXIII. ガブリエルの出身をメヒコ(Mexico)と記してあるが、同書 p. CCI 及び Colin-Pastells. Tomo I. pp. 357–359. にある同文によりて京〔ミヤコ〕と訂正すべきである。

(40) Carta escrita por Notoris publico y Peticion que hacen los Japoneses en forma, en la cual piden les manden frailes al Japon, lo cual remite el primero Obispo de Filipinas Fray Domingo de Salazar a S. M. el Rey D. Felipe, en que se dan detalles de los Usos, Costumbres, y Religion del Japon, En Manila á 4 de Julio 1587. fol. 1–3, 24.
Nakamura, Hirosi. Les Cartes du Japon qui servaient de Modèle aux Cartographes européens au début des relationes de l'Occident avec le Japon. [M. N. Vol. II. No. I. pp. 109–113.]

(41) Colin-Pastells. Tomo I. pp. 173–174; Phil. Isls. Vol. II. Conspiracy against the Spaniards. Santiago de Vera and others. 12 May–13 July 1589. pp. 99–101, 105; idid. Letter from Gaspar de Ayala to Felipe II. 15 July 1589. pp. 123–124. なお支那人ロペスの答申によれば、このホアン・ガヨは、別にドン・バルタサル(Don Baltazar)とも言い(Phil. Isls. Vol. IX. p. 40)、前掲

サラサールの七月四日の書翰中に、この年来航の平戸船主要乗組員十二名中に「豊後のドン・バルタサール・ガルナルは、また別名を吉親と言う」(Don Baltasar Garnal Nutural de Bungo que por otro nombre se dize Yoxichica)とあるのと相似て、同一人、即ち平戸船とガヨ船とは同一船ではないかとも思われるが、サラサールが特に彼の姓名を明記したのに拘らず、イスパニヤ人等の耳馴れた教名ホアンを記さず、かつガルナルとガヨとを直ちに同一視しがたいから、暫らく両人を別人とし、従って平戸船とガヨ船とを別船と定め、今後新史料の出るを待って、これを確定したい。

(42) Phil. Isls. Vol. VII. Letter from Ayala. 15 July. op. cit. p. 126.

(43) Pastells. Historia. op. cit. Tomo III. pp. CCXXXII–CCXXXVIII.

(44) Copia de la Peticion de los Japoneses, Pablo Gimon–Geronimo Yomegero–Gaspar Mangojechi y Baltasar Yojech, suplicande à D. Fray Domingo de Salazar Primero Obispo de las Islas, mande frayles al Japon para la conversion de las Naturales. Manila 5 Junio 1590.

(45) Concepción. Tomo II. pp. 217–218 ; Pastells. Historia. Tomo III. p. CCXXX.

(46) Pastells. ibid. p. CCXXXIV.
Phil. Isls. Vol. VIII. Precaution submitted to the cabildo of the city. p. 286.

(47) Morga-Retana. Apendice. p. 419 Notas(62).

(48) Purchas. His. Pilgrimes. op. cit. Vol. II. p. 172. これはおそらく最初の日英人接触の記録であろう。

(49) Phil. Isls. Vol. IX. The second embassy to Japan. G. P. Dasmariñas, and others. April–May 1593. p. 40.

(50) ibid. p. 50.

(51) Carta de Francisco de las Missas al Rey de España. Manila, 31 de Mayo 1595. [Archivos de Indias. 67–6–29.]

(52) 村上直次郎『異国往復書翰集』二九―六八頁。
Colin-Pastells. Tomo II. pp. 55–70. note ; Pastells. Historia. Tomo III. pp. CCXXXVII-CCXLVI, CCLXXXVI-CCLXXXVII, CCCXXIV-CCCXXV.

(53) Phil. Isls. Vol. VIII. Precautions submitted to the war-officials and certain of the cabildo of the city. Gomez Perez Dasmariñas. 1592. pp. 284–285 ; Pastells. Historia. Tomo III. p. CCXXXVI.

(54) ibid. p. CCCXXXIV.
『異国往復書翰集』五九—六〇頁。

(55) 『敬和堂集』巻五「請計処倭酋疏」。
『太閤記』に記された菜屋助左衛門呂宋帰朝と壺売却のこと(『改定史籍集覧』第十六、三九五頁)、之に照応すべき『当代記』の文禄三年にるすん渡商人壺多持来の記事(『史籍雑纂』第二、六〇頁)、あるいは「組屋文書」に、文禄三年呂宋壺売却の覚書とるそんより帰朝薩摩船のことを記したのは(牧野信之助編『越前若狭古文書撰』掲載図版)、いずれもこれら呂宋渡航船の帰朝に関する記事であろう。

(56) Phil. Isls. Vol. IX. Letter from Governor Don Francisco Tello de Guzman to Felipe II. 17 July 1596. p. 275.

(57) Phil. Isls. Vol. XV; Morga, Antonio de. Sucesos de las Islas Filipinas. pp. 81–89.
Aduarte, Fray Diego. Tomo Primeiro de la Historia de la Provincia del Santo Rosario de Filipinas, Iapon y China de la Sagrada Orden de Predicadores. Zaragoça. 1693. pp. 189–196; Cabaton. Relation. op. cit. pp. 114–118.

(58) Pastells. Historia. Tomo IV. pp. XXXVIII–XLIII; Morga-Retana. op. cit. pp. 56–63.
『増訂海外交通史話』四四六—四四九頁。『太閤記』巻十六「土佐国寄船之事」(『改定史籍集覧』第六、四七—四九頁)。小杉温邨編『阿波国徴古雑抄』大正二年、三九八頁。この秀吉の派遣船の一隻か、または後述する清正の派遣船かが、多数の呂宋壺を積んで、一五九七年五月マニラを出帆して六月長崎に帰着した(Carletti. Ragionamenti. op. cit. pp. 9, 11–15.)。

(59) Morga-Retana. op. cit. pp. 61–63; Pastells. Historia. Tomo IV. p. LXXXVIII.
『異国往復書翰集』七〇—七八頁。

(60) Phil. Isls. Vol. IX. Memorial on Navigation and Conquest by Hernando de los Ríos Coronel to Felipe II. 27 June 1597. p. 301.

(61) Morga-Retana. Escritos. op. cit. Num. 6. p. 252; Phil. Isls. Vol. X. Report of Condition. 8 June 1598. op. cit. p. 84.

(62) Morga-Retana. pp. 61–63.

(63) ibid. p. 62–63.

(64) 『異国往復書翰集』八二—八四頁。

(65) Phil. Isls. Vol. X. Military Affairs in the Islands. Francisco Tello and others. 12 July 1599. p. 211.

(66) Noort, Oliver van. De Reis om de Wereld. 1598–1601. uitgegeven door J. W. Ijzerman. 2 vols. s'-Gravenhage. 1926. I Deel. pp. 106, 112–114.

(67) Aduarte. pp. 250–253; Pagés. Tome I. pp. 50, 53.

(68) Phil. Isls. Vol. X. Military Affairs. 1599. op. cit. p. 212.

(69) 「異国所々御書之草案、呂宋国之分」(『史苑』付録、下、五〇—五一頁)。『通航一覧』巻一七九(刊本、四、五七〇頁)。『異国往復書翰集』二三九頁。

(70) Colin-Pastells. Tomo II. p. 339; Pastells. Historia. Tomo V. p. XVII. 『異国往復書翰集』八四—八五頁。

(71) Colin-Pastells. Tomo II. p. 340; Pastells. Historia. Tomo V. pp. XV-XVI. 『異国往復書翰集』八六—八七頁。村上直次郎『増訂異国日記抄』二四八—二四九頁。
この書翰を往復した間に家康が別に派遣した親善使節七郎(Chiquiro)船は翌一六〇二年五月マニラに着し、総督と諸般の折衝を重ねて後帰航の途中難破した。(Morga-Retana. pp. 103, 128–129, 130–131; Argensola, Leonardo de Conquista de las Islas Molucas. Madrid. 1609. pp. 271–273.) 而してこの使節七郎に比定すべき人物はわが記録には見当らぬようである。

第二節　呂宋日本町の位置、規模、及び戸口数

秀吉の呂宋島遠征計画におびえて、一五九二(文禄元)年に、呂宋政庁は、マニラ市内在住日支人を市外に移し、それぞれ一定地区を指定してこれに転住せしめたが[1]、当時在住日本人数は既に三、四百人にも上り、更に激増の傾向があって、その後僅か両三年にして一千名に達したから[2]、この市外の指定区域内に始めて建設された日本人の聚落は、かなりの規模の町になったと思われる。

その後暫らくして、支那人(Sangleys)は相次いで市内に帰住したので、(3)一五九五年モルガの着任後、再び彼等を市外に移して、市壁外側のサン・ガブリエル(San Gabriel)に、新たに彼等の専住市場町なるパリヤン(Parian)を建設せしめた。(4)しかしこの新パリヤンも、一五九七年二月頃に悉く焼失して、この度は前位置より少し離れて、市壁外百歩隔った場所に再建された。(5)

かようにしてマニラ市外の支那人区が、文禄三年の創建後、廃絶、焼燼、再建など頻々として変転せる間に、同時に開設された日本町については、その間何等移動を伝える記事もなく、おそらく最初からの位置に引続いて存続したのではないかと思われる。而して同年六月二十七日にリオス・コロネルが国王に呈した書翰には、当時多数の日支人が商人を装ってマニラに在り、市外に居を構えて住する者二千人に及べることを報じているから、(6)少なくとも、この時には日本人が支那人同様に、市外の一地に在住していたことは疑うべくもない。

たまたまサン・フェリペ事件突発して、ここに日比関係は更に再び緊張悪化して、前述の如く、同年から在住日本人の大多数が追放されたようであるから、市外の日本町も自然凋落したに違いない。しかしかく彼我当局の感情が極度に硬化したに拘らず、日比貿易は既に発展の途にあって、日本商船は年々マニラに入港したので、移住日本人の戸口数もやがて回復したであろう。

一六〇一年一月二十二日(慶長五年十二月)同地のフランシスコ会の教父等が、総督テリョから、特にディラオ(Dilao)に在住せる日本人等教化のために許可を得て、椰子や檳榔の葉で葺いた小教会堂を建立しているから、(7)この頃同地には少なからざる日本人が在住していたと思われる。殊に翌年七月三日にマニラの宗務会は国王に書信を呈して、各会派の布教範囲を限定し、みだりに教会堂を建立せしめざらんことを請願して、

もしこれに反する場合は、災害が頻発するであろう。けだし勅令はかなり敷衍拡張されて、フランシスコ会の教

僧すら、外見謙譲な言葉を使っているけれども、僧正の管轄権を否認して、日本人を教化するためには、毫も他の免許承認を得ずに、彼等自身の権限を以て、当市の城壁外のディラオ(Dilao)邑に他の教会堂を建立した(8)と上奏しているから、同地の日本人教会堂は既に建設を終って、ここに日本人に対する布教権をめぐって、他の会派の嫉視攻撃を受けているようである。これは一面、彼等の布教の好対象にして、今や特別なる教会堂を必要とするほどになって来たディラオ在住日本人数が、さまで僅少ならざることを語っているのではあるまいか。

次いでその翌一六〇三(慶長八)年十月初旬、在住支那人の大暴動勃発して、マニラ市は未曽有の危機に直面し、総督ペドロ・ブラボ・デ・アクーニャ(Pedro Bravo de Acuña)は、事の意外に重大なるに驚愕して、直ちに援けを在住日本人に求めたが、この事件後六年に出版されたレオナルド・デ・アルヘンソーラ(Bartolomé Juan Leonardo de Argensola)の『モルッカ諸島遠征誌』の中に、

パリヤンの近くには、支那人の敵にして、その国にて絶えず彼等と交戦している日本人等の在住する他の村落(otro barrio habitado de Iapones)がある。総督は彼等の頭領を召喚して、親切な態度で彼等に対し、如何なる場合にも彼等に信頼し、もし戦乱勃発せば、彼等は支那人に対抗して援助するや否やを知らせんとする旨を述べた(9)。

と、記してある。即ち移住日本人は当時既に市壁外百歩の所に建設されたパリヤンの近くに一部落を成すほどに増加している。而して在住日本人のために特に新教会堂が建設されたディラオも、また市壁の東方外側にあって支那人パリヤンに南接しているから、この日本人部落とは、疑いもなくディラオのことなるべく、文禄元(一五九二)年に始めてマニラ市外の一地を指定して日本人を在住せしめた所も、またこのディラオであったに違いない。

教父コンセプションの『フィリッピン諸島史』には、これより先既に一五九一(天正十九)年頃、日本人がディラオに隔離されてフランシスコ会の教化を受けていたように記してあるが(10)、この文体は、明らかに前に引用したチリーノ

の京のカブリエル一行受洗の記事にもとづくものにして、ただコンセプションがこの記事を任意に一五九一年頃に挿入したに過ぎず、しかも彼の著書ははるか後世の編纂にかかり、正確なる年代決定の根本史料とはなし難い。またパスク・スミス氏(Paske-Smith, M. T.)の「フィリッピンに於ける日本人の貿易と移住」なる論文中には、

ディラオの日本人区の記事の初見は、フランシスコ会の年代記によれば、一五八五年であるが、おそらくそれは一両年以前に建設されたに違いない。けだし同会の歴史では、それは既に建設されて彼等の教化を受けていることを教父が指摘しているからである。日本から来航する商船は、幾回となく、かなり多数の日本人を同地に残して行ったに違いない。[11]

と記して、ディラオの日本人部落の起源を天正十三年以前としている。氏の拠ったフランシスコ会の年代記とは、同会の教父フランシスコ・ロドリゲス(Francisco Rodriguez)の手に成ったもののようで、[12]今遺憾ながらこれを閲読する便宜を有せず、その史料的価値を明らかにすることができないが、前述の如くマニラ市外のディラオに日本人在住地を指定建設したのは、明らかに文禄元年にして、それ以前彼等は支那人等と共に市内に在住し、かつ日本船のマニラ入港も、天正十四年の大村船を以て嚆矢とするから、これに先立つディラオの日本人部落の存在は頗る疑わしい。

さて支那人の暴動鎮定にあたって、ディラオ在住日本人の動員された者は、その頃の記録でも大小一定せざるも、最小三百名、[13]最大八百名を算しているが、[14]この事件を詳述した最も信ずべきミゲル・ロドリゲス・マルドナード(Miguel Rodriguez Maldonado)の記すところによれば、十月六日の攻防戦には、日本人五百名参加し、十八日よりの追撃戦には四百名従軍している。[15]しからば、同地の日本人部落も、既にかように多数の同胞が在住したとすれば、その規模も相当大にして、いわば、町としての形態も既に整ったであろう。文禄元年日本人区創設当時の三、四百人より、まもなく一千人まで急増した人口は、サン・フェリペ事件後、一時激減したとしても、やがて日比貿易の躍進に伴い、

余年ならずして、かく急速に回復膨張したのである。

ディラオの日本町の位置と、在住民の生活状態について、当時モルガは最も精細な筆を以て、

パリヤンは、多数の町通りより成っている一大区画内の市場町にして、市の城壁から若干離れている。川に近くして、その地域をサン・ガブリエル(San Gabriel)という。……マニラには日本人の基督教徒ならびに異教徒あり、日本よりの船に便乗して渡来してそのまま在住せるものにして、その数は支那人ほど多くない。彼等の在住地は、市外に特別なる一廓(Poblazon y sito paticular——their special settlement and location)をなし、支那人のパリヤンとラギオ(Laguio)区との間にあって、ラ・カンデラリヤ(La Candelaria)僧院に接している。同地で彼等は、フランシスコ会跣足派の教父が特に傭い入れた通訳を介して、教父等の教化を受けている。

日本人は気概ある人民にして、性質佳良にして勇敢である。自国固有の服装を着く、これは着色せる絹布及び綿布の着物(Kimono)にして、長さ脛の半ばに達し前面は開いている。別に寛くして短い股引を着け、鞣製の足袋を穿ち、履物はサンダルに似て底は藁で巧みに編んである。彼等の頭には帽なく、その頂上まで剃り、後側の毛は長くして、頭上で優美なる髷を結んでいる。腰には大小の刀を佩び、鬚髯は少なく、風采挙動高尚なる国民である。また彼等は儀式と礼節を尊び、名誉と秩序を重んじ、困苦欠乏に臨みて決然としている。……日本人のマニラに在留するものは、多くとも五百人を超えざるべく、けだしこれ彼等は群島中の他の地方に赴くことなく、かつ彼等の特性として、久しく群島に滞留することなく帰国するからである。彼等は厚遇すべき人民なる故に、万事について款待されるが、これ群島と日本との親交を保つ手段である。(16)

と記している。即ち彼等の観察によれば、ディラオの日本町の住民は、当時人口五百人内外なりしこと、全く母国の

風俗習慣を墨守せること、勇敢にして礼節名誉を重んずるわが国民性の長所を発揮せること、両刀を佩びる武士階級出身者も少なからざること、及び彼等に永住的傾向が乏しかったことが指摘される。これは疑いもなくモルガの滞留中の見聞にして、ディラオの日本人の口数を五百人内外と記したのは、おそらく彼の最後の同地在住の年一六〇三年頃の計算なるべく、ちょうど前掲マルドナードが、同年の日本人の人口について四、五百人の数字を挙げているのにも一致する。

ディラオの日本町の位置については、支那人区パリヤンとラギオ区との間にあってラ・カンデラリヤ僧院に接していることは判明する。パリヤンは、市の東側城壁外にあって、城壁とパシグ河(Pasig)とにて三方囲繞された矩形地帯サン・ガブリエルに建設されているが、ラギオ区と僧院の位置について、モルガは更に、

マニラには郊外散歩道が二路ある。……一は城門を出で土人部落ラギオに通ずる路にして、先ずサン・アントン(San Anton)の僧庵に至り、次いでフランシスコ会跣足派の僧院と教会にして「市のラ・カンデラリヤ」と称する大なる信仰の場所に達す。[17]

と記しているが、ホセ・リサール(José Rizal)は、色々考証の結果、このラギオ地区はパコ(Paco)にありて、パシグ河に近き所とみとめ、ラ・カンデラリヤもまた現時のパコ村にあると述べているから、[18]ディラオの日本町の位置もほぼ推定できる。

しかるに、一六〇五(慶長十)年二月五日付、マニラの司教ミゲル・デ・ベナビデス(Miguel de Benavides)の書翰によれば、日本町の位置は一そう明らかに、

去る一六〇三年十月四日に勃発した支那人の叛乱後、その支那人の建てた専住区とパリヤンは焼失したから——それは当市の城壁外にあって火縄銃の射程距離の所からその最初の家が始まっている——支那人の在住せし土地

は従って悉く放棄された。かくしてその地には住人も絶えたので、当地の土人や部隊長クリストバル・デ・アスケタ(Christoval de Asqueta)の従僕等が、前記のパリヤンにごく接近した数戸に転住したが、その間僅かに木橋を架した(干潮の際には乾上る)濠があるに過ぎない。而してそこから一投石内外にして支那人商人等のパリヤンの跡があるが、同所が現在日本人の在住する所である。(19)と記してある。ここにおいてディラオの日本町の位置はいよいよ明確に決定できる。即ち市の東側城壁外の支那人パリヤンとパコの土人区ラギオとの間にありて、その間僅かに一濠を以て支那人パリヤンに接する数戸の土着民住宅より更に一投石内外の地に位して、更にパコのラ・カンデラリヤ僧院に接する旧支那人パリヤンの跡に日本町が建設されたのである。

マニラ市及び近郊を描いた古図類についてみるに、管見の限りでは、ディラオの日本町を記入したものは一つも見当らぬが、例えばイスパニヤ国セビリヤの印度文書館所蔵の一六七一(寛文十一)年にイグナシオ・ムニョス(Ignacio Muñoz)の描いたマニラ市並びに近郊地図は同市の図としては、最古のものと思われるが、図には市の城壁外東方 **I** に矩形のパリヤン邑あり、その南に二道の濠を隔てて **d** サン・アントン邑あり、更にその東南にあたりて市の城壁外に、**e** としてディラオ邑が描かれている。(20)この地図と前記の考証の結果と対照すれば、もはやディラオの日本町の位置は一目瞭然たるべきである。現今マニラ市は大いに膨張発展して、往時の俤を留めぬまでに変化し、かつ今次の大戦のため砲火によって徹底的に破壊されたように仄聞するが、幸に未だ旧城壁の跡が存し、これを規準として、前掲の古図や上述の記事より推せば、ディラオの日本町は議事堂(Congress Building)、フィリッピン師範大学(Philippine Normal College)、基督教青年会(Y. M. C. A.)及び市役所(City Hall)を中心とする地域、即ちコンセプシオン街(Calle Concepcion)とアヤラ広小路(Ayala Boulvarde)にて囲まれた地域を中心として、旧城壁の東南外方の地域

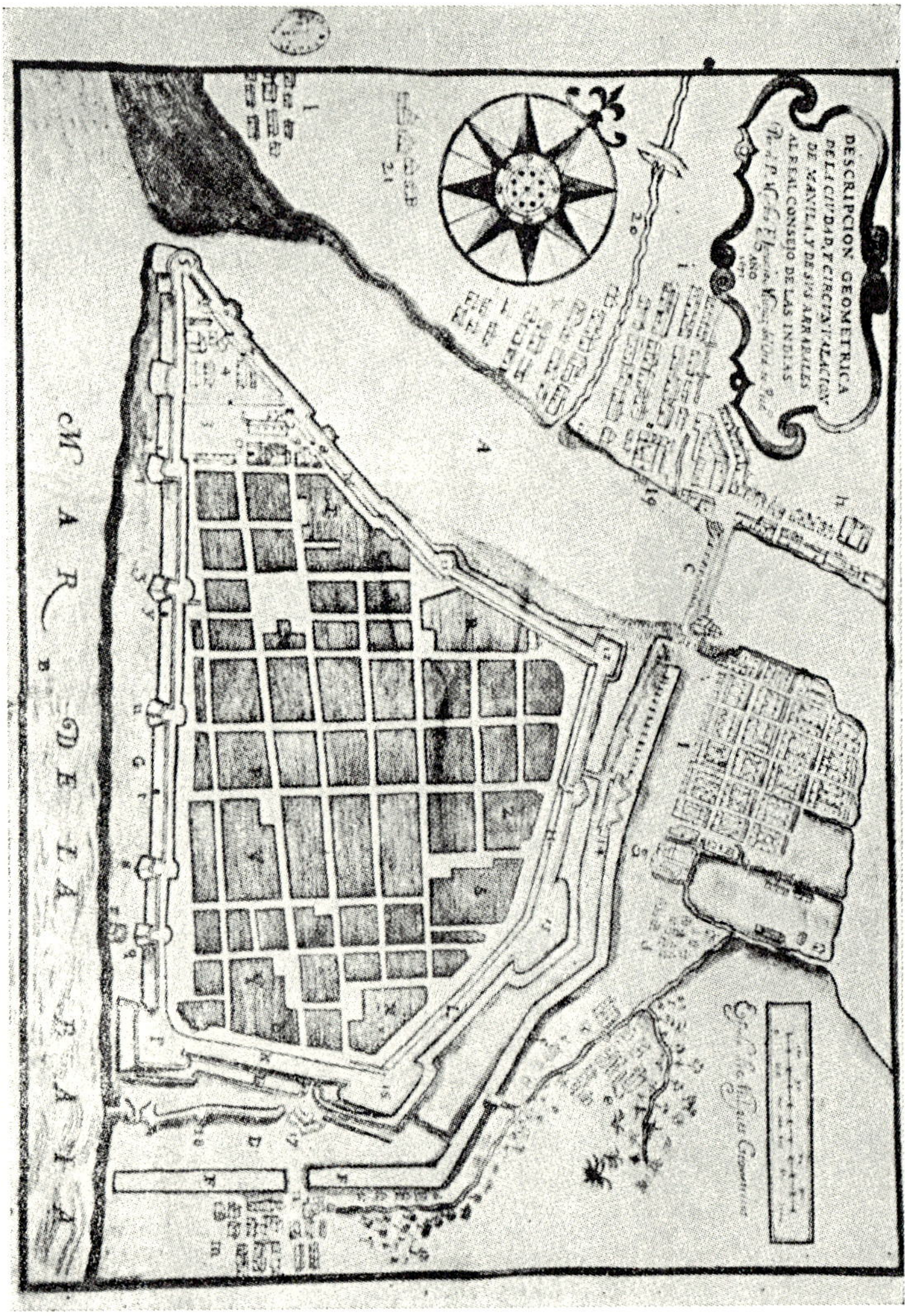

ムニョス筆 マニラ市街ならびに近郊図(1671年)(セビリヤ印度文書館所蔵)

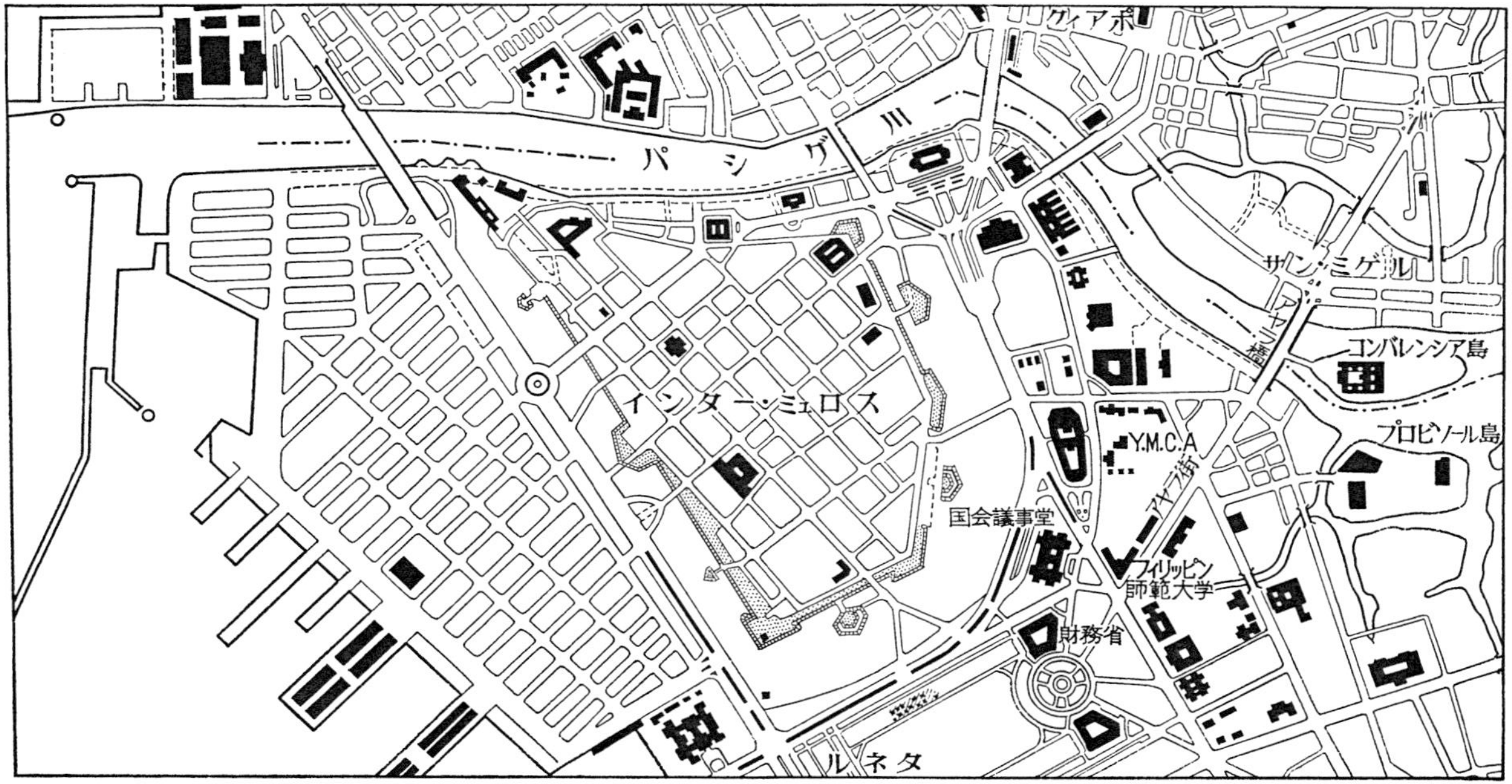

マニラ市街旧城内ならびに付近現状図

であったと断ぜざるを得ぬ。

幾許もなくして支那人パリヤンは復興されたが、一六〇六年五月二十九日に高等法院検査官ロドリゲス・ディアス・ギラール(Rodrigues Diaz Guiral)と同伴視察せし書記の報告によれば、支那人店舗数は五百軒に近く、[21] 翌六月十七日の書記の日本町訪問の覚書によれば、

日本人のパリヤンは支那人のパリヤンの河岸の反対側にあり、同所にある日本人の店舗を数えると、住家と長屋のほかに、九十一軒の店舗があるようだ。[22]

と記してあるから、日本町の全戸数は、右の店舗以外の住宅長屋を加算すれば、九十一軒を遙かに超過していた筈である。

しかるに同年たまたまイスパニヤ人が一日本人を殺害したことが動機となって、在住日本人は激昂し一斉に武器を採って暴動を起さんとした。この時起った日本人の総数は千五百人と言われているが、[23] これを一六〇三年の五百人に比すれば、僅かに三年にして一躍三倍に達している。あるいは、たまたま来航せし朱印船の船員等も加担したのかとも思われるが、いずれも、当時ディラオの日本町には、長期ならびに一時的滞留同胞が、かく一千五百人の多きに達したのである。

さてこの年の日本人の暴動計画は、幸いにして未然に慰撫阻止されたが、その後彼等は決してそのままに平穏にしてはいなかった。翌一六〇七(慶長十二)年にも暴動を起して、部隊長クリストバル・デ・アスケタに鎮定され、ついに日本町も焼払われた。即ち教父フランシスコ・コリン(Francisco Colin)の記すところによれば、

日本人等は再び叛乱を起さんとした。野戦軍司令官の死後、軍隊の指揮を執っている部隊長クリストバル・デ・アスクェタ・メンチャカ(Christoual de Azcueta Menchaca)は、彼等に向って出撃して、彼此殺戮したので、つい

に日本人は敗北して、その当時まで、サン・アントンの側にあった彼等のパリヤンは焼払われて、爾来もはや彼等にこれを許さなかった[24]。

とあり、この記事だけでは、この暴動後ディラオの日本町は、全く壊滅したようにも思われるが、アウグスチノ会の教父マヌエル・ブセタ(Manuel Buzeta)の編する『フィリッピン諸島の地理、歴史、政治、辞典』の中には、当時総督の代理を勤めたドン・クリストバル・テリョ・デ・アルマンサ(D. Cristobal Tello de Almanza)の事蹟を記した中に、この事件を採り上げて、

再び日本人は叛乱したので総督はこれを鎮定して、ディラオにあったそのパリヤンを破壊して、一六二一年までは、彼等に集団生活を営むことを許可しなかった[25]。

とあり、ディラオ日本町の壊滅は一時的にして、その後十数年後には再興したようである。

マニラの政庁もかかる在留日本人の制御に手を焼き、一方かようにしてその日本町を焼払うと共に、更に翌一六〇八年同地の高等法院は、ついに彼等を島外に放逐したものの如く、総督アクーニャの死後同年六月中旬新たに着任した仮摂総督ドン・ロドリゴ・デ・ビベーロ(Don Rodrigo de Vivero y Velasco)は、翌七月八日国王に一書を呈して、

日本人の暴動は、さきに高等法院が適当に処罰し、これを陛下に上申す。而して同院判官ドクトル・デ・ラ・ベガ(Doctor de la Vega)に彼等を乗船せしめて当市より出すことを委任せしが、既にこれに着手し居り、またこの事に好く通じたるが故に、予は委任を更改することなく、これを継続せんことを命じたれば、彼等は既に当地を去りたり。また而して日本皇帝には書を贈り、彼等の行ないたる事を報じ、これを罰せんことを求めたり。また自今暴民の諸島に来ることを禁じ、渡航者は商人と、その航海に必要なる海員とに限らんことを請うべし[26]。

と報じた。即ち彼は翌九日(慶長十三年五月二十七日)直ちに前将軍家康にあて一書をしたため、

> 当所数年逗留之日本人徒《ナル》者共候而、所ゝ騒に罷成候之間、当年者壱人も不㆑相㆑残、帰国之義申付候。雖㆑然毎年渡海之商客、何も無㆓疎意㆒人等候之間、致㆓馳走㆒候。向後別儀有間敷候。[27]

なる旨を通じ、同日別に将軍秀忠に宛てた書信にて、自今貿易船を年四隻に制限せんことを乞うたが、[28]先に総督アクーニャが年六隻に制限し、今更に二隻を減じたのも、全く渡航日本人の不穏を警戒したために違いない。よって家康は同年八月六日(九月十五日)返書をしたため、「本邦者、於㆓其地㆒致㆓無道㆒者、悉可㆑被㆓誅戮㆒也」[29]と答え、別に総督に宛てて左の制札を与えた。文に曰く、

> 近年、到㆓其国㆒日本人、作㆓悪逆㆒輩者、如㆓呂宋法度㆒、可㆑被㆑致㆓成敗㆒也。於㆓日本㆒無㆑隔㆑心。任㆓此印札㆒、可㆑被㆓申付㆒也、仍状如㆑件。
>
> 慶長十三年、戊申　八月六日[30]

と。当時幕府は専ら平和の通商貿易を奨励したが、外国と事端を惹起することを極力避けて、日本人の処罰も総督の申出に応じ、易々として先方に一任したのである。イスパニヤ人はその後もなお日本人に対する警戒を緩めず、国王フェリペ三世は一六一一(慶長十六)年十一月十二日、総督ドン・フワン・デ・シルバ(Don Juan de Silva)に勅書を送って、

> 卿の上申によるに、日本人がこの群島に在留するを禁ずるため、特に注意を払いて禁令を発したるは、極めて適宜のことである。よって事宜に応じて今後も注意してこの処置を継続すべし。[31]

と伝えて、更に在留日本人の追放を命じたほどであった。

しかるにこの頃日本においては、幕府の吉利支丹弾圧は漸次重くなって、ついに慶長十九(一六一四)年九月には、山口直友を長崎に遣して禁圧を決行せしめると共に、かねて同地に送致せし高山右近、内藤徳庵等の信徒、各会の教

父、修道士等総計三百余名を三船に分乗せしめて、これを媽港と呂宋に追放した。(32) 二船は媽港に向けて出帆し、呂宋に向ったエステバン・デ・アコスタ(Esteban de Acosta)の船には、即ち右近と徳庵の両家族、イエズス会を始めその他の諸会派の教父・説教師等三十三名、及び京坂よりの追放者、同信の婦人等百余人が乗り込み、十一月八日(旧暦十月七日)出帆し、途中難航月余の後船中に病歿者を出して翌十二月二十一日マニラに上陸し、大いに上下の歓迎厚遇を受けた。(33)

右近は幾許もなくして、翌年二月三日同地に客死したが、(34) 徳庵等一行の多数の日本人男女は、その後やがて相率いて市外のサン・ミゲル邑(San Miguel)に転住し、(35) 特に婦人等のためには同地に修道院も建設された。(36) これより先、前述の如く、一六〇七年にはディラオの日本町が破壊されていたので、ここに更にこの地を選んで同地の在住者を合せて小部落を営んだのに相違ない。而して現今では、パシグ河の北岸にサン・ミゲル区があるが、右近等移住当時の位置を明記した記録も地図も見当らず、却って一六五八(万治元)年イグナシオ・デ・パス(Ygnacio de Paz)の「フィリッピン諸島情況報告」中に、

ディラオに隣接してサン・ミゲルという他の一小邑があり、日本婦人を収容する家がある。(37)

と記しているから、この記事によれば、当時はディラオに隣接していて、その地域はむしろパシグ河南岸地帯の何処かに求めねばならぬ。しかるに一七八六年マニラに渡り、その後三十余年間同地を中心として伝道に活動したアウグスチノ会のマルチネス・デ・スニガ(Martinez de Zuñiga)は、

コンバレセンシヤ(Convalecencia)島は、島中にありてサン・フワン・デ・ディオス(San Juan de Dios)教会が管轄せる病院から取った名である。……

この島はマニラの河〔パシグ河〕の真中にあり、直ちに十分に療養者達の慰安場となっている。その南側なる河の

対岸には、昔は、マニラまでに、ディラオの村邑とパリヤン、ならびにサン・ミゲルとアロセロス(Arroceros)の部落とがあった。ディラオ邑はサンタ・アナ(Santa Ana)路に移転して、今ではパコ(Paco)と呼ばれている。サン・ミゲル部落は河の対岸に移転して、同名の小村となっている。……この移転はイギリスと開戦を宣言する懸念のためであった。[38]

と記している。ここにおいて、サン・ミゲルの元の地域とその移転年代もほぼ明らかとなった。即ちイギリス軍のマニラ占領は一七六二年にして、彼の同地到着はその後二十年の歳月しか経過していないから、彼の記述はまだ相当に信ずべきものと言うべく、この頃前述のディラオはパコに、サン・ミゲルはパシグ河の北岸なる現今の地域に移転したのである。そして彼の記すところによれば、元のサン・ミゲルはコンバレセンシヤ島に相対するパシグ河南岸において、当時ディラオやパリヤンと相接していたことが判明し、前述イグナシオの記載にも合致して来る。しかし未だその正確なる地域は判然しない。

マヌエル・ブセタは、マニラ近郊村落の変遷を詳細に記し、サン・ミゲルに関しても、

元のサン・ミゲルと、その対岸にあると前に述べた現地域との中間にあって、河の真中にあたり、サン・アンドレス(San Andrés)即ちコンバレセンシヤと称する島がある。[39]

と記してあり、元のサン・ミゲルは、この島に対する地域、即ち現今のプロビソール島(Provisor)か、その西方アヤラ橋(Ayala)方面にわたる地域かのいずれかであらねばならぬ。しかるにブセタは、また別に、

河〔パシッグ河〕の岸に沿うて進み、一橋を渡ってアロセロス(Arroceros)の川を越すと、他の川とによってできている島の中に元のサン・ミゲルがある。更に東進すれば川があって、バレテ(Balete)運河はそこから水を引いている。……アロセロス川は小川にして、必要な時はこの運河によって溢れた川水を放水することができる。……

この地域は、かつて米穀の主要な取引市場があったから、アロセロスと呼ばれているが、……同処はまた市場の故に、またしばしばパリヤンの名によって知れ渡っている。(40)

と、この付近の地理沿革を克明に記している。現今この付近では、上述の小川もほとんど埋立てられて、当時の俤をとどめぬまでに変化しているが、十八世紀末のマニラ市及び近郊の古図や、(41)マラーの『フィリッピン島誌』の付図によって、(42)現今の地形と対照すれば、バレテ運河は、プロビソール川より分離して、アヤラ通りとタフト大通り(Taft Avenue)との交叉点に至る溝渠にあたり、アロセロスはもとより昔のパリヤンの趾にして、アロセロス川は、フィリッピン少年団本部の東北方においてパシグ河より分岐して南向し、アロセロス通、即ち基督教青年会の西側あたりを走り、次いでバレテ運河の西端に接続している。殊にマラーの図には、明らかにパリヤンの地域にアロセロス広場と記し、バレテ運河とアロセロス川との合流点より少し北方にあたって、青年会館の中央を横切って東北に通ずる道路には、元サン・ミゲル道(Chemine de Vieux St. Miguel)と記してある。今これらの諸地名を順次辿ると、昔のサン・ミゲル部落は、ほぼアヤラ橋の南の袂を中心として両側にわたる地域なりしことが確認できる。先年マニラ天文台のレペッチ氏(W. C. Repetti)が、昔のサン・ミゲルのイエズス会堂の旧趾を、無雑作にアヤラ橋の東南角にして、コンバレセンシヤ島西端の対岸に比定したが、(43)氏の論拠として引用せるフェリクス・デ・ウエルタ(Felix de Huerta)の著には、前掲ブセタの著ほど明確なる記述なく、かつ教会堂の位置に関しては、かような比定を導き出す如き記載毫も見当らず、(44)如何にしてかくの如き論定に到達したかを疑わざるを得ず、その位置もむしろなお西北に求めねばならぬようである。ただサン・ミゲル移転の年代に、氏も引用せる如く、ウエルタによれば、一七八三年にして、ディラオの移転の方が一七六二年となっているが、(45)諸地図より推せば、その移転年代はウエルタによるべきようである。

かくてマニラ市外には、一時ディラオの日本町が建設され、その破却後、隣接地域に新たにサン・ミゲルの日本人の部落もできたが、翌年暮、総督シルバが大小十五隻の艦船を率いてモルッカ諸島征討を企てた時には、同地より日本人兵五百人を傭い入れて征途に上り、翌一六一六(元和二)年二月、更に転戦してマラッカ近海に到りオランダ艦隊と砲火を交えた。(46) アントニオ・ボカルロ(Antonio Bocarro)は、この遠征艦隊に関し一六一六年三月の記事に続いて、

また日本人五百人を一人につき三クワルテの俸給で傭い入れ、その訓練と指導を担当するため、一イスパニヤ人を指揮官としたが、その後彼等を不信の故を以て、シンガポール海峡にて陸に追放したので、彼等は同処より暹羅やその他の国々に渡り、次いで日本に帰った。(47)

と記している。シルバはかねてその制御に手を焼いた日本人をかようにして巧妙に放逐したので、マニラ在留日本人数は随って一時それだけ減少した筈である。

しかしその頃移住の日本人増加の趨勢は、依然としてひたすら上向の一路を辿ったものの如く、一六一九(元和五)年エルナンド・デ・ロス・リオス・コロネルが国王に上申した「群島の諸政改革意見」によれば、

通常当市には日本人約二千人在住し、かつ貿易船は年々来航してなお多数の日本人が残留する。しかし彼等は社会に無益なるのみならず、非常に危険である。けだし彼等は従来三、四回も当市を破滅の危機に陥れた。先頃オランダ人との会戦にあたり、日本人は彼等の許に赴いて情報を提供して、戦の当日には一隊の日本人がマニラから逃亡して敵の救援に赴いた。願わくば陛下はこの国に恩寵を垂れて、今後日本人の在留を禁じ、毎年渡来する者もその母国に帰らしむべき厳命を下し給え。(48)

とあって、当時既に在留日本人が二千名内外の多きに達し、しかも年々渡来増大の傾向あり、彼等の不穏をおもんぱかってその在住を禁ぜんことを請願しているが、翌一六二〇(元和六)年五月二十九日発布の法令第一条には、

マニラ市、呂宋島ならびにその他の政府の諸島防衛のため、支那人数を適当に調節して五千人を超過せしめざる

ことは得策なり。けだし国用にはこの数にて十分なればなり。……同様にあまり多数の日本人を同市に在留せしめざることも得策なり。けだし不注意にも彼等を同地より放逐することを怠って、既にその数三千名を超過せり。……貿易と交誼は存続すべきも、日支人の数のあまり増大せざるよう万全の注意と警戒を払わねばならず、在住する者は静粛、敬虔、従順ならざるべからず。しかしまた事を構えて彼等を冷遇することあるべからず。[49]

とあり、在留日本人数は更に一千人増加して三千名を超過した。その翌一六二一(元和七)年七月三十日、マニラの司教フライ・ミゲル・ガルシヤ・セラーノ(Fray Miguel Garcia Serrano)が国王に呈した書翰中にも、

目下当マニラ市には、在留許可証を有する支那人一万六千人以上在住す。しかもなお平生その三分の一以上許可証なくして在留せるを以て、支那人数を概算すれば、十六年半以前彼等が叛起してわれらと戦いし時以上なるべし。……夥しき日本人数に関して、臣はこれを確かむるに由なしといえども、聞くところによれば、既に三千人を超過せりと。……

おもうに日本人を追放せざるには、不注意と怠慢ありしためならん。[50]

とあり、かような日本住民の激増のため、一旦破却してその在住を禁じた日本町の再建をこの頃黙認せざるを得なくなったのではあるまいか。而して当時在留日本人は依然として三千名の多きを算し、当局にとって好ましからぬ移民として追放が問題となっているが、更にその翌年十二月三十一日にも、三千人を超過する日本人の処分に関して、前々年五月二十九日発布の法令第一条と同文の法令が発布されているから、[51]彼等の追放は未だ実行されずして、ここに重ねて発令されたのであろうが、翌一六二三(元和九)年マニラからバタビヤに転住した日本人の報道によれば、在留同胞数はなおも三千人を算していた。[52]

マニラにおける日本人追放問題は、呂宋渡航船の帰朝によって日本にも報道された。これより先平戸のイギリス商館長コックスの日記一六二一(元和七)年八月二十三日の条には、

右衛門殿(Wyamon Dono)のマニラのジャンク船が長崎に到着して、報ずるところによれば、全日本人はマニラを追放さるべく、今後同地の貿易も停止さるべし。(53)

とあり、イスパニヤ人の処置はいささか誇大に報道されて、全日本人追放と貿易停止が伝えられているが、イスパニヤ人はむしろ日比貿易の振興を希望し、幕府が却って、吉利支丹問題の進展によって、ついに断然これを犠牲にしてしまった。即ち元和九(一六二三)年フィリッピン政庁の使節として、司令官ドン・フェルナンド・デ・アヤラ(Don Fernando de Ayala)一行が薩摩に来着し、フェリペ四世の即位を報じ、新たに貿易に関する協定をなさんと欲したが、幕府は、貿易に名を借り布教するの故を以て、翌寛永元年三月その聘礼を拒絶し、爾後彼我の交通貿易はほとんど杜絶した。(54)のみならず、同年(一六二四年)及び五年(一六二八年)の両度にわたり、暹羅のメナム河において、日本人とイスパニヤ人と衝突殺傷し、ついに寛永七(一六三〇)年幕府は肥前島原の城主松倉重政に命じて呂宋島遠征を計画させ、呂宋当局もこの報に接して極度に狼狽警戒して、両地間の空気は頓に緊張険悪化して、ほとんどその破局に直面したが、幕府はその後も相次いで遠征を計画した。(55)随って同胞の渡航杜絶はもとより、在留同胞数も、その間激減して行ったに相違ない。しからば元和六年より九年まで、在留同胞数三千人を維持せし四年間は、マニラにおける日本人発展の頂点であったのである。

その後一六三二(寛永九)年五月に、幕府の追放せし吉利支丹癩患者百余名を乗せた日本船がマニラに到着した。本問題に関しては、夙に西村真次博士の研究もあるが、未だ決定的な断案も下してなく、典拠の史料も多くは後の追記である。(56)しかるにその翌一六三三年ドミニコ会の教父フワン・ガルシヤ(F. Juan Garcia)がセビリヤの教会に宛てた

布教報告によれば、

昨一六三二年の五月にマニラ市に、日本人百余人ならびにその妻子を乗せた一日本船が到着した。彼等は追放吉利支丹信徒にして、郷国にて、もし信仰を捨てるならば、ただに追放されざるのみならず、皇帝が出費して彼等の世話をなすべきことを諭されたが、ただ天帝の加護を信じて、エス・クリストの信仰を固持するため、父子、夫妻、親子互に離別しても、追放を望んだのである。彼等は冷遇と病魔に苦しんで、このマニラ市に到着した。(57)

とあって、未だ彼等が癩患者なることは明記してないが、前年七月二日その来着直後にしたためたフィリッピン事情報告には、

彼等はこれらの船にて吉利支丹信徒癩患者百余人を送致したが、如何なる処分を受けてもその信仰を捨てぬ人々である。また聞くところによれば、彼等はかような人で刀を汚さぬように、これを殺さずにフィリッピンに追放したのである。(58)

とてこれを明記している。その員数について前掲二報告はいずれも百余名となし、一六四九(慶安二)年のフランシスコ会の布教報告には吉利支丹癩患者は百五十名と記すも、(59)当時総督なりしフワン・ニーニョ・デ・タボラ(Juan Niño de Tabora)が、事件直後七月八日付国王に呈した書翰中には、二カ所にわたって、

彼等は、これらの船にて百三十名の癩患者を送致したが、いずれも信仰のために追放された者である。(60)

と書添えているから、輸送患者の実数は一三〇名なるべく、送致船数を複数形にて表わしてあるから、少なくとも二隻ではなかったかと思われる。

而してこれより先同年三月二十二日に教父クリストバン・フェレイラ(Christovão Ferreyra)は、長崎からマニラの司教に書を送り、この事に関して、

かくして戦慄すべき迫害は、ただに奥州のみならず、また他の国内各地、及び京、伏見、大坂と堺など上方の都市に起った。暴君は残酷の極、ついに前記の上方の都市の虚弱なる癩病吉利支丹信徒をマニラに追放せんとし、既に九十余名長崎にて季節風を待ち、他にも出発すべき者もある。[61]

と、特に京坂の信徒の追放を報じているが、これは『長崎志』などのわが記録に、

寛永七庚午年大坂ヨリ邪宗門ノ乞食七十人差送ラル。……則呂宋に流罪仰付ラル。[62]

とあるのに照応すべき事件なるべく、もしこの年次に誤なくば、幕府はこの頃京坂の乞食患者七十名を長崎に送り、次いで更に漸次四、五十人を追加して、結局総数一三〇名が二船に分乗して、一六三二年四月頃の順風に乗じて、同地を出帆し、五月中にマニラに到着したのである。

既に寛永元年幕府の呂宋貿易拒絶以後、おそらく急速に減退したマニラの日本町在住同胞数は、この新来者を得て幾分か回復したが、やがて幕府の鎖国令は相次いで発布され、禁令はその度ごとに厳重となり、寛永十（一六三三）年二月二十八日の令には、未だ海外在留民の帰国に五カ年の猶予期限ありしを、十三（一六三六）年五月十九日の令では、全く撤去して、「異国江渡行住宅仕日本人来候はゞ、死罪可レ被ニ申付一事」と厳命され、[63] ここに在住民との音信交通も完全に遮断されてしまい、日本町の衰運に一そう拍車を加えたであろう。

しかもなお一六三七(寛永十四)年三月十五日にマニラから柬埔寨に渡航した日本人の語るところによれば、

マニラ在住イスパニヤ人は二千人以上にして、あまり有勢ならず。支那人を恐れているが、その数二十万人にして、約八百人の日本人も在住し、いずれも互に雑居することを許されず、それぞれ相離れたる場所に隔離されている。[64]

とて、未だ八百人にも上る日本人が、その特別なる場所に在留し、日本町の存続を伝えているが、同年度の呂宋島における徴税表によれば、マニラ近郊の日本人の納貢(tributo)総計二一八挙げてある。[65] 元来フィリッピン諸島において

は、土着民に対する租税は、普通毎年一回一家族の家長に課せられて、これを納貢と称し、その額は時によって多寡一定せず、古くあるいは金銭と共に、土地の産物を加えて納入したこともある。[66] 従って一六三七年度におけるマニラ近郊在住日本人の納貢数二一八に達したことを以て、直ちに二一八家族あったと見得べく、一家族の平均構成員数を常例の算定単位に従って四人とすれば、総数八七二人となり、前述日本人の報告八百人はけだし当時の在住日本人の実数に近いものと思われる。

今上来縷述せしところによって、マニラに移住した日本人の人口の移動増減を表示すれば、上表の如くなる。

マニラ移住日本人数移動表

年	次	移民数	備考
元亀元年	1570年 5月	20	
文禄 2年	1593年 6月	300	
	同 年 6月	400	
4年	1595年 5月	1,000	
慶長 2年	1597年 6月		大多数追放
8年	1603年10月	500	
11年	1606年 5月	1,500	日本人店舗 91 軒
12年	1607年		ディラオ日本町破却
13年	1608年 6月		多数追放
元和元年	1615年		サン・ミゲル町成る
2年	1616年 3月		500 人追放
5年	1619年	2,000	
6年	1620年 5月	3,000	
7年	1621年 7月	3,000	ディラオ日本町再建
8年	1622年12月	3,000	
9年	1623年	3,000	
寛永 9年	1632年 5月		130 人渡来
14年	1637年 3月	800	

即ちマニラ移住日本人数は、既に江戸時代以前に一千名の多きに達したが、サン・フェリペ事件により、一時その大多数を追放され、その後日本町の再建後、早くも慶長八年には五百名となり、年々激増の傾向ありて、同十一年には一躍三倍の一千五百名に上った。翌年日本町が焼払われて、在住民の多数追放されて、残住者の集団生活を一時禁ぜられても、なお年々人口増加の傾向あり、次いで元和二年五百名の大量追放を受けても、なお同五年には二千名、翌年にはついに三千名を超過し、日本町も復興され、町の人口は同九年までこの数字を保って、呂宋日本町の隆盛を誇ったが、その後激減して十四年後の寛永十四年には八百名に減少した。これはもとより、前述の如く、幕府が吉利支丹

弾圧のため、寛永元年に同地との交通貿易を犠牲とし、次いで彼我の間に相次ぐ衝突勃発し、更に鎖国の厳令が発布されたためであるが、また同地より他に転住する者、あるいは疾病による自然減少も少なくなかったとも思われる。

既に一六一九(元和五)年には、一隊の日本人がマニラを脱出してオランダ艦隊に投じ、[67] 一六二三(元和九)年には一日本人がマニラよりマカッサルを経てバタビヤに転住し、[68] 翌年の暮にも、マニラからオランダ船に投じた者もあった。[69] その他鎖国後日本人教父や説教師のマニラより母国に潜入する者もあった。而して日本町の初代移住民は、年の経過と共に漸次死亡し、町も従って衰微したであろう。しかしなお在住日本人の消息はその後しばしば伝えられ、一六四九(慶安二)年に綴られた初期フランシスコ会の布教報告によれば、ディラオの修道院に属せる日本人信徒が、日本人教父の監督を受けていることが記されているが、[70] 教父コリンが一六五六(明暦二)年頃のイエズス会の布教状態を述べて

サン・ミゲルの伝道区

これはマニラ市の城壁外に位して、その修学院の院長に属している。信仰のために母国より追放された有力なる男女より成る多数の日本人が、一六一五年以来この邑に聚住した。就中著名なドン・ジュスト・右近殿、ドン・ジュワン・徳庵ならびに有力な婦人連は、時が経つうちに死亡した。イエズス会は、当市が隆盛なる時には、教会の施物、及び、寛大にもこれを助けんとする人々の寄付した施物等を以て、これらの日本人を悉く扶養して来たが、今や彼等は貧窮して暮している。[71]

と伝えて、同地の日本人部落が漸次凋落せることが指摘される。翌々一六五八(万治元)年イグナシオ・デ・パス(Ygnacio de Paz)の前述の「フィリッピン諸島情況報告」中に、

マニラ市の近郊所在村落

他の甚だ近接したディラオの邑には、日本人基督教徒が土人とは離れて住んでいるが、彼等の管理は、土人の場

合と等しく、サン・フランシスコ会の僧が受持っている。

ディラオに隣接してサン・ミゲルという他の一小邑があり、日本婦人を収容する家があるが、彼等はわが聖教を奉ずるために故国を追われた者である。彼等ならびに同邑の土人はいずれもイエズス会の教父の監督を受けている。[72]

とあって、ディラオにては、日本人が未だ土着人とは隔離されて、彼等の部落を作り、日本町も僅かに命脈を保ち、サン・ミゲルにても多少の日本婦人の残住せることが推知できるが、後者にてはおそらくその数は僅少であったであろう。

その後一六六〇(万治三)年末より翌年春に亘った土着民の叛乱鎮定には、ディラオの残住日本人が活動し、[73] 一六六六(寛文六)年の司教の視察報告には、なお日本人がマニラ市の近郊に在住せることを記しているが、[74] 既に寛永元年の交通貿易禁止を去ること四十年余、鎖国を去ることもまた三十年にして、残住者は大いに減少し、日本町もよほど衰微したに違いない。ただ僅かに同地における初代移住日本人の子孫、土着民との混血児や、時々母国から漂着する難船の乗組同胞によって、細々ながらその後暫らく日本町の命脈を保ち得たに過ぎなかった。

(1) Phil. Isls.Vol. VIII. Precautions. op. cit. pp. 284–285, 290.
(2) Phil. Isls. Vol. IX. The second Embassy. op. cit. pp. 40, 50.
Carta de Francisco de las Missas. 31 Mayo 1595. op. cit. [Archivos de Indias. 67–6–29.]
(3) Phil. Isls. Vol. IX. Instruction for Governor Tello. Felipe II. 25 May 1596. p. 231.
(4) ibid. Letter from Doctor Antonio de Morga to Felipe II. 6 July 1596. pp. 268–269 ; Morga-Retana. Escritos Inéditos. op. cit. pp. 238–239.
(5) Phil. Isls. Vol. X. Letter from Governor Tello to Felipe II. 29 April 1597. p. 43.
箭内健次「マニラの所謂パリアンに就いて」(『台北帝国大学文政学部史学科研究年報』第五輯)、二二三―八二頁。

(6) Pastells. Historia. op. cit. Tomo IV. pp. LXXXII-LXXXIII.

(7) Pérez, Lorenzo. Apostolado y Martilio del Beato Luis Sotelo en el Japon. Madrid. 1924. p. 16. なおマニラ市外ディラオのフランシスコ会の初期日本人教会堂に関しては、同じ著者の、Fundacion de una iglesia o parroquia Para la asistencia de los Japoneses en Dilao, arribal de Manila. [A. I. A. No. I. pp. 566–569.] に述べられているようであるが、今同論文を手近にもち合わせないので、他日閲読の上参照したい。

(8) Phil. Isls. Vol. XXXIV. Letter from the ecclesiastical cabildo to Felipe III. Juan de Bivero, and others. 3 July 1602. p. 436.

(9) Argensola, Bartolomé Leonardo de. Conquista de las Islas Molucas. Madrid. 1609. p. 316.

(10) Concepción. Historia. op. cit. Tomo II. p. 217.

(11) Paske-Smith, M. T. The Japanese Trade and Residence in the Philippines, before and during the Spanish Occupation. (T. A. S. J. Vol. XLII–Part II.) p. 692.

(12) ibid. p. 691.

(13) Morga-Retana. Sucesos. op. cit. p. 154.
Pastells. Historia. op. cit. Tomo V. p. LXXXV.

(14) Phil. Isls. Vol. XIII. Letter from Antonio de Ribera Maldonado to Felipe III. 28 June 1605.

(15) Phil. Isls. Vol. XIV. True relations of the Sangley's insurrections in the Filipinas. etc. Miguel Rodriguez Maldonado. 9 May 1606. pp. 124–125. 131.

(16) Morga-Retana. op. cit. pp. 225, 226–227 ; Morga. op. cit. Vol. II. pp. 196, 198–199.

(17) Morga-Retana. op. cit. p. 202.

(18) Rizal, José. Sucesos de las Islas Filipinas por el Doctor Antonio de Morga. Paris. 1890. p. 324. note. (2), (3).

(19) Phil. Isls. Vol. XIII. Complaints against the Chinese. Miguel de Benavides, and others. 5 Feb. 1605. p. 277

(20) Muñoz, F. Ignacio. Descripcion Geometrica de la Civdad y Circvnvalacion de Manila y de svs Arrabales, Año 1671. [Archivos de Indias. 68–1–44.]
Colin-Pastells. op. cit. Tomo III. pp. 824–825.

(21) Pastells. Historia. op. cit. Tomo V. p. CII.
(22) Pastells. loc. cit.
(23) Colin-Pastells. Tomo III. pp. 24–25 ; Morga-Retana. p. 166 ; Morga, op. cit. Vol. II. pp. 61–62.
Concepción. op. cit. Tomo IV. pp. 103–104.
Pastells. Historia. op. cit. Tomo V. pp. CXXII–CXXIII.
(24) Colin-Pastells. op. cit. Tomo I. p. 211.
Phil. Isls. Vol. XVII. Chronological List of the Governors of the Philippines. 1565–1899. p. 289.
(25) Buzeta, Manuel. Diccionario Géográfico, Estadistico, Historico de las Islas Filipinas. Madrid. 1850. Tomo I.
(26) 『増訂異国日記抄』五—六頁。
(27) 『異国日記』上巻。『通航一覧』巻百七十九(刊本、第四、五七五頁)。『増訂異国日記抄』九頁。
(28) 『異国日記』同上。『通航一覧』同上、五七四頁。『増訂異国日記抄』二頁。
(29) 『異国日記』同上。『通航一覧』同上、五七六頁。
(30) 『異国日記』同上。『通航一覧』同上。
(31) Phil. Isls. Vol. XVII. Letter from Felipe III. to Juan de Silva. 12 Nov. 1611. pp. 176–177.
(32) 『大日本史料』第十二編之十四。九〇一—一一〇〇頁。但し全員三百余名位でなかったかと思われる。
Crasset, Jean. Histoire de l'Eglise du Japon. Tome II. Liv. XIV. p. 27.
(33) Pagés, Tome I. pp. 278–281 ; Colin-Pastells. Tomo III. pp. 486–489, 502.
全乗組追放者数は、両書共に明記してないが、『六本長崎記』(『通航一覧』刊本、第五、三六頁)、『長崎港草』に従う。またマニラ到着の日をパゼスは十一月二十八日とすれども、コリンに記す十二月二十一日の方よろしからん。(op. cit. p. 502.)
(34) Colin-Pastells. op. cit. Tomo III. pp. 490–491 ; Pagés. op. cit. Tome I. pp. 302–303.
(35) Colin-Pastells. op. cit. pp. 499, 782–783.
(36) ibid. p. 502.
(37) Phil. Isls. Vol. XXXVI. Ygnacio de Paz, Description of the Philipinas Islands. Mexico. ca. 1658. p. 92.

(38) Zúñiga, Joaquin Martínez de. Estadismo de las Islas Filipinas ó Mis Viajes por esta Pais. Publíca por W. E. Retana. Madrid. 1893. Tomo I. pp. 214–215.

(39) Buzeta, Diccionario. Tomo II. p. 237.

(40) ibid. pp. 236, 237.

(41) Phil. Isls. Vol. L. Plan of the city of Manila, and its environs and suburbs on the other side of the river, by the pilot Francisco Xavier Estorgo y Gallegos, 1770. pp. 34–35 ; ibid. Plan of the present condition of Manila and its environs, drawn by the engineer Feliciano Márquez. 1767. pp. 82–86.

(42) Mallat, J. Les Philippines. Histoire, Géographie, Mœurs, Agriculture, Industrie et Commerce des Colonies Espagnoles dans l'Océanie. Paris. 1846. Tome II. Atlas. Plan de Manille.

(43) Repetti, W. C. A Guide to old Manila. [M. N. Vol. II. No. I. pp. 288–289.]

(44) Huerta, Felix de. Estado Geográfico, Topográfico, Estadistico, Histórico, Religioso,……en las Islas Filipinas. Binondo. 1865. pp. 62–63.

(45) ibid. pp. 55, 62.

(46) Phil. Isls. Vol. XVII. Portuguese and Spanish expedition against the Dutch. 1615. Juan de Rivera and Valerio de Ledesma, S. J. (1616). pp. 256–261, 272–279.
Colenbrander. Coen. Bescheiden. op. cit. Vol. I. p. 180.

(47) Bocarro, Antonio. Decada 13 da Historia da India. Lisboa. 1876. Tomo II. pp. 426–427.

(48) Phil. Isls. Vol. XVIII. Ríos Coronel, Hernando de los. Reforms needed in Filipinas. Madrid. 1619–1620. pp. 308–309, 313.

(49) Recopilación de Leyes de los Reinos de las Indias. Madrid. 1841. Tomo Segundo p. 306.
Phil. Isls. Vol. XXII. pp. 157–158.

(50) Phil. Isls. Vol. XX. Letter from the Archbishop Miguel Garcia Serrano to the King. Manila, 30 July 1621. pp. 96–97.

(51) Recopilación. loc. cit. この法令はこれより先一六〇六年十一月四日にも発布されたようにも見えるが、果してしからば、その年在住日本人数が、既に千五百人であったと算定されるから、その時三千人以上あったことはどうしても過大というべく、同年発布の実否は疑わしい。

Phil. Isls. Vol. XXII. op. cit.

(52) Groeneveldt Willem Pieter. De Nederlanders in China. (Bijd. T. L. V. N. I. Deel 48.) Bijlage. Memorie ende Instructie voor Martinus Sonck. 11 Junij 1624. pp. 564–565.

(53) Cocks. Diary. Vol. II. p. 188.

(54) 『異国日記』前掲書。

『増訂異国日記抄』二一八—二三三頁。

Originele Missive van Cornelis van Nijenroode uijt Firando.; 20 Dec. 1623. [Kol. Archief 995.]

Phil. Isls. Vol. XXII. Letter from Governor Fernando de Silva to Felipe IV. 4 Aug. 1625. p. 68.

(55) 拙稿「松倉重政の呂宋島遠征計画」(『史学雑誌』四五ノ九)。

(56) 西村真次「サン・ラサロ病院の来歴に就いて」(『史学雑誌』二六ノ一二)。

(57) Garcia, P. Fr. Juan. Aviso qve se ha embiado de la Civdad de Manila, del estado qve tiene la Religion Catolica en las Philipinas, Japon, y la Gran China. Sevilla. 1633. fol. 2.

Phil. Isls. Vol. XXIV. pp. 275–276.

(58) ibid. Relation of what has occurred in the Filipinas Islands and others regions adjacent, from July 1630 to July 1632. p. 230.

Copie Missive van J. Bors & Joost Schouten uijt Firando. 12 Dec. 1632. [Kol. Archief 1021.]

(59) Retana, W. E. Archivo del Bibliófilo Filipino. Tomo I. Entrada de la Seráphica Religión de Nuestro P. S. Francisco en las Islas Philipinas. 1649. p. 49.

Phil. Isls. Vol. XXXV. Early Franciscan Missions. 1649. p. 310.

(60) Colin-Pastells. Tomo I. p. 242. nota (1).

Phil. Isls. Vol. XXIV. Letters from Governor Juan Niño de Tabora to Felipe IV. Manila, 8 July 1632. pp. 206, 214.

(61) ibid. Letter from Father Christoval Ferreyra to the Father Provincial of Manila. Nangasaqui. 22 March 1632. pp. 241–242.

(62) 田辺茂啓『長崎志』正編(刊本、二五七頁)。

(63)『通航一覧』巻百七十(刊本、第四、四六九―四七〇頁)。
(64) Journael van Jan Dircx. Gaelen in Cambodia. op. cit. 15 Martij 1637. [Kol. Archief 1035.]
(65) Phil. Isls. Vol. XXVII. Juan Grau y Monfalcon. Memorial Informatorio al Rey. Madrid. 1637. p. 82.
(66) Barrows, David P. History of the Philippines. New York. 1926. p. 138.
江本伝「トリブト制度を通じて見たる西班牙の比島統治」(『南方民族』七ノ一、二、三一―三二頁)。
(67) Phil. Isls. Vol. XVIII. Coronel, Reforms. loc. cit.
(68) Groeneveldt. Memorie. loc. cit.
(69) Copie van Resolutien bij Martinus Sonck ende De Witt. 4 Aug. 1624 tot 18 Nov. 1627. 30 Dec. 1624. [Kol. Archief 1005.]
(70) Retana. Bibliófilo Filipino. Tomo. I. Franciscanos en Philipinas. op. cit. p. 4.
(71) Colin-Pastells. op. cit. Tomo III. pp. 782–783.
(72) Phil. Isls. Vol. XXXVI. Ygnacio de Paz, Description of the Philipinas Islands. Mexico. ca 1658. pp. 91–92.
(73) Phil. Isls. Vol. XXXVIII. pp. 167–168.
(74) Phil. Isls. Vol. XXXVI. Why the Friars are not subjected to Episcopal Visitation. 1666. p. 274.

第三節　呂宋日本町の行政

マニラに移住した日本人は、前述の如く、市の城壁外東方のディラオ村と、その東に隣接するサン・ミゲルの地に、彼等独自の部落、即ちいわゆる日本町を建設し、長く自国の風俗習慣を墨守して生活したが、この日本町も、交趾や柬埔寨、暹羅等南洋各地に建設された他の日本町の如く、同地の政府からある程度の自治を認容されていたようである。

さて当時フィリッピン諸島におけるイスパニヤ人の地方行政制度を概観するに、もとより枢要なる機関は彼等の手中に掌握していたが、大体旧来の土着民の社会制度を尊重して、ある程度の自治を許容していた。先ず最高地方行政長官として、イスパニヤ人の州知事(alcalde mayor)があって、州(Provincia)の司法、行政ならびに税務を総轄していたが、その下に州を構成する若干数の邑(Pueblo)があり、これは普通土着民の自治に委せられて、邑の長(Gobernad-ocillo)は土着民の間から互選された。(1) フォアマン(John Foreman)、バーン(Edward Gaylord Bourne)やバロウス(David P. Barrows)氏等は皆この邑の長を俗にカピタン(Capitan)と呼んだと言っている。(2) 邑はまた若干の小部落(barrio)より成り、その頭(Cabeza de barrangaya)もまたもとより土着民であった。(3)

かようにイスパニヤ人は土着民の自治を認容すると同時に、外来の支那人の集団部落にもまた自治を許したようである。例えば、当時モルガの記すところによれば、

パリヤンは市の城壁から幾分離れていて、多くの通からできている構内の一大市場である。河の近くにあって、同地をサン・ガブリエル(San Gabriel)と言う。同所で支那人等は彼等独自の支配者を戴いているが、その男は自身の裁判所と牢獄及び属吏をもっていて、彼等が支那人に関する裁判を執行し、これを日夜見張っているので、支那人等は安全に暮し無秩序に陥らない。……彼等の支配者は自国人出身の基督教徒にして、官吏と属吏をもっている。彼は支那人等の裁判事件、家事や商事に関する訴訟をも受理する。彼の上訴はトンド(Tondo)即ちパリヤンの知事に届けられ、更に高等法院に通ぜられると、同院もまたこの国民及びこれに関するあらゆる事項に特別の注意を払っている。(4)

とあって、その頃では支那人部落は自国民出身の長が、彼等の裁判、家事及び商事に関する諸事項を処理し、更に彼が上訴する特別事項は、管轄長官なるトンド州知事や、更にまた総督府が処理したのであった。彼等もまた土着民の

場合とほとんど異なるところなく、行政上ある程度の自治を許されると共に、司法上あるいは幾分治外法権を認められたのではないかと思われる。而して『バタビヤ城日誌』一六四〇年十二月六日の条には、

　去る八月十五日、呂宋島から二十一人乗せて逃げて来たジャンク船がワンカン〔魍港〕に到着したが、男十六人、婦人二人、小児三人にして、その頭はガウツポウ(Gautpo)という支那人にして、その島では支那人中の甲必丹即ち頭であったが、……既に三十八年以上も呂宋島に在住していたのであった。(5)

と記してあって、フィリッピン諸島における支那人部落の自治の程度が、ただに土着民の場合と何等の相違点なきのみならず、彼等の頭長の呼称さえも、また土着民同様に甲必丹の俗称を有していたようである。

翻ってマニラの日本町の行政様式に関する史料は、管見の限りでは極めて寥々として、果して如何なる状態なりしか、今これを究明するにも困難であるが、上述の如く、当時土着民はもとより外来支那人在住者に対しても、彼等同民族出身の甲必丹の下に、自治を許したイスパニヤ人の、植民地の地方行政に対する一般的態度方針より推せば、誰しも、一時は二、三千人の多数を包有したマニラ市外の日本町も、必ずや彼等と同程度の自治が許されたにあらずやと推察するであろう。

一六〇三(慶長八)年にマニラ在住支那人の大暴動勃発の時、総督ペドロ・デ・アクーニャは、日本人の援助を乞うたが、事変後幾許もなくして綴られたアルヘンソーラの『モルッカ諸島遠征誌』には、この事に関して、

　パリヤンの近くには、支那人の敵にして、その国にて絶えず彼等と交戦している日本人等の在住する他の村落《バリオ》(otro barrio)がある。総督は彼等の頭領(cabeças dellos)を召喚して、親切なる態度で彼等に対し、如何なる場合にも彼等に信頼し、もし戦乱勃発せば、彼等は支那人に対抗して援助するや否やを知らんとする旨を述べた。(6)

と記している。この頭領が果して日本町の行政司法に関与せし頭長であったか、記事簡単にして明らかでないが、土

着民の場合は、前述の如く一般に彼等の部落をバリオと言い、その自治の頭領をカベサと呼んでいるから、彼もまた日本人バリオにおいて、同様の名称を以て呼ばれているのをみれば、おそらく土着民や支那人等の頭領とほぼ同様な身分職掌を有していたに違いない。

その後また一六一七(元和三)年七月八日に、総督フワン・デ・シルバから約一万五百ペソの大金の支払を受けた日本人甲必丹ルイス・メロ(Capitan Luis Melo)なる人物があるが、[7] 彼もまた日本町の長であったか否か判明しないが、ここにパスク・スミス氏の記すところによれば、

他に一六二七(寛永四)年に、日本人の長なる甲必丹フワン・スイオン(Capt. Juan Suion)のことが挙げられている。これによってみれば、日本人も支那人同様に、彼等及び彼等の行為に責任をもつ彼等自身の特別なる司長があった。[8]

とあり、同氏は当時在住日本人が支那人部落のように、彼等自身の自治の長を有せしことを推測しているようである。今氏の挙げた史料の出典を知ることができず、甲必丹フワン・スイオンの活動も、日本町の自治に関する彼の機能をも詳かにすることができないが、前述の如き外来人に対するイスパニヤ人行政の方針より推すも、同氏がこの一句によって日本町の自治の施行されたことを主張するは、けだし当時の実情に即した見解であろう。

しかるに、一六四九(慶安二)年に綴られた初期フランシスコ会の布教報告によれば、当時一教父が自費でディラオに建立した修道院の信徒数と院の収入の事を記し、更に

日本人吉利支丹もこの修道院に属しているが、彼等自国民出身の日本人教父がいて、その世話監督を司る。[9]

とあるから、当時ディラオの日本町の在住日本人キリスト教徒が、自国人教父の監督下に生活して、宗教上においても、やや自治的な境遇にあったことを漏らしたもので、必ずしも直ちに一般地方行政上における自治を享受したこと

を指してはいないが、更に一六五八(万治元)年、イグナシオ・デ・パスは、「フィリッピン諸島情況報告」中において、マニラ近郊の村落に関し、パリヤンの項に続いて、

他の甚だ近接したディラオの邑には、日本人キリスト教徒等が土人とは離れて住んでいるが、彼等の管理は、土人の場合と等しく、サン・フランシスコ会の僧が受持っている。

ディラオに隣接してサン・ミゲルという他の一小邑があり、日本人婦人を収容する家があるが、彼等はわが聖教を奉ずるために、故国から追われた者である。彼等、ならびにその邑に住する土人等も、いずれもイエズス会の僧の監督を受けている。

前記の邑々は、事俗務に関する限り、いずれもトンド州知事の管轄下にある。[10]

と記してあるから、日本町の行政司法等世俗の事項は、専ら支那人町パリヤンの場合と同様に、一時はその地方の管轄長官なるトンド州知事の司るところであった。即ちこれらの記事より推せば、マニラ市外ディラオの日本町は、ほぼ支那人町と均しく、一時行政上、司法上、ある程度の自治が認められ、その長は甲必丹なる俗称を有し、町に関する重大事項は、監督地方長官なるトンド州知事が管轄した時代もあったのではあるまいか。但し今迄のところ、関係史料甚だ少なくして、遺憾ながら、的確に日本町自治制施行の実否、従ってその実情も、またその首脳人物等についても、これ以上明らかにすることができない。

(1) Mallat. Les Philippines. Tome I. pp. 349–350.

(2) Foreman, John. The Philippine Islands. Shanghai. 1899. pp. 244–246.
Phil. Isls. Vol. I. Bourne, Edward Gaylord. Historical Introduction. pp. 54–56.
Barrows. History of the Philippines. op. cit. p. 141.

（3） Barrows. History. loc. cit.
Foreman. loc. cit.
（4） Morga-Retana. p. 225.
箭内健次「マニラの所謂パリアンに就いて」(九一―一〇一頁)にはパリヤンの行政組織が詳述してある。
（5） Dagh-Register gehouden int Casteel Batavia. op. cit. Anno 1640. p. 117.
（6） Argensola. op. cit. p. 316.
（7） Colin-Pastells. Tomo III. p. 665.
（8） Paske-Smith. op. cit. pp. 708–709.
（9） Retana. Bibliófilo. op. cit. Tomo I. Franciscanos en Philipinas. 1649. op. cit. p. 4.
（10） Phil. Isls. Vol. XXXVI. Paz. Description. loc. cit.

第四節　呂宋日本町在住民の活動

一　日本町在住民の軍事的活動

南洋各地に進出した日本人は、軍事的方面に活躍する機会多くして、常に勇猛果敢の評を受けたが、呂宋島方面においても、夙にイスパニヤ人の注目するところとなった。既にイスパニヤ人はほとんど未だ日本人と接触せざる以前に、モロー人からその勇敢好戦的な噂を伝聞したが[1]、天正十年北呂宋カガヤンにおいて日本人と戦闘を交えて、その真価を認知するや、総督ペニャローサは、一五八二年六月十六日付国王に呈した戦況報告中において、

日本人は、この地方の国々において、最も好戦的な人民である。[2]

と記し、次いで同年七月一日付再び国王に呈した戦況報告にも、

支那人と日本人とは、土民とは違って野蛮地の多数の土人のように勇敢なる人民である。否彼等以上にはるかに勇敢である。(3)

と記して、日本人と支那人と相並べて、呂宋島の住民に比してはもとより、他の蒙昧な野蛮人に比較しても更に一そう勇猛なることを報じている。

その後マニラの司教ベナビデスは、一六〇五(慶長十)年二月五日の書信にて、土着民が支那人パリヤンに接近して居住し、その悪感化を受けて不信不徳化することを述べ、更に、

この事は、前述の如く、土人の住屋と部落が、日本人パリヤンに極く接近しているためでもわかる。彼等は支那人と同様に有害なる国民にして、不面目な罪を犯して多大なる害毒を流す。しかも彼等は前記の支那人よりも、更に不穏にして好戦的である。彼等はしばしば戦を以てこの国を脅威し、掠奪のために来た彼等の船で、既にこの国の海岸を荒し廻った。而して支那人をその按針士と水夫に傭っている。(4)

と記して、移住日本人が更に支那人に比して一そう不羈好戦的なることを訴えているが、その後段にて、呂宋近海に出没する日本人海賊船に支那人按針や水夫を便乗せしめているのは、かつて支那沿岸を脅やかした末期倭寇の類型に属すべきものである。また一六一七(元和三)年の「メキシコ極東間貿易報告」には、

日本人は傲慢にして自尊心強くかつ好戦的にして、何物も一切彼等に属すと考えて自他の差別を顧慮しない。彼等が切望せるフィリッピン諸島より日本に赴いた多くの人々の判断によれば、彼等は自ら本島を征服するために未だ本島と開戦しようと考えている。(5)

と報ぜられているが、多年この方面の伝道に従事して日本人の性情を熟知せる教父、ディエゴ・アドワルテ(Diego

Aduarte)の一六一九(元和五)年の通信には、

本諸島においては、日本人は、付近の他の諸国民以上に、最も恐れられている国民であるが、彼等が非常に勇敢にして傲慢なるためである。(6)

とありて、日本人が支那人に比して勇敢好戦的なるのみならず、他の東方諸国民にまさって最も勇猛なることが認められている。これらの反日的な見解に対して、モルガは、日本人の国民性を賞揚して、

日本人は気概ある人民にして、性質佳良にして勇敢である。……腰には大小の刀を佩び、鬚髯は少なく、風采挙動高尚なる国民である。また彼等は儀式と礼節を尊び、名誉と秩序を重んじ、困苦欠乏に臨みても決然としている。(7)

と記し、当時呂宋島のイスパニヤ人はひとしく日本人の勇敢なる国民性を認知していた。

既にイスパニヤ人の呂宋島占領の当初より、半ば侵寇的な日本人商人は、しばしば扁舟を操って同島の沿海に進出し、大いに彼等を脅威したが、秀吉の呂宋遠征計画以来、再三同種の計画あることが伝わって、彼等は日本人を極度に恐怖警戒し、サン・フェリペ事件後、ついに前述の如くマニラ在住日本人の大多数を追放せしも、幾許もなくしてディラオの日本町の人口が回復して、一六〇六(慶長十一)年には、彼等の大暴動が勃発せんとした。

一日イスパニヤ人が一日本人と喧嘩してこれを殺傷したことが動機となり、ディラオの在住民一千五百人は大いに激昂し、一斉に武器を取って暴動を起こさんとした。当時総督アクーニャはモルッカ諸島遠征中にて、マニラ市は武備薄弱にして多大なる危険にさらされたが、教父ペドロ・デ・モンテス(Pedro de Montes)がディラオのフランシスコ会の教父の協力を得て、彼等を慰撫説得し、武器を提出せしめて、翌日に至り辛うじて事無きを得た。(8) モルガは、この事件を以て、かつてマニラを脅かした危険中の最大なるものであるとさえ記している。(9)

しかし日本町の在住民は依然として不穏の行動を繰返し、ついに一六〇七(慶長十二)年に町は破壊され、翌年五月

頃再び追放されたが、[10]その後においても日本人の移住は少しも止まず、人口は年々膨脹し、呂宋政庁は彼等の不羈好戦的な態度を嫌忌して、常にその居住停止を考慮し、再三追放令を発布したが、なかなか実行されなかったようである。たとえば一六一九(元和五)年のリオス・コロネルの「諸政改革意見」にも、

多大なる紛擾の原因なる日本人を当市に在住せしめざるは、最も得策である。けだし一方において、彼等は好戦的な国民にして、冷遇されることを好まずして、容易にイスパニヤ人と抗争する。従って彼等は時々武器を取ってわれらに叛す。かつてこの事が勃発したのも、兵士数人が彼等に危害を加えようとしたので、彼等はその復讐をなさんとして佩ぶる刀を取って集合し始めたが、われらを多大な危機に陥しいれるやもはかられず。他方において、われらが不注意にもその在住を認めると、多数の日本人が渡来するであろう。のみならず、中には追剥をなす懸念もあって、われらは多大な危険を感ずる。けだし日本国より当地に渡来する者の中には、罪を犯して逃亡し自国に帰る権利を有せざる者多し。[11]

と記して、イスパニヤ人は常にかかる不羈好戦的な日本人在住民の制圧統御に悩んでいるが、他面これらの勇敢なる在住民はイスパニヤ人の外征や内乱鎮定にあたっては、却ってこれを援助して、同地の軍事上に常に重要なる役割を果した。

一五九六年一月十八日(文禄四年十二月)、司令官ガリナトの統率する三隻の柬埔寨救援隊はマニラより出征したが、乗組の日本人兵員は柬埔寨において武勲を建て、[12]翌々一五九八(慶長三)年九月十七日、ルイス・ダスマリーニャスが再び柬埔寨遠征を企てし際にも、その艦隊には在住日本人中より雇傭された者もあった。[13]また一六一五(元和元)年末総督シルバが大小十五隻より成る遠征隊を率い、オランダ艦隊と対抗して、モルッカ諸島よりマラッカ近海にわたって転戦した時の如きは、マニラ在住日本人中より五百名の多数が従軍したが、[14]この時総督シルバが、従軍僧六名中、

特に日本人教父一名を加えたのは、[15] かかる多数日本兵操縦のための周到なる用意より出たことと思われる。またこの頃オランダ艦隊のマニラ湾封鎖を防禦するために編成された艦隊には、日本兵ならびにパンパンゴ兵(Pampango)七百名、及びイスパニヤ兵五百名、合計一千二百名が乗組んだ。[16]

かようにして日本町の住民は数次の外征に従軍したが、その内乱鎮定に際しては特に偉功を建てた。一六〇三(慶長八)年十月四日に至り、かねて不穏の計画ありしパリヤンの支那人の暴動が勃発したが、イスパニヤ人は容易にこれを鎮定する能わずして、同六日に日本人四百人の援助を得て、支那人千五百名と糧食を焼いて先ずその気勢を殺ぎ、翌日軍司令官ガリナト指揮の下に、イスパニヤ人狙撃兵百五十名と日本人五百名出動して支那人千人を斃し、パリヤンを焼き払ったので、彼等もついに退却してサン・パブロ邑(San Pablo)に遁入した。次いで同月十八日より軍司令クリストバル・デ・アスケタ(Christoval de Asqueta)の率いるイスパニヤ狙撃兵二百二十名、日本人四百名、その他パンパンゴ人、モロー人、黒奴等二千五百名は、連日暴徒を追撃して数千人を殲滅して、十一月十二日に全く平定してマニラの危機を救った。[17]

その後一六三九(寛永十六)年十一月に更に大規模な支那人の叛乱が勃発したが、当時彼等のパリヤンに在住する者三万五千人、地方にある者一万余人に上り、マニラの守備隊は僅かに歩兵三十名、騎兵三十名、日本兵五十名、及び土着民兵七十名にして、叛乱はますます拡大し、ついに翌年三月半ばに至り辛うじて鎮定することを得た。この暴徒討伐に当っても、在住日本人の従軍する者少なからず、同年十二月二日の戦闘には、日本人百名もイスパニヤ軍を援けて奮闘し、あるいはマニラの外港カビテの城塞を防戦してしばしば武功を建て、若干名の戦死者を出したが、結局支那人の殺戮される者二万三、四千人の多きに及んで叛乱は全く平定された。[18]

一六六〇(万治三)年十二月より翌春にわたるパンガシナン地方の土着民の叛乱にも、ディラオの日本人は出征し、[19]

翌々年六月台湾鄭氏の来襲に備えて、同地の軍備を強化した時には、イスパニヤ人、パンパンゴ人、解放奴隷、及び日本人を以て強力なる一軍を編制した[20]。当時既に鎖国を去ること約三十年にも及んでいるが、日本町の住民は、かようにしてイスパニヤ人治世の初年より終始群島の軍事的方面において大いに活動している。

（1）Phil. Isls. Vol. III. Artieda. Relation. op. cit. p. 204.
（2）Phil. Isls. Vol. V. Letter from Peñalosa. op. cit. p. 27.
（3）ibid. p. 197.
（4）Phil. Isls. Vol. XIII. Letter from Fray Miguel de Benavides, and others, Complaints against the Chinese. 5 Feb. 1605. p. 280.
（5）ibid. Trade between Nueva España and the Far East. ca. 1617. p. 62.
（6）ibid. Aduarte, Diego. Proposal to destroy Macao. 1619. p. 195.
（7）Morga-Retana. op. cit. p. 226.
（8）Colin-Pastells. Tomo III. pp. 24–25.
Concepción. Tomo IV. pp. 103–104.
Morga-Retana. op. cit. p. 166.
（9）Morga-Retana. loc. cit.
この事件の日時を明記した記録はないが、総督アクーニャのモルッカ諸島遠征中なれば、同年二月より五月末日までの間の事件であらねばならぬ。
（10）『増訂異国日記抄』五―六、九頁。『異国日記』前掲、三頁。『通航一覧』(刊本、第四、五七五頁)。
（11）Phil. Isls. Vol. XVIII. Coronel. Reforms. op. cit. p. 313.
（12）Morga-Retana. op. cit. pp. 37–41; Aduarte. Historia. pp. 189–196; Cabaton. Relation. op. cit. pp. 15–18.
（13）Morga-Retana. op. cit. pp. 82–83; Aduarte. Historia. pp. 211–213. 出征の日はモルガによれば六月十五日にして、アドワルテには九月十七日となっているが、当時総督テリョの報告にも九月半ば頃とあるから(Phil. Isls. Vol. X. p. 299.)後者の方が正しいであろう。

(14) Phil. Isls. Vol. XVII. Expedition against the Dutch. op. cit. pp. 256–261, 272–279; Colenbrander. Coen. Bescheiden. op. cit. Vol. I. p. 180.
(15) Velarde, Pedro Murillo. Historia de la Provincia de Philipinas de la Compañia de Iesvs.……desde el año 1616. hasta el de 1716. Manila. 1749. fol. 2.
(16) Bocarro. Decada 13. op. cit. II. p. 663.
(17) Phil. Isls. Vol. XIV. Maldonado, Miguel Rodriguez de. True relation of the Sangley insurrection in the Filipinas. Sevilla, 1606. pp. 123–132; Morga-Retana. op. cit. pp. 148–156; Argensola. Conquista. op. cit. pp. 316–334.
(18) Retana, W. E. Aparato Bibliografco de la Historia General de Filipinas. Madrid. 1906. Tomo I. pp. 122–125. Phil. Isls. Vol. XXIX. Relation of the insurrection of the Chinese. March. 1640. pp. 216–249.
(19) Phil. Isls. Vol. XXXVIII. Insurrections by Filipinos. p. 167.
(20) Phil. Isls. Vol. XXXVI. Relation of the events in the city of Manila. 11 July 1663. p. 237.

二　日本町在住民の経済的活動

既にしばしば述べ来たったように、日本人の呂宋島進出は、その初期においては、支那沿海を劫掠した倭寇とほぼ同型に入るべき半ば侵寇的な貿易船にして、中には支那人と協力せる者もあり、渡航先も未だほとんど北方のカガヤン、イロコや、パンガシナン方面に限られ、土着民との接触を主として、その掠奪取引の対象も、黄金や鹿皮やその他の土産品であった。従ってイスパニヤ人の日本船貿易に関する情報も、ほとんど間接的に過ぎなかったが、天正十二年の呂宋船平戸入港によってマニラの繁栄を知った日本人は、今や全く北呂宋を見捨て、年々マニラに入港し、ついに同地にはわが同胞の滞在する者も増加して日本町が発達した。

日本船の呂宋交通貿易については、既に岡本良知氏の詳細なる研究や[1]、近くはアンリ・ベルナール氏(Henri Bernard S. J.)の新研究もあるが、(2) 呂宋船の平戸入港の翌々一五八六年には、早くも長崎の大村船がマニラに入港したが、(3)この年六月総督デ・ベラが国王に呈した書翰中に、

　彼等は平和に来航した最初の日本人等である。(4)

と述べ、従来近海に出没する日本船の侵寇的なるに対して、今や専ら通商を目的とする平和的な日本船の来航を特報しているが、翌々一五八八年六月二十五日付司教サラサールの書信にも、

　また二年以来、日本やマカオや、その他の地方から、商品を積んだ私人の船が、マニラにおいて交易するために来航する。(5)

とあって、この頃を一転期として日本商船のマニラ入港の開始したことを伝えているが、また諸記録文書によるも、管見の限りでは、天正十四年の大村船以前の商船のマニラ入港は全くなく、却ってその後頻出してくる。今迄述べたところにより、事例を拾ってこれを左に列挙すれば、

(日本船マニラ入港年次)		(隻数)	(備　考)
天正十四年	一五八六年	一	長崎の大村船。
同　十五年	一五八七年	二	平戸の松浦船、ホアン・ガヨ船(?)。
同　十七年	一五八九年	二	暹羅渡航船、吉利支丹三、四十人便乗船。
同　十八年	一五九〇年	一	原田喜右衛門、同孫七郎船。
同　十九年	一五九一年	一	原田船。
文禄　元年	一五九二年	二	長崎の了陳船、原田孫七郎船。
同　二年	一五九三年	三(四?)	原田喜右衛門船、外二隻。

同　三年　一五九四年　三　薩摩船三隻(納屋助左衛門便乗船ならん)。
慶長　二年　一五九七年　六?　加藤清正船、外数隻(カルレッチ便乗船、六月長崎に帰着)。
同　四年　一五九九年　九　(外に侵寇船七隻、合計十六隻呂宋に渡航す)。
同　五年　一六〇〇年　二(五?)　山下七左衛門船、外一隻(途中三隻離散)。
同　六年　一六〇一年　五?　薩摩の喜左衛門船等数隻。
同　七年　一六〇二年　二　喜左衛門船、家康使節七郎船。

この期間は、ちょうど秀吉の呂宋島遠征計画、サン・フェリペ事件、日本人追放など相次ぎ、彼我当局の関係は極度に緊張悪化したに拘らず、日本船はほとんど連年マニラに入港して、移住日本人も逐年増大した。即ちかかる上層の悪気流にも拘らず、日本船の渡航貿易は、天正十四年より、徳川幕府の朱印船創設に至るまで完全に連接している。この現象はもとより日本人南洋発展の一般的動向と、土着民とイスパニヤ人を対象とする日呂貿易の発展にもよるが、その主因はむしろ他にあったようである。

当時の日呂貿易の一般的な状態は、モルガの著書に詳述されている。即ち

若干の日本人及びポルトガル人商人も、また毎年北風に乗じて十月末と五月末に日本の長崎港から来航し、いずれも同様にマニラに入港碇泊する。その船荷は、マニラに供給する良質小麦粉と非常に珍重される塩漬の肉である。彼等はまた色織を混ぜた美事な絹織物、美麗に装飾した屛風、あらゆる種類の刃物類、幾組かの甲冑、槍、刀、その他精巧なる武器類、硯箱、箱、模様入り漆塗の小函、綺麗な玩具、特に新鮮な梨、樽や箱詰のよき塩漬の鮪、フィンバロ(fimbaro)という美声の雲雀を入れた鳥籠、その他の雑貨をもたらす。これらの交易にあたって、ある売買は、それらの船から課税を徴収せずして行われる。船荷の商品は、この地方にても需要があるが、中には

ヌエバ・エスパニヤに輸出される貨物もある。価は一般にレアル貨で支払われるが、日本に銀があるから、彼等は支那人の如く銀貨に執着しない。彼等は日頃多量の銀を延板の形で商品として持って来て適当の値で売払う。彼等の商品は六、七月の貿易風の候に日本に帰航する。彼等はマニラから、支那の生糸、金、鹿皮、蘇木等より成る商貨を搬出する。また蜜、蠟、棕櫚、カスチリヤ葡萄酒、麝香猫、茶を入れる壺(tibor)、鏡、反物、その他イスパニヤの珍貨を持去る[6]。

とあるが、また日呂貿易の隆盛期における同地の交易状態を記した『日本異国通宝書』や『日本長崎より異国江渡海の湊口迄船路積』などの記事によっても、

呂宋国内 九百七十里
一まんえいら
此所南蛮人城を取居申候。大明人も城下に商売の為に居申候。大明の代物、糸、巻物。南蛮の物には、らしや〔羅紗〕、しやう〳〵ひ〔猩々緋〕は〔と?〕、あの地に有之物は、鹿皮、せうりうきうと申すわう〔蘇枋〕、砂糖、水牛の角等、他国の物ふどう酒、珊瑚珠色々参候。日本より持渡候物は、小麦粉、銅、鉄、所帯の道具、蒔絵の類、扇子、紙、帷子、やくわん〔薬罐〕、据風呂、小刀、はさみ〔鋏〕、食物の類也[7]。

と記してあって、その交易商品の種類はモルガの記載とほとんど一致している。

これらの貿易品中、日本から輸出される貨物は、貨幣的商品なる銀を筆頭として、食料品、武器類及び雑貨類であったが、日本船の帰航に買入れた商品は、支那品、土産品、及びヨーロッパ品に大別できる。そのうちヨーロッパ製品は、もとより当時の貿易中の一小部分を占めたに過ぎまいと思われるが、土産品は初期呂宋渡航日本船の主要なる対象なりし如く、既に鹿皮についてはこれを記し、金については小葉田淳博士の研究があり[8]、壺についても他の機会に

述べたこともある。[9] 而してこれらの貿易品の劈頭に掲げられた支那産の生糸や絹織物に関しては、一五九五(文禄四)年に教父ジェロニモ・ジェズス(Jerónimo Jesús)が総督ダスマリーニャスに送った書信中に、

マカオの人々は、日本船がしばしばマニラに赴き、その地から生糸及びその他の商品を持ち帰らんと欲して、その結果彼等の舶載する品々の値が下落するを見て、これを妨害せんと大いに努め、陛下に対して、その事が正当なりや、はたまた日本人に対する当然の権利を妨ぐるものなりや否やを訴願せんとした。日本人は直ちに殺されるので支那に行く能わずして、マニラに赴くが、同地では結ばれた平和にもとづいて、閣下の言の如く甚だ好遇される。[10]

と報じて、支那の厳重なる海禁を避け、転じてマニラに渡航する日本船が、同地より支那船の舶載する生糸等の商品を積み帰り、ポルトガル人の日本貿易を圧迫して、彼等の利益が漸次低下減少することを伝えている。また一五九八(慶長三)年六月八日、モルガのしたためた「フィリッピン諸島現状報告」第五十四条には、

日本人は、帰帆にあたって、日本に輸送すべき商品なる生糸と黄金の積荷を手に入れようと欲する。しかし生糸の値段が騰貴するから、イスパニヤ人の買入れがすむまで、これを許可すべからず。[11]

と述べて、ついに日本船のマニラ港における生糸大量買付けの結果、同地の生糸相場が騰貴することを訴えているが、一六〇四(慶長九)年七月十五日付、総督アクーニャが国王フェリペ三世に呈した書翰にも、

臣等は、日本皇帝ならびにその家臣等と友好を保っているが、彼等は貿易に来航して、麦粉、塩漬の肉、鮪、釘、鉄、武器、及び他の商品を持来たって売却して利益を挙げているが、彼等の帰航には、従来常に行っているように鹿皮と支那商品を積込んで帰る。[12]

と記して、当時日本船マニラ貿易の商品が、主として生糸、絹織物等の支那産品と、黄金、鹿皮の土産であったこと

は明らかである。

この頃支那船のマニラ貿易はいよいよ隆盛にして、漳・泉の商船は年々少なくとも三、四十隻、ほとんど日本商船の碇泊と期を同じくして来着し、各種の生糸や絹織物等の夥しき支那製品をもたらした。(13) ここにおいて明末の海外通の聞え高き徐光啓の卓抜なる「海防迂説」中にも、

我辺海亦真実戒厳、無ニ敢通レ倭者一。既有レ之亦眇少商販、不レ足レ給ニ其国用一。于レ是有ニ西洋番舶者一、市ニ我湖糸諸物一、走ニ諸国一貿易。若ニ呂宋一者、其大都会也。而我閩浙直商人、乃皆走ニ呂宋諸国一、倭所レ欲レ得ニ于我一、悉転ニ市之呂宋諸国一矣。(14)

と述べて、支那船のマニラ貿易の発展を以て、全く日本の需要に応ずる生糸の仲継貿易の躍進にもとづくと喝破し、また明末外交事務を鞅掌せし茅瑞徴や、史官陳仁錫もひとしく、この変態的な日支貿易の発展について、

呂宋国在ニ東洋中一、国甚小。……其地去レ漳近、故多ニ賈泊一。今附ニ香山濠鏡澚一貿易。而中国通レ倭者、率闌入ニ呂宋一以為レ常。(15)

と記している。語句簡単なれども、けだし当時の実情を直截明快に説き得てあまりなく、交趾における日支貿易の発展を記した何喬遠の語と共に、わが南洋貿易の本質を穿った至言であろう。

かの日本町人口の急激なる膨脹も、また正にかかる貿易の動向に追随したものにほかならぬ。モルガもまた、

この島の多数の居留民は商人及び事務員から成っているが、これは夥しき商品が、土産以外にも、支那、日本、モルッカ、マラッカ、暹羅、柬埔寨、ボルネオ及び他の地方からも同地にもたらされるからである。彼等はこの商品に投資して、毎年これをヌエバ・エスパニヤに航する船にて輸出し、また時には日本にも差向けるが、同地にては生糸から多額の利益が挙げられる。(16)

と記して、マニラ居留外人数の増大を以て、全く同地を中心とする対外貿易の殷賑にもとづくとなし、かつ同地より日本へ輸出する生糸貿易の特に有利なることを指摘している。即ち日本町の居留民も、またもとよりかくの如く主として生糸等の取引に従事する商業移民が、その主要構成員なりしことは否めまい。既に一五九二年、始めて日本人をマニラ市外の一定地区に移住せしめんと軍務当局の発した指令中には、

　市内に在住せる多数の日本人商人に対する不安を除去するため、彼等の武器を悉く皆押収して後、彼等に市外の居留地、即ち一定地区を指定して、同地に居住して商貨を販売せしむべし。[17]

とあり、当時マニラ在住日本人の大部分が商業移民なりしことを伝えているが、教父コリンもまた

　当時この国民のすべては、マニラ市壁外ディラオの邑に住み、店舗を構えていた。[18]

と述べ、また前に引用した検察官ギラールの書記の一六〇六（慶長十一）年六月十七日「日本町訪問覚書」には、

　日本人のパリヤンは支那人のパリヤンの河岸の反対側にあり、同所にある日本人の店舗を数えると、住家と長屋のほかに、九十一軒の店舗があるようだ。[19]

とあって、ディラオの日本町には多数の商業移民が在住しその店舗が開かれていた。

日本船や支那船は、ほとんど時を同じくしてマニラに入港碇泊し、マニラ市外サン・ガブリエルの支那人市場町パリヤンとディラオの日本町とは、僅かに一投石の間隔を以て相隣していたから、貿易期においては、両国民の間に、支那産の生糸絹織物を中心として、あるいは港中において、あるいは両居留地間において、必ずや活潑なる取引があったことは想像に難くない。再びモルガの記すところを引けば、

　多数の商船が、支那や日本、モルッカ、ボルネオ、暹羅、マラッカ及び印度等から、彼等の商貨と貿易品を積載してマニラの港と河に集まる。彼等は当市においてこれを売却し、全群島及び彼等の居留地を相手に取引する。[20]

とあるもこの間の消息を伝えたものである。その後一六〇七(慶長十二)年の日本人叛乱の時には、軍司令クリストバル・デ・アスケタにそのパリヤンを焼払われ爾後の営業を一時禁ぜられたこともあった。[21]

かくの如きマニラを中心とする日支貿易の発展は、必然的に同一貿易品たる支那の産物を取扱う同地におけるイスパニヤ商人の貿易、殊に彼等の生糸の重要取引先なるヌエバ・エスパニヤ貿易を圧迫して、政庁はその対策に腐心し、既にモルガは一五九八(慶長三)年六月に、日本船の帰航にあたりマニラで多量の生糸を買付け、自然生糸相場が騰貴するため、先ずイスパニヤ人の買入れがすむまで、これを許可すべからざることを上申したが、[22]その後一六〇二(慶長七)年に、日本船の来航を毎年六隻に制限し、一六〇八(慶長十三)年には、更に四隻に制限したのも、一には来航日本人の不穏を未然に防止すると共に、一には彼等の貿易の発展に制圧を加えたにほかならぬ。而して更に翌一六〇九(慶長十四)年七月二十五日には、

フィリッピン諸島より日本への貿易、通商及び航海は、当諸島の市民によりて経営さるべく、日本人の当諸島に来航することを許可すべからず。[23]

なる厳令が発布されたが、その実施の有無は頗る疑わしく、当時マニラに麦粉等の食糧品を主として供給したのは日本人にして、朱印船は依然として年々同地に入港した。

日本船のマニラに舶載する商品に対しては、初期においては、貿易奨励の建前から、輸入税を課することを差控え、殊に一五八九年には、日本ならびに他の東方各地から輸入する食料品、弾薬、及び原料品に対して課税せぬように勅令が出たほどであったが、[24]その後漸次イスパニヤ商人保護のため、日本船の貿易制限を強めると共に、これに対しても支那船と等しく、輸入税を課すようになったらしく、教父ペドロ・チリーノは、セブー島に設立されたイエズス会の修道院の維持費にこれを充当せんことを請願して、一六〇七(慶長十二)年五月に許可されている。[25]彼等の船載品の

一部は前述の如く、日支人間や、あるいは彼等の居留地にても取引され、また一部は同市の官設販売所あるいは官設倉庫(Reales Almacenes)とも称すべき所にて、イスパニヤ人に売渡された。例えば一例を、ドン・ヘロニモ・デ・シルバ(Don Geronimo de Silva)の要請にもとづいて、一六一八(元和四)年八月二日、会計官フランシスコ・ロペス・タマヨ(Francisco Lopez Tamayo)の作成した日本人に対する売却商品代価支払証書に取れば、

第十三号文書。ルイス・メロ(Luis Melo)、及びその他の日本人に支払をなせる際の、会計官の他の証明書。

…………………………………

当群島の国庫会計官フランシスコ・ロペス・タマヨは、上司の命令履行にあたり、次の如く証明す。――一六一六年七月三日より同年十二月までの国庫支払中、第二期計算書中において、雑書類の第三九六葉に、諸項目の日付の間に、次の如き内容の計算事項見えたり。

一六一七年七月六日。日本人ミゲル・イロヤ〔糸屋カ〕(Miguel Iloya)に対し、本年種々の異なれる値段で、当市の官設販売所に納入せし鉄、及び硝石の代価として普通の黄金にて支払いし一千一百九十四ペソ二トミン四グラノ…………一一九四《ペソ》　二《トミン》　四《グラノ》

日本人セバスチヤン・ショウモン〔庄右衛門カ〕(Sebastian Ciomon)に対して、本年このマニラ市の官設販売所に納入せし小麦粉百五十袋、及び日本製ビスケット二十五チナハ(tinaja)の代価、一チナハに付三ペソ、一袋に付三ペソの割にて、普通の黄金にて支払いし五百二十五ペソ…………五二五《ペソ》　○《トミン》　○《グラノ》

日本人レオン・孫兵衛(Leon Mangobeo)に対して、当市の前記の販売所に納入せし銅の値段、一ピコルに付二ペソ二トミンの割にて前記の黄金で支払いし六百七十ペソ二トミ

ン六十九グラノ……………………六七〇《ペソ》　二《トミン》　六九《グラノ》

一六一七年七月六日。日本人甲必丹ルイス・メロ(Capitan Luis Melo)に対して、一六一六年日本帝国において遭難した水夫六人の救済に給与して、その請取書も覚書に記帳されている棒銀百七十三本の代価を、一本に付十レアルの割にて、普通の黄金にて支払いし二百十二ペソ四トミン……………………二一二《ペソ》　四《トミン》　〇《グラノ》

甲必丹ルイス・メロに対して、当市の官設販売所に納入した商品の代価より、一六一六年に船の装備のためカビテにて彼に交付せし物品の代価七十ペソを差引いて、普通の黄金にて支払いし六百二ペソ四トミン九グラノ……………六〇二《ペソ》　四《トミン》　九《グラノ》

日本人甲必丹ルイス・メロに対して、彼が自費で日本にて購入し、同地より陛下の勘定としてもたらして、当地の国庫より種々の値段で支払うべき各種商品の代価一万六千六百四十三ペソ六トミンに対し、普通の黄金で支払いし九千六百八十五ペソ……………九六八五《ペソ》　〇《トミン》　〇《グラノ》

この証明書に含まれたる六項目は、普通の黄金にて総計一万二千七百八十九ペソ五トミン十一グラノに達す。この請願書及び命令の不変なることを、一六一八年八月二日フィリッピン諸島マニラ市にて、証明書において断言す＝この証明書の記すところによって、原請願書ならびに令状は、会計官たる予の保管にあり＝前記フランシスコ・ロペス・タマヨ作成す。(署名)……

総計　一二、七八九《ペソ》　五《トミン》　一一《グラノ》[26]

とあって、日本人がマニラに舶載せし小麦粉の食料品や、銅、鉄、その他硝石等の軍需品や他の諸商品を同地の公設販売所において売却した数量価額と、その代価として特に支払いを受けた金の量は、年々相当多大なものではなかっ

たかと思われる。右の勘定は主として一六一六年度の取引に関しているが、翌一六一七(元和三)年八月十日付、アンドレス・デ・アルカラース(Andrés de Alcaraz)がマニラより国王に呈した書信中には、同年呂宋に国庫よりの支給なく政費涸渇して、甲必丹や日本人及び支那人商人の納入せし布地やその他の軍需品に対して支払うべき二万三千ペソを、未だ決済し能わざることを報じているが、(27)右の甲必丹とは前述のルイス・メロなるべく、同年もまた彼等日本人商人が多額の商品をイスパニヤ人に販売したのであろう。また元和七(一六二一)年酉年二月六日、呂宋船積帳を点検しても、総額銀子三十二貫三百五十六匁の積荷中に、

一　麦粉　　九四七俵　　一〇貫、七〇五匁

一　ひすからと壺　　四九、九〇〇斤　　一二、五五八

のほか、しび樽、味噌樽、大豆、油壺、ぶたの足等の食料品がその大部分を占め、他に鉄、ゑんせう桶、木綿、かたひら櫃、かけ硯などの諸商品あり、麦粉の如きは、全積込量の約七割にあたる六三三俵が、日本商人の計算による積荷であった。(28)

マニラを中心とする通商貿易関係のかかる日本人商人等は、既に縷述せし如く、主としてディラオの日本町に在住し、後に渡来した右近一行の専ら信仰生活を求めた一部の人々は、サン・ミゲルの部落に移住したが、その他同市の近郊に散在する者もあった。一六二一(元和七)年八月、教父セラーノが国王に呈した宗務報告に、

日本人伝道とその教化人員数。サンチャゴ(Santiago)の教区教会、及びマニラの郊外にあるディラオとサン・ミゲル邑、ならびにカビテ(Cavite)の一部において、当群島に留住せる多数の日本人が監督を受けている。中には結婚せし者もあるが、彼等は自国との間を来往して、その数に定まりないけれども、目下キリスト教徒は一千五百名以上いる。(29)

とあって、日本人町二カ所のほかに、マニラの外港カビテにも在住する者があった。而してかつてモルガも言えるように、彼等は一般に永住的傾向少なく、その数浮動して定まりなきことを指摘している。カビテ在住日本人については、その後一六二五(寛永二)年に、その知事アンドレ・ペレス・フランコ(Andre Perez Franco)が、同地の日本人店舗から毎月一レアルを強制徴収して訴えられたから、[30] 彼等も商業関係の移住民に違いない。

かつて同地に渡航した川淵久左衛門の『呂宋覚書』によれば、

一　カベイタと申所有之候。城あり、侍分の者居申候。

一　此辺に町屋あり、所の者、日本、唐人打まじり、みせを出し居申候。

一　マネイラ城外の町やは、大形かや屋、かやかべ也。カチヤンと申かや也。

一　町は城の出口に番所コイと申町有、又其次にかや家作りの町屋御座候、日本人、唐人打まじり商売仕居候。大なる石の家二、三間も有之候。

一　又城の出口二、三町のき唐人町有、ハリヤンと申所なり、商売仕唐人十二、三万有之由承候、此辺に大なる寺あり。

一　城外に引のきデウと申町有、長屋作に致し借屋あり、日本人、モウル人打まじり見せ出し居申候。二、三間作りのかや屋、方々あまた御座候。町はずれに大なる石の寺あり。

一　……マネイラの内、サミゲルと申所に高山右近殿子息居被申候。年二十四、五計の能き若き人にて有之候。衣裳はマネイラ人の衣裳也。

一　マネイラ城内に居申候者は皆侍也。……あきなひ物持行ば城の内へも心安く行、但し手形なければ出入ならず、ハンコイに出る口に改番所あり。唐人の居申候ハリヤンと云所にも改番所あり。商物持行けば、侍共の女房など出て見る也。時により奥までも呼也。但右の二所の番所は則城より出る門なり。[31]

とあって、彼はマニラ市外に日本人の在住地四カ所を挙げている。いずれも町並の家屋はほとんど茅葺壁の粗造なる建築にして、彼等の多くは商業を営んでいたようである。「カベイタ」とあるは、先に二例を挙げた港町カビテにして、同地の日本人は支那人と雑居して店舗を開き、「唐人町ハリヤン」とは、サン・ガブリエルの支那人パリヤンにして、「城外に引のきデウと申町」は、言うまでもなくディラオの訛誤にして、彼の見聞によれば、日本町にモロー人の商店も雑居していた。「サミゲル」はサン・ミゲルにして、彼の渡航した寛永七、八年頃には高山右近の子が生存している。以上三地の日本人在住地のほかに、「城の出口に番所コイと申町有」ることを記しているが、また彼はこれと同一地点と思われる所を「ハンコイに出る口に改番所あり」、支那人区パリヤンに出る改番所と共に「右の二所の番所は則城より出る門なり」と記している。当時マニラ市の城壁より外部に通ずる陸路の二道なりしことは、モルガもこれを述べている。即ち一は城壁の東方の出口よりパリヤンに隣接するサン・アントン(San Anton)を経て海岸に沿い南方マーラット(Mahalat-Malate)に通ずる路にして、[32]その後約七十年を経過したイグナシオ・ムニョスのマニラ市ならびに近郊地図によるも、市の城門はやはり東に13パリヤンに至る門と、南に17バグンバヤンに至る二門ありて、南門外には n サンフランシスコ会の修道院あり、引続いて m バグンバヤンの邑が描いてある。[33]しからば『呂宋覚書』にて、唐人パリヤンの改番所と併記された「ハンコイに出る口」の改番所、または「城の出口に番所コイと申町有」と言うは、南方城門のことなるべく、門外にあるハンコイまたは番所コイの町は、正しくバグンバヤンの土着民部落であらねばならぬ。即ち現今のルネータ(Luneta)及びウォーレス・フィールド(Wallace Field)の地域にあたり、同地にも日本人は支那人等と共に雑居して店舗を構えていたのである。

即ち日本人移民は、マニラ市の近郊にあってはディラオとサン・ミゲルに多数在住聚落を作り、特にディラオの日本町には彼等の商店相並び、他にバグンバヤンとカビテには土着民や支那人の中に雑居して店舗を開く者ありて商業方面に活躍したが、彼等の中には労働に従事する者もあった。既に一五九二(文禄元)年に総督ダスマリーニャスがマニラ在住日本人を市外の指定地に移住せしめると同時に、

日本人召使に対して取るべき手段も考慮せざるべからず、けだし、当地には彼等は非常に多数にして、われらの住宅にも、市内にも自由に出入することを許されたれば、この危局に直面して彼等は放火あるいは類似の災害を醸すやもはかられず。(34)

なる指令を市会に下し、当時イスパニヤ人の家庭の雑用に使傭された日本人の多数ありしことを指摘しているが、その後一六〇九(慶長十四)年五月二十六日に発布された「フィリッピン人の課役に関する法令」には、

フィリッピン諸島においては、土人は幾人たりとも決して公私の用務のため、徭役を課すべからず。国庫に関する森林伐採、小舟の操漕やその他この種の公事及び公衆の利益のためには、当マニラ市にて随時必要なだけの支那人及び日本人を(従来同様に)雇傭すべく、彼等の労働に対して適当な賃銀を支払えば、これらの公事に従事せんと欲する者は彼等の中に十分人数あり。マニラにおいて土人の群集することを避けるために、被傭を望む者の中から選傭し得べし。徭役が避け難く、かつ支那人と日本人が、これら公事に実際必要なだけを十分満たすことを好まざるか、またはなす能わざる時には、総督は土人が自由自発的に公事を助力し得る程度を考慮して彼に好都合なる手段を採用すべし。しかし自発的労働者なき場合は、始めてただ次の条件によってのみ、土人をこれらの公事に強制することを許可すべく、決して他の場合にはあるべからず。(35)

とあって、在留日本人中には支那人と共に、「従来同様に」しばしばイスパニヤ人から、公私の工事にあたって徭役を課せられて、若干の賃銀を取得する者もあった。

かくてマニラ在住日本人は、同地の商業方面と労働方面に活動したが、元・寛の交、彼我の交通貿易が杜絶して、日本人は多数帰国し日本町はさびれるにつれ、彼等の活動も急激に萎微したことは想像に難くない。しかもなおこの方面における残留日本人活動の管見に上りしものを拾えば、一六三二(寛永九)年十月十四日付、台湾長官ハンス・プットマンス(Hans Putmans)から東印度総督ヤックス・スペックス(Jacques Specx)に致した報告によれば、暹羅より同地に入港した一蘭船の情報を録して、

前記の蘭船の按針士の語るところによれば彼等が同地を出帆せし時、一日本船がマニラから蘇木その他の雑貨を積んで来船したが、日本に到る航海を続けることができないので、同地に滞留して北風を俟っていた。[36]

とあるが、『台湾オランダ商館日記』同月十六日の条には、日本人及びその混血児六人支那人三十人乗組める一ジャンク船が、蘇木三万斤、砂糖四千斤、その他に鹿皮を積んで、呂宋のパナシラン〔パンガシナン?〕(Panasilang)から同地に入港したことが記してあり、[37]『東埔寨オランダ商館日記』一六三七(寛永十四)年三月十五日の条には、マニラから約百トンのジャンク船が同地に入港し、支那人二十人、日本人八人の商人船客、及びイスパニヤ人按針士二人乗組み、鹿皮三千枚と現金をもたらして象牙、安息香、漆等を購入したことが見え、[38]移住日本人はマニラより近隣の暹羅、東埔寨、台湾に貿易のため時々渡航している。また東京の事情を詳報したオランダ商館員ヤコブ・カイゼル(Jacob Keijser)の一六五三(承応二)年十月二十四日付の書信によれば、これより先同年三月二十二日に、ペドロ・デ・ベルガス(Pedro de Vergas)のジャンク船が、マニラより同地に来航したが、船中には貧窮せし日本人五人、黒人七、八人、及びパンパンゴ人等乗組めることを記し、[39]また翌年十一月十八日付ルイス・イザーク・バファールト(Louys Jsaack Baffaert)の書信によれば、東京在住日本人の有力者和田理左衛門が、呂宋の新総督から、東京マニラ間の航海貿易協定の締結を乞われて、理左衛門はこのために新造船をマニラに派遣せんとすることが報ぜられ、[40]翌々一六五六(明暦二)年二月一日付「東印度

総督府一般行政報告」によれば、マニラより東京に入港したジャンク船の船長按針士共に同地に客死し、理左衛門が代って同船に商品を積み込みマニラに派遣して、東京におけるオランダ人貿易の著しく不利なるべきことが報じてあって、(41) マニラを中心とする日本人の経済的活動は、鎖国後においても種々なる形式と経路によって相当永く存続した。

(1) 岡本良知「一五九〇年以前に於ける日本とフィリッピン間の交通と貿易」(『史学』一四ノ四)。
(2) Bernard, Henri. Les Débuts des Relations diplomatiques entre le Japon et les Espagnols des Isles Philippines (1571–1594). (M. N. Vol. I. No. I. pp. 99–137.)
(3) Pérez. Origen de las Missiones Franciscanas. op. cit. pp. 217–218. Nota. (1).
(4) Colin-Pastells. Tomo I. p. 358. nota; Pastells. Historia. Tomo II. pp. CXCVIII–CXCIX.
(5) Pastells. op. cit. Tomo II. p. CCCXVII.
(6) Morga-Retana. op. cit. p. 219.
(7) 『日本異国通宝書』(『外国異聞』所収)。
総持寺別院『南瞻部州世界図詞書』、『日本異国渡海之湊口迄船路積』。
藤田元春「黎明期の世界図」(『歴史と地理』三一ノ一、九二頁)。
(8) 小葉田淳「比律賓の金銀」(『南方土俗』二ノ二)。
(9) 拙稿「呂宋の壺について」(『南方土俗』三ノ二)。
(10) Colin-Pastells. Tomo II. p. 691.
(11) Morga-Retana. Escritos Inéditos. op. cit. Num. 6. p. 252.
Phil. Isls. Vol. X. Morga. Report. op. cit. p. 84.
(12) Phil. Isls. Vol. XIII. Letter from Governor Pedro de Acuña to Felipe III. 15 July 1604. p. 227.
(13) Morga-Retana. op. cit.
Phil. Isls. Vol. XVIII. Trade between Nueva España, and Filipinas with Macao and Japan. ca 1617. pp. 58–59.
本報告はフィリッピンを中心とする日支間の生糸貿易の動向を詳述してあるが、日本における支那生糸の利益特に大にして、年々漳州商人がマニラに舶載する生糸が日本に向け転売されることが記してある。

(14) 陳子竜『皇明経世文編』巻四百七十。徐光啓『徐文定公集』四。
(15) 茅瑞徴『皇明象胥録』巻五、呂宋。陳仁錫『皇明世法録』巻八十二、呂宋。
(16) Morga-Retana. op. cit. Vol. II. p. 176.
(17) Phil. Isls. Vol. VIII. Precautions. 1592. op. cit. p. 285.
Pastells. Historia. Tomo III. p. CCXXXVI.
(18) Colin-Pastells. Tomo III. p. 24.
(19) Pastells. Historia. Tomo V. p. CII.
(20) Morga. Vol. II. p. 146.
(21) Colin-Pastells. Tomo I. p. 211.
Concepción. op. cit. Tomo IV. pp. 109–110.
(22) Morga-Retana. Escritos Inéditos. op. cit. p. 252.
(23) Recopilacion de leyes. Tomo IV. pp. 123–124.
Phil. Isls. Vol. XVII. p. 50. Laws regarding Navigation and Commerce. op. cit.
(24) Phil. Isls. Vol. VI. Letter to Felipe II. Santiago de Vera. Manila. 26. June 1587. p. 305.
(25) Phil. Isls. Vol. VIII. Grant to the Jesuit Seminary at Cebú. Pedro Chirino. pp. 251–252.
(26) Colin-Pastells. Tomo III. p. 665.
(27) Phil. Isls. Vol. XVIII. Letter from Andrés de Alcaraz to Felipe III. Manila. 10 Aug. 1617. p. 53.
(28) 『通航一覧』(刊本、第四、五九一—五九二頁)。この積荷表は、一覧の編者も指摘せる如く、算数合わざる点がある。
(29) Phil. Isls. Vol. XX. Letter from the Archbishop of Manila Fray Miguel Garcia Serrano to Felipe III. Aug. 1621. pp. 232-233.
(30) Paske-Smith. Japanese in Philippines. p. 708.
(31) 『呂宋覚書』(『海表叢書』巻六、二—四、八—九頁)。

(32) Morga-Retana. op. cit. p. 202.
(33) Muñoz. Descripcion Geometrica. op. cit. [Archivos de Indias, 68-1-44.]
(34) Phil. Isls. Vol. VIII. Precautions. 1592. op. cit. p. 285.
(35) Recopilacion de leyes. Tomo II. p. 282.
Phil. Isls. Vol. XVII. Decree regulating services of Filipinas. May 26, 1609. p. 79.
(36) Copie Missive van Hans Putmans aen den Gr. Gl. Jacques Specx. uijt Chincheo. 14 Oct. 1632. [Kol. Archief 1017.]
(37) Extract uijt 't Daghregister van 't Comptoir Tayouan. 16 Oct. 1632. [Kol. Archief 1021.]
(38) Journael van Jan Dircx. Gaelen in Cambodia. op. cit. 15 Martij 1637. [Kol. Archief 1035.]
(39) Copie Missive van Jacob Keyser uijt Tayouan den 24 October 1653. [Kol. Archief 1088.]
(40) Copie Missive van Louys Jsaack Baffaert in't Casteel Zeelandia. 18 Nov. 1654. [Kol. Archief 1097.]
(41) Originele Generale Missive uijt 't Casteel Batavia. in dato 1 Feb. 1656. [Kol. Archief 1102.]

三　日本町在住民の宗教的活動

甲　日本人の教化伝道

一五七〇(元亀元)年六月、イスパニヤ人が始めてマニラを占領した時、既に日本人二十名先住していたが、彼等の遠征報告によれば、

その中に、テアチン(Theatin)の僧帽をかぶっている一日本人がいたので、われらは彼を基督教徒と思った。われらが教徒なりやと尋ねると、彼はこれを肯定して、自分の名をパブロであると答えた。彼は聖像を首にかけていて、数珠を求めた。(1)

とあるから、彼は、既に母国の何処かにおいて、これより先二十一年以前の天文十八年七月(一五四九年八月)に始めて鹿児島の一角に伝来し、やがて各地に伝播した吉利支丹宗に接触した者で、当時日本にて伝道せしは、もとよりイエズス会一派のみにして、彼もテアチンの僧帽を戴けるより推せば、イエズス会の一信徒なりしことは明らかである。

その後天正十四年以後日本とマニラ間の交通貿易が直接開拓され、漸次移民も渡航したが、既にその初期の渡航者中に信徒がいた。即ち前に引用した同年六月二十六日総督ベラが国王に呈した書翰の中に、

その後当市に、吉利支丹ドン・バルトローメ王の家臣にして、ポルトガル人が交易する主要な港長崎の住民なる日本人吉利支丹十一名来着した。……彼等は平和に来航した最初の日本人である。(2)

と記してあるが、彼等は翌年松浦船のマニラ入港の際にも再び便乗して来た。(3)而して同地のイエズス会の教父チリーノは、マニラ渡航日本人と自派教会との関係について、

日本人等もまたわれらの教会の庇護の下に身を置いたが、彼等はその隣国人なる支那人のなすところを羨望し、カスチリヤ人のレアル貨の好餌に惹かれて、俄かに当地に来始めた。而して彼等は、わが教父等の世話で渡来したので、当地においても教父等に相似たわれらを見出して、われらに身を寄せるようになった。それより以後今日に及ぶまで、彼等は必ず当地の人々にあてたその紹介状を携えて、その国を出てくる。……一五八七年には、ガブリエルという京生れの彼等の一人は、同地から当地に向う途中同僚八名を改宗せしめて、やがて到着するや、彼等はわが教会堂において、非常に荘厳に洗礼を受け、司教も彼等に入信告解の聖事を司った。

またイエズス会が、この人民等に、イスパニヤ人同様に、更に告白を聞き聖体を授けることを拒んだので、サン・フランシスコ会跣足派の教父が、マニラ城壁外に、特に彼等のために建てた教会堂で、彼等の世話をした。(4)

と記している。即ちマニラ渡航日本人信徒等は、当時日本において全く独占的に伝道して全盛を誇ったイエズス会との関係を、そのままマニラにも延長して、渡航後同地において、従来の教縁により、遅疑なくマニラのイエズス会教父等の庇護教化の下に身を寄せたのである。而して彼等が母国を立つ時、常に教父等の紹介状を携行せるは、この関係の存続を一そう強固緊密ならしめたに違いない。しかるに教父チリーノは、後段において、何等かの事情によって、イエズス会教父と渡航日本人との如上の関係が中絶して、新たにフランシスコ会の教父が日本人の教化伝道を担当するようになったことを伝え、その年代は、彼によれば、一五八七年京のガブリエル一行受洗後、幾許もなき時の事件のようにも解せらる。しかしマニラ市を囲繞する城壁がほぼ完成したのは一五九一年六月下旬にして、[5]日本人が市壁外のディラオに転住せしめられたのは、その翌年のことなれば、「マニラ城壁外に、彼等のために建てた教会堂で、彼等の世話をした」のは、更にその以後のことになる。教父チリーノは、また、マニラ移住日本人の教化が、イエズス会の手を離れて、フランシスコ会に移動した事情を明記していないが、元来ディラオ邑はフランシスコ会の伝道区内の地であったらしく、一五九一年五月末日作成の「フィリッピン諸島内の荘園地詳報」によれば、

ディラオ。皇帝領。——ディラオ邑内にては陛下に献ずる納貢総数二百にして、全人口は八百名であるが、彼等の教化は、マニラのサン・フランシスコの教会が担当している。彼等は教会が非常に近いので、そこのミサに通う。[6]

と記してある。従って今日本人が同地に転住して来た関係より、フランシスコ会がその教化伝道を担当するようになったに違いないが、チリーノより言えば、彼等が従来より教化せし日本人移民信徒を、フランシスコ会の手に奪取され、たまたま日本伝道についても、互に競争的立場にある両会派が、ディラオの日本町の布教をめぐって軋轢せる事情と彼の不満をほのかに漏らしたのであろう。

しかるに一六〇〇(慶長五)年、フランシスコ会のルイス・ソテロ(Luis Sotelo)がマニラに渡来するに及び、ディラ

オの日本町に対する同会の伝道は決定的となった。彼は日本渡航を待つ暫しの年月、ディラオの日本町に教を説き、日本語を学んでひたすら渡航準備を整えると共に、彼と同郷にして親戚なる総督テリョに運動したるものの如く、翌一六〇一年一月二十二日（慶長五年十二月）には、総督から、特に許可を得て、ディラオに在住せる日本人等教化のために椰子や檳榔の葉で葺いた小教会堂を建設し、翌年三月二十二日には、彼の請願によって、総督は、同地の日本人の教化監督を永久に同会に委任した。(7) 先にチリーノが、フランシスコ会の城壁外における日本人のための教会堂建設を記したのは、この事を指したように思われる。イエズス会はじめ諸会派は、もとよりかかるフランシスコ会の暗躍を黙視する能わざるところにして、同年七月三日にマニラに宗務会議を開催して、直接国王に書信を呈して、各会の布教範囲を限定し、みだりに教会堂を建立せしめざらんことを請願して、

もしこれに反する場合は、災害が頻発するであろう。けだし勅令は既にかなり敷衍拡張されて、フランシスコ会の教僧すら、外見謙譲な言葉を使用しているけれども、僧正の管轄権を否認して、日本人を教化するためには、毫も他の免許承認も得ずに、彼等自身の権限を以て、当市の城壁外のディラオ邑に他の教会堂を建立した。(8)

と訴えているが、この請願は奏功せざりしものか、翌一六〇三（慶長八）年九月九日に至って、マニラの大司教ミゲル・デ・ベナビデスが、これらの日本人の布教を全くフランシスコ会の管理下に置くべきことを命令した。(9) ここにおいてディラオ日本町の布教権は、名実共に完全に同会の手に帰した。

当時ディラオの日本町には、日本人の基督教徒及び異教徒の在住する者五百人に及び、フランシスコ会の教父は、特に傭い入れた通訳を介して、彼等の間に説教伝道したが、ほとんど宗派的偏見に囚われなかった副総督モルガも日本人教徒のことを、

基督教徒になった者は、誠に善良にして、信仰に対して実に熱誠忠実である。けだし彼等はただ救いに対する熱

望に駆られて入信したので、日本にも多数の教徒がいる。従って彼等は、自由に何等の障害もなく自国に帰る。[10]と言っている。されば、一六〇六(慶長十一)年の日本町の叛乱の時にも、教父モンテスが同地のフランシスコ会の教父等の協力を得て、教縁を辿って彼等を慰撫説得し、辛うじて未然に事無きを得たが、[11]翌年再び叛乱を起さんとして、ついに日本町は焼払われ、一時集団的居住を禁ぜられた。

一方日本においては、この後幕府の吉利支丹に対する弾圧は漸く重加して、ついに慶長十九年の季秋には、高山右近、内藤徳庵一行百余人追放されて、同年十二月二十一日マニラに上陸し、大いに上下の歓迎厚遇を受けたが、右近は幾許もなく翌年二月三日に六十三歳にて同地に客死した。その後間もなく徳庵等一行の多数男女は相共にサン・ミゲル邑に転住し、特に婦人等のために修道院も建設され、徳庵はその隣家に住して、余生を信仰と日本人ならびに土着民の診療に尽くした。[12]しかもサン・ミゲル邑の土着民の伝道は、元来イエズス会の担当するところなれば、[13]ここにフランシスコ会のディラオの日本町に対すると同様な関係が、イエズス会と同地の日本人部落との間にも生じて、これら日本人の教化監督は、イエズス会の司るところとなったようである。イエズス会の教父コリンの記すところを再びここに引用すれば、

サン・ミゲルの伝道区

これはマニラ市の城壁外に位して、その修学院の院長に属している。信仰のために母国より追放された有力なる男女より成る多数の日本人が、一六一五年以来この邑に聚住した。就中著名なドン・ジュスト・右近殿、ドン・ジュワン・徳庵ならびに有力な婦人連は、時が経つうちに死亡した。イエズス会は、当市が隆盛なる時には、教会の施物、及び寛大にもこれを助けんとする人々の寄付した施物等を以て、これらの日本人を悉く扶養して来たが、今や彼等は貧窮して暮している。[14]

とあり、また同会の教父ムリリョ・ベラルデ(Pedro Murillo Velarde)の『比島イエズス会史』にも、一六一八年頃、

河の岸にあり、マニラに近きサン・ミゲル邑において、同地にありてディラオに隣接せる邑にて生活せる多数の日本人吉利支丹ならびに未信徒等に説教した。(15)

と記し、同会の日本人教化担任を伝えているが、一六五八(万治元)年のイグナシオ・デ・パスの「フィリッピン諸島情況報告」を再び引用すれば、

マニラ市の近郊所在村落

他の甚だ近接したディラオの邑には、日本人基督教徒が土人とは離れて住んでいるが、彼等の管理は、土人の場合と等しく、サン・フランシスコ会の僧が受持っている。

ディラオに隣接してサン・ミゲルという他の一小邑があり、日本人婦人を収容する家があるが、彼等はわが聖教を奉ずるために故国を逐われた者である。彼等ならびに同邑の土人は、いずれもイエズス会の教僧の監督を受けている。(16)

と記して、ディラオ日本町は一六〇三年以来フランシスコ会の管理下にあると共に、サン・ミゲルの日本人は一六一五年以来イエズス会が監督している。

ディラオの日本町在住民に対する説教伝道は、前述のように最初はフランシスコ会の外人教父が、通訳を介して行ったが、後年再建後には日本人教父が、専ら自国民の教化監督を担当した。即ち一六四九(慶安二)年に綴られた初期フランシスコ会の布教報告によれば、

ディラオのヌエストラ・セニョーラ・デ・ラ・カンデラリヤ(Nuestra Señora de la Candelaria)の修道院は、院長のドン・フランシスコ・デ・アレリャーノ(Don Francisco de Arellano)が、石造の教会堂と住屋を自費で建立

した。マニラ市の城壁外に位して、老幼千二百人より成る納貢三百を持っている。日本人基督教徒も同院に属しているが、彼等自国民出身の日本人教父がいて、その世話監督を司る[17]。

と記しているが、日本町の教会堂については、川淵久左衛門も、「城外に引のきデウと申町有、……町はずれに大なる石の寺あり」と伝えている[18]。また一六七一年のイグナシオ・ムニョス[19]、一七七〇年のエストルゴ・イ・ガリェゴス(Francisco Xavier Estorgo y Gallegos)[20]及び一七六七年のフェリシアノ・マルケス(Feliciano Márquez)等のマニラとその近郊図によれば[21]、いずれも師範大学の校庭あたりにディラオの修道院ならびに教会堂が描いてあるが、これは疑いもなく前記日本町の会堂に違いない。

サン・ミゲル邑の日本人に対しても、一時日本から追放されたイエズス会の外人教父が、日本語を以て説教伝道したようであるが[22]、その教会堂の外に、一六三六(寛永十三)年頃新たに一大教会堂が新築された[23]。その位置は明瞭でないが、アヤラ橋の南東の袂付近ではなかろうか。また同地に建てられた日本人婦人の修道院には、最初徳庵の妹ジュリヤ(Doña Julia)等十三名の婦人が入ったが[24]、彼等は教会から毎週二十五ないし三十ペソの扶助料を給与されたようである[25]。この修道院は一六二七年三月ジュリヤの死後、京都の人ルシヤ・デ・ラ・クルス(Luzia de la Curz)が継いで院主となり、一六四〇年に同じく京都の人テクラ・イグナシヤ(Tecla Ignacia)が第三代の院主となったが、一六五六年十二月(明暦二年十一月)死亡するや、修道院も廃止された[26]。

かくてマニラ郊外日本町の在住民は、内外人教父等の熱意と努力によって、よく異域炎熱の地にあってもその信仰生活を維持し、日々の祈念勤行のほかに、あるいは日本殉教者劇を演じ、時には祝祭日に聖歌の誦舞などが報ぜられている[27]。

而して移民激増に歩調を合わせて信者数も増大し、殊に後年日本における吉利支丹取締りの厳しくなるに従い、右近一行の如き追放逃避の吉利支丹も新たに来たり、更に一六一九(元和五)年八月、マニラに入港した日本船の乗船者中にサン・ミゲル邑に入って受洗する者あり、[28]また一六二三年入港した日本船の船長等も受洗して同邑で余生を終ったことが伝えられ、[29]全移民中における信徒数は一そう増加したと思われる。これより先一六二一(元和七)年八月の司教セラーノの宗務報告によれば、当時マニラ在住日本人吉利支丹総数一千五百名以上なれば、[30]まさに同年度の全移民数の過半数に達した。この前後両三年は、マニラ移住日本人発展の頂点にして、また同地に日本人吉利支丹を最大多数包容した時である。

やがて寛永元年の彼我交通貿易停止に始まり、十年より相次ぐ鎖国令の発布に遭いて、移民数大いに減少するや、残留日本人の多数は、おそらく棄教を肯んぜずしてほとんど帰国する望みもなき信徒を以て占めしなるべく、殊にこれより先寛永九年には京坂の吉利支丹癩患者百三十名追放せらるるありて、同地移住日本人中における信徒の数は、却って急速に増大したであろう。而してこれらの癩患者は、従来から在住日本人と縁故深きフランシスコ会が引取った。一六四九(慶安二)年の同会の布教報告によれば、

ドン・フワン・ニーニョ・デ・タボラが当群島に総督たる時、日本皇帝は百五十名の吉利支丹癩患者を当地に送致した。噂によれば、……癩病は日本にて極めて一般的な病であるが、皇帝はこれを本島の土人の間に伝染せしむる意向なる由である。しかし皇帝の意志の真否に拘らず、彼等が吉利支丹なるために追放せられたことは事実にして、彼等はむしろその祖国と親族を棄てても、基督教とその信仰を選んだ善良な基督教徒である。マニラ全市はこれを一見して大いに感動した。結局これを世話したのは、わが会派にして、かつて教師等が土人のために建てた病院の庭園即ち地域内に彼等を引取った。彼等は爾来今日までその病院内にあって、教師等は施物を乞うて彼等を扶養しているが、彼等はほとんど心配なく安静にしている。総督は陛下の御名において、国庫より彼等

に与える施物を保証しているが、善良な教徒なる陛下もこれを聞こし召されて、王室会計より年額二百ドカットを彼等に給することを勅命された[31]。

と記してあり、フランシスコ会がかねて土着民のために設立経営せし病院内に、新たに日本人癩病患者を収容したが、同院の位置は、イグナシオ・ムニョスのマニラ近郊図に、f と記して、城壁東側濠外に接しディラオの部落との間にある土着民病院なるべく[32]、今日の議事堂よりやや北方にあったようである。而してこれらの信徒も年の経過と共に、漸次死亡したことは想像に難くないが、今同地にて信徒の死亡した年月の管見に上りし者を左に列挙すれば、

(死歿年次)		(姓　名)	(出身地)	(典　拠)
元和　元年	一六一五年一月二十四日	マチヤス・サンガ	(河内)	Pg. 302.[33]
同　年	一六一五年二月三日	高山右近(六三歳)	(摂津高槻)	C-P. III. 491.
同　年	一六一五年二月二十八日	アンドレア・斎藤	(豊後)	Pg. 303.
同　年	一六一五年九月十七日	パウロ・了因	(肥後八代)	Pg. 303.
同　八年	一六二二年五月五日	中島・マダレナ	(?)	C-P. III. 502-503.
寛永　三年	一六二六年十二月	内藤徳庵	(丹波篠山)	C-P. III. 499.
同　四年	一六二七年三月二十五日	内藤・ジュリヤ(六二歳)	(摂津高槻)	C-P. III. 502.
同　七年	一六三〇年五月十三日	アウグスチン・サンクリ(?)	(?)	Velarde. 49.
同　十一年	一六三四年	パウロ(?)	(?)	Pg. 809.
同　十二年	一六三五年十月八日	マリヤ	(伊賀)	C-P. III. 503.
同　十三年	一六三六年五月二十五日	マリヤ・パック(六二歳)	(朝鮮)	C-P. III. 503-504.

同	十七年	一六四〇年	マリヤ・ムニ(?)	(?)	C-P. III. 504-505.
同	年	一六四〇年	ルシヤ・デ・ラ・クルス	(京都)	C-P. III. 507-562.
同	十八年	一六四一年	メンシヤ	(豊後)	C-P. III. 505-507.
明暦	二年	一六五六年十二月	テクラ・イグナシヤ	(京都)	C-P. III. 504-560.
同	年	一六五六年	ドミンゴ・デル・エスピリツ	(?)	Bazaco. 223.

これらの事例は極めて僅少にして、日本人信徒の減少の推移を窺知する資料にも供し難いが、おそらくかようにして日本町の初代移住民は、その後かなり急速に死亡減少したであろう。ただこの間僅かに時々母国から漂着する難破船乗組同胞が、同地の日本町に引取られて、その新しい分子となったようであるが、一六六〇(万治三)年より一七六七(明和四)年頃まで、彼我の記録に上るものも数回ある。即ち、

(漂着年次)		(員数)	(引取地)	(備考)
万治三年	一六六〇年	不明	サン・アントン	受洗。[34]
元禄六年	一六九三年	不明	ディラオ	扶助料給与、受洗。[35]
宝永三年	一七〇六年	一四	ディラオ	扶助料給与、受洗?[36]
正徳二年	一七一二年	七?	ディラオ	田中秀兼、岡野三右衛門一行、翌年出帆難船。[37]
宝暦三年	一七五三年	一五	ディラオ	九郎右衛門一行、扶助料給与、受洗、結婚。[38]
同十二年	一七六二年	一四	ディラオ	扶助料給与、受洗拒否?[39]
同十三年	一七六三年	八	ソクボー (Cebu?)	十七人帰国。[40]
明和二年	一七六五年	一九	ソクボー	[41]

右八回の漂着中五回まで、漂民はいずれもかつて日本町として繁栄したディラオ邑に引取られ、教会の世話を受け、あるいは政庁より扶助料を得ているが、万治三年の漂着民の引取られたサン・アントン邑も、支那人パリヤンとディラオ邑の間に挾まれた狭小の地域にして、いわばディラオの一部とも見るべきところである。おそらく未だ同所の日本町の命脈の存続せし縁故によって、彼等が同地に引取られたのであろう。かのイタリヤ人教父シドッチ(Giovanni Battista Sidotti)が宝永五(一七〇八)年に同地より渡来して、訊問された時に、

一　日本衣類ならびに刀は、呂宋にて求め申候。月額《さかやき》は船中にてそり申候。但呂宋に日本人共居申候。尤日本衣類にて居申候。呂宋にては日本人居申候所、岡の如くなる処に一所集り居申候。[42]

と答申したが、日本人が岡の如くなる所に聚住せるは、ディラオの日本町の名残なるべく、また彼らは未だ日本の風俗を墨守して生活しているが、当時鎖国を距ること既に七十年後なれば、町の在住民数とて極めて僅少にして、しかも初代移住民は全く死滅し、今やその子孫や、前記の漂民残留者が辛うじて町の命脈を維持したに違いない。しかるに翌年十一月朔日、新井白石が安積淡泊に送った書信には、

此呂宋に日本町と申て、大山を隔候て打開る所に、此国の人大かた三千人はかり住居し候。よき人は馬に乗り鎗をもたせ、日本の風俗のまゝに有レ之候。日本の詞風俗をもよくよく承合候き。殊更に十四年已前但逢候年ゟ十四年さきの事也、飄流の船にのり来候も有レ之候歟、御法度の国より来りては、一生獄中へ入られ候ゆへ、無二是一非かの島に上りて居住候。十六七人いまた生残り候。[43]

と記して、ディラオの日本町に、未だ三千人にも上る多数の同胞が、日本の風俗にて生活せることを報じているが、先のシドッチ自身の答申には毫もかかる多数の在住を伝えず、かつ一六三七(寛永十四)年頃既に八百人に減少した人口が、鎖国後ほとんど母国よりの人員補充なきに拘らず、かく多数に恢復することは到底首肯し能わざるところにし

て、これはおそらく白石の誤解誤聞か、あるいは極盛時代の人口との混線ではあるまいか。

かようにしてマニラ移住日本人は長年月に亘って同地に活動し、その極盛期両三年には総人口三千人以上に上り、そのうち吉利支丹信徒一千五百名以上に達した時もあった。従って彼等がたとえ城外に日本町を作って、全く土着民から隔離して在住せしめられたとしても、元来婦人移民数少なくして、かつかように長年在住する間には、彼等の一部に土着民と通婚する者もあったようである。既に一六三二(寛永九)年十月に、混血日本人が呂宋島より台湾に渡航貿易したことがあり、[44] 教父ペドロ・サン・フランシスコ・デ・アシッス(Pedro San Francisco de Assis)や、[45] 教父ホアキン・マルチネス・デ・スニガ(Joaquin Martinez de Zuñiga)、[46] 及び教父フワン・フランシスコ・デ・サン・アントニオ(Juan Francisco de San Antonio)等が、いずれもその会派の歴史中において、十七世紀末より十八世紀の初め頃、呂宋島土着民中に日本人の混血せる者若干あることを指摘し、殊にタガバロイ人(Tagabalooyes)中には日本人の子孫なることを誇る者ありと伝えているが、[47] その真否は暫らく措くとしても、サン・アントニオのフランシスコ会の年代記には、

　また他の混血種、即ち日本人がいるが、彼等は先年当群島海岸に難破した日本人の子孫である。彼等は出身善良なる故に、その挙止も他民族に比して端正である。彼等は当地にて大いに尊敬され、多大なる特典を有し、他人に比して半額の納貢を払うのみである。[48]

と記し、明らかに混血日本人の在住を伝え、しかも前述のように、彼等はある場合は政庁の扶助料を給与されると共に、かように納税上の特典を許与されて、特に優遇されていたようでもあるが、その後ル・ジャンチル(G. J. H. J. B. Le Gentile)の『東印度航海記』によれば、

　マニラにはなお日本人と土人婦との間にできた他の階級の混血児がいる。それら日本人は、約八十年前、帆檣を

失い糧食尽きた船でこの呂宋島に漂着したが、一七六七(明和四)年予の目撃するところでは、その数は多くても六七十名に過ぎず、いずれも基督教徒であった。しかし政庁が彼等を好まざりしか、あるいは彼等が異端に戻ったためか、彼等は同一七六七年に帰国を命ぜられて、日本に帰ったが、彼等はおそらく祖先の信仰に戻ったに違いない。(49)

と記してある。即ち彼等日本人や、その親にル・ジャンチルの目撃した一七六七年より約八十年前に漂着した者ありとすれば、おそらく一六九三(元禄六)年の漂着船の乗組員なるべく、彼等及びその混血児は前述のようにディラオに収容されて政庁より扶助料を受けた人々である。しからば、彼等は爾来引続いて同地に在住せしなるべく、その数六、七十人とは、おそらく当時残住日本人の総数にして、ディラオ日本人部落に関する最後の記事であろう。殊に両三年前漂着した筑前・伊豆の漂民も、この年に送還され、今ル・ジャンチルも残住日本人の帰国強要を記しているところを見れば、マニラ政庁や教会にて、何等かの事情により、あるいは宝暦十二年度漂民の受洗拒否などの如き事由によって、この年日本人に対する従来の態度を全く一変して、かかる措置に出たのではあるまいか。もし果して然りとすれば、元亀元年日本人マニラ在住の記事の初見より実に二百年、寛永の鎖国よりも約百三十余年の長年月にわたり、日本人はマニラ市の内外に在住し、殊にディラオには一時かなりの規模の日本町を建設して、同地の軍事的方面、あるいは経済的方面、はたまた宗教的方面に長く活動したのであった。

(1)　Phil. Isls. Vol. III. Voyage to Luzon. op. cit. pp. 101–102.

(2)　Colin-Pastells. Tomo I. p. 358 note.
Pastells. Historia. Tomo II. pp. CXCVIII–CXCIX.

(3)　Colin-Pastells. loc. cit. Pastells. Tomo II. pp. CXCIX–CC ; Phil. Isls. Vol. VI. Letter from Vera. 26 June 1587. pp. 304-305.

(4) Pastells. Historia. Tomo II. pp. CCCXXXII-CCCXXXIII.
(5) Phil. Isls. Vol. XXXIV. Letter from Governor Gomez Perez Dasmariñas to Felipe II. 21 June 1591. p. 406.
(6) Phil. Isls. Vol. VIII. Account of the Encomiendas in the Philippinas Islands. G. P. Dasmariñas. 31 Mıy 1591. p. 100.
(7) Pérez. Apostolado y Martilio del Beato Luis Sotelo. op. cit. pp. 16-17.
(8) Phil. Isls. Vol. XXXIV. Letter from ecclesiastical cabildo. 3 July 1602. op. cit. p. 436.
(9) Pérez. op. cit. pp. 16-17 ; Phil. Isls. Vol. LI. List of Archbishops of Manila. p. 300.
(10) Morga-Retana. op. cit. pp. 226-227.
(11) Morga-Retana. loc. cit.
Colin-Pastells. Tomo III. pp. 24-25.
Concepción. Tomo IV. pp. 103-104.
(12) Colin-Pastells. Tomo III. pp. 490-491. 499, 502, 782-783.
(13) Phil. Isls. Vol. XVII. Status of Missions in the Philippines. Gregorio Lopez, S. J. and others. Manila. ca. 1612. pp. 200-201.
(14) Colin-Pastells. Tomo III. pp. 782-783.
(15) Velarde. Historia de la Provincia Philipinas. fol. 9.
(16) Phil. Isls. Vol. XXXVI. Paz, Description. 1658. op. cit. pp. 91-92.
(17) Retana. Bibliófilo Filipino. Tomo I. Franciscanos en Filipinas. op. cit. p. 4.
(18) 川淵久左衛門『呂宋覚書』四頁。
(19) Muñoz, Descripción Geometrica. op. cit. [Archivos de Indias. 68-1-44.]
(20) Phil. Isls. Vol. L. Plan of the City of Manila. 1770. op. cit. pp. 34-36.
(21) ibid. Plan of the present condition of Manila. 1767. op. cit. pp. 82-86.
(22) Velarde. Historia de la Provincia Philipinas. fol. 2.
(23) Colin-Pastells. Tomo III. p. 492.
(24) ibid. p. 502.

(25) Phil. Isls. Vol. XLVII. Uriarte, Juan Bautista de. The Santa Misericordia of Manila. 1728. p. 65.

(26) Colin-Pastells. III. pp. 507–562.

(27) 『息距編』巻六。
Phil. Isls. Vol. XIX. Relation of Events in the Philipinas Islands, from July 1619 to July 1620. Manila. 14 June 1602. [sic.] pp. 63. 66.

(28) Velarde. Historia. op. cit. fol. 12.

(29) ibid. fol. 27.

(30) Phil. Isls. Vol. XX. Letter from Serrano. 31 July 1622. op. cit. p. 233.

(31) Retana. Bibliófilo Filipino. Tomo I. Franciscanos en Filipinas. op. cit. p. 40.

(32) Colin-Pastells. Tomo III. p. 826. 教父イグナシオ・バウチスタ・ムニョス(Ignacio Bautista Muñoz)の一六六二年の報告に、聖教会堂のあるディラオ邑は、サンフランシスコ会跣足派の教父等の監督下にありて、サン・ラザロ(San Lazaro)教会堂のある土着民病院は、破壊以前は、前記跣足派教父等の管理下にあったと記してあるから、一六七一年のムニョスの図のこの土着民病院は、その後、更に再建されたものである。

(33) Pg. は Pagés, Histoire の略、C-P は Colin-Pastells, Labor の、Velarde は Historia de la Provincia Philipinas の、Bazaco は Historia Documentada のそれぞれ略。

(34) Concepción. Tomo VI. p. 71. Tomo VII. pp. 6–7.

(35) Concepción. Tomo XIV. p. 343. 『新安手簡』(『白石全集』五、三〇〇頁。『通航一覧』刊本、第五、三八頁)。

(36) Concepción. Tomo XIV. p. 342.

(37) Concepción. Tomo VI. p. 71.
Schilling, Dorotheus.「比律賓に漂着せる日本人に関する二文書」(『史学』一五ノ四、七七―八〇頁)。
同氏はこの漂民と前回の漂民との事蹟を混同しているようである。水兵と成った者、及び最後まで生存して一七五二年に死んだビセンテ・ピメンテル(Vicente Pimentel)は、いずれも前回の漂着民の残留者である。

(38) Concepción. Tomo XIV. pp. 342–347.

『長崎志』正編、四四七―四五〇頁。『通航一覧』刊本、第五、五九六―五九九頁。
(39) シリング「比律賓に漂着せる日本人に関する二文書」前掲八一―八三頁。
(40) 『通航一覧』刊本、第四、六〇〇―六〇一頁。
(41) 同書、五九九―六〇一頁。
(42) 『華夷変態』三十三之下。
(43) 『新安手簡』前掲、二九九―三〇〇頁。『大日本史料』十二ノ十二、九二三頁に引用せる『新安手簡』には人口三十人と記してある。
(44) Extract uijt het Daghregister van 't Comptoir Tayouan. op. cit. 16 Oct. 1632.
(45) Phil. Isls. Vol. XLI. General History of the Discalced Augustinian Fathers. Fray Pedro de San Francisco de Assis. Zaragoça. 1756. p. 139.
(46) Phil. Isls. Vol. XLIII. Zuninga, Joachin Martinez. History of the Philipinas Islands. Sampaloc. 1803. p. 117.
(47) Phil. Isls. Vol. XL. San Antonio, Juan Francisco de. Chronicas de la Apostolica Provincia de San Gregorio de Religiosos Descalsas de N. S. P. San Francisco en las Islas Philipinas, China, Japon &c Sampaloc. 1738. p. 299.
(48) ibid. p. 302.
(49) Phil. Isls. Vol. LII. p. 109. note 46. Le Gentil, G. J. H. J. B. Voyage dans les mers des Indes fait par ordre du roi, 6 juin 1761 et le 3 juin 1769.

乙　日本人の学校教育

前述のように、マニラ日本町在住民の生活面には、他の日本町の場合に比して、宗教的色彩が濃厚であったが、これはもとより同地を中心とするカトリック各会派の伝道が極めて活潑にして、在住日本人にも、その方針を推し及ぼしたものであるが、各会派は、更に積極的に、在住日本人の教化伝道を促進し、進んでは、日本における伝道の頽勢を挽回せんため、それぞれ各会派の学林などにおいて、日本人子弟に宗教教育を施した。

かねて日本におけるフランシスコ会の教勢拡張に狂奔したルイス・ソテロは、伊達政宗の遣欧使節支倉六右衛門等と同行してマニラに帰航し、同地に日本人のための学林を設け、自ら多数の在学日本人に聖職を授け、物議を醸したが(1)、これもまた彼の活動の手先とすべき日本人教職を俄かに作成したためではないかと思われる。しかしまた実際日本においてその必要があって、一六二四(寛永元)年には日本人吉利支丹六十九名連署して歎願書を長崎よりマニラの司教セラーノに呈して、日本人信徒を教化監督するために、フィリッピンに滞留する日本人学生に聖職を授けて派遣せんことを乞い、政府の探索厳重にして取締り苛酷を極め、イスパニヤ人では言語の関係からも到底国内に踏留まって伝道に従事する能わざることを理由とした(2)。マニラにおいても同年七月二十三日当局関係者会合して、特に日本人宣教師を養成する学林の特別維持費扶与を議して、

当群島の前総督にして高等法院長なるドン・アロンソ・ファハルド・デ・テンサ閣下(Don Alonso Faxardo de Tença)は、日本人を教育し、宗旨を教え込みて訓練すべき修道院学林の建設を決行したが、彼等が、聖職を授けられた暁には、イギリスの学林がイスパニヤ国や他のキリスト教国にてなすところに倣いて、日本国に帰国して、説教して同地にわが聖なる信仰を教え込むべきである。――この目的を以て、彼は当市の城壁外未墾の土地に、教会堂、住屋と庭園にあてる敷地区域を選定した。而して該修道院学林の収入を経費として、彼は、当市とカビテ港間の航路航海より上る収入、及び蒟醤《キンマ》及び煙草の専売収入を選定充当したが、これは本年一月二十九日、この目的を以て、皇帝の名によって発布された勅令に基づいて、彼がその設定を命じたところである(3)。

なる旨を議決した。尤もこれより先、一六二〇(元和六)年にマニラの城壁内にあって、パリヤンに相対するサン・ガブリエル稜堡の内側に設立されたドミニコ会のサン・フワン・デ・レトラン(San Juan de Letran)孤児学林にて、在

住日本人子弟が長く教育を受けたことは、かつて井沢実氏も紹介されたが、(4) 既に設立当初から日本人子弟四名が入学し、(5) 中等程度の一般教養と宗教教育を受け、また同林卒業カトリック各会僧侶名簿によれば、日本人は次の五名であった。

(教　名)	(年　次)	(会　派)
フランシスコ・デ・サン・ホセ(Francisco de San José)	一六三二年	ドミニコ
パブロ・デ・サンタ・マリヤ(Pablo de Santa Maria)	同　年	プレスビテロ
ドミンゴ・デル・エスピリツ・サント・又七(Domingo del Eespiritu Santo Mataichili)	一六三四年	ドミニコ
アンドレ・イシドロ・三吉(Andrés Isidoro Sanquishi)	同　年	フランシスコ
ガブリエル・デレガド(Gabriel Delegado)	一六四二年	アウグスチノ(6)

右の五名中最初のフランシスコと最後のガブリエルの両名は日本から追放された吉利支丹であった。レトラン学林では宗教教育を施して、かように宗僧を養成し、布教に従事せしめたが、必ずしも専門的に宗僧養成ばかりを目的としたのではなく、一六四〇年から一六五五年に至る十五年間の卒業生五〇一名の職業を見るに兵士三〇六名を筆頭として二十五職に類別され、(7) また同期間就学児童五九〇名の出身地表によれば、フィリッピン群島内外六十四地の出身者中、日本人も

ディラオ出身　二名
長崎出身　四名
大坂出身　一〇名

即ち合計十六名記録されている。(8)

かかる間に日本において弾圧に喘ぐ吉利支丹宗の再興宣布を計画して、十数回に亘って各派の宣教師がマニラより日本に潜入したが、姉崎正治博士の研究によれば、そのうち日本人十二名あり、(9) マニラにて宗教教育を受けた者は左の四名

平戸のトマス・六左衛門（Thomas de San Iacint）　一六二九年十二月潜入(10)
大村のヤコブ・五郎兵衛（Iacob de Santa Maria）　一六三二年七月潜入(11)
ビセンテ・塩塚　（Vicente de la Cruz Xivozzuca）　一六三七年九月潜入(12)
フランシスコ・マルケス（Francisco Marques）　一六四二年八月潜入(13)

であったが、平戸の六左衛門と塩塚の両人もまたレトラン学林卒業生にして、このほか同学林卒業生名簿によれば、次の三名もまた、日本に潜入殉教している。(14)

フランシスコ・デ・サン・ホセ（……………）　一六三三年八月十五日殉教
ヤコボ・ソモナガ　（Jacobo Somonaga）　一六三三年七月十七日殉教
ペドロ・デ・サンタ・マリヤ　（Pedro de Santa Maria）　一六二七年七月二十九日殉教

また教父アントニオ・デ・サンタ・マリヤ（Antonio de Santa Maria）がマカオより発した通信によれば、一六三二（寛永九）年九月三日、教父ガブリエル・デ・ラ・マダレーナ（Gabriel de la Madalena）と共に長崎にて火刑に処せられた一日本人教父を、

フライ・ゼロニモ・デ・ラ・クルス（Fray Geronimo de la Curz）は日本人教父にして、予がイスパニヤより同地に渡来した時、ディラオの（戦争の際）側の、井戸の後方にある日本人の教会に在住していた。(15)

と記しているから、彼は潜入以前ディラオの日本町で活動していたのであろう。

その後もマニラの諸学林殊にイエズス会の学林において、一方においては在住日本人の教化監督を司り、他方においては日本の布教に潜入すべき教師養成方針を、依然として続行せしめるため、一六四〇(寛永十七)年十二月三十一日にフェルナンド・ルイス・デ・コントレラス(Fernando Ruiz de Contreras)は王命によって、日本との貿易が鎖されたから、日本人に対し聖教教育のために、現在イエズス会教師の管理下にあるサン・ホセフ学林(Colegio de San Joseph)において、他の学林の学生の四分の一を収容養成すべきことが目下適切である(16)なる旨を通達したが、果して寛永二十(一六四三)年五月に同地より日本潜入の目的を抱いて筑前に上陸して捕えられたイエズス会のジュセッペ・キャラ(Giuseppe Chiara 岡本三右衛門)等一行の、同年九月八日付の訊問答申書には、

一　呂宋には日本人の伴天連四人有レ之、一人は豊後国加賀山隼人親類也。隼人は先年火罪に逢候。右之親類の伴天連、日本へ渡し可レ申との儀に候。一人は黒川寿菴と申候。来年日本へ渡し可レ申由、呂宋にて我等に物語申候。南蛮伴天連レイモンドと申者も、来年渡り可レ申由、我等共に物語り申候。其外日本人の子五六人、呂宋にて只今学問致させ申候。天川にても日本人の子十二人学問致させ、何れも伴天連に取立、日本へ渡し可レ申由承候。(17)

とありて、当時マニラには日本人教父が在職活動し、別に他日日本に派遣するため日本人子弟も宗教教育を受けていることを伝えている。而して一六四九(慶安二)年の布教報告に記されたディラオの日本町の監督を司れる日本人出身の教父も、前記の伴天連なるべく、あるいは同地の学林にて修業した者かもしれない。

マニラの諸学林にて教育を受けた日本人中には、前述のように、留まって同地の日本人の間に伝道した者と、日本に潜入して隠に布教に努め、ついに捕えられて処刑せられた者もあったが、また同地の土着民の教育や伝道に携わる者も出た。ドミンゴ・デル・エスピリツ・サント(P. Domingo del Espiritu Santo)の如き、その適例にして、信仰のた

め、日本から追放された父ペドロ・又七(Pedro Matay Chichi)と母クララ・セグーラ(Clara Segura)との間に生まれ、一六三二年幼にして、後年レトラン学林に合併されたサン・ペドロ・イ・サン・パブロ学院(Colegio de San Pedro y San Pablo)に入学し、業を終って、一六四五年九月聖ドミニコ会の僧服を纏う身となり、聡明叡智にして進んでレトラン学林の教師となり、サン・トーマス大学の教授の地位にまで昇進したが、カガヤンにおいて伝道中一六五六(明暦二)年に同地で死亡した。[18] その後在住日本人数の減退と共に、彼等の子弟の修学の伝えられるものも少なくなったが、なお十八世紀に入っても、一七三七(元文二)年四月十八日、即ち鎖国後約一世紀を経た後も、混血日本人ビセンテ・ムニョス(Vicente Muñoz)が二十歳でレトラン学林に入学し、一七五四年の名簿にもフランシスコ・内藤(Francisco Nayto)が神学を学んでいたことが記されている。[19] 後者はあるいは内藤徳庵の子孫かもしれない。

なお日本人の布教教育と関連して、夙に同地在留日本人が宗教書を印刷刊行したことは、わが国では既に石田幹之助博士の紹介もあるが、[20] かつてメディナ(J. T. Medina)が書誌『マニラに於ける印刷』にてこれを記し、[21] 次いでレターナ(W. E. Retana)が『フィリッピン印刷源流考』にて詳述している。[22] 言うまでもなく西洋印刷機がわが国に伝来したのは、一五九〇(天正十八)年にイエズス会の巡察使アレッサンドロ・バリニャーノ(Alessandro Valignano)が大村・大友・有馬の遣使を送って再び来朝せし時にして、爾後各地の学林において宗教書や語学書を印刷して、大いに伝道事業に貢献したが、その後当局の吉利支丹取締りは次第に厳重となり、学林も相次いで閉鎖され、最後にこれらの学林にて使用した機械も再び国外に転送せざるを得なくなって、一六一六年八月には、マカオのアンドレア・ボット(Andrea Botto)の宅に、二十七箱に包装して寄託され、またこの印刷機の鉄枠の一部も同家と、マヌエル・オベリョ(Manuel Ovellio)の家に預けられていたことが報ぜられている。[23]

しかるに比島における欧文印刷機の使用年代については、パンパンガ州ルバオ邑(Lubao)の修道院にいたアウグスチノ会のガスパル・デ・サン・アウグスチン(Fr. Gaspar de San Augustin)はその著『フィリッピン征服史』中に、
同所では日本から将来した極く良好な印刷機一台を手に入れたが、これで多数の書籍、就中イスパニヤ語ならびにパンパンガとタガログ(Tagalog)語の書を印刷した。[24]

と記し、同会のアウグスチン・マリヤ・デ・カストロ(Fr. Augustin Maria de Castro)の著わす『神聖なる念珠祈禱書』(Rosario Venerable)にも、
この修道院では、日本から将来した良好な印刷機一台手に入れて、これによって同所で書籍若干部印刷したが、その後一六一四年にイエズス会の教父に売却した。けだし上申書にも記されたる如く、同機はわれらにとって結局維持費が嵩み利益が少ないからである。[25]

と記してあるので、レターナはこの二史料により、印刷機は日本より転送され、その年代を一六一四年頃と推定しているが、[26]前述の如く、欧文印刷機は一六一六年までは未だマカオに残置され、その後マニラへ転送の実否は明らかでなく、かつこれより先既に一六〇五年には支那人印刷師ペドロ・デ　ベラ(Pedro de Vera)がマニラにおいて欧文印刷に着手しているから、[27]レターナの結論には俄かに賛し難い。しかしいずれにしても、その後一六一八(元和四)年に日本人ミゲル・税所(Miguel Saixo)とパンパンガ人アントニオ・ダンバ(Antonio Damba)が協力してバコロール(Bacolor)のアウグスチノ会の修道院内で、日本における殉教譚を印刷出版し、[28]次いで両人は更に一六二一(元和七)年マニラにおいて、イロコ語(Iloco)の『ドチリナ・キリシタン』を印刷刊行している。[29]ミゲル・税所の経歴は全く明らかでないが、あるいは天草の学林辺りで印刷術を習得した吉利支丹ではあるまいか。マニラにおける日本人の宗教方面における活動は他の日本町に比してその期間も永く、自然その活動も多方面に跨っていた。

（1）『大日本史料』十二ノ十二、五三二頁。

Phil. Isls. Vol. XVIII. Relation of the Events in the Filipinas Islands from July 1618 to the Present Date in 1619, Manila. 12 July 1619. pp. 214–215.

（2） Robertson, James A. Bibliography of Early Spanish Japanese Relations. [T. A. S. J. Vol. XLIII. Part I. 1915.] p. 32. 1624. Aug. 5. Copia de una carta escrita por la xpinandad del Reyno de Japon desde la ciudad de Nangasacqui para el Señor Arzobispo Fray Miguel Garcia Serrano.

Colin-Pastells. Tomo II. pp. 258–259.

（3） Phil. Isls. Vol. XXI. Seminary for Japanese Missionaries. Alevaro de Messa y Lugo, and others. 23 July–5 August 1624. pp. 84–85.

（4） 井沢実「サン・ファン・デ・レトラン学林に学べる日本人に就いて」(『比律賓情報』七)。

（5） Bazaco, Fr. E. Historia Documentada del Real Colegio de San Juan de Letrán. Manila. 1933. p. 50.

（6） ibid. pp. 55–56.

（7） ibid. p. 54.

（8） ibid. pp. 51–52.

（9） 姉崎正治「切支丹教師の日本潜入」(『史学雑誌』四〇ノ五、及び六)。

（10） Aduarte. op. cit. pp. 683–684 ; Pagés. p. 686.

（11） Aduarte. op. cit. pp. 651–652 ; Pagés. pp. 761–762.

（12） Aduarte. op. cit. pp. 766–767 ; Pagés. pp. 821–826.

（13） Pagés. Histoire. p. 868.

（14） Bazaco. op. cit. pp. 227, 234, 249.

（15） Phil. Isls. Vol. XXXV. News from Filipinas. June 1640–26 July 1641, Manila. 25 July 1642. p. 120.

（16） Carta de Don Fernando Ruiz de Contreras, Madrid. Dec. 31, 1640. [Archiv. Hist. Nacio. Madrid.]

（17） 『通航一覧』刊本、第五、九六頁。同書のレイモンドとは一六三〇年頃マカオにいた教父 Raimundo del Valle に違いない。(Streit, Robert. Bibliotheca Missionum. Bd. V. Achen. 1927. p. 975.)

(18) Bazaco. op. cit. p. 223.
(19) ibid. pp. 135, 194.
(20) 石田幹之助「南蛮雑鈔」一、元和年間に呂宋で出版印刷を業としてゐた日本人ミゲル・サイショのこと(『新小説』南蛮紅毛号、大正十五年七月、九五―一〇〇頁)。
(21) Medina, J. T. La Imprenta en Manila desde sus origines hasta 1810. Santiago. 1896. pp. XLIII–V, 16, 18–19.
(22) Retana, W. E. Origines de la Imprenta Filipinas. Madrid. 1911. pp. 56–85, 148, 153.
(23) Schilling, Dorotheus. Vorgeschichte des Typendrucks auf den Philippinen. (Sonderabzug aus den Gutenberg-Jahrbuch. 1937.) p. 212.
(24) Medina. op. cit. p. XLV ; Retana. p. 56.
(25) Retana. loc. cit.
(26) ibid. pp. 56–57.
(27) Schilling. Vorgeschichte. op. cit. p. 213.
(28) Medina. op. cit. p. 16 ; Retana. op. cit. pp. 94–95, 148 ; Streit, Rob. Bibliotheca Missionum. Achen. 1916–1934. Bd. V. p. 434.
(29) Medina. op. cit. p. 18–19 ; Retana. op. cit. pp. 98–102, 153 ; Streit. op. cit. p. 347.

第七章　結　論

第一節　南洋日本町の名称

近世初期日本南洋間交通の発展、就中江戸時代初期約三十年間に亘る朱印船の南洋渡航貿易の躍進に伴い、交趾において二地、フェフォとツーラン、柬埔寨において二地、ピニャールーとプノン・ペン、暹羅において一地、アユチヤ、呂宋においても二地、ディラオとサン・ミゲルの七カ所に、日本移民の集団部落が建設された。本論文にては専らこれを日本町と称して来たが、当時の文献を渉猟するに、

I　昔《ムカシ》日本人《シン》此ノ国ニ渡海《トカイ》ノ時留《トドマ》ツテ居住《キヨシウ》セシ者《モノ》多シ、日本町《マチ》ト号シテ一町アリテ其ノ子孫《シソン》有《ル》レ之由……西川如見『増補華夷通商考』巻三、交趾

II　日本町　両輪三丁余……『茶屋船交趾渡航貿易図』。

III　川下也　東　日本町……「安南記」、角屋七郎兵衛の寺額誂。

IV　暹邏国王も……地を借して日本町と号し、一曲輪海辺にして数百軒あり。……『暹邏国山田氏興亡記』。

V　暹羅国王も日本人を尊用し、一の屋敷を与へ日本町と名付て一郭を設け、……『暹羅国風土軍記』巻之二。

VI　呂宋に日本町と申て、大山を隔候て打開き候所に、本邦の人大かた三千人計住居いたし候……『新安手簡』。『通航一覧』巻百八十一。

VII　暹羅、柬埔寨、広南、東京の諸国へ渡り商ひをし、其の国々に止りしものは、妻子を持ち、暹羅、広南の地には、今日日本町とて、本邦の人の子孫あるよし……『異国紀聞』。『通航一覧』巻七十。

VIII　東京と交趾は今も合戦仕候よし。……此国ニ日本町と申て、古日本人多住居仕候て、商売仕候由、於レ今其子孫有レ之候。衣服も日本之通に仕、脇指を帯、髪は長仕候由承り候。……『広東漂流記』。

IX　殺害された三人は発見されて、広南の日本町 (Japanese Mach) に運ばれ、彼等に鄭重に葬られた。……一六一七年『ウィリアム・アダムズ交趾航海記』。

X　邪宗門御大禁ニ罷成、跤趾え罷渡之衆、最早帰朝不ニ罷成一、無ニ是非一跤趾え罷留り、日本町と名付、大分之囲を構へ四方門を立、夜之出入自由ニ不レ致。……『崎陽古今物語』「跤趾之国え居住之日本人之事」

とあって、日本町なる称呼は、当時わが国において、南洋各地の日本移民の集団部落に対して慣用されていたことは明らかである。而してこれを日本町《マチ》と発音したことも、『華夷通商考』やアダムズの『航海記』に町《マチ》、あるいはマチ (Mach) と特記せることによって判明する。

これらの十例に対し、この日本町を目撃し、あるいはその事を伝聞した当時の諸外国人も、またそれぞれこれに適合するような特称をあてて使用した。即ち、

交趾

I　Citta di Giapponesi　……………………1618–1621 (Borri. Relatione. p. 155.)

II　Faifo, a Japanese city　…………………1618–1621 (Borri-Pinkerton. p. 751.)

III　Ville de Japonais　……………………1645 (Rhodes. Voyages. p. 250.)

IV　Ruas dos Japoẽs……………………1648 (Cardim. Batalhas. pp. 220, 221.)

V 't Japanse quartier ……………………1652 (Hendrick Baron, Rapport.)

柬埔寨

VI 't Japanders quartier ………………1636 (Muller. O. I. Co. p. 63.)

VII 't quartier van de Japanders……………1636 (Muller. O. I. Co. p. 70.)

VIII 't Japanse quartier ……………………1637 (Hagenaer. Reyze. p. 110.)

IX 't Kwartier van de Japanezen …………1644 (van Dijk. Neerland's Betrekkingen. p. 327.)

X 't Japans quartier ……………………1665 (Muller. O. I. Co. pp. 400, 417.)

暹羅

XI 't Japanse quartier……………………1622 (Colenbrander. Coen. Bescheiden. I. p. 327.)

XII Het Japansche quartier ………………1632 (Tiele. Bouwstoffen. II. p. 222.)

XIII Japans quartier ……………………1644 (van Tzum. Journael.)

XIV Japanse quartier……………………1655 (Muller. Azie gespiegeld. I. p. 157.)

XV Camp des Japonais ……………………1663 (Launay. Mission de Siam. I. p. 14.)

XVI Colonies ……………………………1681 (Gervaise. Histoire. p. 69.)

XVII Camps des Japonois ………………1685 (Tachard. Voyage. p. 207.)

XVIII Quartier, Camp, Ban…………………1687 (Loubère. Royaume. p. 337.)

XIX Japanse camp……………………1687 (Manuscript Atlas. 's Rijks Archief.)

XX Campo de' Giapponesi ………………1688 (Blanc. Istoria. p. 193.)

XXI　Das Lager der Japaner……………………1690 (Kaempfer. Geschichte I. p. 309.)

XXII　The Camp of the Japanese ……………1690 (Kaempfer. History. I. pp. 36, 43.)

XXIII　Campo Japon ………………………………1718 (Concepción. IX. p. 261.)

XXIV　’t Japanse quartier, Colonies　…………1726 (Valentijn. Oud. III. p. 61.)

呂宋

XXV　poblazon y sitio particular　……………1603 (Morga-Rizal. Sucesos. p. 367.)

XXVI　their special settlement and location …1603 (Morga-Blair. II. p. 198.)

XXVII　otro barrio habitado de Japones ………1603 (Argensola. Conquista. p. 316.)

XXVIII　Parian de Japones …………………………1606 (Pastells. Historia. p. 102.)

XXIX　small village ………………………………1658 (Ygnacio de Paz. Blair. XXXVI. p. 91.)

XXX　een Byzondere Woonplaats ……………1708 (Valentijn V–9. p. 162.)

今これを国語別に分類すれば、

蘭語　Quartier, Kwartier, Camp, Colonie, Bijzondere Woonplaats.

仏語　Ville, Colonie, Quartier, Camp.

伊語　Citta, Campo.

西語　Poblazon, sitio particular, Campo.

英語　City, Special Settlement, Location, Camp, small Village.

葡語　Rua, Campo.

独語　Lager.
暹語　Ban.
比島語　Barrio, Parian.

以上九カ国語にて種々なる用語を使用しているが、蘭、英、仏、伊、西語にあるカンプまたはカンポは、既にケンペルや、ド・ラ・ルーベールの記せる如く、葡語カンポ(Campo)より来た語で、広き地面または地区、部落の外の地面、町の後方の地面地区等の意を有し、[1]Lager はその独乙語訳にして、正しく、アユチヤ等の日本町が同市の郊外に建設されたことに由来すべく、Ville, Citta, City, Rua は町または都市の意にして、日本町の集団的居住形態を表現したる語であり、Ban, Barrio または small Village はその更に小なる形態にして、小村、または小部落とも訳すべく、而して Sitio, Location は単にこの居住地区を指せるに過ぎないが、Quartier は言うまでもなく、ユダヤ人区などの如く、ある特定の民族に割りあてられた町の特定居住区域にして、[2]蘭語特別住居区域を意味する Bijzondere Woonplaats と共にまた日本町の特質に適合する用語である。更に、Colonie, Poblazon, Settlement もまた移住地区、租界等の意を有し、当時の日本町の実情に即した名辞であるが、パリヤンは、元来マニラ等の支那人専住市場町を指したものが、後同地の日本町にも適用され、当時支那の文献に散見する澗にあたるようで、[3]諸外人はいずれも日本町の全部または一部に適合する名称を使用していた。

(1)　Figueiredo, Candido de. Novo Diccionario da Lenga Portuguesa. Lisboa 1925.
(2)　Oxford English Dictionary. Oxford. 1933.
(3)　「マニラの所謂パリアンに就いて」七―二二頁。

第二節　南洋日本町の特質

既に上来南洋各地の日本町の発生過程、その後の盛衰を述べるにあたり、渡航日本人が漸次これら各地に定着するに至りし事情より、ついに彼等がそれぞれ一定地区に彼等の日本町を建設した内外各種の事情にも触れて来たが、今彼等が特にかくの如き集団部落を建設するに至りし直接主要なる一般的条件として、およそ次の三点を挙げ得ると思う。即ち、

一　わが同胞の相互依存。

二　諸国民との商取引の利便。

三　当該国官憲の外来人取締りの必要。

一　わが同胞の相互依存　遠く異域に出で、人情、言語、風俗、習慣を全く異にした異民族間に生活する場合、わが同胞が互に近隣に居住生活するは、極めて自然的なことにして、彼等相互間の精神的慰安や依存、あるいは協同防衛、はたまた経済的扶助や協力に必要であったに相違ない。呂宋島における日本町の場合は、更に彼等がそれぞれその帰属する宗派によって聚落をなして、いわば同一の信仰による集団部落であった。即ちディラオの日本町は、主としてサン・フランシスコ会の信徒を中心とし、サン・ミゲルにはイエズス会の信徒が聚落を作った。

二　諸国民との商取引の利便　当時のわが南洋渡航船の主要なる目的は、もとより通商貿易にあって、渡航貿易中これが関係者は自ら取引に利便なる地に聚合したに相違なく、更にこの取引が一定の土地において反覆される場合には、彼等は漸次同地に定着するようになったであろう。特に当時帆船の渡航期は、専ら季節風に支配されて、その

商取引期にもまた自ら一定の時期があった。従ってこの時期に応ずる取引商品の大量的集散や、この限られたる短期間に大量的取引を完了せしめるためには、一定地域に貿易関係人が聚住することが、一そう利便にして、むしろ必須であった。殊に当該国官憲も、たとえば交趾の場合の如きは、夙にこの点に着目して、特に定期的に一定の土地に貿易市場を経営して市場税を徴収し、更に進んでは、その地に日本人等諸外人の居留地を建設するように慫慂したほどであった。

三　当該国官憲の外来人取締りの必要　言語、風俗、習慣を異にしたる多数の外来人を、一定地域に聚合居住せしめることは、彼等の取締りを容易にかつ徹底せしめるに最も適切な方法であった。たとえばマニラ市外の支那人区パリヤンや、これに隣接せるディラオの日本町が、始めて建設された際には、イスパニヤ人の日支人取締りに対するこの意向が最も主要なる動機であった。即ち各地の日本町は、もとよりかくの如き南洋各地における社会事情と、わが渡航者の要求と完全に一致せし地点において、始めて発達したのであった。

もしそれ、以上述べたところを以て、日本町成立の主要直接なる一般的条件とみとめることができるならば、これら日本町の性格とその特質も、また自らほぼ決定されて来るが、更にこれを各日本町の実情に徴して分析吟味すれば、甲　日本町の存続期、乙　日本町の位置、丙　日本町の行政、丁　日本町の住民、戊　日本町の機能の五方面に亘り、次の十一点を列挙することができる。

甲　日本町の存続期…………Ⅰ　江戸時代初期

乙　日本町の位置…………{Ⅱ　貿易港 / Ⅲ　中央政権所在地近郊}

丙　日本町の行政…………Ⅳ　自治または半自治

丁　日本町の住民……………｛Ⅴ　失意の武士階級
Ⅵ　追放吉利支丹信徒
Ⅶ　貿易関係者
Ⅷ　在住地外人雇傭員
Ⅸ　戸口数
Ⅹ　風俗習慣｝

戊　日本町の機能……………Ⅺ　貿易仲継

甲　日本町の存続期

Ⅰ　南洋各地の日本町は、近世初期漸次発達せしところにして、日本に最も接近し同胞移住の起源殊に早く、幾分特殊の事情にもとづいて建設された呂宋の日本町を除いては、いずれも一定の明確なる時期に計画的に建設されたものではない。今各地日本町の名称の初見と思われる記事を拾えば、

交趾	フェフォ	一六一七年(元和三年)	アダムズの『航海記』
同	ツーラン	一六二三年(元和九年)	「茶屋船交趾渡航貿易図」
柬埔寨	ピニャールー	一六一八年(元和四年)	イエズス会教父マカオ通信
同	プノン・ペン	一六四四年(正保元年)	「ポヌンピン前面の戦闘」図
暹羅	アユチヤ	一六二二年(元和八年)	クーンの「一般行政報告」
呂宋	ディラオ	一六〇三年(慶長八年)	アルヘンソーラの『モルッカ諸島遠征誌』
同	サン・ミゲル	一六一五年(元和元年)	コリンの「比島布教誌」

即ちまず慶長八年に見えるディラオの日本町の記事を初見として、遅くとも元和の末年頃までには、各地の日本町はほぼその規模が完成したようであるが、実際町としての集団的な形態を取り始めたのは、これらの諸記事に先立って、慶長の半ば頃か、遅くとも元和の初年なるべく、朱印船貿易の躍進に伴って、かなり短年月の間に急速に発達したようである。

かくてこれら各地の日本町は、元和・寛永年間を発達の頂点として、鎖国後漸次衰微したが、しかもなお、そこばくの同胞が日本町に生存せる事実の諸記録中に散見するところを拾えば、

交趾	フェフォ	一六九六年(元禄九年)	バウイーヤの「報告」
柬埔寨	ピニャールー	一六六七年(寛文七年)	ワイケルスロートの「報告」
暹羅	アユチヤ	一六九〇年(元禄三年)	ケンペルの『日本誌』
呂宋	ディラオ	一七〇八年(宝永五年)	『華夷変態』ファレンタインの『新旧東印度誌』

即ちこれら四カ所の日本町には、寛永の鎖国後なおも四、五十年より七十年の長きに亘って同胞の残存生活する者あり、江戸時代初期、町の発生後約百年の命脈を保ったが、集団的な日本町存続期間の下限もほぼこの頃なるべく、フェフォの日本町は一六七〇年の角屋七郎兵衛の書信に見え、ピニャールーとアユチヤの日本町はそれぞれ前掲の一六六七年と一六九〇年の記録に明記され、ディラオの日本町は一六五八年の調査以後明記なきも、なおシドッチ渡来の一七〇八(宝永五)年頃までは確実に存続していたことが判明する。

而して上記四カ所の主要なる日本町のほかに交趾のツーラン、柬埔寨のプノン・ペン、呂宋のサン・ミゲルの三日本町に関する記事は極めて寥々として、いずれも短期間断片的に現われて来るが、これはこれらの日本町が、それぞれその近接日本町に従属的な性質を有して、その包容する日本人の戸口数も少なく、その規模も小さく、あるいはそ

の中には未だ完全なる日本人独自の町としての聚落形態を十分採るまでに発達せざるもあり、いずれも比較的短期間存在したに過ぎなかったようである。

乙　日本町の位置

II　わが南洋渡航船の主要なる目的は、もとより通商貿易にして、渡航日本人も主として貿易関係者やその家族より成り立っていたから、彼等を以てその主要構成員とする日本町の位置も、また自らわが船舶の出入繁き貿易港に限られた。

交趾のフェフォとツーラン、呂宋のディラオとサン・ミゲルの各日本町は、海岸または海岸に接近した河口の貿易地にあり、柬埔寨のピニャールーとプノン・ペン、暹羅のアユチヤの各日本町は、大河上流の河岸貿易港に建設された。その他南洋各地に分散せる日本人の居住地も、ほとんどその地方の貿易中心地であった。

III　南洋各地における日本町の位置が、時にその国の中央政権所在地の隣接地に限られて、ほぼわが城下町の観があったのは、およそ次の事情にもとづくものと思われる。

(A)　当時開明の度低き南洋においては、中央政権の所在地が、主としてその国における輸入品の主要なる消費都市にして、かつまたその中央都市あるいはこれに近接せる適地が、その国における国内物産の大量的な中央集散地であった。従ってこれを取引の主要なる対象とするわが商業移民の聚落も、また自らその場所を制約されてくる。のみならず支那人もまたかかる中央市場を中心として聚住来往したが、彼等との取引も、またわが商船や移民渡航の目的の一半にして、ここに彼等の移住地の位置について二重の制約を受けねばならなかった。

(B)　当時南洋においては、支那人や日本人を除いては、大規模なる対外貿易等の企業は、主として中央政府の直営または管理指導による場合多く、私人の経営に俟つところが少なかった。またわが渡航商船や、貿易関係駐在員及び商業移民等が、各地において交易に従事する時、先ずその国の中央官憲と貿易事務に関して諒解連絡を保つ必要上、彼等の主なる在住地もまた自らこれら中央政権に近接せる土地を選ぶようになった。

（C）　多数の外来人を、中央政府所在地の都市内に居住せしめる時は、政府がこれらの外来人に対して、直接曝露する危険を伴うので、日本町等の外人居留地は、中央政権の所在地そのものに非ずして、常にその近郊適地または隣接地に選定された。

呂宋の日本町ディラオと支那人町パリヤンの発生はその適例にして、共に総督政庁の所在地マニラ市城壁外東郊にあり、サン・ミゲルもその東南に隣接してパシッグ河の南岸に、アユチヤの日本町は、暹羅の王都城廓外南郊河岸にあった。柬埔寨の王都は外敵侵入のため一時奥地に遷都したこともあったが、大体においてプノン・ペンの近隣を転々し、殊に一六二〇年以後ウドンは永く王都と定まり、ピニャールーの日本町は、即ちウドンの東南十キロ余にして、プノン・ペンの日本町は三十キロ内外の地点にあった。フェフォとツーランとは、広南の外港とも称すべく、フェフォは広南の東九キロにして、ツーランはフェフォの北三十三キロのところである。阮氏は未だ黎王朝下の一地方政権ではあったが、既に隠然独立国の観あり、また後年阮氏安南王国建設の基礎も、ほぼこの頃に成立していたから、いわゆる交趾国の准中央政権ともみなさるべく、また当時外来人は一般にかく諒解して、阮氏と外交上通商上諸般の折衝を遂げた。而して広南は、首都順化を距ることを遠からず、かつこれに次いで重要なる国内政治の中心都会にして、またしばしば王太子や大官が同地に在住した。

丙　日本町の行政

IV　各日本町の行政が、自治または半自治なりしことは、一般に当該国政府が、言語、習慣、法律を異にする外人取締りの難と煩とを避けたに相違なく、殊に日本人の場合は、彼等が自発的にこれを要求した形跡は毫もみとめられ

ない。呂宋のイスパニヤ人の場合は、土着民在来の社会制度を尊重してその自治を許し、同時にこの方針を一般外来人にも推し及ぼして、日本人もこれに均霑したようである。同様な事情によって、かくの如き各地の自治的な日本町の頭長も、日本人中から選任された場合が多い。のみならず、自治日本町が一般にほぼ治外法権をさえ許容されていたのは、外人の来って貿易を営むことを熱望する政府の寛大と恩恵とからでもあろうが、一面南洋諸国民には当時毫も治外法権に対する明確なる観念なく、不用意の間に半ば恩恵的に易々としてこれを外人に許与した形跡がある。かの宋代広東や泉州に営まれたアラビヤ人の蕃坊、その蕃制、蕃長も、ほぼ同じ事情にもとづくように思われる。

交趾の日本町にては、元和四(一六一八)年に船本弥七郎が、同地の官憲から渡航日本人の取締りに任ぜられたが、その後ドミンゴ、平野屋六兵衛が日本町の頭領職にあり、鎖国後にも塩村宇兵衛、同太兵衛父子、林喜右衛門、角屋七郎兵衛が在留日本人の頭領として、日本町の行政司法事務を担当し、兼ねて同国のシャバンダールとして活動した。柬埔寨にあっても、早くも慶長の中年に、助右衛門なる人物が渡航日本人の頭目格の待遇を受け、鎖国後においても、シャバンダール某や森嘉兵衛が日本町の頭領として、町の行政や簡単な司法事務を司り、兼ねて同国の税関港務に干与した。暹羅においては、慶長の中年にオクプラ・純広あり、元和初年に城井久右衛門等がいずれも日本人の頭領として国王の信任を受け、在留日本人を統率し、兼ねて貿易事務を司り、次いで山田長政日本人の頭領として登庸されるに及び、これらの同胞を率いて大いに武勲を建て遂に六崑太守に任ぜられた。彼が任地にて横死して後も、アユチヤの日本町には、糸屋太右衛門、寺松広助、木村半左衛門、アントニイ・善右衛門等が頭領として永く活動した。呂宋にても、ディラオの日本町は、トンド州知事の管轄下にあると共に、フワン・スイオン等の日本人頭領が選出されて、在留日本人は一時自治的な生活を営んだ時もあったようである。このほか南洋各地の日本人移住先においても、バタビヤやテルナテ島、ビルマのアラカンの如き所にては、日本人統治のため、特に自国民中よりその頭領格が選出された所もあった。

丁　日本町の住民

V　日本町発生の時期は、あたかもわが近世初期、戦国争乱を経て江戸幕府の平和建設に入らんとする頃であった。従って戦乱により大名の興亡頻りにして多数失意の浪人が発生すると共に、平和到来のためにも、大名の除封改易相次いで、過剰して来た武人は社会に溢れ、いわゆる浪人問題は当時の為政者を悩ましたが、彼等の中には、身の振り方を海外に求める者あり、日本町の一主要構成員となった。

征韓の役後多数の凱旋兵は無為にして貧窮し身の振り方を海外に求めんとしたことが伝えられ、モルガの記すところによれば、呂宋の日本町には、両刀を佩びる武人多く、勇敢にして名誉礼節を重んじて外人に尊敬され、また暹羅にては「関原、大坂落の諸浪人ども、渡天の商船に取乗て売人となり……渡り逗留す」る者も少なくなかったようである。而してかかる実戦の経験に富む軍事専門家にして、かつ、おそらく多数の知識分子を包含していた浪人は、日本町の指導者となったと思われる。他国住民に対して比較的少数の日本町在住民が、断然他を圧して活躍し、殊に軍事方面にて日本人の声価を高からしめたのも、全く彼等の指導による点が多かったと見ねばなるまい。

VI　徳川幕府が、吉利支丹宗弾圧を重加するに伴い、追放または逃避吉利支丹が日本町に走って、在住民の主要なる分子となった。

マニラ市外ディラオの日本町の信徒は、主としてフランシスコ会に属し、サン・ミゲルの日本人部落はイエズス会の信徒が集まって、元和七年には在留信徒総数千五百人をかぞえ、当時の在留民の半数に達した。また柬埔寨の日本町にも、元和初年に既に七十名余の信徒が在住し、彼等の教会堂も建立されたが、その後信徒は漸増して一時在住民の過半数に達し、暹羅の日本町にも、四百人以上の多数の吉利支丹が在住した。交趾の日本町は、同国禁教令の掣肘を受けずして、多数の信徒が在住して彼等の教会堂も建設され、マカオから絶えず宣教師が説教伝道に赴いた。かようにしてこれら日本町には、一時多数の信徒を包容したが、弾圧の加重するにつれて、日本国内における伝道にようやく行詰ったイエズス会はじめ諸会派は、これらの信徒に着目して彼等の間の伝道布教に尽力した。彼等の中には移住先において宗教教育を受け、進んで積極的に土着原住民の教化に手を差し伸べた者も出て来た。

VII　日本町成立の主なる事情が、既に通商貿易のためであったとすれば、日本町の在住民が、自然直接または間接に通商貿易に携わる者、及びその家族なるいわば商業移民より成り立っていたことは明らかである。『暹邏国山田氏興亡記』には、「諸牢人など、売人と成て多く暹邏国に渡り逗留す」と記し、『異国紀聞』にも「暹羅、柬埔寨、広南、東京の諸国へ渡り商ひをし、其国々に止りしものは妻子を持ち、暹羅、広南の地には、今に日本町とて本邦の人の子孫あるよし」を伝え、またマニラの日本町には慶長十一年の調査によれば、住宅長屋のほかに、店舗を張ったわが商業移民の家が九十一軒あった。

而してこれらの商業移民も、独自の資金を運転する少数の自営的商人と、専ら移住先の土着民や外来西洋人の商業経営に関係する者とを除いては、多数は母国朱印船商人の貿易機構の一員として、依存的生活を営む商人のようであった。交趾には元和の初年に長崎奉行長谷川左兵衛の手代駐在し、その後同地に残留せし平野屋六兵衛、角屋七郎兵衛、暹羅の糸屋太右衛門の如き、それぞれ母国の大商人の取引先における出張員の有力者であった。

VIII　日本町の住民は、在住地の軍事的ならびに経済的方面において、土地の官憲や、外来西洋人に、一時的あるいは長期間に亘り雇傭される者も少なくなかった。

軍事的方面にあっては、日本人の勇猛果敢の国民性は、夙に南洋一般にみとめられて、彼等が傭兵として用いられた場合が特に多かった。暹羅や呂宋では傭兵日本人は常に重要なる役割を果し、柬埔寨や安南にても、日本人はその外征や内乱に参加活躍して、日本人の声価を一そう高からしめた。
経済的方面にあっては、当時間隔大なる南洋諸国土着民と外来西洋人との間隙にあって中間的存在として大いに活躍し得た。殊に暹羅、柬埔寨、交趾等にては、シャバンダールや、通訳官その他の貿易事務の処理に傭聘されて、専ら土地の官憲と外来西洋人貿易商との仲介斡旋を担当し、他方外来西洋人に雇傭されては在住国の政府や人民に対する諸般の折衝にあたると共に、特に彼等の依嘱によって、常に商品の取引配給に尽力し、就中彼等の輸出すべき土産品の買付け買占めに奔走するところが多かった。

このほか移住日本人は外人に傭われて、労働雑役に従事した者も少なくなかった。呂宋においては、既に文禄頃から多数の日本人が下僕として城内イスパニヤ人の家庭に自由に出入し、一時彼等をしてこれら日本人下僕を警戒せしめたことがあり、その後も日本人は森林伐採等の政府の公事にあたり、しばしば徭役を課せられた。また暹羅においては、鎖国後にも、日本町の在住民はしばしばオランダ商館に傭われて、特産の鹿皮や蘇木の手入れ、鑑別、緊縛、包装等の労働に従事したが、時には華僑が代って雇傭され、両国民の間に一再ならず紛擾を起したこともある。

IX　南洋各地の日本町の戸口数に関する統計的資料は全く残存していないが、諸記録文書中の関係記事を渉猟すれば、おぼろげながらその概況を窺い得る。即ち呂宋の日本町は、慶長十一年の調査によれば、住宅長屋のほか、店舗九十一軒あったが、元和初年には総人口三千人を超えた。交趾フェフォの日本町は、鎖国後慶安五年の概算によれば六十軒余と記されているから、ツーランと合算すれば、最少限度二百名位の人口を推算し得べく、鎖国以前はなお百名を加算しても多きに過ぎることはあるまい。柬埔寨ピニャールーの日本町も、寛永十四年オランダ人の視察によれば、七、八十家族とあるから、少なくとも二百四、五十名の人口なるべく、他のプノン・ペン在住日本人を加算し、元・寛年代の極盛期には、総数三百四、五十名と推定しても、むしろ少数過ぎるであろう。暹羅日本町の戸数に関する記載は見当らないが、元和末年より寛永初年には一千ないし二千名位の在住民を推算してもさしつかえあるまい。

即ちこれらの推定にもとづき、南洋日本町極盛期の在住民数を表計加算すれば、

呂宋日本町	三〇〇〇人
暹羅日本町	一五〇〇人
柬埔寨日本町	三五〇人
交趾日本町	三〇〇人
概　計	五一五〇人

となる。このうち柬埔寨、交趾の人口数は最少限度の見積にして、実際においてはなおはるかに多数在住したるべきも、とにかく、これらの数字と、先に推計せし南洋移住日本人総数七千ないし一万名と対比すれば、当時各地の日本町は、実はわが同胞発展の枢軸的勢力であった。

かく日本町のみを抽出して観察すれば、その人口かなり大なるようにも見えるが、これを他の支那人等に比すれば、その懸隔はるかに多大なりと言わざるを得ぬ。呂宋の日本町の人口三千なるに対し、当時これに隣接せる支那人区には一万二千ないし二万人の人口あり、交趾にてはフェフォを中心として、一六四二年頃支那人五千余在住し、柬埔寨の如き、既に十六世紀末に、プノン・ペンに三千余名の在住が伝えられている。このほか南洋各地に移住分布する者夥しく、主要都市港湾には支那人町を作り、中に自治的生活を営む所も少なくなかった。

X　日本町在住民の生活様式は、大体において、母国延長であったようである。交趾、柬埔寨、暹羅の日本町は、いずれも在住自国民の中より選任された頭長の下に、ある程度の自治制を施いていたし、交趾フェフォや暹羅アユチヤ日本町の場合には、明らかに、在住日本人は、母国の法律習慣にもとづいて生活していて、後年に至っても『広東

漂流記』に「日本町と申て、古日本人多く住居仕候て、商売仕候由、於レ今其子孫有レ之候。衣服も日本之通に仕、脇指を帯、髪は長仕候由承り候」と伝えているが、角屋七郎兵衛が、故郷に致した誂物の覚にも、酒樽二、醬油樽二、大根漬樽二、奈良漬樽二、鰹節六十をはじめ、干大根、黒豆、梅干、干瓢などより、さては、若布、あらめ、いりこ、もくさの類に至るまで記してあり、また『崎陽古今物語』にも、彼が故郷に注文して取寄せた品々に関して「交趾ゟ佻物之品々衣裳幷帯、畳、碁盤、将棋盤、双六盤、たひ、せきた或ひなの道具、日本ニて残申品々、年々申来候而、調、十二官へ頼遣、銘々より差遣候」とあって、同地における生活状態が純日本風であったことが察せられる。

マニラ在住日本人についても、早くも十七世紀の初め頃親しく同地で目撃した副総督モルガは、

日本人は気概ある人民にして、性質佳良にして勇敢である。自国固有の服装を着く。これは着色せる絹布及び綿布の着物にして、長さ脛の半ばに達し、前面は開いている。別に寛くして短い股引を着け、鞣製の足袋を穿ち、履物はサンダルに似て底は藁で巧みに編んである。彼等の頭には、帽子を戴かず、その頂上まで剃り、後側の毛は長くして、頭上で優美なる髷を結んでいる。腰には、大小の刀を佩び、鬚髯は少なく、風采挙動高尚なる国民である。

と記しているが、その後百年を経て宝永五(一七〇八)年に宣教師シドッチが来朝して、やはりマニラ在住日本人が依然として日本の風俗習慣を墨守していたことを伝えている。また柬埔寨においても、一六三七年一月二十六日(寛永十四年一月一日)の日蝕にあたって、日本人は、故国の習慣に従って、銃砲を発射して神に祈り、原住民等が奇異に感じたことが報ぜられ、またその日がちょうど旧暦の元日にもあたっていたので、彼等はまた互に餅や橙を贈答している。(1)

戊　日本町の機能

XI 日本町は貿易港にあり、在住民の大部分が貿易に従事する商業移民なりとすれば、日本町の主なる機能もまた

自ら明白である。既に随所に縷述せし如く、在住商業移民は、直接国内に散在せる土着生産者より、輸出せらるべき土産品を買付け集荷して、日本町に来航する母国の朱印船や第三国船、就中ヨーロッパ船にこれを転売配給することを常業とした。また他方、土着民との取引以外に、同地に来航する第三国船と自国船との間に、第三国貨物と自国物産との取引を仲介した。南洋日本町存立の意義はまさにかかる二様の貿易仲継にあった。

交趾においては、わが移民は貿易閑散期に農村を遍歴して、予め農民に手付金を前貸しして、次期の生糸を予約し、来るべき朱印船の貿易に備え、柬埔寨、暹羅においては、移民は鹿皮、鮫皮、蘇木の買付に絶大なる勢力を有し、彼等の手に取扱う鹿皮は年々二、三十万枚の多量に達し、蘭英両国商人は、一時彼等の助力なしには、その貿易を遂行することができなかったほどである。

また交趾、柬埔寨、呂宋にては、同地に来航する朱印船と支那船との間に、盛んに支那の生糸絹織物等の仲継取引を慣行して、当時明朝にて厳禁せし日支貿易を、この間接変態的な手段に訴えて打開した。

他方においてはポルトガル船の日本貿易独占の崩壊を促し、またイギリス船、オランダ船やイスパニヤ船等の日本貿易を一時大いに脅やかした。

而してこれら南洋各地の日本町が、かくの如く国策鎖国の犠牲になって、近世初期僅々七、八十年の命脈を保つに過ぎなかったこと、故国において地位を失った不遇の武士階級移住者を多数包容したこと、故国よりの追放または逃避の吉利支丹が居留民の主要構成分子なりしこと、及び移民中多数が相率いて在住地の軍隊に参加したことの四点は、南洋各地の他の外人居留地に比較して、特に顕著なる相違点として挙げねばならぬ。

(1)　Journael ofte de voornaemste geschiedenisse in Cambodia door mij Jan Dircx. Gaelen sedert 18 Juny tot 23 Oct. 1637. [Kol. Archief 1035.] 付録史料九。

第三節　南洋日本町の衰因

元和・寛永期を頂点として、一時南洋各地に栄えた日本町も、その後僅々五、六十年にして全く衰滅し、今日わずかに残存せる二、三の墓碑や、文献によってのみ、辛うじて往時の盛況を追究することができるのみであるが、しからば日本町がいかにしてかくもみじめに衰頽したのであろうか。この原因については、既に各地の日本町の消長を述べる際にも触れて来たが、今これを整理綜合すれば、およそ次の諸方面に亘って推論を下し得るかと思う。

一　鎖国後における人員物資の補充杜絶。
二　婦人移民数の僅少。
三　移民の永住的傾向僅少。
四　政府の奨励後援の欠如。
五　移民の在住地における紛争加担。
六　移民の在住地国内産業未参加。
七　移民に対する他の競争勢力の増大。

一　鎖国後における人員物資の補充杜絶　寛永の鎖国によって、海外在住日本人と故国との連絡が、完全に遮断されたことは、彼等に多大なる衝動と打撃とを与えた。即ち先ず精神的には、遠く異境に出て活動せる移住同胞の進取的な生活意識の中に、全く故郷との交通音信を絶たれて、心細さや、不安、絶望など種々な暗影を投じたに相違ない。而して移民発展の先決要件は、言うまでもなくその数にあった。しかるにわが移民は未だその発展の半途にありて、その絶対数は、これを他の華僑等に比すれば、むしろ過少と言うべく、のみならず、鎖国に直面して母国よりの人員物資の補充は完全に杜絶し、その後における日本町在住民の積極的な増殖発展はもとより、移民に対する他の不利なる条件を乗り越える原動力を喪失せしめたことは、他のいかなる事情にも増して、南洋日本町の衰滅を決定した直接根本的な一大原因であったと見ねばならぬ。

二　婦人移民数の僅少　当時南洋移住日本人中婦人の数が僅少なりしことは、彼等の発展にあたり、一障害となったが、同時にまたその衰滅を早めた原因でもあった。

今これら南洋各地日本町移住同胞の男女性別員数、結婚、出生、死亡、移動増減などを窺知するに足る資料は、ほとんど絶無と言ってよい。されば甚だ不完全にして、かつ調査地も、必ずしも日本町に限っていず、しかも後年の調査であるが、試みに参考のため、『延宝長崎記』に掲げられた海外残住日本人名を点検すれば、男、二十三人、女、七人にして、女の男に対する比率は三割二分弱である。既に元和初年フェフォ日本町の在住民中土着婦人を妾とする者多く、イエズス会教父等の非難を受けたが、『崎陽古今物語』にも「婚礼縁与にも皆日本人にて取組為レ申由候得共、後ニハ皆縁中に罷成候故、城下之官人などと縁中ニ罷成、威勢甚敷、身代等も皆宜」と記して、最初は日本町の住民間で婚姻を結んでいたが、互に血縁関係となって、遂に土地の官吏の家人と雑婚するようになったことを伝えている。角屋七郎兵衛・山田長政等の如く日本町住民にして、かように土着婦人と雑婚した者はその例証に乏しからずして、その子孫は必然的に混血、同化せざるを得なかった。マニラにおいては、十八世紀に入って、かような混血日本人の活動がしきりに伝えられている。

また日本町以外の事例であるが比較的婦人移民数の多数なりしバタビヤ在住日本人吉利支丹の結婚登記によれば、元和四(一六一八)年から明暦元(一六五五)年に亘る結婚員数は、男、五十八人、女、二十九人にして、女の男に対する比率は五割にあたっている。而も結婚当事者双方日本人なる場合は少なく、大多数の男女は、共に移住地の土着民や外来人と結婚して、彼等の子孫の混血、同化、または絶滅を急速ならしめた。(1)

三　移民の永住的傾向僅少　　南洋各地日本町の住民は、朱印船貿易を背景とする商業移民多く、中には朱印船商人の取引先における一時的駐在員あるいは手代も少なくなかった。その他在住地の官憲や西洋人に雇傭される吏員、商務員、兵員、労働者、及び徳川幕府の吉利支丹宗弾圧の結果、心ならずも海外に移住せし信徒等にして、彼等は多く一時的移住にして永住の傾向が少なかったようである。

一六二〇(元和六)年、安南にいたイエズス会の教父の報告に、フェフォやツーランにいる日本人のある者は、妻子と共に居住するが、他の者は毎年彼等の船に乗って来往する者であると見え、これより先モルガも、「日本人のマニラに在留する者は、多くとも五百人を超えざるべく、けだしこれ彼等の特性として、久しく群島に留まることなく帰国するからである」と記し、またセラーノは一六二一年の宗務報告中にて、マニラ在住日本人の「中には結婚せし者もあるが、彼等は常に自国との間を往来して、その数に定まりがない」と報じている。従ってこれらの日本町の人口も、日本船来航の時に、一時的に膨脹しても、ある程度以上に、永続的に年々向上発展するには、更に他の特に有利な積極的条件に恵まれずんば、なかなか困難ではなかったかと思われる。

四　政府の奨励後援の欠如　　徳川氏の対外政策の基調は、全く通商貿易の利益を獲得することにあって、これが奨励には種々なる対策を講じたが、海外移民の如きは、ほとんどこれを顧みるところがなかった。

たとえば呂宋や太泥の官憲から移住日本人の暴行を訴えて来た時も、家康は彼等の処罰を易々として彼地の官憲の意のままに任せて、毫も移住日本人の生命や権利の保証を主張するような措置を採らなかった。またたとえ幕府において、彼等を保護せんとする意志が若干動いたとしても、当時遠く異域各地の日本町にまで、積極的に手を差伸べる余裕も実力もなく、いわば、当時の日本町の移民は、自然的発展にして、毫も強固なる国力の背景を有たなかった。

その後、幕府が漸次吉利支丹宗に対する弾圧を重加して、信徒を海外に追放したが、もとより彼等の生命、財産、渡航先における生活等について、毫も顧慮することはなかった。却って元和七年には、「異国江男女を買取て、渡海之由、被二聞召一、堅可レ停止二」なる禁令を出して、外人が日本人労働者を海外に誘致することを阻止している。

五　移民の在住地における紛争加担　南洋日本町の住民は、その勇猛果敢なる国民性のため、在住国の軍隊に傭聘されて、その内乱外征に従軍した。

当時南洋諸国の国情安定せず、暹羅、柬埔寨、安南など諸国においては、頻々として隣邦との交戦や、王位簒奪などの内乱が繰返えされた。呂宋においても、未だイスパニヤ人統治の基礎確立せず、移住支那人や土着民の叛乱があった。日本人はしばしばこれらの戦闘に参加して勇名を轟かせたが、所詮参加日本人の死傷は免れ難く、殊に敗衂の場合には、彼等の多数が、虐殺や国外追放の厄に遭わねばならなかった。また平和恢復の場合にも、移住日本人の不羈闘争的なことに対する国人危惧の念去らずして、日本人の立場を著しく不安定ならしめた。

暹羅における山田長政一党没落の主因は、まさにかかる日本人敬遠に胚胎した。柬埔寨においては、かつて王位を覬覦せし王子が敗退して、一党の日本人を従えて国外に亡命した。イスパニヤ人も、しばしば呂宋在住日本人の追放を計画し、その艦隊に傭い入れた日本人の制御にも手を焼き、遂にマラッカ海峡において多数解雇放逐した。また日本町の事例ではないが、かつてマラッカにおいても、勅令を以て、今後の不安を除くために、武勲多き傭兵日本人を解雇せしめたほどであった。(2)

六　移民の在住地国内産業未参加　日本町在住民の従事した業務は種々多様であったが、主要なるは、直接間接通商貿易に携わる商業移民とその家族、及び在住地の官憲や外来西洋人に被傭依存する者とであった。従ってその職業の本質上、既に彼等の立場は在住地と遊離し勝ちであった。

元来外人の下にいる雇傭人同胞の生活の根底は決して安定したものとは言えず、雇傭主の都合により随時解雇されて生活の基礎を失う懸念が多かった。殊に傭兵日本人は前述の如く、平和の到来と共に、徒らに良弓走狗の憂目に遇わねばならなかった。

また商業移民と言うも、実は在住地において、国内商業やその対外貿易を独自自営する者よりも、むしろ大多数は、母国との取引を主眼とし、母国の市場と朱印船商人の資本を背景として活動し、未だ、移住先の土地や、一般土着民の生活に密接に結びついた純国内産業に携わるまでに至らずして、その生業の基礎が在住地に確立していなかった。殊に鎖国により、彼等の依存する母国の市場と資本との連繫が遮断されたことは、彼等の生業にとって、実に致命的な打撃であったことは言うまでもない。

暹羅においては、既に鎖国を待たずして、寛永七年山田長政一党没落日本町焼討後、彼我の交通杜絶するや、早くも残留日本商人は資本に窮して、書をオランダ船に託し母国の商人に呼びかけ苦境の打開を画策し、鎖国後南洋各地の残住商人中には、一時支那人やオランダ人に商品を依託して、母国との取引を継続する者もあったが、かくの如きはもとより彼等外人の企業に依存するのみで、僅かに彼等の好意の範囲内において、その余喘を保ち得たに過ぎなかった。

七　移民に対する他の競争勢力の増大　日本町の商業移民の活動は、主として前述の如く母国の市場を確保し、母国の朱印船商人の資本を背景とせしこと、及び未開土着民と外来西洋人との中間的仲介的立場を獲得したことであったが、しかしこれらのわが移民の発展には、毫も相互の連絡も統制もなく、その活動は全く自然放任にして、その間にこれを指導すべき一定の一貫した方針はなかった。

しかるに当時南洋における外来西洋人の活動は、いずれも各〻本国の熱烈なる植民政策の下に計画的に遂行され、その貿易もほとんど政府の直営または半官的経営であった。それ許りでなく、南洋土着民間にあっても、大規模なる貿易は、政府や大官の経営に俟つところ多くして、わが商人の私的個別的通商貿易には、絶えずかかる競争的重圧が加わったが、もとより鎖国と共に、彼等のかかる活動も自滅せざるを得なかった。

また未開発の南洋経済界において、先進日本人商人は、間隔大なる土着民と外来西洋人との中間的立場に立って大いに活躍したが、これに対しても彼等は既に他の有力なる競争者華僑を持っていた。華僑の発展は、その由来遙かに古く、その数も常に移住日本人に比して圧倒的に多く、しかも各地の日本町には例外なく支那人町が近接して、彼等は絶えずその脅威と圧迫とを感じたに相違ない。ただこの間彼等がよく同一立場にある華僑に拮抗し得たのは、一つに母国の市場と母国の資本とを、その背景に有して、南洋市場に活躍し得たためにほかならなかった。鎖国後この有力なる背景を喪失するや、彼等の立場は、華僑のために急速に蚕食された。いわんや、わが鎖国と相前後する明清鼎革の戦禍を避けて移住する華僑激増し、その勢力の拡大するに反比例して、日本人在住の意義は著しく弱められ、やがてその頽勢は急速に下向せざるを得なかった。

近世初期、前後約百数十年間、南洋各地に亘り、わが国史上空前画期的な進出を遂げた日本人の活動中、ここに最も典型的な事例として日本町を採り上げ、上来七章二十三節に亘り、不十分ながら、その発生過程、その位置とその規模や戸口数、自治的な日本町の行政様式、軍事、経済、宗教方面に亘る移住同胞活動の消長と彼等の生活状態より、最後に日本町の性格とその特質より、日本町凋落の諸原因を検討して来た。しかし以上述べた諸原因のほかに、南洋日本町の衰因として、なお他にも吟味を要すべき点も多少残ってはいるが、上述の七因は疑いもなくその主要不可欠なるものにして、しかも、ここにその第一因として掲げた「鎖国」なる極めて特異なる事情こそは、他のいかなる点にもまさって、日本町の急速なる凋落を決定した最大にしてかつ致命的な原因であったことは明白である。しかしながら、その他の諸衰因の多くも、また鎖国の有無に関せず存在せしところにして、決して軽視し難き原因であったと思われる。即ち南洋の日本町は、在住民の活動活潑にして、一時その存在が諸国人の間にあってひときわ目立ったに拘らず、これを大局的にみれば、鎖国をはじめ内外各方面の相重なる幾多の不利な環境のために、いわば未だその潑剌たる発芽期のうちに、既に凋落することを余儀なくされて、遂にその後隆盛なる発展を遂げ得なかったのである。

(1)　拙稿「バタビヤ移住日本人の活動」(『史学雑誌』四六ノ一二)。
(2)　Raymunds, Antonio de Bulhão Pato. Documentos Remittidos da India ou Livros das Monções. Lisboa. 1880–1893. Tomo IV. pp. 297–299. Documents 956. 1618–Fevereiro 1. Reposta á Carta. 1619–Fevereiro 9.
Boxer, C. R. The Affair of the "Madre de Deus". London. 1929. pp. 82–84.

〔付　録〕

史料一

一六三六年五月三十一日付、東印度総督アントニオ・ファン・ディーメンから、広南における日本人甲必丹にしてサバンダルなる平野屋六兵衛宛書翰〔オランダ国ヘーグ市国立中央文書館所蔵文書、『植民地文書』第七六一帙、「バタビヤ発信書翰帖」、一六三六年度、第一号、三六二―三六三枚〕

広南における日本人甲必丹にしてサバンダルなる平野屋六兵衛殿

我等に宛てた貴下の書翰によって、予は、貴下が、我等の甲必丹ダイケルを伴い、交趾支那国王陛下の許に至り、陛下の父君が我等から暴力を以て奪い取った金子、大砲並びにその他の貨物を取り戻すのに援助したことを知った。我等の甲必丹は、陛下に大変敬意を以て歓迎接待されて、我等は非常に嬉しく思う。しかし陛下は、同国民の一切の権利と法律に従って、我等にその損害を賠償して返却することを拒絶したので、非常な困難が起っている。

国王は一土侯オン・アン・ミイ(Ong-Ang-My)の過失を責めて、これを死刑に処したが、同人の処には、我等と他の商人達から悪だくみで奪い取った銀三十四万両あったが、どんな理由にせよ、彼等は我等の金子を差抑えて返そうとしない。陛下が我等の物を抑留して我等の権利を否認している場合、我等は強いて自ら法に訴え、又報復手段に出て、我等の損害賠償を要求することも敢えてしないであろう。
貴下は、サバンダルで外国人の味方であるから、災難に脅かされたことについて、色々と陛下に陳述し、陛下に(出来るだけ)我等が、陛下の領国内で貿易を喜んで継続して、其の国人に対して、国王や、その国土や総ての外国人に良い取引をさせて、我等が十分満足出来るように交渉され度し。
そこで、貴下が、国王にこのことを説くことが出来るならば、そして我等の友誼上、我等は戦争よりも寧ろ平和に傾いて、広南は今後大変有用となるであろう。且つ我等は、我等の甲必丹が万事に亘り更に一層援助の手を差延んことを乞い、我等が万事に亙り感謝の意を表し、貴下に友誼の思出と増進のため、赤色羅紗五エル、色塗の箱五個を贈るが、我等の感謝の意を受けられ度し。
一六三六年五月三十一日　バタビヤ城にて
下記　アントニオ・ファン・ディーメン
〔Algemeen Rijksarchief. Koloniaal Archief 761. Bataviaasch uitgaand Brief Boek. 1636. N°. 1. fol. 362-363〕

史料二

広南における日本人の甲必丹の義子塩村太兵衛殿から、バタビヤ在住日本人ユガ・竹右衛門殿と村上武左衛門殿に宛てた書翰の訳文〔オランダ国ヘーグ市国立中央文書館所蔵文書、『植民地文書』第一〇五〇帙、「東印度会社接受文書」、一六四三年度、EEE、第四巻、一三五一—一四〇枚〕

本書を貴下御両人に送り、昨年五郎右衛門殿が、貴地に於いて無聊に苦しんでいた時、貴下等が歓待されたことに対して、貴下等に感謝致します。

昨年オランダ船二隻広南近海で坐礁し、乗組員の約半数が助かって、約八十名上陸した。国王はこのことを知って、宇兵衛と言う日本人の甲必丹に命じて、オランダ人を見に行かせ、彼等を広南に連れて来させ、同地でその食糧やその他の必需品を供するように命じた。彼は、広南に来て、オランダ人に入費を支給するように国王に乞うたので、国王もこれを承諾して、そして日本人区に住むように命じた。同時に国王は、前記の宇兵衛に、ジャンク船一隻建造して、支那暦正月十日に、オランダ人を出発させるように命じた。その甲必丹は、ジャンク船の艤装に取りかかったが、正月六日に、オランダ船がトロン湾に入港し、そしてそのオランダ人は、同所で一一八人乗込んでいた広南の小舟十隻余り捕獲した。一日これ等の住民を捕えた後、同船は出帆した。同船出帆後一日して、捕えられた広南人が、彼等に、同地にオランダ船が二隻残って居り、坐礁船の乗組員中に尚多く生存していると話した。その後前記の甲必丹は、自分の船で、サント・ピト島(Sant Pitho)に航して投錨したが、同所でオランダ人等は一書をしたため、広南人に託して陸に送り、双方共に夫々言分があって、結局オランダ人に広南人を釈放するように交渉した。しかし広南の大官は、これを理解することが出来ずして、言う所に依れば、オランダ人は同地に留って居り、船は擱坐して、その入費、被服並びにその他の必需品を支給したのに、オランダ人はこれに反して、何等の権利も理由もなく、広南人を捕えた。それ故に、オランダ人が先ず広南人を陸に送り返えしたならば、彼の国民に、オランダ人をも亦、その船に送らせたであろうと。しかし上陸交渉の間に、色々な行違いが起って、結局甲必丹が広南人を陸に送ったが、広南人は陸に上って来ると、国王に向い、船中には東京の大官が二人便乗していて、その男が広南人を抑留するように命令を出したと告げ、更に又国王に非常に悪し様に言上した。これに対して国王は、オランダ人との係争問題は、彼等がこの国の習慣を知らなかったのか、又は彼等に知らせなかったので、これを容赦すと言われた。

しかし東京人が、広南人を捕えるようにオランダ人に命じたのは、非常な悪事を犯した許りでなく、大変な不敬と悪意を以て、国王を侮辱したことになる。この態度に対して、国王は、東京使節が陸に来るように要求したが、オランダ人はその言に耳を傾けずして、出帆して了った。

しかしながら、その後、国王は、ジャンク船一隻建造することを命じ、同船でオランダ人五十人を送還することを命じた。そしてジャンク船が竣功した後で、同船に、米や薪水やその他の必需品を支給せしめ、第五月十日に出帆させた。更に日本人も、オランダ人の必要に応じて、米、銭、並びにその他のこまごました物などを交易して、そのジャンク船に積込んで出帆させた。私太兵衛は、更にその上に、オランダ人を援助する方法として、彼等に対して、小銭と他の食糧品とを、私の特志で供給した。しかしアウグスチン(Augustin)と他のオランダ人は、これに感謝しない許りか、却って他に悪口雑言をあびせた。

その後第五月十五日に、オランダ船五隻チンチウ(Chinchuw)に来航して、同所を焼払い、そして同地からチャンペロ(Champello)に向い、チャンペロに着いて、同地で百人以上捕え、オランダ人は同地で更に住民を捕えるために銃を携えて上陸した。大官はこのことを聞込んで、広南兵百五十人に命じて、その住民を隠れさせた。そしてチンチウ人が、同地の住民に、彼等の所がオランダ人に焼払われ、オランダ人が上陸して隠れていることを知らせたので、広南人はこのことを知って、オランダ人と戦を始めたが、同地にオランダ人二十人並びにその甲必丹が残留していたに反し、広南人はただ一人のみであった。その後彼等の船の中、二隻は東京に向け出帆し、三隻はトロンに来着投錨し、同地から、捕えられた日本人五郎右衛門殿並びに広南人一名を陸に派遣して、オランダ人と広南人との間に再三書翰を往復して後、広南人は水夫長を船に遣わしたが、その後間もなくオランダ人は、その数が正確でないが、広南人三十人を殺害した。国王はこの行動に対して、目下オランダ人に対して開戦準備を整えていたが、オランダ船はその後出帆して了った。

第七月十九日にオランダ船二隻チャンペロ島に到着して、チャンペロの住民を捕えんとし、オランダ人は同島に二、三日滞在した後で、オランダ船に襲いかかったテンシヤ(Tensia)と言う舟二、三隻拿捕して後、オランダ人は出帆した。目下広南人は、オランダ人と開戦するため、あらゆる準備を整えているが、海に関しては施すすべを知らず、陸上には、オランダ人も敢えて上って行かないであろう。このようにオランダ人と広南人との間の争は、日本人を極度に悲しませるが、国王の為す所は、オランダ人がこの件について最初に過を犯したと言うより外には、反対することが出来ない。

オランダ人の中、出発許可を得た五十人は出帆し、尚当地に二十二人残留している。この二十二人の中、アウフスチン・ランゲ(Augustyn Lange)は腹痛のため死亡した。そしてその後日本人は永く預って置くことは出来ない。それは、既に長く経って居り、オランダ人は三分され、三分の一は日本人区に、三分の一は村に、三分の一はフォイアン(Foyaen)に預けられている。オランダ人は、今も尚日本人から食糧を給せられているが、感謝も悪口も述べられていない。そして我々に悪く誤解されていると言い争っている。

アウフスチンの子アンドリース(Andries)は出発することを承諾して、十五人と共にジャンク船で出発したが、未だ貴地に到着していないことを知った。予はアウフスチンの妻に一書を認めたが、そのことは述べられていないので、彼女に、何卒貴下御両人は、現状につき一切御話し下され、以前にアウフスチンの妻からの書翰を、予は受取って、これに感謝して居り、アウフスチンは永い間腹痛に苦しみ、終に死亡したこと、並びに国王の為したことに、我等微力の者は反対し得ないことを告げられ度し。

アンドリースは、尚当地の家に在って飲食し、ジャンク船で出帆するに当り、日本着物一着を与え、旅行用に、手を尽して食糧と良質米を供した。オランダ人が、漁民四、五百人を捕えたのは問題でない。それは陸に関係していない。それは陸上の事件でない。

日本人の甲必丹が死亡して、その子が父の地位を継いだ。

予は、オランダ人五十人乗ったジャンク船で、一書を認め総督に敬意を表す。

塩村太兵衛殿

第八月二十一日、国王は宣言して、海上では関知せざるも、一度オランダ人が陸上で捕えられたならば、彼等を死刑に処するであろう。更に国王は、オランダ人が戦をいどむならば、それも宜しく、又彼等が平和を欲するならば、それも亦宜しと言った。
〔Translaet Missive van Sominira Taffioyed°, Schoon Soon van de Capiteyn van de japanders in Quinam aen Juga Stakemond°, ende Moera kamy Bosamond°, Japanders woonachtich binnen Battavia. (Algemeen Rijks Archief. Koloniaal Archief 1050. Overgekomen Brieven en Papieren. 1643. IV Boek. E. E. E. fol. 135–140.)〕

史　料　三

一六五二年一月二十日付、ウィルレム・フェルステーヘンの台湾、東京、広南など北方地域遣使報告(抜書)
〔オランダ国ヘーグ市国立中央文書館所蔵文書、『植民地文書』第一〇七四帙、「東印度会社接受文書」、一六五二年度、OOO、第一巻、一一二三枚裏―一一二六枚〕

当地において、会社のために平和を促進し、尚その他の残務を処理して、我々が滞在中、国王並びに同国大官達に献上した贈物の目録

国王	二四一六《グルデン》	三《スタイフェル》	二《ペニング》
官人オング・チェウング・ソー Ongh Tjeungh Soo	二四七	一二	三
王妃	九六四	一五	五
国王の書記	二九	一五	三
国王のため平和条約を書いた書記長	三八	五	一三
使節閣下が宮廷に上った際、大変援助した甲必丹四名	四六	九	二
最初に来船して、商務員バロンの参府を援助した			
チュモイ湾(Tjoemoy)の二村の村長	二〇	七	七
使節閣下が王の許を辞去する時、王に	三六七	七	一〇
官人の書記	一〇	一六	一四
官人の娘	三〇	一七	七
乗船警戒に当った官人の警視	一〇	一六	一五
フェフォ(Phayfo)知事	五七〇	九	四
大使閣下がフェフォ到着の際宿泊し、我々を色々援助した日本人の頭領太兵衛殿			
ペルペトワン一端	二七	—	—

無量　二端	一二	一六	一〇
かわさ木綿　二端	二二	一一	一〇
大金巾　四端	一五	一八	一一
ギネー木綿　一端	六	一〇	—
北絹　二端	八	一	一四
チューロング(Chioerong)　二端	一一	一〇	五
小皮　二枚	五	一〇	一〇
カンガン布　五端	九	一九	八
ビェウタス(Beutas)　三端		六	六
更紗　二端	二一	七	八
胡桃　五斤		六	五
丁子　五斤	三	—	—
紐　一本	—	—	—
合　計	一五〇	一九	一
フェフォ副知事	三六〇	八	三
広南に留置く貨物	四四二九	一六	九

〔Rapport van den E. Willem Verstegen wegens sijn besendingh na de Noorder quartieren besonderlijck van Toncquin, Tayouan ende Quinam in dato 20 Jan. 1652. Koloniaal Archief 1074. Overgekomen Brieven en Papieren. 1652. I Boek. O.O.O. fol. 123

verso–126.〕

史料四

日本人甲必丹塩村太兵衛が広南から東印度総督ヨアン・マーツサイケル並びに参議員に書送った書翰〔『バタビヤ城日誌』一六五三年度、三月二十二日、二八—二九頁〕

塩村太兵衛が恭しく一書を総督閣下、並びに参議員諸公に送り、次のことを報告す。去る一六五一年ウィルレム・フェルステーヘン殿が当地に大使として来着され、その来着を大変喜んだ国王から厚遇され、同時に両者の和平交渉の成立が明かとなった。このことが王廷で行われて、前記の大使殿は王廷からフェフォに来て、家一軒と庭を買上げ、オランダ人五名をして留って在住させ、四日間滞在後、彼の船で出発した。その後間もなく悪い報らせが有って、国王は、当地に在住せるオランダ人五名を殺さんと欲している由である。その事が実現する前に、国王はその州知事の一人をして、これを赦させ、その生命を助けたので、予は非常に嬉しかった。その理由は、商務員ヘンドリックが頭であって、尚余り若年だからであると言う以外には無いようである。それについて尚若干の理由を、閣下に報ずることが出来たであろうが、予は閣下に対して、このことについて、既に余り永い間差控えていたことを恐れている。そこで一部始終は〔村上〕武左衛門に報告するから、閣下は何卒これについて御問合わせ下され度し。

フェルステーヘン殿が当地で買上げて、予にその管理を委せられた住屋については、これに気を配り、又必要の際は修理を加えるように住民をつけて置いた。

ヘンドリックの手を通じて、閣下に同様に書送った。閣下が同書を落手されたか否かを承知していない。閣下に敬意を表して、

巳の年〔一六五三年〕八月十三日　　塩村太兵衛　並印

〔Dagh-Register gehouden int Casteel Batavia. Anno 1653. 's-Gravenhage. 1888. pp. 28-29.〕

史料五

『バタビヤ城日誌』一六六一年度、十二月二日〔四三〇、四三三、四三四―四三七頁、抜書〕

一六六一年十二月二日。正午に商務員ヤコブ・カイゼルは広南のジャンク船で来て、ヤハト船デルフース(Dergoes)の遭難に関して、文書の報告と、その付録とを総督閣下に提出して、再び広南に向って解纜した。……

前述のカイゼルは、去る〔一六六一年〕三月七日にプロ・カントン(Pulo Canton)の見える所で、ヤハト船デルフースを見失った。……

その後即ち四月十七日に、我々は前記の官人によって、フェフォの町の公衆広場に連れて行かれたが、同所は牢獄のようで、入口は一カ所だけあって、国人が彼等に告げる所によれば、彼らはこれに不平を言ってはならない。即ち以前占城と柬埔寨の国王等が宿泊、即ち拘禁された所は同所であるからである。国王自身は目下フェフォの町にはいないが、その宮廷を、他の順化、即ちディンカット(Dingcat)と呼ぶ町に設けている。更に官人はカイゼルに向って、中尉デ・ハース(De Haes)及び船長並びに残員をフェフォに残して置いて、彼は国王と会談するために、商務員補ス

ヘンケンベルク（Schenkenberg）とスプリンテル（Sprinter）等と同所に赴くべしと命じた。ついで彼は二十六日に順化に到着し、二日後に彼等は謁見した。この広南の宮廷は、河の直ぐ傍にあって、四囲は土壁と高い竹垣で取囲まれていて、外に通ずる精巧な造りの木造の外廊があり、砲車と砲座には約四百門の砲が備えてある。国王は仰々しい服装をしていなくて、近隣の他の異教の国王等のように、多数の護衛兵を備えているが、その他何れも武装せずに、唯、黒衣を纏っている小姓二、三十名従えているに過ぎない。それは東京の宮廷におけると同様に、当地で全く行儀がよい。……

カイゼルは、このように宮廷にいてから、五月十二日にその同行者を連れて同地を出発し、同月十八日にフェフォに帰った。広南、即ちフェフォ在住日本人の甲必丹は、常に到る所において、大変友情を示し、カイゼル並びに前記の商務員補両名及び彼に従って都から下って来た補助員ウィルレム・ダンマンス（Willem Dammans）を彼の家に招じて、出来るだけ衣料を給し休息せしめた。そして我々がバタビヤに出発する船を持たなかったので、彼はジャンク船一隻四百両で購入して、そのために艤装した。このようにして若干月経った。今やジャンク船はほとんど完備したので、カイゼルは、国王に別れの挨拶を陳べるため、九月十三日に、再び宮廷に赴いた。国王は、そのジャンク船に使用するために、ヤハト船デルフースの重い錨二つを彼に与えて、最後に、我々が王の船に危害を加えないように要請し、さもなければ、王は我々の悪い友となるであろうといった。我々が再び帰って来た時、官人は、我々が今後侮辱を忍ぶようなことはあるまいと彼に約束した。一行の危険を幾分か分けるため、カイゼルは、前述のジャンク船から三十二名引上げて、彼等の同地滞在中、バタビヤから来航し、再びバタビヤに帰航しようとしているジャンク船二隻に、命じて分乗させた。即ち中尉デ・ハース並びに十五人は四官（Siqua）のジャンク船に、ワルラーベン・トメ（Walraven Thomé）並びに十五人は五官（Gouqua）のジャンク船に乗り、両者共に十月五日に解纜した。ついで、商務員カイゼル並びに六十一名からなる残余の人々も終に十月三十一日に続いて出発した。前記のジャンク船の一隻、即ち五官船は、十一月十四日に海上でこれに出遭ったが、十一月五日にプロ・カンビール(Pulo Cambier)から出帆した他のジャンク船と共に、途中これと分れて難を免れた。

砲手、狙撃兵及び下級外科医は、前にも述べたように、国王に招かれて、非常に厚遇された。その後国王は、前述の下級外科医の代りに上級外科医を、同じ資格で同地に滞在するように招いたが、彼はライデンのディリク・ヨリスゾーン(Dirik Jorisz. van Leyden)と言い、他の二名と共に同地に留っている。下級外科医ヘリッツ・マタイスゾーン(Gerrit Matthysz.)は、カイゼルに、共に下って行くように命ぜられたが、官人に、その晩尚遊女と一緒に過すことを願って許された。しかし彼は立去るに当り、カイゼルに向い、予は今当地に留るようにするであろうと。彼も亦同地に、暫くの間、且つ彼の優れた力量を示す時まで留るが、バタビヤでは信頼された男であった。

カイゼルの言う所によれば、国王と広南の大官連並びに商人と市民等は、我々に大変傾いているのは確かであると。その理由は、これより先、『バタビヤ城日誌』一六五二年二月二日の条に詳記されているように、商務員ヘンドリック・バロン(Hendrick Baron)は、一六五一年十二月二十四日に、非常に危険に曝されて、その語る所によれば、フェルステーヘン閣下(Verstegen)は、広南と和平を取結んで、バタビヤに急行した。その間に、フェルステーヘン閣下が、東京人三十人余りをその船中に隠したことに、国王は不信の念を抱いた。そこで国王は、日本人の甲必丹塩村太兵衛殿(Tsiommoera Toffydonne)及びその他の人々を、同地に視察するために、派遣したが、フェルステーヘン閣下は、鄭重にこれを拒絶し、使臣等と大砲などの陸揚げを交渉した。その後使臣等は、国王の許に帰って、フェルステーヘン大使閣下は、あえて視察を許さない許りでなく、大砲を船からはずして了ったと報告した。これには国王も非常に驚いたが、しかし、その当時我々の味方であった前述の甲必丹の口から出たことであるから、これを信じて、その結果、我々は平和の外見の下に、彼の領国を覗かんと欲したのであると決めて了った。そこで、バロン及びその一味に死刑を宣告したが、しかし官人某によって、まだその生命を保たれているが、その男はこの一件を親しく取上げて、少しも事情を知らぬ、つまらぬ人々をどうしようとするのかと言った。一度このことを、前述の日誌二月二日の条に記されているのと、後で、前記の日本人太兵衛が、広南から閣下に送った報告で、次の日誌の一六五三年三月二十二日の条に載せられた所と比較すれば、相互に大変喰違っていることが判る。しかし、彼等は、その赦免のために幾分言葉を尽さねばならぬ。

ヤハト船デルフースのこの不幸な遭難より余り遠くない以前に、マカオからポルトガル船一隻広南に来航して、貨物並びに彼等は陛下のために鋳造させた砲三門の代金合計七百レアルから成る贈物を国王に献上したが、これは、二カ年余り前に、彼等が陛下から食糧を貰ったのに対してである。又この返礼として、陛下から、柬埔寨で掠奪したジャンク船一隻を贈られた。彼等は、我々に向い、その古い習慣に従って、マカッサルにおける我等の勝利とその前面に碇泊していた船舶を捕獲した話を、国王に心から伝えるように申し出たが、国王はこれを笑って、気にもかけなかった。ポルトガル人の貿易は、主として銅銭、赤色と混色の広東緞子からなっている。これに反してその買付けは、広南で生産される胡椒であるが、小粒で均質であって、広東で大変需要があって、マカオでは百斤十二両に販売することが出来た。しかし目下国王が柬埔寨で捕獲した大ジャンク船に胡椒と蘇木を積込んで広東に派遣せんとしているので、入手するのが困難である。彼等は、八月二十九日に、本当に満載して、国王のジャンク船と共に、広東に出帆した。

このポルトガルのジャンク船以外に、我々は、フェフォの町の前面で、尚支那の大ジャンク船六隻を認めたが、その中一隻はバタビヤ在住の甲必丹ビンガン(Bingam 潘明厳)のものである。その後、更に同地に若干隻後続した。即ちバタビヤから三隻、暹羅から二隻、柬埔寨から一隻と厦門からの一隻などである。その中三隻は日本に、二隻は厦門に向った。前述の甲必丹ビンガンのジャンク船は、前年同地に繋船し、七月十二日日本に向い出帆したが、同月二十八日空しく帰航した。余り収穫もなかったためであって、来る一月にバタビヤに向い出帆するであろう。同日に、即ち七月十二日、国姓爺即ち厦門におけるその叔父助爺(Sauja)に属して、昨年日本から広南に来航した他の大ジャンク船一隻日本に向い出航した。同船は河から出航中岩礁に乗り上げたが、大した損傷もなく離礁した。

しかし、国王は、そのジャンク船が、彼の領国の海岸に触れて、同処の水や砂を幾分か取ったと云う理由で、交易させないことを彼等に知らせて、その積荷を請求し、銀二十五箱から成る一切の貨幣を召し上げた。

かくして、これが、商務員ヤコブ・カイゼルの、聞くも無慙な結末を告げた悲劇である。全能の神に、我が国民の釈放と会社の損害を好転させ給え。若し我々が広南と平和を結んだならば、難船の際や、或は必要に当って、それは会社の船舶の安全にまで拡張されるであろうとカイゼルは考えている。チャンペロ島(Champelle)には美事な湾があって、船舶はほとんど一切の風を避けて碇泊出来る。同処には立派な碇泊地や水も夥しくある。

広南において、韃靼の皇帝が死んだと云う噂が流れている。

以下広南国王が、我々に与えた、自由に認めた手紙がある。……

広南在住日本人の甲必丹を、我々はキコ(Kiko)と呼び、彼自身では林喜右衛門と言っているが、政務総監カーレル・ハルチンク(Carel Hartsinck)に宛て、旧知の故に、一書を認めて、不幸な事件、我々の同地での経験、及び彼が、彼等を助けるために、どんな義務を履行したかを述べて、そこで彼は、自分の斧やその他の家具を現金に替えたが、それで以て我が国民を運ぶジャンク船を一隻艤装するためであった。そして敬意を表して閣下に剃刀二挺送った。

〔Dagh-Register gehouden int Casteel Batavia. Anno 1661. 's-Gravenhage. 1889. 2 December. pp. 430, 433, 434-437.〕

史料六

一六一五年より一六一九年までに、イエズス会の教父が、同会の総長に宛てて認めた日本・支那・ゴア並びにエチオピヤの年報〔一六二一年、ナポリ版、四〇二―四〇三頁、抜書〕

一六一九年支那の港マカオの学林からイエズス会の総長に宛てた手紙

柬埔寨

二年以前猊下に報告致したように、巡察使は教父一名と教兄一名を柬埔寨に派遣して、誤り導かれた哀れな人々を援助するため、同地に教会を建てることが出来るかどうか見るためであった。その使命は期待した程に成功しなかった。それは、イギリス人とオランダ人が同地と貿易を開始せんと策謀して、国王の耳に悪い報せを入れたので、国王は、我々が同国に踏み留ることを許可しなかったからである。けれども、教父が同地に居た間に、彼がポルトガル人の間に行った善行の外に、同地に在る日本人等に対して、効果的に、我等の聖なる信仰の秘蹟を説いたので、彼等は今迄のように異教徒としてではなく、キリスト教徒の生活をし始めた。この人々は教父の出発を悲しんで、誰か他に彼等を教え導いて、その懺悔を聴き、聖餐式を与えることが出来る人を望んで、彼等は交趾支那に居る上司に、一書を認めて、彼等の要求を増進し、彼等を助ける教父を同地に留めて置くことを望んだ。この手紙は記録すべき価値があるので、我々は次に記そう。

遠隔の地に在住しているキリスト教徒が、彼等の霊魂の必要を聖職者に告げ、彼等の信仰を深め、その徳操の道に向上することを助けるために、彼等のなすべき義務として、柬埔寨に在住している我々七十人のキリスト教徒は、聖なる教訓を観察するのに必要な事柄について、免罪と指導を色々授ける教父が居ない事を非常に失望していることを猊下に訴えます。当地には尚多くの日本人の異教徒もいて、キリスト教徒とならんと欲しているが、説教者がいないので、如何ともすることが出来ません。そこで我々は、猊下に、我々を教え導く教父を派遣して、この切なる要求を援助されんことを懇願致します。我々が異教徒と苦闘しているのは、我々が彼等の国内に居住し、彼等は、我々の希望するようには教会堂を建立することを許さないからであります。しかし我等の救い主なる神は、我々が成功して勝利を得るようにし給うた。下に署名した我々両人は、他のキリスト教徒と共に教会堂を建立し、その中に、マドンナの像と十字架の聖像を安置しました。我々は亦死者を運んで埋葬した上にも十字架を建てました。祭壇は打敷きと天蓋で飾られ、金曜日毎に、我々は教会の周りを行列して行進して連禱を唱えました。そして我々は、キリスト教徒としての他の義務を履行するために、猊下の御援助を期待します。我々は全力を尽して教父を援助し、国王が教父を当地に留まることを許さずして追放せんとするならば、教父の行かんと欲する所に、我々は案内致さねばなりませぬ。この手紙の持参人であるジオバニは、口頭で、猊下に、この事について報告致すでありましょう。我が主が、何卒猊下の聖なる仕事にあたり、猊下を守り給い、その神聖なる恩恵を垂れ給わんことを。

柬埔寨に於いて　一六一八年五月二十日

ジアン　及び　ジオバニ

この手紙は、交趾支那の上司が既に日本に向け出発したため、彼の手を通じて送られていたので、直接巡察使の手許に届けられなかった。そこでマカオの上司は、交趾支那にいる教父に書き送って、彼が柬埔寨に渡れるような機会が到来したならば、これ等のキリスト教徒の懺悔を聞き、これを援助することが出来る教父一名を同地に派遣することが適当であろうと。以上、我々が猊下に希望し要請しているように、猊下が、我々一同を暖く主に委ね、同時にその中に我々が生活している異教徒一同に勧めて信仰を改めさせることが、本年猊下に関して要望する一切である。

支那の港マカオから、

一六一九年一月二十一日

キリストに於ける猊下の価値なき下僕学林長の命により

フランチェスコ・ユウゼニオ(Francesco Eugenio)

〔Lettera Annvale del Collegio di Macao, l'anno 1618. Da Macao, 21 di Gennaio 1619. pp. 402-403〕

史料七

ダニエロ・バルトリ著『イエズス会史』〔「アジア、第三部、支那」、抜書、八三一―八三二頁〕

日本人は、〔一六二二年九月〕あらかじめ彼〔ミゲル・牧〕が来ることを聞いて、彼に会うために、メコン河上流二百マイルの所に、大船一隻を派遣した。日本人は同人に従って同地に行ったが、その住むべき家も庭も見出すことが出来なかった。彼は同地で働いた。そして彼等が聖体を用い、神の言葉を頻りに説く便宜を得たので、その生活と態度が悉く変化した。彼は異教徒達何人かに洗礼を授けた。日本人若干は、日本に於いて拷問の恐怖に脅かされて、その信仰を告白することを妨げられていたが、彼の力で大変後悔し、教会堂に参詣した。彼は結婚の仕方を改善し、又小児達を指導してキリストを信じて生活するために、知らねばならぬことを一切詳細に教え込んだ。彼は又健康な者、病んだ人や死に瀕した人々の霊魂を呼びさますため行うべき手順を確立してから出発した。そして彼の代りに、上長は、現世的な富には貧しいが、生活は非常に浄らかな一日本人レオネ・新左衛門を任命して、その結果、他の人々に大いに祝福された。このように八カ月実り多く働いて、彼は再び交趾支那に帰り、それからマカオに行き、同地から日本に帰った。

〔Daniello Bartoli. Dell 'Istoria della Compagnia di Giesv. La Cina. Terza Parte dell' Asia. Roma. 1668. Livro IV. pp. 831-832.〕

史　料　八

柬埔寨においてチピニヤ・ラムシットと呼ぶ日本人森嘉兵衛より、東印度総督アントニオ・ファン・ディーメンに送った書翰の訳文〔オランダ国ヘーグ市国立中央文書館所蔵文書、『植民地文書』第一〇五〇帙、「東印度会社接受文書」、一六四三年度、EEE、第四巻、一三三一―一三四枚〕

謹んで本書を総督閣下に呈す。

国王は強力な君主であって、昨年その敵を尽く打破ったので、唯今では唯一の国王である。

予チピニヤ・ラムシットは、この国王からオランダ人のサバンダルに任命された。

マカオのポルトガル人は、以前、前国王に対して、自国民が絹織物を日本に輸送するのを援助せられんことを要請した。そこで国王は、彼等が、タビニヤ・シセラモット(Tabinia Siseramot)のジャンク船で、絹織物三十八箱を日本に輸送することを彼等に許可した。そして、この柬埔寨船は出帆したが、航海中、総督の船団に出会って、その積荷を船から没収された。

そこで当地で、その事件について評議がしばしば開かれた。柬埔寨の大官、並びにポルトガル人の首脳者は、何れも相共に現国王の許に赴いて、前述の積荷を取り戻すことを願い出たので、国王もこれに応えて、それは尤なことで、汝等の得心の行くようにすべしと言われ、大官達一同も大変満足した。

依って大官達は、挙って、倉庫を破壊し、腕力に訴えて積荷を取り戻すために、オランダ人の商館に赴いた。予チピニヤ・ラムシットはこのことを知って、直ちに国王の許に赴いて、その膝下に跪いて、オランダ人に対して、先ずその地位を剝奪し、彼等の銀製蒟醬《キンマ》入れを取り返えし、今後はその欲する所に赴いて勝手にこれを取らせ、あたかも隠遁者の如く、世を捨てて生活せしめるように、悪意ある処置を取らんことを歎願した。

これに対して、国王は答えて曰く、オランダ人に対して、汝は欲するように話して宜しい。予は汝の願う所を叶え信頼するであろう。蓋し汝は、これまで予に忠勤を抜きんでて来たからである。そしてその後国王は予に命じて、オランダ甲必丹を予の許に呼び寄せさせたが、これはオランダ人に取って大変幸運であった。以前ポルトガル人は前国王と、全貨物の一割を差出すことを契約したが、オランダ人も今これと同様にすべしとのことであるが、しかしオランダ人甲必丹は、これをなすことを好まなかったので、双方に取って非常な面倒と困難とが起った。

注意すべきは、日本人並びに他の通訳連が処理出来ない理由が若干あることである。

予は、国王が総督閣下に一書を認め、多くの問題について報ぜんと欲していることを知った。しかし大官の予に知らせる所に依れば、それは真実でなく、その手紙は、予にも示され、又オランダ人甲必丹にも見せたコピイによっても明かなように、極めて友好的に記されている由である。

総督閣下は、その手紙に少しの悪意もなく、良好にして率直に記されていることを信じられ度く、そして国王は万事率直であるから、若し国王が他に為さんと意図しているならば、総督閣下はこれを信用する勿れ。

本書を黙って読んで、国王が金子若干受取ったことを、更にこれ以上吹聴したり、話してはならぬ。蓋し国王はそんなことを耳にしても、予やオランダ人に対して怒らないからである。

この現国王は、自分の気に叶い愉快になるためより外には、決して何も振舞わないような若者であり、尚、国の政治について少しの智識も持たないような若者である。そこで国王の書翰に、何か不躾なことが書かれてあったならば、総督閣下は何卒前述の理由で寛恕せられ度し。

この国王の治世が永続するならば、予は会社に対して最善を尽すべく、これについて聊かも疑う要もあるまい。そこでこんな予の恥が自ら招いたものならば、予はこれを堪え忍んだであろう。しかし今会社がこのようなことを招いたので、予はこれを堪え忍ぶことは出来ない。しかし世人は予の心情も、予の行為も知らない。そのうちに世人は、そのことに気がついて知るようになるであろう。

これまでオランダ人等は、日本人に対して多くの好意を示して来たが、オランダ人とポルトガル人等の権益について、日本人等がオランダ人等を援助しなかった。総督閣下は、総ての日本人等が、こんな悪人と考える要なかるべく、蓋し千人の中で、彼のように、そんな奸悪な人は見出せない。

ここに総督閣下に敬意のしるしとして、米五コヤングを進呈致すが、それはこの書翰に添えたに過ぎない。予はペンを執って記した以外に、尚多く記したいが、これは総て甲必丹に話して置いた。

下記　森　嘉兵衛

第十月十一日。本書に何か不躾の点でもあるならば、何卒寛恕されたし。

〔Koloniaal Archief 1050. Overgekomen Brieven en Papieren. 1643. IV Boek. E. E. E. fol. 133–134. (Muller. O. I. Co. in Cambodja en Laos. pp. 339–343.)〕

史料九

一六三六年六月十八日に渡航してから、一六三七年十月二十三日再び同地を出発するまで、予ヤン・ディルクセン・ハーレンが、備忘のため書留めた柬埔寨における主要な物語、即ち日記〔オランダ国ヘーグ市国立中央文書館所蔵文書、『植民地文書』第一〇三五帙、「東印度会社接受文書」、一六三八年度、ZZ、第二巻、二四一―三二二枚、抜書〕

我々が一六三六年六月十日、帆船アウデワーテル号(ship Oudewater)に乗って多くの災厄を経てバラリャ・シナ(Baralha China)と云う河に渡航して後、その翌十一日の朝、小舟に乗り、決議に基いて、柬埔寨の国都に向って航したが、乗組総勢十五人、中オランダ人十二人、日本人一人、黒人若者一人、及びマレイ人一人であった。

十一月十八日。赤染パルカラ木綿(Roode percallen)一包を、一端四両四分の一で、日本人に売却したが、日本人がこれを受取ることを好まなかった程不良なことが判って、これを後廻しにした。……

我々は我等の支那人グワンピック(Gwangpick)から聞いた所によれば、柬埔寨国王は暹羅人が現われることを確信し、更に尚陛下は、戦争中に、彼の王子の一人に、謀叛を起した王子を殺すように命ぜられたことも諒解した。このことの真相を王に報らせたものも殺された。それから、その若王子は色々追及されて後、日本服をまとい逃亡し、ついで日本人百名を引連れて暹羅に逃げ込んだ。このことが王の耳に始めて入ったので、これについてどんなことが起るかも知れないが未だ明かでない。

十二月三日。朝非常に早く、ナンプラ・ピッツ・ナンドリ〔森嘉兵衛〕、日本人宗右衛門、プレスコルニョク(Prescorniock)、グワンピック、ラクプニッブ(Lacpnib)及び尚支那人回教徒の有力者三名は、ラオスで相当な註文に対する買付に手合せする意向を以て、ラオスに溯航した。

同月四日。ポルトガル人は当地に永く在住し、多くの大官連の気に入り、更に尚当地のキリスト教徒一同から好遇されて援助されている。と言うのは、日本人八十名か百名の中で、四、五十名はローマ教徒であり、尚他にも多く、その身心を賭してポルトガル人を助けて居るが、オランダ人を唯恐怖から尊敬している。

同月十四日。安息香と赤漆とを貯蔵するために、船長宗右衛門から耐火倉庫を一カ月十両で借入れた。

同月二十九日。夕方、当地在住の日本人商人与惣右衛門殿(Jossiomon dono)所有のワンカン船が交趾支那から来て、商館の側を通過したが、彼に聞く所によれば、ダイケル君は六カ月前に交趾支那から台湾に向い出発した。

一六三七年。

一月十九日。再び商館に来たが、河上にいた間、日本人達は我等の商館を警衛したので、敵は夜間我等の家に放火したり発砲しに来なかった。

同月二十日。一六三六年五月十七日付、総督アントニオ・ファン・ディーメン閣下が宗右衛門に下付した渡航証を携えて、ヤハト船一隻がマカッサルに向い当地から出帆した。同船には多数の陶器、大鉄鍋、漆六、七千斤、赤漆下級品八百斤、百斤七十五両の当地産生糸五百斤を積込んでいるが、米が安値ならマカッサルからバタビヤに航する意向である。そして白犀角、並びにその他を積んで再び当地に帰航することを望んでいないが、宗右衛門自ら乗組んで行かないことを、閣下の渡航証に明記した。

同月二十六日。日蝕であって、日本人はその習慣によって、銃を発射するので、ナンプラ〔森嘉兵衛〕は国王のラッパ銃を手に入れ、他の小銃や火縄銃などを数回発射した。そこで一日本人が方々において火縄銃を二回ずつこめて発射したので、日蝕は鎮められた。そして本日はまた日本人の新年で、彼等は挙って餅と橙とを贈答した。我々も、必要の際には、その良好な援助を得るために、このことを利用せねばならぬ。

二月十日。朝当地から帆船の所に、丈夫な現地の小舟に、我等全員は一五〇尋の籐一本を携えて、日本人宗右衛門殿も乗込んで出発したが、同人は水先案内として、帆船を河中及び河上の首府の前面まで運航するためである。同船でまた食糧として米一コヤングも積んだが、又書信帳にあるように、船長宛に認めた。

三月三日。テビニヤ殿即ちナンプラ・ピッツ・ナンドリから聞く所によれば、日本人達が交趾支那から、当地の色々な日本人と支那人に書面を送って、可なりの数量の鹿皮と主要な鮫皮を買上げんことを依頼し、彼等は同船に、交趾支那から、可なりの額の現金並びにその他の品々を当地に送って、当地で前述の鮫皮に投資して、彼等は交趾支那から支那船で日本に送るが、同地では需要多く儲かるだろう。尚また数人の交趾支那人は占城の沿岸に向い出発したが、同地で皮の買付けをなすためである。そこで、これを余り永く待つ要なかるべく、寧ろ最初に之を求められると思う。これに対して柬埔寨貨千両が必要と思われる。我々は彼にその要請に基いてこれを手渡したが、我々はそのことについて何の知識も無いので、その事につき彼を真摯に推薦し且つ閣下も彼に十分信頼を置かれるならば、彼も大いに面目を施し、我々にも大変美事な貸になる。更にこれ以上起ることについては、時が経てば明かになるであろう。

同月十三日。テビニヤと宗右衛門の船の準備が完了した。

同月十五日。約五十ラスト〔百トン〕のジャンク船がマニラから当地に来着したが、同船には支那人二十名、日本人八名及びカスチリヤ人二名いたが、その一人は船客で、他の一人は按針師であった。船長即ちカピタンは支那人で、当地在住の弟があり、当地で売却するため鹿皮三千枚、及び安息香、赤漆、象牙と蠟とを買付けるため現金若干積込んでいたが、これを積んで再びマニラ帰航を敢行せんとしていた。マニラの長官は、国王陛下に大変友好的に書を認めたが、明年ガリオン船一隻当地に派遣する意向である。贈物として、国王陛下に美事な作りで、一斤の鉄弾を発射する銅砲二門、多量の火薬、銀作りの銃身と曳金と帯をつけた鳥銃二挺、絹織物若干、並びに金鎖二個などがあった。聞く所によれば、ガリオン船二隻テルナテ(Ternate)に向い出帆し、古いガリオン船一隻マニラに停り、今後更に建造されないが、ペタッチ船二隻マカオに向い出帆したが、ある暗礁に乗上げて、乗組員はサンパン船で再びマニラに帰りついた。若干地方の住民は、イスパニヤ人に貢税を納めることを拒絶して、他の住民と交戦していた。しかしイスパニヤ人はこれを征服するためには、マニラに兵力も軍器も僅少であった。また日本の皇帝を恐れていて、日本人の渡来の際に、確実に攻撃されるかも知れないことが無いように、戦闘力の倍加を企てている。マニラでは定着イスパニヤ人二千人以上で強力ではない。彼等はこの地区に二十万人在住せる支那人、並びに八百名の日本人を恐れているが、彼等は互いに接近して住むことはならず、互いに遠く隔離されている。約二十名のオランダ人が同地で拘禁されていると。

同月十七日。当地に百四十ラスト〔二八〇トン〕の大ジャンク船がザイチュー(Zuitsjou)から来着したが、同船にはナコダ〔船主〕のヨクタイ(Jockthaij)が船長であって、同人に長官ハンス・プットマンス(Hans Putmans)閣下が一六三四年十二月十五日付バタビヤ行渡航証を与えられている。同船は昨年日本から交趾支那に航し、本年同地から柬埔寨に帰航して、主として粗銅と棹銅若干で七万斤、並びに日本棒銀三千両を積み、その銅と現銀とを、鹿皮、漆、蠟、象牙、並びにその他手に入る物に投資して、これを積込んで、本年日本に向け出帆する意向であって、会社に取って障害となった。

同月十八日。聞く所によれば、日本の支那人は彼等の銅をテイシンバット(Teysimbadt)に送り鹿皮の買付に投資せんとしているが、尚、中級品を十六両で買付けようとしている。それについて、日本人等に、契約に従って、これを監督していることを知らせ、且また、これまで彼等がテイシンバットから皮を買付けることを望まず、又我々にもその買付けをさせることを欲しなかったが、これは、彼等の語る所によれば、同地でその値段が昂騰して来て、彼等はこれを取って置くことが出来ないことをも知らせた。……

会社のために皮を確保するためテイシンバットに航するように宗右衛門殿の許に行ったが、同人は不在で、国王の宮廷に赴いていたので、その甲斐もなく家に帰った。

四月五日。日本人六家族、妻子を伴って四十名が暹羅に逃げ込んで裏切ったことを知った。

同月七日。(日本人等に対し、彼等の虚偽についての我等の抗議。○欄外頭註) 大多数の日本人はナンプラの所に呼ばれ、同所に次席商務員両名も列席した。彼等の不注意、否不信について我々の不満を訴えた。即ち我々と皮について契約し、皮の買付けに、金をこれよりずっと以前に、彼等の意向に従って請取らせ、そして今迄皮一枚も送って来ないが、以前我等の倉庫には二万枚貯えていたのに、外人のジャンク船が今来航した時、皮一万〇六三三枚並びに黒漆三五〇〇斤以上準備されていないことが確められた。彼等の考えたことは、彼等が総督閣下に、最近出帆するジャンク船に託して、皮六、七万枚並びに漆二万斤確保して、来る六月頃手交することを報告して、バタビヤにおける総督閣下に満足を与えることである。……

同月十二日。本日我々は日本人の倉庫を、テイシンバットの皮並びにその他毎日運ばれて来る物を貯蔵するために、一カ月十両で借入れた。

日本人商人与惣右衛門殿は、理由は判らないが自殺した。会社に対して布地買付け代金千両未払いになっているが、これは曾て我々と漆と皮を供給することを契約したものである。そこで我々の債権を確保するために、市場の商人両人を同地に派遣したが、同地で、サバンダールとテビニヤは、多数の日本人等が遺骸の傍にいるのを見た。しかしテビニヤとサバンダルは我々に答えて、我々が商館に帰るように云った。そして会社に対して千両借りたが、彼等は、その未済で残されぬように十分注意を払っていると報ぜられて、帰って行った。云々。

同月十三日。与惣右衛門殿の事件について我々は、出来るだけの報せを受けたが、彼は昨夜自分の手斧で喉をかき斬ったのである。聞く所によれば、海上に於ける損失並びに商品集荷について絶望したためである。そして、彼の負債を完済することについて、サバンダル並びにテビニヤから、我々に良い希望を与えられ十分保証された。云々。

本日造幣の頭に、改鋳並びに皮と漆の支払のため日本丁銀三千両を与えた。

同月二十日。二日前、当地に約四十ラストのジャンク船が木綿六千斤積んで来着したが、これを当地で百斤六両で売却し、並びに携えて来た銅若干と現金とを、鹿皮、黒漆、蠟、並びに他の日本商品に投資するためであった。

同日また尚日本の支那人のジャンク船一隻が、可なりの額の現金と銅を積んで交趾支那から広南経由来着したが、約一一〇ラストあって、皮並びに他の商品を手に入れ、これを積んで交趾支那を経由して日本に航するためである。同船はまた交趾支那のキンカス(kinkas)並びに他の絹織物を積んで来た。

五月一日。交趾支那船一隻溯航して来たが、同船にポルトガル帰化人三名が同地区から来たが、その語る所によれば、暫く以前に、小舟三隻交趾支那人並びに日本人等が乗込み日本丁銀六箱を積んで、占城の沿岸に向い、鮫皮と伽羅木を同地で買入れて、再び交趾支那に帰るためである。ついでその小舟は、可なりの数量の皮を積んで暹羅か又は日本に出帆するようであるが、日本人等はその皮を金にした時に、再び帰郷することを日本では許されないので、その地で宝石に投じている。云々。

七月十三日。本日王女の保姆である交趾支那の大使が、その主なる大官連を伴って、我等の商館に来て、贈物に果物若干持参し、彼女の船が当地から出帆するに当り、航海中、我等の船に妨害されずにその航海を進めることが出来るように、適当な渡航証を供されんことを要請した。また同人に更紗と鏡を求められて、彼女にこれを約束したので、出て行った。

本日宗右衛門殿は、我々から、帆船ハリヤス号を、河を下って進んで海洋に導くように動かされた。信頼して同船にマイサを乗越させる水先案内人を、他に求めることが出来なかったからである。また十日間雇い入れた小舟がプノンピン付近で同船に後続した。神よ、願わくば幸運を恵み給え。

九月十九日。(国王は日本人の頭等に怒った。○欄外頭註) 夕方河上から来た日本人の報せによれば、国王はサバンダルとテビニヤに対して極度に怒って居り、彼等を牢獄に投ずるように下命した。しかし彼等は吃驚して、その主な貨物を我々の所か又は他所に隠し、その夜国王の前に赴いて、その理由を説明するため、約三十人で首府まで河を上った。

同月二十日。(日本人の頭等は新米について責任を負う。○欄外頭註) サバンダルとテビニヤが再び商館に来て語る所によれば、彼等がオクニヤ・シセルドオング(Ocnia Sicerdwong)の家に集って、同所で前記のオクニヤから、彼等がオランダ人の贈物を受取って、且つ古米の代りに新米を隠に船に積み込ませたことを国王に報らせられて、国王が彼等の首を斬らせんと欲していると仰せられたことを聞いた。

ここにおいて、彼等には罪を犯していず、国王の下臣の一人に、船と米を視察するため、派遣してはどうかと抗議した。そして船中に古米二十五コヤング以上発見されたならば、彼等は罰せられるが、今不当に罰せられている。そこで、殆んど腐敗し、鼠に荒されて喰われている古米の代りに、新米を熱心に要望した。同時に以前に船には隠匿する場所もなく、原住民に貸付けて、オランダ人には知らせずに、交趾支那に向い運送したが、今陛下が再び裁許した約束の百コヤングにスタンプを押させても宜しいことを懇願した。云々。

（日本人の頭等は国王の面前に伺候してはならず、我々も亦禁ぜられた。○欄外頭註）　ここにおいて、オクニヤは、国王が新米を輸出させることを欲せず、更にまた国王が目下閣下に対し非常に怒っていて、貴下も王の前に伺候しない方が宜しく、至急河下に向い出発して、オランダ人は少しも米を運送していないことを見せたが宜しいと答えた。……

同月末日。夕方再び宗右衛門殿は河上から来たが、同人から聞く所によれば、老王に対する贈物は拒絶され、王の語る所によれば、彼が日本人の頭両人であるサバンダルとテビニヤに対して非常に怒って不満であると。

〔Journael ofte de voornaemste geschiedenisse in Cambodia weder vaeren sedert 18 Junij tot 23 Oct. 1637. dat wederom van daer scheyden door mij Jan Dircx. Gaelen per memorie aengeteeckent. 't Algemeen Rijksarchief. Koloniaal Archief 1035. Overgekomen Brieven en Papieren. 1638. II Boek. Z. Z. fol. 241-322.〕

史　料　十

一六一七年六月十二日付、暹羅在住日本人頭領オロン・スウパツロー・オプラ(Ollon Soupattrou Opra)とオランダ商館員マールテン・ハウトマン(Maerten Houtman)及びコルネリス・ファン・ナイエンローデ(Cornelis van Neijenroode)との間に取交わした皮革交付契約書　〔ヨング著？「オランダ東印度会社と暹羅との関係概観」、付録第二号文書（『東印度言語地理民族雑誌』一八六四年度、第十三号、四三八―四四〇頁）〕

暹羅国王に仕えているスウパツロー・オプラ(Soupattrou Opra)

下に署名した我々は、オロン・スウパツロー・オプラ(Ollon Soupattrou Opra)、即ち暹羅国王陛下に奉仕して、目下当地在住日本人の頭領なる人〔城井久右衛門〕と契約をなし、この契約によって、鹿皮と鮫皮などの商品を、彼の定めた条件の下に、確実に売渡すことを明言する。即ち前記のオプラは、彼が欣んで我々から請取った暹羅銀五十、六十又は七十カチの金額を、彼がその金額の保証に立つべきことの諒解の下に、これを彼の意に任せて投資して使用しても差支えないが、前記の取引には必ず使用すべきこと、而してその取引即ち前述の皮革の買付けについては、該オプラは、先ず皮革若干購入して入手するや否や、ジャバのジャンク船が当地に来着するまで、これを我々の保護の下に留めて、全額、即ち我々から請取って投資した金額に達するまで、これを適当に計算して迅速に引渡すことに定め、その際前記の金額全額を、適宜に分割して、その一半は、初め買付けた値段より以上に高値では、これを我々に計算しないようにし、他の一半は、日本人の付けた値段に従って、これを我々に勘定せらるべきものとし、その間の利益は、該オプラが手数量として受取るものとす。そしてその皮革の買付けに際して付けた値段で、我々がこれを引取るか否かは、我々の任意なる可きこと、しかしその交易においては、売却、引渡又は交換などに当って起る瑣末なことを、このオプラが続行しても可なることを我々は諒解するものである。若し前述のようなことが無く、前記の皮革の半分を、普通の市価で我々に引渡すことがなければ、彼はその取引を彼の任意に行って宜しい。但し最初の買付けに当り、市価に反して行った金額は弁償するものとす。そしてこのような仕入値段は、以下に列記せられる通りであるが、日本のジャンク船が来着して、初めて市場が開かれ相場が立てられるので、それまでは何等確かな計算をなすことは出来ない。但し唯、該オプラが、仕入に当り勘定したより以上に入費として、百枚につき四匁計上しても宜しい。就中、鹿皮の最大品は、目下百枚に付き五レアルに値踏みされ、最初の仕入値は入費共に百枚につき五レアル四分の一、その皮の中品は、百枚につき四レアルであって、最初の仕入値は、入費共に四レアル四分の一、その皮の小品は、百枚につき三レアルであって、最初の仕入値は、入費共に百枚につき三レアル四分の一である。

鮫皮は、ザント皮(zandt vellen)が、百枚につき四レアル二分の一、スリック皮(slickvellen)が百枚につき十匁である。尚また前述のように、日本のジャンク船が来着して、市場の相場が立つから、前述の皮革の引渡に当って、その仕入値段も定められるので、その後で、彼との勘定も整えられるであろう。

尚且つ、火災及びその他のあらゆる危険やその皮革の今後の不時の出費など一切は、オランダ聯合東印度会社か、又は会社を代表して我々が、その皮革を受取った後では、総て負担せねばならないので、前述のオプラは、前記の皮革を引渡した後では、これから免責されることを、ここに諒承するものである。このことは、前述のオプラの要請により、且つ又我々と彼との旧慣によって、ここに文書に認めた契約書を提出するもので、これを拒絶することは出来ない。且つ同様に今後万事を規定することが出来るために、日本文の類似の書面一通を我々に手交した。

以上のように、当ユディヤ市のオランダ商館において、実施して契約した。

新暦一六一七年六月十二日、

マールテン・ハウトマン(Maerten Houtman)

ウィルレム・コルネリス・ファン・ニューローデ(Willem Cornelis van Nieuwroode)

〔J. K. J. de Jonge(?). Overzigt der betrekkingen van de Nederlandsch Oost-Indische Compagnie met Siam. (Tijdschrift voor Indische Taal, Land en Volkenkunde. Deel XIII. 1864. pp. 438-440.)〕

史料十一

一六二一年八月十日付、暹羅イギリス商館長エドワード・ロング(Edward Longe)からジョン・ジャーデン(John Jourdain)に送った書翰の抜書 〔イギリス国ロンドン聯邦連絡省、記録課所蔵『商館文書』原書翰、九七九号文書〕

去る一六二一年八月十日付、暹羅商館長エドワード・ロングから予が受取った書翰の抜書で、彼は同書の中で、暹羅オランダ商館長ニューローデ(Newrode)の奸悪な行為を報告して来た。

このオランダ商館に差向けられた帆船ウニコーン号(Unicorne)の司令官コリン君(Seño Collin)が当地に到着して、この八月二十三日に予に呼び寄せられ、イギリス人の不面目なことには、同地においてニューローデが話した無礼に関する真相を彼に伝えた。云々。

暹羅のイギリス商館に支那人が一人いて、我が光栄ある傭主に借金があるが、囚人として、同地の主席裁判官の命によって拘禁されている。……

同裁判官は、その支那人四人を我が商館に拘禁するよう命じた。その後一カ月して我が商館に来て、その四人及び我が商館の使傭人で、光栄ある傭主に借金がある日本人二名をも引取ろうとした。

イギリス商館次席のジョン・ドッド(John Dod)は、この日本人二名を引連れて、前述の者について、その理由を知るために出かけ、ついで、この日本人を呼び迎え、彼等を伴って日本人のオプラ(Opra)〔山田長政〕の許に赴いたが、途中武装せる者千人に出会い、日本人二名は傷ついて、イギリス商館に帰ったが、商館次席ジョン・ドッドは拘禁された。

日本人のオプラは、日本人二名傷つけられて、イギリス商館員が拘禁されたことを聞き、自らムスケット銃で身を固めた四十人を引連れて来て、ジョン・ドッドが拘禁されている所に来て、日本人オプラは直ちに彼を釈放した。

そこで大法官ヨー・バルカロング(Jo Barkallonge)は日本人のオプラに向い、それは彼としては宜しいことでない、それは、彼が裁判を仰ぐことが出来なくても、これを報らせることが出来たかも知れないと言った。そこで前記のバルカロングに満足を与え、自分の一身を慮って、直ちに我等の日本人二人を殺すようにした。

そしてオランダ商館長ニューローデは悪口を言って、その場にロング君も居あわせて、イギリス商館員こそ皆死刑に処せらるべきであると彼が言うのを聞いたが、若し彼等が正しくて、彼等がドッド君を殺されるようにするならば、ロング君はその件をジャカタラに居る我々の支社長に、キリスト教徒らしからぬ処置であると訴えようと欲している。

かつ又このニューローデは多額な贈賄をなし、イギリス人に対して、彼が悪事をなし、この二年間彼は我が光栄ある傭主を印度から駆逐せんと欲していることを公言している。さらば。

予ジョン・ジャーデン記す

予は、エドワード・ロングから受取った書翰の手短かな抜書に手をつけた。

太泥にて、一六二一年九月十七日。本船がジャカタラに行くならば、何卒この手紙を我等の支社長に送られ度し。

〔Commonwealth Office. Factory Records, Original Correspondence. N°. 979.〕

史料十二

暹羅における鹿皮に関する各種契約書(糸屋太右衛門の契約書)〔オランダ国ヘーグ市国立中央文書館所蔵文書、『植民地文書』第一〇二五帙、「東印度会社接受文書」、一六三五年度、WW、第二巻、四〇〇―四〇一枚〕

下記の我等は、一方において在暹オランダ商館長ヨースト・スハウテン(Joost Schouten)と、他方、暹羅ユディヤ市在住民日本人商人太右衛門殿は、次に掲げるような方法で、相互に契約して、これに同意するものである。即ち、前記の太右衛門殿は、本契約書の日付より最初の四カ月内に、当地のオランダ商館に、良質にして、引渡し可能な条件の各種の鮫皮と鹿皮とを、旧来の慣習的様式に従い、且つ他の契約の際になされるような形態において、出来るだけの数量を、しかしながら次のことを諒解の下に、手渡すべきものとす。即ちその際、前記太右衛門殿は、ここに以下指摘したような皮を集荷し、契約した価額で、下記明細書の通り、前記の商館に手渡すものとす。即ち、

アイネモネ種鮫皮〔合の物〕　六〇〇〇枚……一〇〇枚につき　四両十二匁

鹿皮　一〇〇〇〇枚　その種類左の如し、

ヤマンマ〔山馬〕	一〇〇枚につき	一一両
シュマン〔縞〕	一〇〇枚につき	一〇両
アタマツ〔頭、上の中級品〕	一〇〇枚につき	八両
バリガ(〇胴即ち中級品)	一〇〇枚につき	六両
ペー(〇足即ち下級品)	一〇〇枚につき	三両

本日、前述の太右衛門殿に、前記のスハウテンが、上に挙げた貨物の支払をなすに当り、暹羅貨五四カチの額を計算して手渡し、前述の太右衛門殿は、上に記述した状態全部の将来に対して、その一身、及び一般的にはその所有し且つ所有せんとする動産並びに不動産一切を、あらゆる法律の規定に従って、箇条書と目録なしに保証に充て、その真実なことを諒承し、本書に常用の署名をして確認するものである。

一六三四年一月二十二日、ユディヤにおける暹羅商館において

ヨースト・スハウテン

糸屋太右衛門

〔Verscheijde Contracten over de hertvellen in Siam genoemt. 't Algemeen Rijksarchief. Koloniaal Archief 1025. Overgekomen Brieven en Papieren. 1635. II Boek. W. W. fol. 400–401.〕

史料十三

暹羅。一六四四年一月十五日から九月八日に至る暹羅オランダ商館の日記〔オランダ国ヘーグ市国立中央文書館所蔵文書、『植民地文書』第一〇五九帙、「東印度会社接受文書」、一六四六年度、ＨＨＨ、第三巻、続き。六五五―六五九枚裏、及び以下丁付け無き数枚、抜書〕

暹羅日記の続き、即ち当商館の商館長上席商務員レイニール・ファン・ツム(Reynier van Tzum)が、バタビヤに出発した一六四四年一月十五日から、当地に再び帰任した六月三日までに、当地の商館で起った主なる商

館の事務の日々の雑記(〇六月三日以後書き継いであるが丁付を欠く)

二月二日。鮫皮が集めてある河下の住宅区〔日本町〕から日本人平左衛門殿が当商館に来て、去る十二月二十四日に鮫皮買付けのため現金三カチを手渡して置いたが、その皮を未だ手に入れていないと述べた。日本のソングワツ〔正月〕が近いので、それ以前に手がつけられないが、しかし五、六日中に出来るだけ多く手に入れて当地に送るように申入れた。

同月六日。喜太郎別名半左衛門殿、即ちオロアン・スレリットは、当地に来た交趾支那の日本人と一緒に、国王から百五、六十コヤングのジャンク船一隻を二十五、六カチで買取って、半額を現金で支払い、残額は、一年以内、即ち同船が明年再び来航した時に支払うこととして、米を積込んで交趾支那に送る意向であるが、その後彼の言によれば、同船は高価であると。

同月七日。日本人平左衛門殿が来て、彼は自ら鮫皮を買付けるために再び河を下ることに決めたと語ったが、我々は彼に猟師等の鹿を推薦して、これを彼の許に抑えて置き、彼に手付として金子小額を投資し、そして捕獲された皮を悉く確保し、約束しただけ手に入る限り買付けて市場に出さんことを頼んだ。

同月十三日。日本人嘉兵衛殿が商館で我々の許に来て、焼物を積んだ交趾支那ジャンク船が、バンチャウピヤ(Ba-nthiaupia)に来航し、その第二船も近日後続することを報じた。ファン・ツム殿が出発して以来、その註文も無かったが、同地に我々の焼物が来るのが望まれていた。この報がもたらされる前に、このジャンク船二隻海上で難破し、日本人の買取ったジャンク船も燃えたので、我々は日本向けの商品を集荷するのに、唯今起っているように、余り邪魔にならなかった。

同月二十三日。河下から来た日本人平左衛門殿から、鮫皮の買上げをして、他所に尚僅かな皮が捕獲されていて、若干は、支那人と日本人とに依って、国王船で送り出された。……

しかし聞く所によれば、第二の交趾支那船が来航して、既にバンコック(Bancock)付近に溯航したが、支那人と日本人商人二名乗組んで、鹿皮と鮫皮とを買上げるのに若干の金子をもたらした(その数量は判明しない)が、ジャンク船は昨年交趾支那から日本に渡航し、再び同地に来着し、奇異なことに、或る種の鮫皮で大なる利益を得たが、それがどんな種類であるか知ることが出来なかった。

同月末日。早朝、昨日バング・オイン(Bang Ojn)から国王と一緒に来た日本人の頭領の一人、半左衛門別名喜太郎殿を商館に呼び寄せて、新たに来た日本人等が、鮫皮を非常に高価に買上げたが、そこでそんなに早く且つ法外に騰貴したことが判明した。このことについて、又一昨日商館付近に、劣等品アイネモネ皮(Aynemonne)並びにアミコ皮(Amico)少量積んだ小舟が碇泊して、我々はこれを会社のために買上げる意向であるが、しかし日本人数人によって、特別に高値に、アイネモネ皮百枚は三両、アミコ皮は十二、三匁に無理に引上げられた。しかし前記の喜太郎が、これについて、我々につき、ある感じを抱いて言う所によれば、日本人作右衛門、チャウ・セパウ・チアイヤ(Tjau Sepau Tsiaya)、コルナ(Corna)と小左衛門(Quosaymon)等が取引の間で、このように評議して実行する積りであったのである。……喜太郎は、永年に亘り、忠実巧妙に会社の勤務をつとめて、商館の友人であった。

三月八日。半左衛門、別名喜太郎殿の船が錫若干積んでリゴールから来航して報ずることによれば、去る二月十四日頃支那船一隻同地に来航したが、尚他に二隻、一隻はサンゴラ(Sangora)に、他はパタニに来航し、何れも、焼物、砂糖、硫黄、明礬、及び土茯苓などを積んでいた。

同月十一日。我々はデン・バック君(Sr. den Back)を伴って、日本人の頭の一人半左衛門殿の家を訪問して彼と相談したが、その頃暹羅人は、永い間、米の収穫に忙殺されていた。

同月二十六日。日本人の頭の一人、アントニイ、別名善右衛門、即ちオロアン・スレチットが、我々を訪ねて来て、鮫皮の話の中で色々申出たことについて、彼の意見によれば、国王のジャンク船で日本に出帆した日本人四名が、予の判断では、最初から安値で手に入れられたものを、何故に、そんな高値につり上げ、そして引続いて買付けたか彼に尋ねた。その答によれば、彼等は最近の船で当地に来着し、日本からの書面を受取って、鮫皮は、昨年交趾支那の日本人に買占められて、当地から(我等の日記の去る五月四日の条に指摘したように)交趾支那経由日本に送られて、同地では途方もない需要があって儲かった。そして報道によれば、今後とも需要があるので、商取引に反しても、高値に買上げて、同品やその他の品を即刻引取るように力説した。

四月十八日。夕方日本人半左衛門が来て、去る三月十二日に命ぜられて出かけた猟師達を待って、捕獲したものを悉く、会社のために出来るだけ安値にたたいたが、再び以下に列記するように、極く少量非常な高値でもたらされたに過ぎなかった。即ち、

アイネモネ(Aynemonne)〔合の物〕	六二枚
アミコ(Amico)〔海子〕	四四四
コスタ(Costa)	一二五
ナンバングロ(Nambangro)〔南蛮黒？〕	一七八
ファビロ(Fabiro)〔羽広〕	二二
セカイランギ(Secayrangy)	一二
小セカイランギ(Cosecayrangy)	九
マカイランギ(Maccayrangy)	三

中カイランギ(Tjoucayrangy)	二六
小カイランギ(Cocayrangy)	一四
トラサミ(Torrasamy)〔虎鮫〕	一五
イントラサミ(Intorrasamy)	一八
小カワサミ(Cleyne Cawasamy)〔河鮫〕	一
白サミ(Sirosamy)〔白鮫〕	五
鮫皮　計	九三四

同月二十一日。半左衛門殿と交趾支那の日本人等が共同で買入れたジャンク船に、彼等の勘定で積込んだものは、次の通りである。

米	一二〇コヤング	一コヤング	二両半
鉛	五〇塊	一塊三〇〇斤で	六両四分の一
木綿	四〇塊	一塊	六匁
錫	二〇〇〇斤	一斤	二六匁
犀角	四〇〇斤	一斤	一四—一六匁
良質犀角	七〇—八〇本		計二〇斤

その他暹羅銀、アラック酒、椰子油など。

同月二十二日。当国王から日本皇帝に宛てた書翰(金縁)が、慣例の儀式を行ってジャンク船に持込まれた。その文面は、両者に対する多くの挨拶と、神に対し仰々しい程の敬語を用いているが、我々の理解出来る所によれば、敬虔そのものであり、その内容は、両者の祖先の間にあって、これまで永い間兄弟の交りと同盟を保って来たが、この近年来灰の下から掘出された見えない火のように、消えないで、再び諸人の目に、丁度ダイヤモンドの宝石のようにきらきら輝いて、年々相互に書翰と贈物とを取交わすことによって、更新され増進された、と。

その贈物は次の通りである。

ベンガル木綿	四〇端	極上品
白サロン布	四〇端	
両面共同様に美麗な更紗	一三端	
支那製金襴	三〇端	
美麗な大象牙	六本	
四本は総量	五〇〇斤	
二本は	一三〇斤	

銃身金メッキにして、引手に彫刻ある暹羅小銃　二梃

暹羅手斧　二振

刃と柄共に金メッキで、持手並びに持手の上側の縁にルビーを塡め込んだもの、

同じ作りの小刀　二振

同月二十五日。日本人はヤマンマ種の鹿皮を、間に合うように荷造りするために、濡らしたり、折畳んだり、乾かしたりし始めた。

同月二十七日。陛下の命によって、チャウ・セパウ・チュウン・パル・セナ(Tjau-Sepau-Choen-pal-Cena)の要求に基き、当地における会社の業務の良好ならんため、日本に向う国王のジャンク船にパス並びにオランダ王家の旗を与えたが、同船には一五七人乗組み、国王の積荷は次のようであった。

蘇木	五五〇、〇〇〇斤
錫	二、〇〇〇
鉛	四五、〇〇〇
胡椒	六、〇〇〇
象牙	一、五〇〇
赤色漆	二、〇〇〇
黄膏	一二、〇〇〇
蠟	二、〇〇〇
各種良質絹布	一〇〇端
ネガプトンの白木綿	一〇〇端

陛下の勘定では、(熱心に検査したが)鹿皮も鮫皮も一枚も送られないが、しかしそのジャンク船で十分積まれていないと知らされて、同船で出帆した日本人四名並びに支那人の手で、現金一〇〇斤以上に相当する各種の鮫皮を積込んでいて、その大半は集荷に時間がかかって高値で買付けて、その数量もよく知らされているが、鹿皮の方は、知らせによると総数六、七千枚以上に上らないであろう。

陛下は日本人の頭四名に蘇木四万斤を贈ったが、これは出発した日本人四名の雑費か、さもなくんば彼等の好意に対して配分したものである。

このジャンク船で、国書と贈物の伝達に、使節三名便乗するが、陛下から相当な地位と栄号が授けられた。即ち第一はオコン・パ・セン・プレウ(Ockon=Pha Cen pleuw)、第二はオコン・スリ・ラット・ナラート(Ockon Srij rat=naraat)、及び第三はチャウ・チアイエ・パウ(Tjau Thiaeye phau)である。

夕方、オロアング・クイト(Oloangh Cuito)の所で、この国王が日本皇帝に宛てた書翰と贈物の内容について聞いたが、我々にはこれについて役に立つことを知ることが出来なかった。

同月二十八日。国王の命によって、チャウ・セパウの要請と当地に於ける会社の福祉のために、広東に航する国王のジャンク船二隻に、それぞれオランダ語で記した自由渡航証と王家の旗一振を与えたが、大なるジャンク船には大使並びに一二〇名乗組んで居り、その中支那人九名、チャウ・セパウ(Tjau Sepau)、オコン・チャイ・ララ(Ockon Tjaijrara)及び広東に在住の使節等で、チャウ・セパウの書翰と贈物も手渡された。

小なる方も一〇六名乗組んだが、その中に支那人九名、チャウ・セパウ、オコング・タング・セウ(Ockongh Tangh seu)がいて、両船とも蘇木、鉛、象牙、犀角、胡椒、檳榔樹、及び他の小雑貨を積込んでいたが、その数量並びに書翰の内容は知ることが出来ない。

五月一日。バルケラング(Barcquelanghs)〔外相〕の家来の一人オモン・スニット(Omon Snith)が、半左衛門殿のジャンク船で交趾支那に向い出帆する準備のため河下に下った。

同月七日。早朝、次席商務員デン・バック並びに、サバンダル〔港務長〕及び通訳は、日本人の頭をバルケラングの邸宅に呼びにやるため、バング・オイン(Bang Ojn)に航行し、同地から砲一、二射程行って、ナイ(Ney)即ち皮革緊縛者の監督に任ぜられた日本人市兵衛(Jtsibe)に会ったが、その語る所によれば、毎日その頭から許可を得て、十九人連れて、ヤマンマ皮の残りを濡らし、折畳み、乾かしに来て、他の鹿皮をも折畳む準備を進め、そして両方をも一緒に縛るために来て、これと同時に鮫皮を濡らし、折畳み、乾かし、類別し、緊縛するため、平左衛門も小勢を派遣したが、この人々が河下に下ったにも拘らず、半左衛門殿は、尚十乃至十五名の日本人を派遣することを要請した。そこで遅れている緊縛も促進されるであろう。バング・オインまで来たが、バルケラングは不在であって、陛下の賭牛の慰安行のため、オヤ・アワング(Oja Awang)の許に馳せ参じ、夕方より前には帰って来ないことを知って、半左衛門を呼びにやったが、彼は暫く遅れてやって来たけれども、尚多くの日本人を派遣することを理解することが出来ないで、ぶつぶつ言いながら、鹿皮と鮫皮とを買付けるため、この二十一名が、尚二、三名を増したが、これは全く善右衛門の意に添うもので、これで満足して、別れを告げて、再び河上に溯航して、日本町の所を過ぎて、この日本人達が今日ヤマンマ皮を濡らしに来るかどうか知るために半左衛門の所に案内されたが、その返事は否定的であって、まだバング・オインから来ていないが、夕方にはやって来て、明日早朝には彼等を期待出来るということであった。……

同月八日。早朝、昨日話した日本人を連れて、鹿皮を折畳み、ヤマンマ皮の残りを濡らすため市兵衛が来た。平左衛門も亦鮫皮の方をするために来た。

同月十四日。今朝、日本人は、一人も、鹿皮の折畳みと緊縛の準備をする仕事に来なかった。そして前の疲労した者と、昨日その頭が河下に呼びにやった者とを交替させて、再びその代りに同じ仕事をさせるために河上に派遣した。そこで、一日分だけ仕事が進捗することが期待される。

同月十五日。早朝、立去った者の交替に、他の日本人十八名が再び、その頭から、仕事のため河上に派遣されて来たので、我等は、昨年度よりも、船の来着前に、集荷した物を緊縛することについて、前に去った者よりも、今後仕事を早目に済すことを期待しても宜しい。

同月二十一日。日本人は、鹿皮の包装と緊縛を始めたが、彼等の人数が余り多くはないので、余り進捗しなかった。

同月二十四日。皮の緊縛のため日本人は再び一人も来なかった。昨日緊縛した者達は、今日は疲れて交替するためバング・オインに航行して、今日新手が河上に来るであろう。そこで仕事は一日だけ空費された。

同月二十九日。正午前に、国王は、王族一統及び官吏一同を随えて、バング・オインから再びその宮廷に上って来た。

八月十五日。太泥女王並びにその夫の大使が当国王に捧呈する金と銀造りの花を携えて来て、彼女等が捧げねばならない恭順の意を表した。

同月二十八日。バルケラングは我々を呼寄せて、国王は艦船若干隻を柬埔寨の河に派遣して、オランダ人が同河を占領するかどうかを聞込む意向であると語ったが、王は、当地で自ら開戦準備を整えていることは確かである。

〔Siam. A°. 1644, Copie Journaelse aenteijckeninghe van 't Comptoir Siam door Reynier van Tzum sedert 15^{en} January tot 8 September 1644. 't Algemeen Rijksarchief. Koloniaal Archief 1059. Overgekomen Brieven en Papieren. 1646. III Boek. H. H. H. vervolg. fol. 655–659 en ongefolieerde.〕

■岩波オンデマンドブックス■

南洋日本町の研究

1966年5月31日　第1刷発行
2007年6月5日　第5刷発行
2015年8月11日　オンデマンド版発行

著者　岩生成一《いわおせいいち》

発行者　岡本　厚

発行所　株式会社　岩波書店
〒101-8002 東京都千代田区一ツ橋2-5-5
電話案内 03-5210-4000
http://www.iwanami.co.jp/

印刷／製本・法令印刷

ISBN 978-4-00-730245-9　　Printed in Japan

A STUDY OF JAPANESE QUARTERS IN SOUTHEAST ASIA IN THE SIXTEENTH AND SEVENTEENTH CENTURIES

SEIICHI IWAO

The present work is a revised and enlarged version of the original edition which was published in 1941 by the Minami Ajia Bunka Kenkyujo (Institute for the Study of South [-East] Asian Cultures). It consists of twenty-one sections in seven chapters.

In evaluating the results acquired by preceeding scholars on this subject, the author asserts that it is necessary to undertake an extensive survey of materials, published and unpublished, especially materials preserved in various archives in Europe. It is only after this kind of extensive survey of materials is accomplished that any attempt to arrive at conclusions should be made.

Because of the suppression of Japanese maritime activities on the coast of China by the Ming Dynasty in the late fifteenth and early sixteenth centuries, as well as the impact of the coming of Europeans into East and Southeast Asia, by the late sixteenth century the Japanese had gradually penetrated the countries of Southeast Asia in their search for trade. Their activities had been sporadic and scattered in the sixteenth century. After the consolidation of the Tokugawa Shogunate at the battle of Sekigahara in 1600, Tokugawa Ieyasu, the first Shogun, established the system of *Shuin-sen* (vermilion seal ships). Under this system, the Shogunate controlled foreign trade by issuing the *Ikoku Tokai Go Shuin-jo* (letter with the vermilion seal [of the Shogun] for travel to foreign countries), which was considered a pass for safe conduct and a guarantee of permission to trade. The Shogunate sent a number of letters to various Southeast Asian countries in order to establish and promote friendly relations as well as to introduce Japanese merchant ships with letters of patent to which the vermilion seal was affixed. With this patronage of the Shogunate, *Daimyo* or warlords, Shogunate officials, merchants, as well as Chinese and European residents sent their ships to Southeast Asia. The number of ships dispatched may have amounted to more than 360 for the period from 1600 to 1635, when the Japanese overseas maritime activities were banned by the Shogunate.

On board, besides the crew-members of these ships, were merchants, *ronin* or lordless *samurai*, Christians and their family members who had been expelled from Japan with the enforcement of the Prohibition of Christianity by the Shogunate. The total number of those who went to Southeast Asian countries on these ships may have amounted to more than 100,000 during the period of 1600 to 1635.

In the countries of Southeast Asia to which they went, they at first lived among the local inhabitants, but as the number of residents increased and as it was suggested by local authorities that they do so, they formed their own quarters, which were called *Nihon-machi* or Japanese towns. Such Japanese quarters existed in Faifo and Tourane in Cochin China (Central Vietnam), Phnom-Penh and Ponhealu in Cambodia, Ayuthia in Siam, and in Dilao and San Miguel on the outskirts of Manila in Luzon. In chapters III to VI the author explains the origin, location, size and population, and administration of these Japanese quarters and the military, economic, and religious activities of the residents.

These Japanese quarters were necessary for mutual assistance, security, cooperation, and support for commercial activities. The formation of the Japanese quarters was also convenient for trade purposes, not only for the Japanese residents themselves but also for the local government authorities for they facilitated inviting ships from Japan, controlling trade, and collecting import and export taxes. Also the concentration of foreign residents in certain quarters according to their

nationalities was a logical way for local government authorities to control these people who were not accustomed to local customs.

The earliest-known Japanese quarter was the one in Dilao in Manila, which existed as early as 1603. The earliest evidence of the existence of the others were: Faifo 1617, Tourane 1623, Ponhealu 1618, Phnom-Penh 1644, Ayuthia 1622, and San Miguel 1615. These Japanese quarters were located either in the ports of trade where ships from Japan could have easy access or in the capital of the country. In order to avoid exposure of the capital and palace to foreign people who might be dangerous, quarters for foreign residents, including Japanese ones, were usually located just outside or near the capital. Local governments gave these foreign quarters the right of full or semi-autonomy to avoid the difficulties which might result from contact with foreigners, who were different in language, custom, and customary laws. So in the Japanese quarters, a representative was elected from the principal residents. He was responsible for administration and jurisdiction of the Japanese quarter and for control of trade.

The residents of the Japanese quarters consisted of, firstly, *ronin* who came to seek their fortune. With not only military discipline but also educated intelligence, they comprised the leading group among the Japanese residents. The second group among the residents were Christians who had been expelled by the Shogunate. In Cochin China they were exempt from the prohibition of Christianity which the Vietnamese government imposed on the Vietnamese people. Missionaries, who were no longer able to work in Japan, undertook evangelical activities among these Japanese residents, and some of these Japanese Christians participated in missionary activites directed toward local inhabitants. The Japanese quarters in Luzon were organized according to the Christian sects to which the resident belonged. The Japanese quarter in Dilao consisted mostly of people converted by Franciscans while the one in San Miguel was closely tied to the Jesuits. The third group was merchants, either independent or agents of merchants in Japan, and their families.

Japanese residents of all three groups also often worked as employees or mercenaries of local authorities or Europeans stationed in these ports. They were good mercenaries, especially in Luzon and in Siam, and in Cambodia and in Cochin China, they took part in military expeditions or civil wars. Also, in Siam, Cambodia, and in Cochin China they were hired as *shahbandar* or portmaster, interpreter, and other officers in charge of trade. Other Japanese residents were hired by Europeans as middlemen or comprador for the purchase of merchandise or to do menial labour and housekeeping. In Luzon, there were many Japanese servants in Spanish families living there. They were also hired by the colonial government to cut wood, or forced to work under the corvée system. In Ayuthia, the Dutch factory hired them unskilled labour for the preparation of cargo.

There are no statistics on their population. But from various fragmentary sources the following estimates have been made: in the 1620s there were about 3,000 Japanese residents in Luzon, 1,500 in Ayuthia, 350 or more in Cambodia, and 300 or more in Cochin China. (In comparison to the Chinese living in these same

places, these numbers are quite small. For example in Manila, the Chinese quarter had a population of from 12,000 to 20,000 people.)

The way of life followed was the Japanese one. The autonomy granted to the Japanese quarters enabled them to maintain Japanese way of life. They often ordered Japanese products, especially foodstuffs from Japan, by means of Dutch ships after 1635.

Their commercial activities had two aspects. First, they assured their purchase of local products by paying the peasants in advance. In the case of Siam and Cambodia, they dominated the purchase of deerskin, fishskin, and sappan wood to supply the *Shuin-sen* ships coming from Japan. In order to purchase these goods, Dutch and English merchants had to ask their cooperation. Secondly, they took the role of middlemen between Chinese junks laden with silk and the Japanese ships.

The causes of the decline of the Japanese quarters may be summarized as follows:

Because of the ban on Japanese overseas maritime activities by the Shogunate in 1635, the supply of people and merchandise was interrupted. This was the most fatal and direct blow. Thus, although before 1635 there was a strong tendency for Japanese residents abroad to eventually return to Japan rather than settle in these places, after the ban the situation changed. Those who remained abroad, most of them men, were forced to marry local women, and assimilate with the local inhabitants.

In comparison with the Dutch and British, who had the East India Companies to look after their interests, the Shogunate ignored Japanese residents abroad and never intervened in troubles with the local authorities. Thus, Japanese activities were personal, and the communities unorganized and rife with struggles and competition.

The fact that the Japanese residents often took part in the battles of local rulers also contributed to the decline of the Japanese quarters. The loss of population due to casualties and expulsion or execution in cases of defeat caused the decrease of an already small population. This warlike tendency of the Japanese residents also inspired fear among other foreign residents and local inhabitants.

The Japanese residents were mostly engaged in commercial activities or worked as employees for other foreign residents or local authorities. They had no fixed economic foundation in the area nor did they run enterprises for local inhabitants. Under such circumstances the interruption of their relationship with Japan was literally fatal. They had no way of coping with Europeans, who had the support of the home government or local inhabitants, whose trade activities were mostly monopolized by the hands of kings or government officials. Also they faced a strong competitor in the Chinese who were more closely organized, greater in number, and better established having been there longer. Without support from Japan, the Japanese residents found it very difficult to cope with them.

The last-known date of the survival of the Japanese quarters were: Faifo to 1696, Ponhealu to 1667, Ayuthia to 1690, and Dilao to 1708.

索　　　引

アルファベット順による.

日本名，中国名のものは優先し，順序はローマ字(ヘボン式)である.

(　)内は，アルファベットのものはカタカナ，日本名はアルファベットで記し，ファースト・ネームを先に書いた.

(　)内は，表題名と同一人物の他種の読み方を含む.

人名索引

A

阿知子(宗寿)　72
阿知子(日本営住民)　72
Acosta, Esteban de (エステバン・デ・アコスタ)　249
Acuña, Don Pedro de(ドン・ペドロ・デ・アクーニャ，郎・敏洛・黎・勝君迎 Acuña, Pedro Bravo de ペドロ・ブラボ・デ・アクーニャ)　230, 239, 247, 248, 266, 271, 279
Adams, William(ウィリアム・アダムズ)　21, 29, 30, 75, 166, 317
Aduarte, Diego (ディエゴ・アドワルテ)　270
Alberts(アルベルツ教父)　120
Alcaraz, Andrés de (アンドレス・デ・アルカラース)　285
Almanza, D. Cristobal Tello de(ドン・クリストバル・テリョ・デ・アルマンサ)　247
Alvarez, Baltazar(バルタサル・アルヴァレス)　30
Antonio de Santa Maria (アントニオ・デ・サンタ・マリヤ)　310
Antonio, Gabriel Quiroga de San(ガブリエル・キロガ・デ・サン・アントニオ)　22, 85
Antonio, Juan Francisco de San(フワン・フランシスコ・デ・サン・アントニオ)　303
新井白石　302
荒木久右衛門　80
荒木宗太郎　129
Arellano, Don Francisco de(ドン・フランシスコ・デ・アレリャーノ)　297
Argensola, Bartolomé Leonardo de(レオナルド・デ・アルヘンソーラ)　239, 323
有馬晴信　15, 85, 129
Artieda, Diego de(ディエゴ・デ・アルチエダ)　213
浅見八助　69, 72
Asqueta, Christoval de (Azcueta Menchaca クリストバル・デ・アスケタ・メンチャカ)　243, 246, 273, 282
Assis, Pedro San Francisco de(ペドロ・サン・フランシスコ・デ・アシッス)　303
At'ityawong(アチチアオン王)　170, 171
安積淡泊　302
Augustin, Fr. Gaspar de San(ガスパル・デ・サン・アウグスチン)　313
Aurousseau, Léonard (レオナル・オールッソウ)　20
Ayala, Don Fernando de (ドン・フェルナンド・デ・アヤラ)　254
Ayala, Gaspar de(ガスパル・デ・アヤラ)　128, 222, 223

B

Baffaert, Louys Jsaack(ルイス・イザーク・バファールト)　289
潘二郎純信　84
潘明巌(Bingam)　353, 354
Barnard(バルナルド)　29
Baron, Hendrick(ヘンドリック・バロン)　56, 318, 352
Bartoli, Daniello(ダニエロ・バルトリ)　46, 49, 52, 99, 357
Basset(バッセ教父)　197
ベッケイ　129
Belloso, Diego (ディエゴ・ベリョソ)　87
Benavides, Miguel de(ミゲル・デ・ベナビデス)　242, 270, 295
Berg, Gerrit van den(ヘリッツ・ファン・

デン・ベルヒ)　124
Bernard, Henri. S. J. (アンリ・ベルナール)　275
Blair, Emma Helena (ブレーヤー)　3
Bocarro, Antonio (アントニオ・ボカルロ)　143, 190, 252
Borri, Christoforo (クリストフォロ・ボルリ)　21, 22, 26, 30, 36, 44, 47, 64
Botto, Andrea (アンドレア・ボット)　312
Bowyear, Mary (マリイ・バウイーヤ)　82, 324
茅瑞徴　280
Broeckman, Harmen (ハルメン・ブルックマン)　94
Broeckmans, Gerrit (ヘリッツ・ブルックマンス)　170
Brouwer, Hendrick (ヘンドリック・ブルーウェル)　139, 205
Buch, B. J. M. (ブッフ)　3
Busomi, Francisco (フランシスコ・ブゾミ)　28, 29, 46, 49, 50, 64, 120
Bustamante y Bustillo, Gregorio (グレゴリオ・ブスタマンテ・イ・ブスチリヨ)　148
Buzeta, Manuel (マヌエル・ブセタ)　247, 250, 251

C

Cabaliño, Geronimo Rodrigues (ゼロニモ・ロドリゲス・カバリニヨ)　53
Cabaton, Antoine (カバートン)　96, 101
Caen, Antonio (アントニオ・カーン)　141, 145, 204
Caesaer, Cornelis (コルネリス・セザール)　51, 58, 78
Campetius (カンペチウス)　120
Camps, Leonard (レオナルト・カンプス)　201
Caraçes, Antonio (安当仁・カラセス)　231
Cardim, Antonio Francisco (アントニオ・フランシスコ・カルディム)　21, 47, 146, 195, 196
Cardoso, Giovanni (ジオバニ・カルドーソー)　196
Carletti, Francesco　277
Caron, François (フランソア・カロン)　49, 105, 179
Carpentier, Pieter de (ピーテル・デ・カルペンチール)　201
Carrion, Juan Pablos de (フワン・パブロス・デ・カリヨン)　215, 216
Carvalho, Diogo (ディオゴ・カルヴァリヨ)　28, 29, 64
Carvalho, Valentin (ヴァレンチン・カルヴァリヨ)　25, 28, 47, 64
Caseri, Juste (ジュスト・カセリ)　119
Castro, Fr. Augustin Maria de (アウグスチン・マリヤ・デ・カストロ)　313
Čaupoña Serĕi Sambot (招笨雅・珠歴・蘇)　113
Cavendish, Thomas (トーマス・キャベンディッシュ)　224
Cawarden, Walter (ウォルター・カワーデン)　75
Chaumont, Alexandre (ショウモン)　147, 197
茶碗屋道円 (Sauwanja Doyen)　78
茶屋又次郎新六　41, 316
Cheseda→Chey-Choetha　190
Chévreuil, Louis (ルイ・シェブルウィユ)　65, 66
Chey-Choetha II (チェイ・チェタ二世, 七士他)　86, 88, 113, 190
チコ殿 (Cico-dono)→林喜右衛門
Chiara, Giuseppe (岡本三右衛門)　311
Chirino, Pedro (ペドロ・チリーノ)　222, 223, 282, 293, 294, 295
陳仁錫　280
沈妙官　181
陳賓松　23
張　燮　28, 140
Choisy, Abbé de (ショアジイ司教)　197
長右衛門 (アウエヤミン＝キウイ・長右衛門 Khiwj ofte Auwejamingh Tsjoemon)　124

Christopher(クリストファー)　224
Ciomon, Sebastian(セバスチヤン・ショウモン, 庄右衛門カ)　283
Cocks, Richard(リチャード・コックス)　29, 75, 166, 167, 254
Coen, Jan Pieterszoon(ヤン・ピーテルスゾーン・クーン)　131, 170
Colin, Francisco(フランシスコ・コリン)　246, 258, 281, 296
Concepción, Juan de la(フワン・デ・ラ・コンセプション)　221, 239
Contreras, Fernando Ruiz de(フェルナンド・ルイス・デ・コントレラス)　311
Coronel, Hernando de los Ríos(エルナンド・デ・ロス・リオス・コロネル)　227, 238, 252, 272
Cosumus(コスムス)　224
Couckebacker, Nicolaes(ニコラース・クーケバッケル)　51, 77, 178, 201
Courtaulin, Jean de(ジャン・ド・クールトウラン, Jean de Courtaulin de Maguellone)　66, 133, 147
Croock(クローク)　173
Curz, Fray Geronimo de la(フライ・ゼロニモ・デ・ラ・クルス)　310
Curz, Luzia de la(ルシヤ・デ・ラ・クルス)　298, 301

D

ダカ殿(dackadona 多賀?)　29, 30, 75
d'Acosta, Barthélemy(交趾日本人教父, バルテレミ・ダコスタ)　66
大黒屋長左衛門　85
大文字屋半兵衛　24
Damba, Antonio(アントニオ・ダンバ)　313
Dammans, Willem(ウィルレム・ダンマンス)　351
Dampier, William(ウィリアム・ダンピーヤ)　105
Dasmariñas, Gomez Perez(ゴメス・ペレス・ダスマリーニャス)　217, 223, 225, 279, 288
Dasmariñas, Luis Perez(ルイス・ペレス・ダスマリーニャス)　272
伊達政宗　308
Diemen, Antonio van(アントニオ・ファン・ディーメン)　51, 94, 111, 123, 170, 171, 173, 180, 341, 342, 358, 362
Dod, John(ジョン・ドッド)　371, 372
土井利勝　24, 47, 169, 190
Domckens, Simon Jacobsz.(シモン・ヤコブスゾーン・ドムケンス)　94
Domingo(ドミンゴ, Domenico ドメニコ, 交趾日本町甲必丹)　48, 49, 50, 79
Duijcker, Abraham(アブラハム・ダイケル)　41, 46, 50, 51, 53, 77, 78

E

江島吉左衛門　85, 129
Ekat'otsarot(エカトサロット)　129
エスピリツ, ドミンゴ・デル(Domingo del Espiritu Santo Mataichili, ドミンゴ・デル・エスピリツ・サント・又七)　301, 309, 311
Essigh, Cornelis Abrahamsz.(コルネリス・アブラハムスゾーン・エシッヒ)　59
Eugenio, Francesco(フランチェスコ・ユウゼニオ)　357

F

Fajardo, Luis Navarrete(ルイス・ナバレテ・ファハルド)　227
Ferdinand Michielszoon(半南土・美解留)　129
フェリペ二世　128, 212, 214, 215, 217, 218
フェリペ三世　248, 279
フェリペ四世　254
Fernandez, Dionisio(ディオニシオ・フェルナンデス)　223
Ferreyra, Christovão(クリストバン・フェレイラ)　255
Floris, Pieter Williamson(ピーター・ウィリヤムソン・フロリス)　130, 190
Forbin, Claude de(フォルバン伯)　197

Foreman, John(ジョン・フォアマン) 265
Foster, William(ウィリヤム・フォスター) 163
Franco, Andre Perez(アンドレ・ペレス・フランコ) 286
藤田豊八 1
船本弥七郎 24,47,85,327
——船 30

G

Gabriel(ガブリエル, 長野与右衛門) 222,223,240,293
Gabriel Delegado(ガブリエル・デレガド) 309
Galen, Jan Dircxzoon(ヤン・ディルクスゾーン・ハーレン) 91,92,100,106,108,110,123,361
Gallegos, Francisco Xavier Estorgo y(エストルゴ・イ・ガリェゴス) 298
Gallinato, Juan Juárez(フアン・フアレス・ガリナト) 22,24,87,226,272,273
Ganthenqua(顔テンクワ) 56
Garcia, Fray Juan(フワン・ガルシヤ) 254
Gaspar, Don(ドン・ガスパル) 222
Gasparo, Luigi(ルイジ・ガスパロ) 64
Gautpo(ガウツポウ) 266
Gayo, Joan(ホアン・ガヨ) 223,235,276
元佶(円光寺) 159
阮福源 47,50
阮福瀕 50
阮福瀾(神宗, 孝昭皇帝) 50,65
阮潢(瑞国公) 24,25,26,30,46
阮氏富号慈顔 70,72
阮氏(順化) 23,46,49,51,52,53,54,56,58,59,65,75,341,344,347,350,351,352,354
Gentile, G. J. H. J. B. Le(ル・ジャンチル) 303,304
Gervaise, Nicolas(ニコラ・ジェルベイズ) 153,155
Gian(ジアン, 柬埔寨日本人) 118,356
魏九使 80
Giles, Francis H.(フランシス・ジャイルス) 167
儀門(交趾日本営住民) 69,72
Gioseppe(ジョセッペ)→塩村太兵衛 45
Giouani(ジオバニ, 柬埔寨日本人) 118,356
Goiti, Martin de(マルチン・デ・ゴイチ) 213
呉順官 80
後亀山天皇 127
五官 24,74,75,85
Gonçalves, Manoel(Gonçalo, マノエル・ゴンサルヴェス, ゴンサル) 24,85,129
Gonsabro(ゴンサブロ,権三郎?) 110,111,124
五郎右衛門(Francisco Groemon) 40,56,343,344
五郎兵衛, ヤコブ(Iacob de Santa Maria) 310
Gosfright, George(ジョージ・ゴスフライト) 206
五島玄雅 85
後藤宗印 129
Govea(ゴヴェア) 87
Guiral, Rodrigues Diaz(ロドリゲス・ディアス・ギラール) 246,281
軍兵衛(Gumbe) 203
郡司喜一 2,127,167
具足屋次兵衛 80
具足君の墓 80,81
グワンピック(Gwangpick) 361

H

Hagen, Joannes van der(ヨアンネス・ファン・デル・ハーヘン) 105
Hagenaer, Hendrick(ヘンドリック・ハーヘナール) 90,91,92,94,96,97,108,119
Hamilton, Alexander(アレクサンダー・ハミルトン) 198
原弥次右衛門 85

I

J

K

L

133, 140, 141, 147, 154, 320

M

Macartney (マカアトニイ卿) 41
町田，マチヤス (Mathias Machida) 67
Madalena, Gabriel de la (ガブリエル・デ・ラ・マダレーナ) 310
前田利常 (松平筑前守) 152, 164, 165
孫兵衛，レオン (Leon Mangobeo) 283
孫左 (Mangosa) 75
孫左衛門 118
マカッサル王子 193
牧，ミゲル (Miguel Machi) 67, 100, 119, 357
Maldonado, Juan Pacheco (フワン・パチェコ・マルドナード) 214
Maldonado, Miguel Rodriguez (ミゲル・ロドリゲス・マルドナード) 240, 242
豆葉屋四郎左衛門 85
Mandelslo, Jean Albert de (ジァン・アルベール・ド・マンデルスロ) 202
万右衛門 (Manemon) →辻万右衛門
Manrique, Sebastian (セバスチャン・マンリケ) 52
Margico, Julio Cesar (ジュリオ・セザル・マルジコ) 196
Marini, Filippo de (フィリッポ・デ・マリニ) 45, 57, 120
Marques, Francisco (フランシスコ・マルケス) 310
Marques, Pietro (ピエトロ・マルケス) 45, 64, 67, 118
Marquez, Feliciano (フェリシアノ・マルケス) 298
増田長盛 226
又七，ペドロ (Pedro Matay Chichi) 312
Matthysz., Gerrit (ヘリッツ・マタイスゾーン) 352
松(木)半左衛門 (Mats Fansemon) 78
松木三右衛門 (Matsoughe Myemon) 78
松倉重政 254
松本信広 74, 118
松浦鎮信 24, 230
松浦氏 21, 118, 128, 221, 222
松浦船 276, 293
Medina, J. T. (メディナ) 312
Medina, Señor Bartolome (シニョロ・マルトロ・メディナ) 24, 231
Melo, Capitan Luis (呂宋日本町甲必丹ルイス・メロ) 267, 283, 284, 285
Menchaca, Christoual de Azcueta (クリストバル・デ・アスクェタ・メンチャカ) →Asqueta, Christoval de
メンシヤ 301
Meyer, Joan de (ヨアン・デ・マイエル) 95, 111
Middelhoven (ミッデルホーベン) 141
三木栄 2, 127, 167
Missas, Francisco de las (フランシスコ・デ・ラス・ミッサス) 225
三浦按針 (William Adams) 15, 129
三宅次兵衛 147
李右衛門 24
Montes, Pedro de (ペドロ・デ・モンテス) 271, 296
Morejon, Pedro (ペドロ・モレホン) 195
Morga, Antonio de (アントニオ・デ・モルガ) 219, 227, 238, 241, 242, 265, 271, 277, 279, 280, 281, 282, 286, 287, 295, 336
森嘉兵衛 (Morij Kaffioye, タビニヤ・ラムシット Tavinia Ramchidt, ナンプラ・ピッツ・ナンドリイ Nampra Pitnandrij, 東埔寨日本町甲必丹) 106, 109, 110, 111, 112, 123, 124, 327, 358-361, 362, 363
森助次郎 (伽羅屋) 86
森本儀太夫一吉 116, 118
森本右近太夫一房 (宇右衛門) 116
Muijser, Pieter (ピーテル・ムイゼル) 144
むかでや勘左衛門 80
Muller, Hendrik (ヘンドリック・ミューレル) 3

タ・マリヤ)　309
パック，マリヤ　300
Paske-Smith, Montagne(パスク・スミス)　2, 240, 267
パウロ(マニラ日本人吉利支丹)　300
Paz, Ygnacio de(イグナシオ・デ・パス)　249, 258, 268
Pedro de Santa Maria(ペドロ・デ・サンタ・マリヤ)　310
Peacocke, Tempest(テンペスト・ピーコック)　75
Peñalosa, Gonzalo Ronquillo de(ゴンサロ・ロンキリョ・デ・ペニャローサ)　215, 269
Peri, Noël(ノエル・ペリ)　2, 41, 45, 90, 127
Phaulkon, Constance(コンスタンス・フォルコン)　147, 149, 184, 193, 197, 198
Philipps, George(ジョージ・フィリップス)　217
Phya Thay-Nam(ピヤ・タイ・ナム)　113, 190
Pina, Francesco di(フランチェスコ・ディ・ピナ)　64
Pra Int'araja(プラ・インタラジャ)　129, 143
Pra Srey-Suryopéar(浮哪・詩・士板, Prea Srey Sopor)　113, 190
Putmans, Hans(ハンス・プットマンス)　57, 178, 289, 364
Pya Nai Wai(ピヤ・ナイ・ワイ)　129, 189, 195

Q

Quackernack, Jacob(閣古辺・果伽羅那加)　129

R

Regemortes, Pieter van(ピーテル・ファン・レーヘモルテス)　94, 95, 98, 124
Reijersen, Cornelis(コルネリス・ライエルセン)　191
黎貴惇　27
Rensen, Van(ファン・レンセン)　141
Repetti, W. C.(レペッチ)　251
Resende, Pedro Barrette de(ペドロ・バレット・デ・レセンデ)　120
Rhodes, Alexandre de(アレクサンドレ・デ・ローデ)　54, 65
Richard, Jérôme(ジェローム・リシャール)　106
Rijck, Jan van(ヤン・ファン・ライク)　183
力丸四兵衛(Dickmaere Siffioye, Likimaro Sifioye)　58, 78
林鳳(Limahon)　220
林得章　128
林三官　231
李旦，アンドレヤ(The China Capt. Andrea Dittis)　75
Riuas, Francesco(フランチェスコ・リワス)　45
Rizal, José(ホセ・リサール)　242
Robertson, James Alexander(ロバートソン)　3
Rodriguez, Francisco(フランシスコ・ロドリゲス)　240
Roij, Jan Joosten de(ヤン・ヨーステン・デ・ロイ)　205
六条仁兵衛　85
六官　24, 74, 75, 128
六左衛門，トマス(Thomas de San Iacint)　310
Roman, Juan Baptista　216
Rosny, Léon de(レオン・ド・ロニ)　101
Roij, Nicolaes de(ニコラース・デ・ロイ)　182
了陳，ドン・ペドロ(Don Pedro Riochin)　224
——船　276
了因，パウロ　300

S

税所，ミゲル(Miguel Saixo, サイショ)　313
斎藤，アンドレア　300

T

U

V

件名索引

C

D

L

M

T

U

V

W

X

Xipon (シポン, 日本)　213

Y

順化 (ユエ, Hué ウエ, ソンハ, スノハイ, Thuân Hóa タノア, Sinuva シヌワ, Sennoa セノア, Sinoa シノア, Shinofa シノファ, Siñhoa シンホア, Shenafaye セナファイ)　21, 22, 23, 65, 75, 212, 326, 350

Z

Zeehondt (ゼーホント)〔船名〕　95
Zuitsjou (ザイチュー)　364

引用文献目録

A　日本文の部

(a)　単行本

新井君美：新安手簡(新井白石全集，五)
岩生成一：慶元イギリス書翰(異国叢書)
――――：朱印船貿易史の研究
内田銀蔵：徳川時代に於ける日本と暹羅との関係に就きて(国史総論)
江村専斎：老人雑話(改訂史籍集覧，十)
岡本良知：十六世紀日欧交通史の研究
尾高鮮之助：印度日記
華夷変態：(浦廉一解題　東洋文庫)
川島元次郎：朱印船貿易史
川淵久左衛門：呂宋覚書(海表叢書，六)
郡司喜一：十七世紀に於ける日暹関係
小杉温邨：阿波国徵古雑抄
小瀬甫庵：太閤記(改訂史籍集覧，十六)
小葉田淳：中世南島通交貿易史の研究
桜井祐吉：安南貿易家角屋七郎兵衛
釈尊降魔成道図裏書(堺市史，四)
暹羅国風土軍記(海表叢書，六)
暹邏国山田氏興亡記(海表叢書，六)
崇　　伝：本光国師日記(大日本仏教全書)
菅沼貞風：大日本商業史(岩波版)
杉本直治郎・金永健：印度支那に於ける邦人発展の研究
全堺詳志
高 石 某：糸乱記(徳川時代商業叢書，一)
田辺茂啓：長崎志
津田元顧：石城志
天竺徳兵衛物語(海表叢書，五)
東京大学史料編纂所：唐通事会所日録
東京帝国大学史料編纂掛：大日本史料，12の12,14
当代記(史籍雑纂，二)
南条八郎：志士清談(改定史籍集覧，十一)
西川如見：増補華夷通商考
伴 信 友：中外経緯伝(改定史籍集覧，十一)
牧野信之助：越前若狭古文書撰
松浦静山(清)：甲子夜話
松本信広：インドシナ研究，東南アジア稲作民族文化綜合調査報告(一)
三 木 栄：日暹交通史考
――――：山田長政

村上直次郎：異国往復書翰集，増訂異国日記抄(異国叢書)
———：貿易史上の平戸
———：六崑王山田長政
林　　韑：通航一覧

(b)　未刊文書写本
大迫文書
大沢文書
亀井文書
寛永十九年平戸町人別生所糺
九州探索書
崎陽古今物語
京都清水堂朱印船絵馬詞書
桑名総社文書
江雲随筆
塩文書
詩　頌
島井文書
島津文書
正眼寺文書
崇伝　異国渡海御朱印帳：異国日記
末次文書
末吉文書
角倉文書
泰長院文書
多胡文書
茶屋船交趾渡航貿易図
茶屋由緒書
長崎見聞集
日本異国通宝書
半舫斎日鈔(山本信有：日本外志，五)
譜牒余録，後編
松浦君平：長崎古今集覧
松浦家旧記
松本陀堂：安南記
宮崎成身：視聴草
南瞻部州世界図詞書(能登総持寺別院)
竜王殿文書

(c)　雑誌論文
姉崎正治：切支丹教師の日本潜入(史学雑誌，40の5)
井沢 実：サン・ファン・デ・レトラン学林に学べる日本人に就いて(比律賓情報，7)
石田幹之助：南蛮雑鈔(新小説，大正十五年七月号)
伊東忠太：祇園精舎図とアンコル・ワット(建築雑誌，313号)

岩生成一：異国渡海御朱印状集(歴史地理，52の6)
———：石橋博士所蔵世界図年代考(歴史地理，61の6)
———：江戸時代に於ける銅銭の海外輸出に就いて(史学雑誌，39の11)
———：江戸幕府の代官平野藤次郎—近世初期一貿易家の系譜(法政大学文学部紀要第十三号)
———：一六一六年暹羅国日本遣使考(史学雑誌，44の6)
———：日本呂宋交通史上に於ける一二の地名に就いて(歴史地理，51の4)
———：バタビヤ移住日本人の活動(史学雑誌，46の12)
———：松倉重政の呂宋島遠征計画(史学雑誌，45の9)
———：明末日本平戸僑寓支那人甲必丹李旦考(東洋学報，23の3)
———：呂宋の壺に就いて(南方土俗，3の2)
江本 伝：トリブト制度を通じて見たる西班牙の比島統治(南方民俗，7の1，2)
岡本良知：一五九〇年以前に於ける日本とフィリッピン間の交通と貿易(史学14の4)
小倉秀実：山田仁左衛門の元の身分は轎夫(史学雑誌，6の12)
小葉田淳：比律賓の金銀(南方土俗，2の2)
———：松浦家文書の海外交通史料について(史林，33の6)
黒板勝美：アンコル・ワットの石柱記文について(史学雑誌，41の8)
———：安南普陀山霊中仏の碑について(史学雑誌，40の1)
———：南洋に於ける日本人関係史料遺蹟に就きて(啓明会第二十七回講演集)
新村 出：暹羅の日本町(史林，8の3，9の1，南蛮広記)
瀬川 亀：我が朱印船の安南通商に就いて(大阪外語，海外視察録，一)
武野要子：鎖国前における藩貿易の一考察—細川藩の場合—(九州産業大学商経論叢6—2)
ドロテウス・シリング：比律賓に漂着せる日本人に関する二文書(史学，15の4)
長沼賢海：倭寇と南蛮(開国文化)
西村真次：サン・ラサロ病院の来歴に就いて(史学雑誌，26の12)
ノエル・ペリ：日本町の新研究(学生，7の1，2)
東恩納寛惇：アユチヤ(Ayudhya)日本町の発掘(歴史地理，62の3)
藤田豊八：欧勢東漸初期に於ける海外の日本人(東西交渉史の研究，南海編)
藤田元春：黎明期の世界図(歴史と地理，31の1)
松本信広，保坂三郎：雑録(史学，13の2)
村上直次郎：オランダ史料に現はれたる山田長政(台北帝大記念講演集，第三輯)
箭内健次：マニラの所謂パリアンに就いて(台北帝大史学科研究年報，第五輯)
和田 清：明代以前の支那人に知られたるフィリッピン諸島(東洋学報，12の3)

B 漢文の部

汪大淵：島夷誌略，藤田豊八校註
何喬遠：鏡山全集
———：閩書
許孚遠：敬和堂集
侯継高：全浙兵制考
朱舜水：朱舜水全集，稲葉岩吉編
徐光啓：徐文定公集
大汕厰翁：海外紀事

大南一統志
大南寔録
張王廷：明史
張　燮：東西洋考
陳子竜：皇明経世文編
陳仁錫：皇明世法録
鄭懐徳：嘉定通志
鄭舜功：日本一鑑窮河話海　三ケ尻浩校訂
鄭麟趾：高麗史
東野樵：乾坤一覧
茅瑞徵：皇明象胥録
馬雲鵬，范文樹：安南初学史略
李朝実録
黎貴惇：撫辺雑録
歴代宝案

C 欧文の部

(a) 刊　本

Aa, Pieter van der. Naaukeurig Versameling der Gedenkwaardigste Reysen na Oost en West Indien. 27 vols. Leyden.

Aduarte, Diego. Tomo Primeiro de la Historia de la Provincia del Santo Rosario de Filipinas, Iapon y China de la Sagrada Orden de Predicadores. Zaragoça. 1693.

Alvarez, José Maria. Formosa, Geográfica e Históricamente Considerada. 2 vols. Barcelona. 1930.

Argensola, B. J. Leonardo de. Conquista de las Islas Molucas. Madrid. 1609.

Aubaret, G. Gia-Dinh-Tihung-Chi, Histoire et Description de la Basse Cochin-Chine. Paris. 1863.

Aymonier, Etienne. Le Cambodge, Le Royaume actuel. Paris. 1900.

Barrows, David P. History of the Philippines. New York. 1926.

Bartoli, Daniello. Dell' Istoria della Compagnia di Giesv. Roma. 3 vols. 1667, 1668.

Bazaco, Fr. E. Historia Documentada del Real Colegio de San Juan de Letrán. Manila. 1933.

Blair, Emma Helena & Robertson, James Alexander. The Philippine Islands. 1493–1889. Cleveland. 1903–1908. 55 vols.

Blanc, P. Marcello le. Istoria della Rivolvzione del Regno di Siam accaduta l'anno 1688. E dello stato presento dell' Indie. Milano. 1695.

Bocarro, Antonio. Decada 13 da Historia da India. (Collecção de Monumentos Ineditos para a Historia das Conquistas dos Portuguezes em Africa, Asia e America. Tomo VI, VII.) 2 vols. Lisboa. 1876.

Borri, Christoforo. Relatione della nvova Missione delli PP. della Compagnia di Giesv al Regno della Cochinchina. Roma. 1631.

Boxer, Charles Ralph. The Christian Century in Japan. 1549–1650. London. 1951.

————. The affairs of the "Madre de Deus" London. 1929.

Buch, Wilhelm J. M. De Oost Indische Compagnie en Quinam Betrekkingen der Nederlanders met Annam in de XVIIe Eeuw. Amsterdam. 1929.
Buzeta, Fr. Manuel. Diccionario Geográfico, Estadísco, Historico de las Islas Filipinas. 2 vols. Madrid. 1850.
Cabaton, Antoine. Brève et Véridique Relation des Événements du Cambodge par Gabriel Quiroga de San Antonio. Paris. 1914.
Cardim, Antonio Francisco. Batalhas da Companhia de Jesus na sua gloriosa Provincia do Japão. Lisboa. 1894.
――――――. Relatione della Provincia del Giappone. Roma & Milano. 1645.
Carletti, Francesco. Ragionamenti di Francesco Carletti Fiorentino sopra le Cose da lui Vedute ne' suoi Viaggi dell' Indie Occidentali e Orientali, come d'altri Paesi. Firenze. 1701.
Cartas qve os Padres e irmãos da Companhia de Iesus escreverão dos Reynos de Iapão & China aos da mesma Companhia da India & Europa, desde anno de 1549 ate o de 1598. 2 vols. Evora. 1598.
Choisy, Abbé de. Journal du Voyage de Siam. Treavoux. 1741; Paris. 1930.
Cocks, Richard. Diary of Ricdarh Cocks, Cape-Merchant in the English Factory in Japan. 1615–1622. Edited by N. Murakami. Tokyo. 1899. 2 vols.
Colenbrander, Herman Theodoor. Jan Pieterszoon Coen, Bescheiden omtrent zijn Bedrijf in Indië. 's-Gravenhage. 1919–1952. 7 vols.
Colin, Francisco. Labor Evangélica de los Obreros de la Compagnia de Iesus en las Islas Filipinas. Nueva Edición por el P. Pablo Pastells. 3 vols. Barcelona. 1904.
Commelin, Isaac. Begin ende Voortgangh van de Vereenighde geoctroyeerde Nederlandsche Oost Indische Compagnie. 2 vols. Amsterdam. 1646.
Concepción, Juan de la. Historia General de Philipinas. 14 vols. Manila & Sampaloc. 1788–1792.
Courtaulin de Maguellone, Jean de. Siam ou Iudia Capitalle du Royaume de Siam. Dessignée sur le lieu par Mr. Courtaulin Miss^{re}. Apostolique de la Chine. Paris. 1686.
Crasset, Jean. Histoire de l'Eglise du Japon. 2 vols. Paris. 1715.
Dagh-Register gehouden int Casteel Batavia, vant passerende daer ter plaetse als over geheel Nederlandts India. 1624–1682. 31 vols. 's-Gravenhage & Batavia. 1887–1931.
Dam, Pieter van. Beschryving van de Oost Indische Compagnie. 's-Gravenhage. 7 vols. 1927–1954.
Dampier, William. A New Voyage Round the World by William Dampier, with an Introduction by Sir. Albert Gray. London. 1927.
Danvers, Charles & Foster, William. Letters received by the East India Company from its Servants in the East. 6 vols. London. 1896–1902.
Dijk, L. C. D. van. Neerland's vroegste Betrekkingen met Borneo, Den Solo-Archipel, Cambodja, Siam en Cochin-China. Amsterdam. 1862.
Dran, Jean. & Bernard, Henri. Mémoire du Père de Beze sur la Vie de Constance Phaulcon. … et sa Triste Fin. Tokyo. 1947.
Figueiredo, Candido de. Novo Diccionario da Lenga Portuguesa. Lisboa. 1925.
Forbin, Claude de. Mémoire du Comte de Forbin, Chef d'Escadre, Chevalier de

l'Ordre Militaire de Saint Louis. Amsterdam. 2 vols. 1740.
Foreman, John. The Philippine Islands. Shanghai. 1899.
Fornereau, Lucien. Le Siam Ancien. 2 vols. (Annales du Musée Guimet XXVII) Paris. 1895–1908.
Foster, William. A New Account of the East Indies by Alexander Hamilton. 3 vols. London. 1930.
Frois, Luis. Die Geschichte Japan. 1549–1578. Leipzig. 1926.
Garcia, P. Fr. Juan. Aviso qve se ha embiado de la Civdad de Manila, del estado qve tiene la Religion Catolica en las Philipinas, Iapon, y la Gran China. Sevilla. 1633.
Gervaise, Nicolas. Histoire Naturelle et Politique du Royaume de Siam. Paris. 1688.
Groeneveldt, Willem Pieter. De Nederlanders in China. De eerste bemoeiingen omden handel in China en de vestiging in de Piscadores (1601–1624). 's-Gravenhage. 1898.
Guerreiro, P. Fernão. Relação Annual das Coisas que fizeram os Padres da Companhia de Jesus na suas Missões do Japão, China … e Brasil. nos Anos de 1600 a 1609. 3 vols. Coimbra. 1930, 1931, 1942.
Hamel, Hendrik. Verhaal van het Vergaan van het Jacht De Sperwer, uitgegeven door B. Hoetink. s'-Gravenhage. 1920. [Linschoten Vereeniging X]
Horsburgh, James. Directions for Sailing to and from the East Indies, China, New Holland, Cape of Good Hope and Interjacent Ports. Part II. London. 1807, 1811.
Huerta, Felix de. Estado Geográfico, Topográfico, Estadístico, Histórico, Religioso … en las Islas Filipinas. 2 vols. Binondo. 1865.
Iwao, Seiichi. Van Vliet, Historiael Verhael der Sieckte ende Doot van Pra Interra-Tsia 22^en^ Coninck in Siam, ende den Regherenden Coninck Pra Ongh Srij. 1640. 2 vols. Tokyo. 1956 & 1958.
Jonge, J. K. J. De Opkomst van het Nederlandsch Gezag in Oost Indie. 17 vols. 's-Gravenhage. 1862–1888.
Kaempfer, Engelbert. The History of Japan, together with a Description of the Kingdom of Siam. 2 vols. Glasgow. 1906.
————. Lippischen Leibmedikus Geschichte und Beschreibung von Japan. Aus den Originalhandschriften des Verfassers herausgegeven von Christian Wilhelm Dohm. 2 vols. Lemgo. 1777–1779.
Launay, Adrien. Histoire de la Mission de Cochinchine. 1658–1822. Documents Historiques sur la Mission de Cochinchine. 2 vols. Paris. 1923–1925.
————. Histoire de la Mission de Siam. 1662–1811. Documents Historiques sur la Mission de Siam. 2 vols. Paris. 1920.
Leclère, Adhémand. Histoire du Cambodge, depuis le 1er siècle de notre ère. Paris. 1914.
Lettera Annvale del Collegio di Macao, al molto Riverente Padre Mutio Vitelleschi Generale della Compagnia di Giesù l'anno 1618. Mission di Cocincina. Da Macao. 21 di Gennaio 1619 [Lettere Annve del Giappone, China, Goa et Ethiopia. Napoli. 1621]
Lettera Scritta l'Anno M.D.C. XXI. della Missione della Cocincina. Macao. li 17 di Decembre 1621. [Lettere annve d'Ethiopia, Malabar, Brasil e Goa. Napoli. 1621]
Lettres Edifiantes et curieuses, XVI. Paris M.D.C. CXXIV.

Loubère, De la. Du Royaume de Siam. 2 vols. Amsterdam. 1691.
Mac Leod, N. De Oost Indische Compagnie als Zeemogendheid in Azië. 3 vols. Rijsuijk. 1927.
Mallat, J. Les Philippines, Histoires, Géographie, Mœurs, Agriculture, Industrie et Commerce des Colonies Espagnoles dans l'Oceanie. 2 vols. Paris. 1846.
Mandelslo, Jean Albert de. Voyages célèbres & remarquables, fait de Pères aux Indes Orientales. 2 vols. Leide. 1719.
Manrique, Sebastian. Travels of Sebastian Manrique, 1629–1643. A translation of the Itinerorio de las Missiones Orientales, with Introduction and Notes by C. Eckford Luard. 2 vols. Oxford. 1927 [Hakluyt Society. Second. N°. LIX, LXI]
Marini, Giovanni Filippo. Delle Missioni de' Padri della Compagnia di Giesv Nella Provincia del Giappone, e particolarmente di quella di Tumkino. Roma. 1663.
——————. Historia et Relatione del Tvnchino e del Giappone. Venetia. M.D.C. LXV.
Maybon, Charles B. Histoire Moderne du Pays d' Annam. (1592–1820). Paris. 1919.
Medina, J. T. La Imprenta en Manila desde sus origines hasta 1810. Santiago. 1896.
Mijer, P. Verzameling van Instructien, Ordonantien, en Regelmenten. Batavia. 1848.
Miki, Sakae. The Exploits of Okya Senaphimocq (Yamada Nagamasa), The Japanesa general in Siam in the Seventeenth Century. Tokyo. 1931.
Montero y Vidal, José. Historia General de Flipinas. 2 vols. Madrid. 1887–1895.
Montezon, F. M. De. Mission de la Cochin Chine et du Tonkin. Paris. 1858.
Morga, Antonio. Sucesos de las Islas Filipinas, Nueva Edicion por W. E. Retana. Madrid. 1910.
Muller, Hendrik. Azië Gespiegeld. Reisverhaal en Studien. De Philippijnen–Siam–Fransch Indo–China–Corea–Mandsjoerije–De Siberusche Weg. Utrecht. 1912.
——————. De Oost Indische Compagnie in Cambodja en Laos. 1636–70. 's-Gravenhage. 1917. [Linschoten Vereeniging XIII]
Nachod, Oskar. Die Beziehungen der Niederländischen Ostindischen Kompagnie zu Japan im Siebzehnten Jahrhundert. Leipzig. 1897.
Nài Daeng. Map of the City of Ayuthia. 1899–1911.
Noort, Oliver van. De Reis om de Wereld, uitgegeven door Dr. J. W. Ijzerman. 2 vols. 's-Gravenhage. 1626. [Linschoten XXVII, XXVIII]
D'Orléans, Pierre Joseph. Histoire de M. Constance, premier Minister du Roy de Siam, et de la dernière révolution de cet Estat. Tours. 1690.
Pagés, Léon. Histoire de la Religion Chrétienne au Japon. 2 vols. Paris. 1869, 1870.
Pallegoix, Jean Baptiste. Description du Royaume Thai ou Siam. 2 vols. Paris. 1854.
Pastells, Pablo. Historia General de Filipinas. 9 vols. Barcelona. 1925–1936.
Peréz, Lorenzo. Apostolado y Maritirio del Beato Luis Sotelo en el Japon. Madrid. 1924.
——————. Origen de las Missiones Franciscanos en el Extremo Oriente. Madrid. 1916.
Pratt, Peter. History of Japan, Compiled from the Records of the English East India Company, 1822. Edited by M. Paske-Smith. 2 vols. Kobe. 1931.
Purchas, Samuel. Hakluytus Postumus or Purchas His Pilgrimes, containing a Histo-

ry of the World in Sea Voyages and Land Travells by English men and others. 25 vols. Glasgow. 1904–1911.
Purnell, Christopher James. The Log Book of William Adams. 1614–1619. London. 1915. 〔Transactions and Proceedings of the Japan Society, London. Vol. XIII〕
Recopilacion de Leyes de los Reinos de las Indias. 3 vols. Madrid. 1841.
Records of the Relations between Siam and Foreign Countries in the 17th Century. 5 vols. Bangkok. 1915–1922.
Relation des Missions des Evesques François avx Royavmes de Siam, de la Cochinchine, de Camboye, & du Tonkin, etc. Paris. 1674.
Relatione Summarium Della Nvova Che son Vedute dal Giappone, China, Cochinchina, India & Ethiopea, l'anno 1622. Milano. M.D.C. XXIII.
Retana, Wenslo Emilio. Archivo del Bibliófilo Filipino. 5 vols. Madrid. 1895–1905.
————. Origines de la Imprenta Filipinas. Madrid. 1911.
Rhodes, Alexandre de. Divers Voyages et Missions dv Père Alexandre de Rhodes en la Chine et autres Royaumes de l'Orient. Paris. 1653.
Richard, Jérôme. Histoire naturelle, civile et politique du Tonquin. Paris. 1778.
Rizal, José. Sucesos de las Islas Filipinas por el Doctor Antonio de Morga. Paris. 1890.
Rosny, Léon de. & Cartambert. Tableau de la Cochinchine. Paris. 1862.
Staunton, George. An Authentic Account of an Embassy from the King of Great Britain to the Emperor of China. 2 vols. London. 1797.
Streit, Robert. Bibliotheca Missionum. V. Achen. 1929.
Struijs, J. J. Drie aanmerkelijke en zeer rampspoedige Reijzen door Italien … Persen, Oost Indien, Japan, en Verscheiden andere Gewesten, Haarlem. 1741.
Tachard, Guy. Second Voyage du Père Tachard et des Jésuites envoyez par le Roy au Royaume de Siam. Paris. 1689.
————. Voyage de Siam des Pères Jesvites Envoyes par de Roy, aux Indes & à la Chine. Amsterdam. 1687.
Tiele, P. A. & Heeres, J. E. Bouwstoffen voor de Geschiedenis der Nederlanders in den Maleischen Archipel. 3 vols. 's-Gravenhage. 1886–1895.
Turpin, François H. Histoire Civile et Naturelle du Royaume de Siam. 2 vols. Paris. 1771.
Valentijn, François. Oud en Nieuw Oost Indien. 6 vols. Dordrecht. 1724–1726.
Van Vliet, Jeremias. Beschrijving van het Koningrijk Siam. Leiden. 1692.
Velarde, Pedro Murillo. Historia de la Provincia de Philipinas de la Compañia de Iesvs. … desde el año 1616, hasta el de 1716. Manila. 1749.
Wood, W. A. R. A History of Siam. London. 1926.
Yule, H. & Burnell, A. C. Hobson-Jobson, A Glossary of Colloquial Anglo-Indian Words and Phrases. London. 1903.
Zúñiga, Joaquin Martínez de. Estadismo de las Islas Filipinas o Mis Viajes por esta Pais. Publíca por W. E. Retana. 2 vols. Madrid. 1893.

(b) 雑誌論文

Aurousseau, Léonard. Sur le nom de Cochinchine. 〔B. E. F. E. O. Tome XXIV〕

Bernard, Henri. Les Débuts des Relations diplomatiques entre le Japon et les Espagnols des Isles Philippines (1571–1594) 〔M. N. Vol. I. N°. 1〕

Buch, Wilhelm J. M. La Compagnie des Indes Neérlandaises et l'Indochine 〔B. E. F. E. O. Tome XXXVI. & XXXVII. 1936, 1937〕

Cabaton, Antoine. Les Hollandaise au Cambodge et au Laos au XVIIe Siècle 〔T. K. N. A. G. 1 Reeks. XXXVI. 1919〕

————. Les Hollandaise au Cambodge au XVIIe Siècle. 〔R. H. C. F. 1914. IIe anne〕

Cadière, M. L. Le Mur de Dong-Hoi (定北長城) 〔B. E. F. E. O. Tome VI〕

————. Tableau Chronologique des Dynasties Annamities. 〔B. E. F. E. O. Tome V〕

Giles, Francis. A Critical Analysis of Van Vliet's Historical Account of Siam in the 17th Century. 〔J. S. S. Vol. XXX. Part II. & III〕

Heecq, Gijsbert. De Derde Voyage van Gijsbert Heecq naar Oost Indie. 〔M. B. 25ste Jaargang. 1910–11〕

〔De Jonge, J. K. J. ?〕 Overzigt der betrekkingen van de Nederlandsch Oost-Indische Compagnie met Siam. 〔T. T. L. V. N. I. Deel XIII〕

Maxwell, W. George. Barrette de Resende's Account of Malacca. 〔J. S. B. R. A. S. N°. 60. 1911〕

Nakamura, Hirosi. Les Cartes du Japon qui servaient de Modèle aux Cartographes euorpéens au début des relationes de l'Occident avec le Japon. 〔M. N. Vol. II. N°. 1〕

Paske-Smith, Montague T. The Japanese Trade and Residence in the Philippines, before and during the Spanish Occupation. 〔T. A. S. J. Vol. XLII. Part II〕

Pérez, Lorenzo. Fundación de una jglesia o parroquia para la asistencia de los Japones en Dilao, arribal de Manila. 〔A. I. A. N°. 1〕

Peri, Noël. Essai sur les Relations du Japon et de l'Indochine aux XVIe et XVIIe Siècles. 〔B. E. F. E. O. Tome XXIII. 1923〕

Repetti, W. C. A Guide to old Manila. 〔M. N. Vol. II. N°. 1〕

Riess, Ludwig. Die Ursachen der Vertreibung der Portugiesen aus Japan (1614–1639). 〔M. D. G. Band VII–Teil I〕

————. History of the English Factory at Hirado. 〔T. A. S. J. Vol. XXVI〕

Robertson, James A. Bibliography of Early Spanish Japanese Relations. 〔T. A. S. J. Vol. XLIII. Part. I〕

Sallet, A. Le Vieux Faifo. 〔B. A. V. H. 6 Année. 1919〕

————. Les Montagnes de Marbre. 〔B. A. V. H. 11 Année. 1924〕

Satow, Earnest Mason. Notes on the Intercourse between Japan and Siam in the Seventeenth Century. 〔T. A. S. J. Vol. XIII. Part II.〕

Schilling, Dorotheus. Vorgeschichte des Typendrucks auf den Philippinen. 〔Sonderabzug aus den Gutenberg-Jahrbuch. 1937〕

Vertoog van de Gelegendheid des Koningrijks van Siam. Recepta 14 Oct. 1622. 〔K. Hist. G. U. 1871〕

(c) 未刊文書

Algemeen Rijksarchief (s'-Gravenhage)
a) Kolonial Archief. Japans Archief.
b) Overgekomen Brieven en Papieren ter Kamer Amsterdam.
c) Bataviaase uitgaan Brief boek.
d) Koloniaal Aanwinsten.

Arsip National. ('s Lands Archief, Jakarta)
Protocollen van Bataviaasch Notarissen.

Foreign and Commonwealth Office (India Office, London)
a) Factory Records. Original Correspondence.
b) Factory Records. China & Japan, Java.
c) Marine Records.

British Library. (London)
Cotton Manuscript.

Bibliotheca da Ajuda (Lisboa)
Jesuits na Asia.

Archivo General de Indias. (Sevilla)
Archivos de Indias.